Q 739.
8P+6a,3.
Ⓒ

Ph. Q 4209

DICTIONNAIRE

RAISONNÉ

DE BIBLIOLOGIE.

SUPPLEMENT.

Nota. Ce Supplément est indispensable aux personnes qui ont les deux premiers volumes, parce qu'il renferme des corrections, des additions et des tables générales qui appartiennent à l'ouvrage entier. Cependant les six cents articles nouveaux qui forment la base de ce Supplément offrent des détails exacts sur la bibliographie, la typographie, l'histoire littéraire, etc. On peut le consulter séparément; d'ailleurs on y a ajouté un *Tableau synoptique* de toutes les parties de la science bibliologique.

Les deux premiers volumes du DICTIONNAIRE RAISONNÉ DE BIBLIOLOGIE se trouvent à la même adresse que le présent SUPPLÉMENT.

DICTIONNAIRE
RAISONNÉ
DE BIBLIOLOGIE,

CONTENANT

L'EXPLICATION des principaux termes relatifs à la Bibliographie, à l'art Typographique, à la Diplomatique, aux Langues, aux Archives, aux Manuscrits, aux Médailles, aux Antiquités, aux Bibliothèques anciennes et modernes, etc. etc.

SUPPLÉMENT

Composé de plus de six cents articles nouveaux sur les matières énoncées ci-dessus, avec des corrections, des additions et des tables alphabétiques pour l'ouvrage entier; le tout augmenté d'un Tableau synoptique de Bibliologie.

Par G. PEIGNOT, Bibliothécaire de la Haute-Saône, membre de la Société libre d'émulation du Haut-Rhin.

Indocti discant, et ament meminisse periti.

A PARIS,

CHEZ A. A. RENOUARD, libraire, rue Saint-André-des-Arts, N.º 42.

AN XII. — 1804.

Dans le cours de ce Supplément, la lettre *a* qui précède les chiffres, désigne le renvoi au premier volume du Dictionnaire, la lettre *b* renvoie au second volume, et la lettre *c* au troisième, c'est-à-dire à ce Supplément.

Lorsque je me décidai à publier le Dictionnaire raisonné de Bibliologie, je tâchai d'en faire un ouvrage élémentaire à l'aide duquel on pût parvenir plus facilement à la connaissance théorique des livres. Je suis bien éloigné de penser que j'aie atteint mon but ; mais au moins l'accueil flatteur dont le public et des savans distingués ont honoré mon travail, m'a prouvé que j'ai été heureux dans le choix du sujet, et m'a imposé le devoir de chercher à perfectionner cet essai Bibliologique. C'est pour y parvenir, c'est pour completter un ouvrage consacré à des matières qui n'ont jamais été réunies, et qui cependant appartiennent toutes à la même science, que je me suis occupé du Supplément que j'offre au public.

Après avoir relu mes deux premiers volumes avec la plus scrupuleuse attention, j'ai consulté de nouveau les auteurs récens qui ont purifié les sources où j'avais d'abord puisé ; j'ai profité des remarques que plusieurs bibliographes de renom ont eu la complaisance de m'adresser ; j'ai corrigé les fautes typographiques ; j'ai rectifié les erreurs que j'ai pu découvrir ou que l'on m'a indiquées, j'ai réparé plusieurs omissions presqu'inévitables dans un champ dont l'horison est, pour ainsi dire, sans bornes ; enfin j'ai terminé mon ouvrage par des tables générales, et par un tableau synoptique de bibliologie.

Six cents articles absolument neufs forment la base de mon Supplément ; il en est beaucoup qui m'ont paru essentiels, surtout ceux qui offrent des développemens sur les *Bibles* les plus curieuses ; sur les *Bibliothèques* publiques et particulières du Nord sur l'importance des

Catalogues de livres (1) et sur la manière de les rendre utiles ; sur les *Centons* ; sur les *Collana* ; sur les *Editions du 15 siècle* ; sur les différentes éditions de l'*Encyclopédie* ; sur les *Fabliaux* ; sur les *Formats* des livres ; sur les *Glossaires* ; sur les principaux auteurs qui ont traité de l'origine de *l'Imprimerie* ; sur différentes *imprimeries* remarquables (2) ; sur le mot *Index expurgatoire* ; sur l'*Institut national* de France ; sur les *Livres fatidiques* ; sur les premiers *Monumens typographiques* ; sur les grandes *Collections* en tous genres ; sur les *Signatures*, *Réclames*, etc.

Les savans bibliographes et typographes les plus remarquables qui ont des articles nouveaux dans ce Supplément, sont MM. Van-Praet, Camus, Oberlin, Barbier, Cambis,

---

(1) J'ai oublié de citer dans mon ouvrage celui du comte de Bunau, publié à Leipsick en 1750-56, par Jean-Michel Franckius, 3 tomes divisés en 7 volumes in-4. Ce catalogue est très-bien fait et fort détaillé ; il n'est point déplacé à côté de ceux de la Vallière, des Crevenna, etc. Il est rédigé en latin.

(2) J'aurais dû y ajouter celle de Kehl, dont j'ai dit un mot à l'article BEAUMARCHAIS. Cette imprimerie a été établie à grands frais par cet auteur, et a été détruite au commencement de la révolution française. Il y avait huit fondeurs de caractères, (un ouvrier peut en fondre 3000 par jour) qui les coulaient sur les matrices de Baskerville, et 3 graveurs en taille douce : on se proposait d'augmenter le nombre de ces derniers, lorsqu'on imprimerait l'édition de Buffon, qui n'a pas eu lieu. On y gravait et on y imprimait aussi la musique. Les magasins de cet établissement considérable étaient supérieurement distribués. Il y avait aussi à Kehl une imprimerie allemande.

Comine, Crevenna, Daunou, Duboy-Laverne, Fischer, Gutenberg, Schoeffer, Heinexen, Llouffen, Maugerard, Mercier de Saint-Léger, Volpi, Schelhorn, Rive, de Rossi, etc. etc.

A la suite de ces différens articles et d'une infinité d'autres qui sont, ainsi que les matières des deux premiers volumes, classés par ordre alphabétique, on trouve un nouveau tableau très-augmenté et très-exact des villes de l'Europe où l'imprimerie a été exercée au 15ᵉ siècle, avec le nom des premiers imprimeurs, et la date de leur premier ouvrage. La table générale qui termine le Supplément est composée de la liste alphabétique de tous les noms d'auteurs, imprimeurs et libraires cités dans les trois volumes, avec les chiffres de renvoi.

Tel est le plan de mon Supplément : je me suis attaché surtout à le composer de telle manière qu'il puisse être consulté avec fruit, quoique séparé des deux premiers volumes : on s'en convaincra en parcourant les articles *Gutenberg*, *Schoeffer*, Oberlin, *Fischer*, *Imprimerie*, et *Monumens typographiques*, qui offrent le résumé des opinions les plus savantes et les plus accréditées sur l'origine de l'imprimerie, et sur l'histoire des premiers livres imprimés. D'autres articles présentent de nouveaux détails non moins intéressans sur l'histoire particulière des principaux imprimeurs, sur l'histoire littéraire, et sur les bibliographes modernes les plus célèbres : j'en ai omis involontairement quelques-uns qui doivent trouver place ici ; le premier est Lenglet-Dufresnoy, si connu par une infinité d'ouvrages dont la plupart ont rapport à la bibliographie, tels que le *Catalogue des principaux historiens*, qui se trouve dans sa *Méthode pour étudier l'histoire;* — le *Catalogue des romans*, qui forme la seconde partie de *l'Usage des romans;* — la *Liste chronologique des grands hommes qui se sont distingués dans les sciences et les beaux-arts* (Voyez les *Tablettes chronologiques*), etc. etc. Je n'ai point fait mention de Philippe Argelati, laborieux écrivain bolonais, à qui l'on doit : *Bibliotheca scriptorum Mediolanensium,* etc. *proemittitur Josephi Antonii Saxii oblati historia litterario-typographica Mediolanensis ab anno MCDLXV ad annum MD nunc primum edita. Mediolani,* 1745, 4 vol. in-folio. *Biblioteca degli Volgarizzatori, osia notizia dall' opere Volgarizzate d'autori, che scrissero in lingue morte prima del secolo XV. Opera postuma del segretario Filipo Argelati Bolognese, tomi IV con addizioni, e correzioni di Angelo Teodoro Villa, Milanese, comprese nella parte II del tomo IV, in Milano,* 1767, 4 tomes en 5 volumes in-4. — *Caroli Sigonii mutinensis opera omnia,* etc. *P. Argelatus collegit; Mediolani,* 1732, 6 volumes in-folio. — *Anacreonte, da Vari poeti, trad. ed altre Rime, publicate da Filipo Argelati,* 1731 ; in-8. — *Philippus Argelatus, de monetis Italiæ. Mediolani,* 1750, trois volumes in-4. Un bibliographe moderne recommandable est Sébastien Seemiller, qui a publié en 1787 : *Bibliothecæ academicæ Ingolstadiensis incunabula typographica;* etc. *tres fasciculi. Ingolstadii,* in-4. Jean-Jacques Bauer a donné en 1770 : *Bibliotheca librorum rariorum universalis,* Nuremberg, 6 vol. in-8. Je ne dois point oublier M. Bonardi, docteur en Sorbonne, savant distingué par son érudition bibliographique. A sa mort, arrivée en 1756, il a laissé en manuscrit : l'*Histoire des écrivains de la faculté de théologie de Paris;* — la *Bibliothèque des écrivains de Provence;* — un *Dictionnaire* des écrivains anonymes et pseudonymes ; savant et curieux. Je n'ai point parlé non plus, dans le cours de mon ouvrage, d'un M. Mœris Storer, poëte latin anglais, connu par son goût pour les livres, et surtout pour le luxe des reliures. Il est mort de consomption, en 1799. Sa bibliothèque était nombreuse et intéressante tant par le choix des livres que par le rassemblement de ce qu'il y a de plus curieux en reliures anciennes et modernes : il a légué cette bibliothèque à l'école d'Eton. J'aurais dû sans doute citer encore grand nombre de littérateurs et de savans bibliothécaires, tels que MM. Langlès, Laporte-Dutheil, Dacier, Viallon, Ventenat, Leblond, Saugrain, Van-Hultem et beaucoup d'autres qui honorent la France par leurs travaux et qui sont bien dignes de présider aux riches dépôts qui leur sont confiés ; mais les bornes de mon ouvrage ne m'ont pas permis de consacrer des articles particuliers à tous ceux qui se sont distingués ou qui se distinguent dans la république des lettres. J'ai été forcé de m'arrêter aux savans dont les ouvrages ont un rapport plus direct avec la bibliographie.

J'ai cru devoir ajouter à mon Dictionnaire un petit Tableau synoptique de Bibliologie qui présentât l'ensemble de toutes les parties de cette science dans un ordre méthodique, ordre qu'on ne peut observer dans un ouvrage lexique où tous les mots sont isolés et n'ont par conséquent aucun rapport direct entre eux. Ce tableau, qui n'est qu'un abrégé d'un autre beaucoup plus détaillé, que son étendue m'empêche de joindre à mon Supplément, est divisé en sept parties, ainsi qu'il suit : 1. la Glossologie ou science des langues ; 2.° la Diplomatique ou science des écritures ; 3.° la Bibliopée, qui traite de la composition des livres ; 4.° la TYPOGRAPHIE ou connaissance de l'imprimerie et de toutes ses parties; 5.° la BIBLIOPOLIE ou science de la librairie ; 6.° la BIBLIOGRAPHIE proprement dite, ou connaissance, description et classification des livres; et 7.° l'HISTOIRE LITTÉRAIRE universelle. J'aurais désiré que ce tableau fût imprimé sur une seule feuille et d'un seul côté; mais j'ai été obligé d'en diviser l'impression en cinq pages in-folio, par la difficulté de plier un tableau aussi étendu dans un format in-8. Je le renvoie à la fin du volume. En y jettant un coup-d'œil, ainsi que sur la table alphabétique des noms propres et sur l'ensemble de l'ouvrage, on jugera des efforts que j'ai faits pour complétter mon travail autant qu'il m'a été possible.

DICTIONNAIRE
RAISONNÉ
DE BIBLIOLOGIE.

SUPPLÉMENT.

A.

ABAQUES ou ABACUS. Tablettes servant à calculer chez les anciens. *b*, *page* 284.

ABRÉVIATIONS dans les manuscrits. *a*, 1. Les auteurs qui ont traité des *abréviations* hébraïques sont Mercerus, David de Pomis, Schindler, Buxtorf, etc.; des *abréviations* latines, Sertorius Ursatus, Valprobus, Mango, Manutius, etc.; et des *abréviations* plus récentes, dans les manuscrits et dans les titres, La-Curne-de-Sainte-Palaye, Ducange, Lacombe, D. Toustaint et D. Tassin, D. Devaines, Lemoine, Batteney, etc., *a*, 2.

ABRÉVIATIONS. Terme de librairie. *a*, 7.

ABRÉVIATIONS défendues par ordonnance de Philippe-le-Bel, de 1304, dans les minutes de notaires. *a*, 2.

ABRÉVIATIONS ou notes tironiennes (inventeurs des). *b*, 298.

ABRÉVIATIONS dans les bulles. *a*, 6.

ACADÉMIE. *a*, 9, et *b*, 405. Nous n'avons dit qu'un mot sur la fondation des principales académies tant françaises qu'étrangères ; nous allons ajouter quelques détails sur les établissemens, soit anciens soit du moyen âge, qui ont rapport à ces sociétés savantes, et qui en ont porté le nom. Platon est le premier qui a donné le nom d'*académie* à la réunion de ses disciples, ou plutôt au lieu où il tenait son école, parce que cette espèce de parc, situé aux portes d'Athènes, lui avait été cédé par un nommé Académus. Ciceron donna aussi le nom d'*académie* à une maison de campagne qu'il avait près de Pouzzol : il s'y retirait pour aller philosopher : ce fut là qu'il écrivit ses *Questions académiques*.

Il y avait déjà des espèces d'*académies* en France, même du tems des Romains ; et, sous la première race des rois de France, tandis que la noblesse apprenait le métier des armes, d'autres français cultivaient les sciences à Marseille, à Autun, à Bordeaux, à Tours, à Trèves, etc. Ces écoles cessèrent vers le commencement du 5ᵉ siècle, temps où les Alains, les Suèves, les Vandales, les Bourguignons et autres barbares vinrent ravager les gaules. Nos historiens rapportent que Childebert parlait bien latin, Charibert encore mieux, Chilperic parfaitement : Gontran fut harangué en hébreu, en arabe, en grec et en latin. Clotaire II était familiarisé avec les lettres; Dagobert, son fils, les aimait; mais elles furent négligées sous la tyrannie des maires du palais. Charlemagne fit revivre les sciences : il avait trente ans quand il commença à étudier ; Pisan lui apprit le latin, et Alcuin la dialectique, la rhétorique et l'astronomie. Ce prince établit des grandes et des petites écoles près des cathédrales et dans les plus riches abbayes. Les chanoines et les moines enseignaient la théologie dans les grandes écoles, et les humanités dans les petites. On cessa d'étudier en France, à cause des ravages de la guerre, depuis le règne de Charles-le-Chauve, qui était instruit, jusqu'à celui du roi Robert. Sous Louis VII, qui mourut en 1180, on parlait latin à Paris aussi bien qu'on le faisait à Rome sous l'empire des Antonins, et mieux qu'on n'a fait en France jusqu'à François I, le restaurateur des lettres. On voit dans Patru, que, sous le règne de Charles IX, il se forma une espèce d'*académie* de gens de lettres et de beaux esprits qui s'assemblaient à Saint-Victor. Il paraît que Ronsard en était le chef; Charles IX y alla plusieurs fois. Ce ne fut que sous Louis XIII que l'*académie* française fut fondée par Richelieu; elle tenait d'abord ses séances chez le chancelier Seguier. Louis XIV lui donna une salle au Louvre. Outre cette *académie* et celle des inscriptions et belles-lettres, qui, ainsi que celle des sciences, a été fondée quelque temps après, on voyait à Paris plusieurs assemblées de savans dans tous les genres, qui formaient des espèces d'*académies*. Mademoiselle de Gournai, fille adoptive de Montaigne, en établit une chez elle au commencement du 17e siècle. Madame Desloges, si connue par les lettres de Balzac et de Voiture, attira à-peu-près dans ce même temps, grand nombre de beaux esprits chez elle. La vicomtesse d'Auchi avait aussi pareille assemblée; mais Balzac, dans une lettre à Chapelle, traite cette assemblée de sénat féminin, de pédanterie de l'autre sexe, de maladie de la république. Théophraste Renaudot, le premier auteur de la gazette de France (1), réunissait chez lui

---

(1) Cette gazette a commencé en 1631 : Renaudot, médecin, ramassait de tous côtés des nouvelles pour amuser ses malades : cela le mit en grande vogue. Au bout de quelques années, il imagina de mettre par écrit ces nouvelles, de les faire imprimer et de les vendre en feuilles volantes : il lui fallait une permission, il l'obtint, et il se fit un revenu considérable avec cette entreprise nouvelle. De pareilles feuilles avaient été imaginées à Venise. L'étymologie du mot *gazette* vient de ce que, pour lire ces nouvelles, on payait *una gazetta*, petite pièce de monnaie. Le nom du prix de la chose a passé à la chose même.

un cercle de savans, où chacun était reçu à discourir sur un sujet proposé huit jours auparavant. Le père Albert, religieux de l'ordre de saint Benoit, tenait, tantôt le lundi, tantôt le samedi, au collége de Cluny, une *académie* où l'on s'efforçait de prouver la foi et tous les mystères de la religion catholique, par des raisons naturelles et démonstratives; mais cette *académie* dura peu, ayant été supprimée par les grands vicaires de l'archevêque de Paris. Il y avait aussi aux Augustins une *académie* de savans théologiens, fondée par un des chanceliers de l'université, et présidée par le père Hyacinte, capucin, savant controversiste; elle était à l'imitation de la congrégation *de propagandâ fide*. Elle fut interrompue en 1637 par la guerre survenue entre la France et l'Espagne, et ensuite supprimée par un arrêt du conseil, sollicité par les jésuites et les molinistes; elle était alors dans une grande salle du collége de Bourgogne. Le père Senault tenait aussi une *académie* tous les lundis à Saint-Magloire, en faveur des ecclésiastiques qui voulaient se former à la prédication. Le célèbre Pascal en ouvrit chez lui une de mathématiques. Les médaillistes s'assemblaient chez de Séve, prévôt de Paris, et chez Seguin, doyen de Saint-Germain-l'Auxerrois; enfin la jurisprudence, les langues grecque et italienne, avaient aussi leurs espèces d'*académies*; mais elles ont peu duré, ainsi que celle des belles-lettres de l'abbé d'Aubigné, qui embrassait tant de choses, qu'on pouvait, dit Sauval, l'appeler *Académie encyclopédique*. Nous ne nous étendrons pas davantage sur tout ce qui a précédé les *académies* légales dont nous parlons dans notre 1.er volume, à la page 9, et à la notice géographique qui termine le second volume. On trouvera dans l'*Erotika Biblion* de Mirabeau, une longue liste des *académies* d'Italie : M. D. G. a copié cette nomenclature dans les notes de son *Eloge des Perruques*.

ACCENS. *b*, 14. Ginther ou Gunther Zeiner ou Zainer, imprimeur du 15ᵉ siècle à Ausbourg, s'est servi d'accens circonflexes au lieu de points sur les *i* dans son *Catholicon* de 1469. Les points des *i* du *Catholicon* de 1460 sont ronds ; mais Schœffer s'est servi de points aigus dans ses *Clémentines* et dans le *Saint-Thomas* de 1467. (*Voyez* ZEINER. *b*, 347.)

ACCOLADE. Terme d'imprimerie. *b*, 14.

ACHARD (C. F.). Membre du lycée des sciences et arts de Marseille, associé correspondant de la société d'agriculture du département de la Seine, et l'un des administrateurs du musée de Marseille. Cet estimable bibliographe se proposait de publier un ouvrage très-instructif sous le titre de *Catalogue raisonné de tous les monumens littéraires et scientifiques réunis dans le musée national de Marseille*. Marseille, an VII, in-8. Malheureusement il n'a paru que quatre feuilles et demie du premier volume de cette utile entreprise, et l'on doit regretter que la suite n'ait point paru. Le C.ᵉⁿ Achard a commencé son travail par le catalogue de la bibliothèque. Ce catalogue est précédé d'un système complet de bibliographie, suivant l'arbre des connaissances humaines. Il coïncide beaucoup avec l'essai du système que nous avons hasardé dans notre ouvrage. L'auteur a, comme nous, fait de la bibliographie une classe particulière qui doit servir d'introduction à tout catalogue de bibliothèque. Les 72 pages de son catalogue, que je possède, renferment, 1° un discours préliminaire de 20 pages sur les objets de sciences et d'arts de Marseille, et sur la description des locaux qui leur sont destinés ; 2° le système bibliographique en 12 pages, et enfin, 3° l'introduction, c'est-à-dire, le catalogue de plusieurs articles de bibliographie, en 40 pages. Le citoyen

Achard ne s'est pas contenté de donner la simple liste des ouvrages, il ajoute à chaque titre une notice de ce que chaque volume renferme, quelques détails sur la vie de l'auteur, une critique sage de l'ouvrage entier et son évaluation. Il relève de temps en temps des erreurs échappées à Debure dans sa *Bib. inst.*: p. ex., à l'article *Photius*, Debure annonce le *Myriobiblon*, *ex versione Dav. Hoeschelii*. Ce n'est point Hoeschelius qui a traduit Photius en latin; il est seulement l'éditeur du texte grec, et And. Schott est le traducteur latin: à l'article de Guillaume Cave, Debure, rapportant l'édition d'Oxford 1740, a mis dans le titre *Historia.... in quo* au lieu d'*in quâ*, et il donne le titre d'éditeur à Cave, tandis qu'il est auteur, et qu'il était mort trente ans avant que cette édition parût. Cailleau s'est trompé dans le nom des éditeurs de la *Bibliothèque de France* du père Lelong : au lieu de *Ferret* et de *Barbant de la Bruere*, il faut lire *Fevret* et *Barbeau de la Bruyère*. A l'article *Bibliotheca Telleriana*, etc., Debure attribue la rédaction de ce *Catalogue* à Nicolas Clément, et il est de Philippe Dubois, bibliothécaire de l'archevêque le Tellier. A l'article de la *Bibliothèque grecque de Fabricius*, Debure, au lieu de copier dans le titre ces mots *De medicamentis è piscibus*, a mis *De medicamentis et piscibus*: s'il eût cherché à la page 14 du premier volume, il aurait trouvé, à la tête des vers de Marcellus Sidetes, le titre suivant : *Medicina ex piscibus*, ce qui signifie *remèdes tirés des poissons*. A l'article *J. A. Fabricii, bibliotheca antiquaria*, Debure ne dit pas que l'édition de 1716, qu'il annonce, est la seconde, la première étant de 1713. Niceron s'est trompé en annonçant cette seconde sous la date de 1726. J'ajouterai que l'imprimeur du C.en Achard s'est trompé en mettant *Bibliographia antiquaria* au lieu de *Bibliotheca antiquaria*. La dernière édition de cette Bibliothèque est de 1760.

Telles sont les principales erreurs que le C.en Achard a relevées dans le peu d'articles de bibliographie que renferment les premières feuilles du catalogue qu'il a fait imprimer : combien il en aurait relevé d'autres s'il eût continué son intéressant travail (1)! C'est à sa générosité que nous devons quelques notices sur l'abbé Rive : ayant connu particulièrement ce savant original, il a bien voulu nous communiquer, non-seulement des détails biographiques, mais même des ouvrages de ce profond, mais trop mordant bibliographe.

ACROATIQUES (livres). *a*, 11.

ACTES des assemblées ecclésiastiques et conciles de France (continuation de la collection des). *a*, 136.

AD-USUM-DELPHINI. Collection d'auteurs classiques connue sous ce nom. *b*, 351.

ADAM. On connait plusieurs imprimeurs de ce nom au 15e siècle. L'un a imprimé un *Lactance* en 1471, et il porte simplement le nom d'*Adam.* Un autre a imprimé *Orationes Ciceronis* en 1472, et il s'appelle Adam de Ambergau (*voyez* plus bas). Audifredi a mal-à-propos confondu ces deux Adam. Un troisième est Adam Rot, qui a imprimé *Dominici de sancto Geminiano lecturam super secundâ parte decretalium.* Les caractères dont se sont servi ces trois Adam différent entre eux. Un *magister* Adam a imprimé, en 1470, *Augustini dati elegantiolœ*, in-4. Un *doctus* Adam a réimprimé ce même ouvrage, et *doctus* est

---

(1) J'ai oublié de dire qu'à la page 49, le C.en Achard donne l'étymologie du mot *anecdote*, qui vient du grec *anekdotos*, et signifie *non imprimé encore*, *non publié*. On a d'abord employé le mot *anecdote* dans notre langue, pour signifier histoire secrète, et postérieurement on a entendu par ce mot un petit trait d'histoire détaché, un événement particulier, ce qui s'éloigne de l'étymologie.

sans doute le même que *magister*. On connait encore un *Petrus Adamus mantuus*, etc., etc. En général, les bibliographes ne sont point d'accord sur les imprimeurs qui ont porté le nom d'Adam, ni sur les éditions sorties de leurs presses.

ADAM DE AMBERGAU (1). Imprimeur du 15e siècle. On ignore le lieu où il a imprimé, et quelques bibliographes doutent si Adam Rot, célèbre imprimeur du 15e siècle à Rome (depuis 1471 jusqu'en 1475), n'est pas le même que *Adam de Ambergau* (2). Dans tous les cas on doit de belles éditions à ces deux noms : le *Ciceronis orationes* in-fol. de 1472, porte, dans quatre vers de souscription, le nom de *Adam de Ambergau*. Cette édition, exécutée en beaux caractères ronds, est, ainsi que les autres éditions de cet imprimeur, excessivement rare. Laire n'en a pas trouvé un seul exemplaire dans toutes les bibliothèques de Rome. M. Debure a cru que les caractères dont s'était servi Jean de Westphalie pour imprimer, en 1483, les *Epitres familières* de Pie II, étaient les mêmes que ceux d'*Adam de Ambergau* dans l'*Orationes* ci-dessus. L'abbé Rive l'a réfuté et a démontré (CHASSE AUX BIBLIOGRAPHES, *page* 15) qu'il y avait de la différence entre les caractères employés dans les épitres d'*Æneas Silvius* et de Gasparin, et ceux de l'*Orationes*, surtout dans les *h*, les *i* et les *o*. Nous finirons cet article par répéter que l'on a peu de détails sur ce qui regarde *Adam de Ambergau*, et qu'on est incertain s'il n'est pas le même que Adam Rot, *magister* Adam, et Adam *doctus*. Tous ces noms se trouvent dans des éditions très-rares, qui ont paru de 1470 à

---

(1) Ambergau ou Amberg est une petite ville de la Haute-Bavière.
(2) Cela n'est pas présumable : Adam Rot était clerc du diocèse de Metz.

1475, environ. Au reste, on peut consulter à ce sujet *Debure*, BIBL. INSTR., n° 2399; *Debure*, CATAL. DE LA VAL., 1ere partie, nos 2299 et 4448; *Laire*, INDEX LIBRORUM, tome 1er, page 269, n° 16, et page 124 du même tome, nos 69 et 70; *Rive*, CHASSE AUX BIBLIOGRAPHES, pages 14 et 15.

ADRENAM. Livre sacré de l'Inde. *a*, 11.

AGE DU MONDE (différens systèmes sur l'). *a*, 210.

AGE (moyen), ou histoire moyenne. Qu'entend-on par cette histoire ? *b*, 262.

ALCORAN, CORAN ou KORAN. Livre sacré des mahométans. *a*, 326, *b*, 160.

ALCORAN des cordeliers. *a*, 39.

ALDES (les). Célèbres imprimeurs d'Italie. Comme il s'est glissé des erreurs dans leurs articles (*voyez* MANUCE, page 406, tome 1er), nous allons tâcher de les réparer, en consignant ici les notes précieuses que nous avons puisées dans différens bibliographes. *Alde Manuzio* (l'ancien ou le premier), est né vers 1447 à Bassiano, lieu situé dans la campagne de Rome; c'est du lieu de sa naissance qu'avant 1500, il portait le surnom de *Bassianus*; ensuite il prit celui de Romain, sans doute parce qu'il fit ses études à Rome, et qu'il y passa la plus grande partie de sa jeunesse. Il ajouta encore à ses noms celui de *Pius*, par concession d'Albert Pie, prince de Carpi, dont il fut d'abord précepteur, et qui l'honora du nom de sa famille. C'est vers 1488 qu'il se transporta à Venise, dans le dessein d'y établir une imprimerie; mais ce n'est qu'en 1494, que ses premières productions parurent; du moins son *Musæus* grec et latin, in-4, sans date, passe pour être de cette année et pour le premier ouvrage qu'il ait imprimé. Crevenna est bien d'avis que le *Musæus* est de 1494; mais il place avant, la *Grammaire grecque de Constantin Lascar*, qui porte *ultimo februarii*, 1494. Alde n'a rien produit dans l'année 1506, parce qu'il voyagea pendant cette année, et commença les éditions qui parurent en 1507. Il imprima seul jusqu'en septembre 1508, et ses productions portent pour la plupart *Apud Aldum Manutium Romanum*, ou *Apud Aldum Romanum*, ou, dans quelques-unes, *ex Aldi Romani academiâ* ou *neacademiâ*. Sur la fin du 15ᵉ siècle, Alde avait formé le projet d'imprimer un *Psautier polyglotte*, comme on le voit par une lettre de Grocinus à ce savant imprimeur en 1499. Maittaire nous a conservé, dans le premier tome de ses *Annales typographiques*, page 254, cette lettre, qui est imprimée à la suite de l'édition que ce même Alde publia en 1499 sous le nom d'*Aratus, cum Theonis scholiis grœcis, etc., et Procli sphœra, gr. lat., Venetiis*, in-4; mais ce *Psautier polyglotte* n'a jamais vu le jour. Alde épousa en 1501 une fille de André Turrisano Asola, imprimeur à Venise depuis 1480. Maittaire, dans ses *Annales*, et Ungerus, dans sa *Vie d'Alde Manuce*, augmentée par Samuel Luther Geret, prétendent qu'*Alde* commença déjà, en 1501, à imprimer en société avec son beau-père Asola, et notent le *Juvenal et Perse* de 1501, *mense augusto*, comme portant *In œdibus Aldi et Andreæ soceri*; mais Apostolo Zeno, dans ses *Notizie letterarie dei Manuzi*, ne dit rien à ce sujet, et l'exemplaire de cet ouvrage que possédait Crevenna, ne porte que *in œdibus Aldi*, seul. D'ailleurs il n'est pas probable qu'*Alde* ait commencé à imprimer en société avec Asola en 1501, puisqu'Asola, selon Maittaire, se servit en 1502 de Bernardino Vercellese, pour faire imprimer pour son compte les *Œuvres de Campanus*, et puisqu'il imprima lui-même, en janvier 1504, *Bartholom. Capellæ consilia criminalia*. Le premier livre qu'*Alde* a imprimé avec son beau-père, ou du moins qui porte véritablement: *In œdibus Aldi et*

Andreæ Asulani soceri, est *Plinii epistolæ*, 1508, *mense novembri*. Cependant cette société ne doit avoir été générale et suivie qu'en 1513, car, sous les années 1508 et 1509, on trouve des livres portant, les uns, In *ædibus Aldi*, seul, et, les autres, In *ædibus Aldi et Andreæ soceri*. En 1510 et 1511, les presses d'*Alde* furent dans l'inaction, à cause des troubles qui désolèrent l'Italie. Ses éditions de 1512 ne sont pas bien nombreuses, et portent le nom d'*Alde*, seul; mais, à commencer de 1513, il imprima toujours en société avec son beau-père. *Alde* mourut avant le mois d'avril 1515, et laissa trois fils et une fille. Le premier de ses fils se nommait Manuzio (Manuce); le second, Antoine, et le troisième, Paul. Ils restèrent sous la tutelle d'André Turrisano d'Asola, qui continua l'imprimerie, et data toujours In *ædibus Aldi et Andreæ Asulani soceri*. Les savans et les connaisseurs feront toujours le plus grand cas des éditions d'*Alde* le vieux ; on y admire surtout la beauté du papier, de l'exécution, des marges et des caractères, tant grecs que romains et italiques. (Il est l'inventeur de ce dernier caractère, comme nous le disons page 47, 1er volume, et le premier ouvrage qu'il imprima en italique est le fameux *Virgile* de 1501). *Alde* s'est distingué aussi par la grande exactitude dans la ponctuation, par la correction, soit de l'impression, soit des textes même des auteurs, et même par les utiles additions dont il a enrichi les éditions qui sortaient de ses presses.

André Turrisano d'Asola étant mort en 1529, l'imprimerie resta fermée depuis environ août 1528 jusqu'en 1533, époque à laquelle les fils d'*Alde* et d'André d'Asola la r'ouvrirent en société, sous le nom d'héritiers d'*Alde* et d'André Turrisano d'Asola. Paul Manuce, le troisième fils d'*Alde*, né en 1512, en eut la direction et le principal mérite : il n'était ni moins savant ni moins habile dans l'art typographique que son père. Les productions de la nouvelle société furent abondantes jusqu'en 1536; mais, de cette année jusqu'en 1540, on n'en trouve presque plus. Il est survenu sans doute quelques altercations dans la société, car on trouve en 1540 et années suivantes, des livres souscrits *Apud Aldi filios*, et d'autres *Apud Paulum Manutium Aldi filium*. La réputation et le savoir de Paul Manuce lui méritèrent, en 1556, la direction de l'imprimerie de l'académie vénitienne; et, en 1562, il fut appelé à Rome pour diriger l'imprimerie du Vatican. Pendant son séjour à Rome, les presses qu'il avait laissées à Venise ne restèrent point oisives, quoique ses frères Manuce et Antoine, bien loin de l'assister dans ses travaux, lui causassent des chagrins, spécialement Antoine, qui, exilé une seconde fois de sa patrie, érigea, par l'assistance de Paul, une imprimerie à Bologne, avec l'enseigne Aldine, de laquelle imprimerie on connaît quelques productions de 1556 et 1557. Enfin Paul Manuce mourut à Rome en 1594, laissant une fille qui était déjà mariée, et un fils.

Ce fils fut *Alde*, dit *Alde* le jeune; il était né en 1547, et ne dégénéra pas de ses prédécesseurs; mais il paraît qu'il a cultivé l'étude et la littérature plus que l'art typographique. Il occupa les chaires d'éloquence de Venise, de Bologne, de Pise et de Rome, mais avec peu de succès; il publia nombre d'ouvrages de sa composition, parmi lesquels il y en a de très-bons. Il possédait cependant très-bien l'art de l'imprimerie, et en donna des preuves dès 1571, lorsque son père étant à Rome, il eut soin de son imprimerie à Venise. Le pape Clément VIII le chargea, en 1592, de la direction de l'imprimerie du Vatican. Quoiqu'il eût quitté Venise depuis 1585, ses presses y roulèrent toujours sous la direction de Nicolas Manassi et d'autres, jusqu'à sa mort, arrivée en 1697. Il a été marié, a eu plusieurs enfans, tous morts avant lui. Nous renvoyons pour plus amples détails sur la vie des *Aldes*, à l'ouvrage de M. Renouard, et nous invitons les personnes qui possèdent nos deux premiers volumes, à corriger les erreurs de date, et à s'en rapporter aux éditions et aux dates mentionnées dans le présent article.

ALLONYMES. Epithète donnée à ceux qui prennent le nom de quelqu'auteur de réputation. *a*, 12.

ALPHABET. *a*, 13; grec, *id.*; latin, 14; français, 15; combinaisons des 24 lettres de notre *alphabet.* 15.

ALPHABET GREC. Son origine selon Bouhier. *a*, 13.

ALPHABET LATIN est tiré du grec. *a*, 15.

ALPHABETS connus (notice des principaux), d'après Fournier. *a*, 16 et suivantes.

ALPHABETS de Charlemagne (les quatre). *a*, 18.

AMARASHINA. Livre de l'Inde. *a*, 22.

AMETHYSTE. Pierre précieuse, son étymologie. *a*, 285.

AMYANTE ou ASBESTE (papier d'). *b*, 26.

ANA. Recueil de pensées et de bons mots inédits. *b*, 354. Lamonnoie a composé une petite pièce de vers intitulée *Les Ana*, dans laquelle il passe en revue tous les *Ana* connus de son temps.

ANAGNOSTES. Lecteurs chez les grecs. *b*, 355.

ANBERTKEND. Livres des brachmanes. *a*, 23.

ANCRE. Signe d'orthographe ancienne. *a*, 166.

ANECDOTE. Etymologie de ce mot. *c*, 7.

ANISSONS (les). Imprimeurs de Lyon et de Paris. *a*, 23. Rétablissons ici la généalogie exacte de MM. Anisson. Le premier connu était un nommé Jean, libraire à Lyon dans le 16e siècle; son fils, Jean, fut reçu imprimeur-libraire en 1691, et directeur de l'imprimerie royale à Paris en 1701 : il mourut en 1721. Louis Laurent, neveu du précédent, et non son fils, comme nous l'avons dit dans notre 1er volume, fut reçu imprimeur en 1723, et directeur de l'imprimerie royale, après Claude Rigaut, son oncle, à qui Jean avait cédé cette direction depuis 1702; il mourut en 1761, sans postérité. Jacques-Louis Laurent, frère du précédent, et par conséquent neveu de Jean, fut directeur de l'imprimerie royale en 1733, et son fils a, je crois, exercé cette place jusqu'à l'instant où il a malheureusement été victime de la révolution française. C'est à ce dernier que l'on doit un *Premier Mémoire sur l'impression en lettres, suivi de la description d'une nouvelle presse*, publiée par ordre du gouvernement. Paris, 1785, in-4, planches. Ce mémoire a été lu par l'auteur à l'académie des sciences, le 3 mars 1783. Il y est dit que la main-d'œuvre la plus parfaite du typographe, consiste dans *la forme des lettres, la taille et la trempe des poinçons, la frappe des matrices, leur justification pour la ligne et l'approche, la construction du moule, la précision minutieuse à le remettre; la fonte des caractères, leur apprêtage; la composition, l'imposition, la correction; le* papier, *son apprêt avant et après être imprimé; l'encre, et enfin l'impression*. Dans ce mémoire, M. Anisson n'a traité que *l'impression* envisagée relativement à l'opération de la presse, et il l'a terminé par la *description d'une nouvelle presse*. M. Didot a donné une analyse critique de ce mémoire dans les notes de son *Epitre sur les progrès de l'imprimerie* (voyez *Essai de Fables nouvelles*, par Didot, fils aîné, 1786, in-12, page 137).

ANNÉE (commencement de l'). chez les différens peuples. *a*, 201.

ANOMALIE. Terme de grammaire. *a*, 260.

ANONYME. Epithète qui signifie *sans nom*. *b*, 356.

ANTI. Mot qui désigne un écrit satyrique. *b*, 357.

ANTI-LAMDA. Signe orthographique qui a précédé les guillemets. *a*, 25.

ANTIQUAIRES. Caylus, Winckelman, Mengs, Sulzer, Heineken, Visconti, Voigt, J. A. Fabricius, Paul Schaffshausen, Grævius, Gronovius, Olivier Legipont, Montfaucon, Schatz, Heyne (1), Baudelot d'Airval, Ernesti, George-Henri Martini, Oberlin, Schœpflin, Klotz, Bracci, Falconet, Howe, d'Hancarville, Christ, Gori, Molinet, Bathelemy, Millin, etc., etc., *a*, 28 et 29.

ANTIQUITÉS d'Herculanum. *a*, 414, 467; *b*, 426. Celles gravées par David, en 9 volumes in-4, ne sont qu'une copie imparfaite du grand ouvrage original de l'académie de Naples sur cet objet. Nous en donnons le titre au mot *Herculanum*.

ANTI-SIGMA. Signe orthographique dans les anciens manuscrits, ou l'un des caractères inventés par l'empereur Claude. *a*, 25.

APOCRYPHE. Epithète donnée à tout livre dont l'authenticité n'est pas reconnue. *a*, 25.

APOCRYPHES. (Livres de la Bible.) *a*, 48.

APOGRAPHE. Mot tiré du grec, qui signifie *Copie d'un écrit, d'un original*: il peut s'appliquer aux imitations de toutes les productions originales de l'art et du génie; ainsi l'on peut dire : un écrit *apographe*, un tableau *apographe*,

---

(1) Heyne, professeur à Gœttingue, et non à Dresde, comme il est dit dans notre premier volume.

une statue *apographe* (1), pour exprimer un écrit copié, un tableau copié, une statue imitée. *Apographe* est opposé à *Autographe*, qui veut dire *fait ou écrit de la main de l'auteur*. Il y avait à Athènes un portique ou espèce de marché que l'on nommait *les bibliothèques* : on y exposait en vente des livres, des statues et des tableaux. Il fallait une longue étude de la littérature, de la critique et des arts, pour n'être pas trompé par des ouvrages exposés avec emphase sous des noms fameux. On y trouvait une multitude de compilations décorées d'un titre imposant et magnifique ; on était entraîné par un charme irrésistible à les lire ; on les achetait, et bientôt on éprouvait le double regret d'avoir lu de mauvais ouvrages, et de les avoir payés quelquefois fort cher. Ces spéculations littéraires, qui ne sont pas tout à fait étrangères au siècle où nous vivons, furent portées à un tel point qu'on n'attendait pas même la mort des plus célèbres écrivains pour leur attribuer des ouvrages supposés ; et Galien assure qu'on exposait en vente, publiquement et sous son nom, des traités complets auxquels il n'a jamais pensé. (*Voyez* son traité intitulé *Catalogue de mes ouvrages.*)

On imitait les statues comme on copiait les livres, et on vendait les copies pour des originaux, surtout après avoir ajouté sur la jambe ou sur la cuisse de ces copies, une fausse inscription en lettres d'argent, et le nom supposé

---

(1) Le Mercure que l'on voyait à l'entrée du Céramique d'Athènes paraissait tout luisant, parce qu'on l'avait souvent enduit d'une substance oléagineuse pour faciliter l'empreinte des moules avec lesquels on en faisait des copies. Les magistrats nommés Agoranomes, qui avaient l'inspection des marchés et des places publiques à Athènes, ne s'opposaient point à ce que l'on prît des empreintes des belles statues qui décoraient la ville. Ce Mercure, si souvent copié, est celui dont parle Pausanias, sous le nom d'*Agoræus*, nom que l'on donnait aussi à Jupiter, et qui vient du mot *agora*, place.

de quelque statuaire célèbre, tels que Lysippe, Phidias, Polyclète, Praxitèle, etc. On regarde la Vénus de Médicis comme le plus fameux des *apographes* qu'on connaisse aujourd'hui ; elle se trahit par sa propre attitude, où l'on reconnaît manifestement une copie de la Vénus de Gnide; et Mariette, dans son *Traité des pierres gravées*, tome I, p. 102, regarde l'inscription comme une fraude de plus ; il ne la croit point authentique ; elle devrait porter : *copiée sur la Vénus de Gnide* ; mais cette statue n'aurait pas été vendue si cher. Ce qui la fait regarder comme *apographe*, c'est que, malgré l'exactitude des proportions, elle manque de grâce, et son attitude un peu gênée démontre qu'elle n'a pas même été copiée par un artiste du premier mérite : effectivement, Cléomène, auquel on l'attribue, est un statuaire qui n'a été cité par aucun auteur de l'antiquité.

Les tableaux s'imitaient comme les statues. Les deux plus fameux *apographes* en fait de peinture, connus à Athènes, étaient une copie des Centaures de Zeuxis, décrite par Lucien, fort en détail, et une copie de la Glycère de Pausias, qui passait pour l'un des plus beaux tableaux de la Grèce, quoiqu'il ne représentât qu'une seule figure de femme occupée à faire des festons ou des couronnes de fleurs. Il arrivait souvent que des artistes faisaient eux-mêmes des copies ou, pour mieux dire, des répétitions de leurs ouvrages : on sait que Polygnote peignit à Delphes une prise de Troye qui se rapprochait parfaitement de celle qu'il avait peinte dans le pécile d'Athènes.

On prétend que les Thébains firent une loi pour punir les peintres qui réussissaient mal dans leur art. Il n'existait point de pareilles lois à Athènes, si ce n'est pour les *Dactylioglyphes* (1), à qui il était sérieusement défendu

___

(1) Les Dactylioglyphes étaient des graveurs en métaux et en pierres précieuses : ils s'occupaient surtout à graver des anneaux, cachets ou

de faire des contrefactions ; ils n'osaient même conserver dans leurs ateliers, l'empreinte d'un cachet qu'ils avaient gravé, afin de prévenir les fraudes qui pouvaient résulter de la falsification du sceau privé des citoyens.

Nous venons de parler des *apographes* des anciens, sous le rapport des livres, des statues et des tableaux : il nous reste peu de chose à dire des *apographes* chez les modernes. Depuis la découverte de l'imprimerie, on ne copie plus les livres, mais on les contrefait (*voyez* CONTREFACTION). Quant aux statues, nos places et nos monumens publics sont, pour la plupart, décorés d'*apographes* tirés des chef-d'œuvres, soit anciens soit modernes. Des peintres se sont aussi occupés d'*apographes* dans leur genre, et souvent des connaisseurs, ou prétendus tels, ont été dupes de l'adresse avec laquelle on a copié ou imité des tableaux de grands maîtres. Bernard Picart avait un talent particulier pour imiter, dans ses dessins à l'eau-forte, la manière et le style de différens peintres célèbres, surtout de Rembrant : il a trompé, dans le temps, les plus fins connaisseurs. Il a donné au recueil de ses imitations le titre d'*Impostures innocentes*.

APOSTOL. 1er livre imprimé en Russie. *b*, 433.

APOSTROPHE. Signe de ponctuation. *b*, 13.

ARABE (langue). *a*, 350.

ARCHÆOLOGIE et ARCHÆOGRAPHIE. Mots qui ont rapport à la science des antiquités. *a*, 26.

---

sceaux. Outre les Dactylioglyphes, il y avait encore à Athènes des *Hermoglyphes*, qui gravaient des inscriptions sur le marbre : la république leur payait 50 drachmes (à peu près 37 à 40 francs) pour la gravure d'un long décret, qui occuperait aujourd'hui pendant dix jours un tailleur en pierre.

ARCHIVES (*voyez* tome 1er, page 29). Nous ajoutons à cet article quelques détails sur les *archives* de France. Elles ont été établies par une loi du 12 septembre 1790, pour être le dépôt de tous les actes relatifs à la constitution de la France, à son droit public, à ses lois et à sa distribution en départemens. Une loi du 7 messidor an II a spécifié plus en détail les objets à déposer aux *archives*, et a ordonné qu'il y fût remis un état sommaire des titres conservés dans les différens dépôts de la république : la même loi a réuni aux *archives* nationales, sous deux sections, les dépôts de titres judiciaires et de titres domaniaux existant dans Paris, et elle a ordonné dans toute la république le triage des titres et papiers qui seraient à anéantir ou à conserver.

La section judiciaire des *archives* renferme la totalité des anciens dépôts du parlement de Paris, à commencer par les registres connus sous le nom d'*Olim*, les ordonnances, les arrêts, les délibérations, etc. : dans la même section sont les registres des autres cours et tribunaux qui étaient établis à Paris.

Le trésor des chartes, connu par les inventaires de Dupuy; les *archives* des abbayes de Saint-Denis, de Saint-Germain-des-Prés, du chapitre de Paris, etc., ont été transportés à l'ancien palais Bourbon, qui est le chef-lieu des archives nationales (1). Il a été formé un bureau appelé des monumens historiques, dans lequel plusieurs hommes de lettres sont occupés à former des tables de matières et de noms des anciennes chartes, cartulaires, registres du trésor des chartes, etc., etc.

---

(1) C'est là qu'est établie la section domaniale ; mais la section judiciaire est au palais de la justice. Ces divers dépôts ont chacun leur inventaire. Dans le chef-lieu des archives se trouvent les tables de matières et de noms de tout ce qui a été traité dans les assemblées nationales.

Une loi du 14 ventôse an IV a établi, dans la dépendance des *archives*, et sous l'inspection et la direction de l'archiviste, une bibliothèque à l'usage du corps législatif. Cette bibliothèque est commune au tribunat, au conseil d'état et au sénat : elle est également à l'ancien palais Bourbon. Elle est composée d'environ vingt-cinq mille volumes, presque tous de choix, belles éditions, estampes, gravures, etc. On y remarque une collection très-ample, et peut-être la plus belle qui existe, des auteurs dits *Variorum*, auxquels on a joint presque toutes les éditions modernes des classiques grecs et latins imprimés in-8.

Après le 18 brumaire an VIII, un arrêté des consuls du 8 prairial an VIII a prononcé un nouveau réglement sur l'état des *archives*. L'article 8 de ce réglement porte que l'archiviste sera nommé et révocable par le premier consul, et qu'il sera sous son autorité immédiate. La direction des *archives* est confiée au citoyen Camus, qui a été nommé à la place d'archiviste dès le 14 août 1789, lorsque les *archives* n'existaient encore qu'en vertu d'un réglement de l'assemblée nationale. La loi de 1790 ayant établi qu'il serait fait une nouvelle élection tous les six ans, et la loi du 7 messidor an II ayant réduit ce temps à cinq ans, le citoyen Camus a été réélu archiviste le 10 brumaire an IV, et nommé de nouveau par le premier consul le 4 thermidor an VIII. Si des lumières très-étendues, des connaissances profondes en diplomatique, l'esprit d'ordre et d'arrangement et l'affabilité sont des titres nécessaires pour remplir cette place importante, personne n'était plus digne d'y être appelé que celui qui l'occupe. Le sénatus-consulte du 14 nivôse an XI porte que le chancelier du sénat aura sous son administration les *archives* où seront déposés les titres de propriété du sénat; il surveillera la bibliothèque, la galerie des tableaux, et le cabinet des médailles. Sous les ordres immédiats du chancelier, seront la garde des *archives*, le garde adjoint, et le nombre d'employés nécessaires pour ces différentes attributions (articles 13 et 14 du *sénatus-consulte*).

ARCHIVES des Juifs, des Grecs, des Romains, de France et de l'Empire. *a*, 29 et suivantes.

ARCHIVES ambulantes (*viatoria*), permanentes (*statoria*). *a*, 31.

ARCHIVISTE. *a*, 33.

ARISTOTELISME. *b*, 72. Ses partisans depuis la renaissance des lettres. *b*, 76.

ARMORIÉES (lettres). *a*, 362.

ARTISTES de la Grèce. *b*, 98.
ARTISTES de Rome ancienne. *b*, 106.

ARUNDEL (marbres d'). *a*, 418.

ASCÉTIQUE. Epithète que l'on donne aux livres de piété. *a*, 36.

ASSIGNATS (fabrication des). Artistes et savans employés à cette fabrication. *b*, 194.

ASTERISQUE ou ETOILE. Terme d'imprimeur. Signe de renvoi. *a*, 36.

ATERBABETH. Livre sacré des indiens. *a*, 37.

AUDIFREDI (Jean-Baptiste). Bibliographe italien. Il a critiqué le *Specimen historicum typographiæ romanæ* de Laire, dans un excellent ouvrage qui a pour titre : *Catalogus historico-criticus romanarum editionum sæculi XV, in quo præter editiones à Maittario, Orlandino, et P. Laerio relatas, plurimæ aliæ recensentur ac describuntur*, autore *Audifredi. Romæ*, 1783, in-4. Dans cette production, *Audifredi* supplée aux omissions de Maittaire, d'Orlandi et de Laire. Rive prétend que Laire a été si vivement affecté de la critique d'*Audifredi*, qu'il en a quitté l'Italie de dépit : il faut remarquer que Rive n'est pas toujours digne de foi, surtout quand la mauvaise humeur, qui lui était si naturelle, dirigeait sa plume.

AUTOGRAPHE. Ecrit de la main de l'auteur. *a*, 37.

B.

BAGOUA-GEETA. Poëme indien. *a*, 39.

BALANCE des peintres *b*, 46.

BALANCIER pour frapper les monnaies. *a*, 297.

BALLARD (Robert). Graveur, libraire et imprimeur à Paris. Il n'obtint des lettres de *seul imprimeur du roi pour la musique*, que parce qu'il s'était spécialement adonné aux matrices et poinçons de musique, partie qui n'est point sortie de cette famille jusqu'à la révolution. Les Ballard s'adressaient à un fondeur pour la partie mécanique de la fonte. *R. Ballard* a exercé depuis 1551 jusqu'en 1606.

BALLES. Terme d'imprimerie. *b*, 321.

BARBIER (Antoine-Alexandre). Ancien membre de la commission temporaire des arts et du conseil de conservation des objets de sciences et d'arts, aujourd'hui bibliothécaire du conseil d'état. *b*, 357. Ce savant bibliographe enrichit souvent le *Magasin encyclopédique* de notices curieuses relatives à la bibliographie : les principales consistent dans trois lettres, l'une sur la bibliographie, et particulièrement sur les traductions françaises des *Lettres d'Aristenete*, 1er vendémiaire an VIII; l'autre sur quelques articles du Magasin encyclopédique, notamment sur les deux extraits des *Œuvres choisies de Fénélon*, 6 volumes in-12, 1er pluviôse an VIII, et la troisième sur le véritable auteur du livre intitulé : *Connaissance de la mythologie*, 1er prairial an IX. Le C*en* *Barbier* a aussi publié une notice intéressante sur le *Recueil des Lettres de madame de Sévigné*, édition de S. J. B. de Vauxcelles, 10 vol. in-12, 1er germinal an X ; il travaille à la rédaction du *Catalogue des livres de la bibliothèque du conseil d'état.* Ce catalogue s'imprime, format petit in-folio, à l'imprimerie de la république. Le premier volume a près de 600 pages ; le second en aura environ 400. La table alphabétique et raisonnée des auteurs et des ouvrages sans nom d'auteur, formera un 3e volume. Les bibliographes attendent avec impatience la publication de ce catalogue, dans lequel sont indiqués les auteurs d'un grand nombre d'ouvrages anonymes : on y trouvera quelques notes relatives à ces ouvrages.

BARBOU (les). Imprimeurs de Lyon, de Limoges et de Paris. *a*, 40. Les *Barbou* de Paris sont Jean-Joseph, reçu libraire en 1704, et mort en 1752 ; Joseph, frère puîné du précédent, reçu libraire en 1717, et imprimeur en 1723 ; il mourut en 1737 : sa veuve a continué à imprimer jusqu'en 1750 ; Joseph Gerard, neveu des précédens, est reçu libraire en 1746, et imprimeur en 1750 : il exerçait encore au commencement de la révolution française. C'est à lui que l'on doit les jolies éditions dont nous avons parlé.

BARDES. Poëtes lyriques des Celtes, des Gaulois, etc. *a*, 40, 276.

BATARDE (ancienne). C'est une écriture usuelle des 14 et 15e siècle, qui est aussi connue sous le nom de *Cursive gothique* : elle dérive des lettres de forme. Elle est fort grosse dans les manuscrits exécutés en France et dans les Pays-Bas, depuis le milieu du 15e siècle jusqu'au commencement du 16e. *a*, 16.

BATARDES (lettres). *a*, 368.

BECHTERMUNTZE (Henri et Nicolas). Imprimeurs du 15ᵉ siècle. Ces deux frères ont donné, en 1467, une édition d'un *Vocabulaire* in-4, dont la souscription est rapportée tout au long dans l'*Index librorum* du P. Laire, tome 2, p. 59. Ils imprimaient à Elteville, petite ville près Mayence. On croit qu'ils ont acquis l'attirail typographique délaissé par Gutenberg. Un exemplaire du *Vocabulaire* en question a été vendu à Cologne, en 1789, pour la bibliothèque nationale de France. *b*, 408.

BERNARD (Edouard). Savant astronome, et critique anglais, né près de Towcester dans Northampton-Shire, en 1638, et mort à Oxford en 1696, à 59 ans. On connaît peu de savans qui aient eu une érudition égale à celle d'*Edouard Bernard* : il possédait les langues orientales aussi bien que le grec et le latin. En 1668, il se rendit à Leyde pour consulter les manuscrits orientaux que Joseph Scaliger et Levinus Warner avaient légués à la bibliothèque de cette académie. En 1673, il fut nommé professeur d'astronomie à Saville. L'université d'Oxford ayant formé le dessein de publier une édition des anciens mathématiciens, *Bernard* rassembla tous les livres de ce genre qui avaient paru depuis l'invention de l'imprimerie, et tous les manuscrits qu'il put déterrer dans les bibliothèques bodléienne et savilienne ; il rangea tout sous diverses classes, et en dressa le plan : l'ouvrage devait avoir 14 volumes in-folio. Malheureusement il n'a pas été exécuté. Nous ne parlerons point ici de ses nombreux ouvrages, ni des manuscrits qu'il a laissés et qui ont été achetés par les curateurs de la bibliothèque bodléienne, pour le prix de 2 à 300 livres sterlings ; nous nous contenterons de citer deux de ses productions qui ont rapport à notre travail. L'une est un *Etymologicon britannicum*, qui parut en 1689 à la fin des *Institutiones anglo-saxonicæ* de Georges

Hickes, in-4; cet *Etymologicon* contient l'étymologie d'un grand nombre de mots anciens et bretons tirés du russe, de l'esclavon, du persan et de l'arménien. L'autre production est une grande feuille gravée en cuivre et imprimée à Oxford, qui présente un tableau fort intéressant et fort rare, ayant pour titre : *Orbis eruditi litteratura à charactere samaritico deducta*. On y voit d'un coup-d'œil, sans confusion, les différentes figures des lettres, dans les différens âges du monde; celles qui ont été d'abord en usage chez les Phéniciens, ensuite parmi les Samaritains, les Juifs, les Syriens, les Arabes, les Perses, les philosophes indiens, les Brachmanes, les Malabares, les Grecs, les Coptes, les Russes, les Esclavons, les Arméniens, qui ont emprunté leur alphabet des Grecs comme les Ethiopiens le leur des Coptes. Enfin, on y voit les caractères des anciens latins, desquels les Francs, les Saxons, les Goths et les autres nations septentrionales ont emprunté les leurs. Il y a joint une seconde table qui contient les principales abréviations des Grecs, celle des médecins, des mathématiciens et des chimistes, table qui est d'un grand usage dans la lecture des anciens. On y trouve aussi d'excellens essais d'abréviations des autres peuples. Il a dressé le tout avec un travail prodigieux, d'après les monumens, les monnaies et les manuscrits. Ces tables sont aussi rares que curieuses. En 1676, *Bernard* vint à Paris; il y consulta les savans, visita les manuscrits et ramassa une grande quantité de livres rares. En 1695, un an avant sa mort, il fit un voyage en Hollande, et y acheta beaucoup de manuscrits orientaux de la bibliothèque de Golius, pour le docteur Narcisse Marsh, archevêque de Dublin. Finissons par dire que *Bernard* mérite une place distinguée parmi les bibliographes, les glossographes et surtout parmi les mathématiciens, les astronomes, les chronologues et les savans critiques.

BERTRAND-QUINQUET. Typographe. *a*, 265. *b*, 16 et 17, dans une note de cette dernière page. On reproche à cet auteur une erreur de date relativement au *Nouveau Testament grec* de Robert Étienne, connu sous le nom *O! mirificam*: nous nous empressons de déclarer que c'est nous qui avons été dans l'erreur, d'après la *Bibliographie instructive*, et que M. Bertrand-Quinquet a eu raison de citer l'édition de 1549 comme ayant la faute *pulres* (voyez le *Catalogue de Crevenna*, 1776, t. 1, p. 3 et 6, et l'*Appel aux savans de Debure*, 1763, p. 70).

BESSARION (le cardinal). Sa lettre au sénat de Venise, en lui donnant sa bibliothèque. *a*, 382.

BIBLE. Livre sacré des Chrétiens; son étymologie, sa division. *a*, 46. Livres apocryphes de la Bible. *a*, 48. Livres perdus de la Bible. *a*, 48.

BIBLE (collection des éditions précieuses de la). *a*, xviij.

BIBLE DES DEUX AES. C'est une fameuse *Bible* hollandaise dont on recherche singulièrement la première édition, qui est préférable à toutes les autres, parce qu'on a toujours retranché quelque chose dans les éditions postérieures. Cette première édition a été faite à Embden en 1562, 1 vol. in-folio.

BIBLE *d'Athias*. La meilleure édition de cette *Bible* hébraïque est la troisième, de 1705. La première est de 1661, et la seconde de 1667. Voici le titre de la troisième : *Biblia hebraïca, cum punctis, secundùm ultimam Josephi Athiæ* (anni 1667), *à Joanne Leusden recognita, aliosque codices optimos recensita, variisque notis illustrata, ab Everhardo Vander Hoogt.* Amstelodami, Boom, 1705, 2 vol. in-8. L'exécution de cette *Bible* a été faite avec un soin particulier; et, pour éviter les fautes d'impression qui auraient pu facilement se glisser dans la ponctuation des lettres hébraïques, on s'est servi de caractères où les points avaient été fondus avec la lettre même. *b*, 191.

BIBLE *de Bomberg*. On connaît sous ce nom une *Bible* hébraïque dont l'édition que nous allons citer est la plus belle, la plus exacte, la plus complette et par conséquent la plus recherchée. En voici le titre : *Biblia sacra hebraïca rabbinica, editio secunda, cum præfatione R. Jac. F. Chajim. Complectitur Masoram utramque, targum Onkelosi*, etc. *Veneliis, in domo Danielis Bombergii, operâ Cornelii Adelkind*, 1549, 4 vol. in-folio. Elle est peu commune.

BIBLE *de la Cloche*. Tel est le surnom d'une *Bible* imprimée in-4 à Londres en 1653. Elle est assez estimée. Il y en a des exemplaires en grand et en petit papier : le prix en est assez ordinaire. Son titre est : *Biblia sacra*, etc. *Londini, sub signo Campanæ*, 1653, in-4.

BIBLE *de Draconite*. *b*, 128.

BIBLE *de l'Epée*. Cette édition d'une *Bible* protestante a paru en 1540. Elle est assez jolie et a été exécutée en petites lettres rondes ; on la distingue par la représentation d'une épée que l'on remarque sur le feuillet de son intitulé. Elle est très-rare et très-recherchée des curieux, des amateurs et surtout des protestans ; en voici le titre : *La Sainte Bible, en laquelle sont contenus tous les livres canoniques de l'écriture sainte, et pareillement des apocryphes, le tout translaté en langue française, de la version de Robert-Pierre Olivétan, revue par Jehan Calvin; avec l'indice des matières, ordonné par N. Malingre, prêcheur du saint Evangile* (Genève, à l'Epée), 1540, petit in-4 court. La première *Bible* des protestans a paru à Neufchatel, sous la date de 1535, quoiqu'elle n'ait été terminée qu'en 1537. Elle est aussi d'Olivétan et de Calvin. On prétend qu'elle fut cause de la mort d'Olivétan, qui fut empoisonné à Rome en 1537.

BIBLE *des évêques*. Jolie édition, estimée, connue sous ce titre : *Biblia sacra vulgatæ editionis. Coloniæ agrippinæ, Gualteri*, 1630, in-12. Il n'y a point de sommaire en tête des chapitres. Le prix de cette édition est ordinairement de 18 à 24 francs.

BIBLE-GUIOT ou l'*Armure du chrétien*. Livre composé par Guyot de Provins. *b*, 440. Cette satyre, d'environ 3246 vers, a été faite vers la fin du 12ᵉ siècle. Il y est question de l'aimant sous le nom de *manète*. Le passage où l'on en parle prouve que la boussole était déjà en usage au 12ᵉ siècle.

BIBLE (histoires escolatres de la). *a*, 393.

BIBLE de Hutter. *b*, 125.

BIBLE des *Juifs* ou *de Ferrare*. C'est une célèbre édition d'une *Bible* espagnole, dont il y a deux sortes d'exemplaires, les uns pour l'usage des Juifs portugais, et les autres pour celui des Chrétiens espagnols. On y trouve quelques légères différences. Voici le titre de l'édition à l'usage des Chrétiens, *Biblia en lengua espagnola traduzida palabra por palabra de la verdad hebraïca, por muy excellentes letrados, vista y examinada por el officio de la inquisicion. En Ferrara*, 1553, in-fol. goth. La dédicace est adressée à Hercule d'Est, quatrième duc de Ferrare, par Jérome de Vargas et Duarte Pinel. Le titre de l'édition à l'usage des Juifs est : *Biblia en lengua espanola*, etc. (*interpretibus quibusdam Judæis hispanis*). *En Ferrara* 5313 (1553), in-fol. goth. Le prologue est adressé à dona Gracia Naçi, par Yom Tob Athias et Abraham Usque. Le prix de chacune de ces deux *Bibles* est ordinairement de 100 livres, à-peu-près.

BIBLE de *l'Empereur*. Elle est ainsi appelée du nom de son imprimeur, comme on peut le voir par le titre suivant : *La sainte Bible, translatée en françois, selon la pure version de saint Hiérôme, par Jacques Lefebvre d'Estaples. Anvers, Martin l'Empereur*, 1530, in-fol. gothiq. On prétend que cette *Bible* a servi à Robert-Pierre

Olivétan, ou pour mieux dire à Jean Calvin pour l'édition de la Bible de Neufchatel : elle est imprimée en lettres gothiques, et ornée de mauvaises petites figures gravées en bois. Elle était autrefois recherchée, mais elle a beaucoup perdu de son ancienne valeur.

BIBLE *de Mayence.* C'est l'un des monumens les plus précieux de la typographie naissante : cette *Bible* est exécutée magnifiquement, quoiqu'en lettres gothiques. Il y a des exemplaires sur vélin, et ils sont plus communs et mieux exécutés que les exemplaires sur papier ; aussi les amateurs donnent la préférence aux exemplaires en vélin, quoique plus communs, parce qu'ils sont plus beaux. On connaît cette *Bible* sous ce titre : *Biblia sacra latinæ vulgatæ editionis (ex translatione et cum præfationibus sancti Hieronimi).* Moguntiæ, *per Joannem Fust et Petrum Schoiffer de Gernsheym*, 1462, 2 vol. in-folio. Un exemplaire sur vélin de cette *Bible* a été vendu 4085 livres chez le duc de la Vallière, en 1784, et un exemplaire en papier a été vendu 2500 livres chez le même duc de la Vallière, en 1767. Il était relié en 4 vol., grand papier. On appelle encore *Bible de Mayence* une autre *Bible* qui a beaucoup de rapport à la précédente, et qui a été imprimée par Pierre Schœffer en 1472. Son prix ne va guère que de 3 à 400 livres.

BIBLE *Mazarine.* Elle est ainsi nommée parce qu'elle a été découverte dans la bibliothèque mazarine, ou du collége des Quatre-Nations. M. Debure la croit le premier ouvrage sorti du berceau de l'imprimerie ; voici comme il l'a désignée dans sa *Bibliographie* : BIBLIA SACRA LATINA VULGATA: *editio primæ vetustatis, œneis caracteribus, absque loci et anni notâ, sed typis Moguntinis Johannis Fust evulgata : opus longè rarissimum, cujus Parisiis adservatur exemplar in bibliotheca Mazarinœa* 2 vol. in-fol. de 637 feuillets en tout. Il en existe à Paris trois exemplaires, l'un aux Quatre-Nations, et les deux autres à la bibliothèque nationale : sur l'un de ces derniers on lit des notes manuscrites qui apprennent que cet exemplaire a été enluminé et relié en 1456 (1). Presque tous les bibliographes pensent que cette *Bible* a été imprimée vers 1450. Le caractère est un gothique singulier, taillé quarrément et comme à facettes ; il est le même, quant à la forme, que celui employé dans le *Speculum humanæ salvationis*, et dans les *Psautiers* de 1457 et 1459; mais le corps de la lettre est différent ; il est plus petit dans le *Speculum*, un peu plus gros dans la *Bible*, et plus gros encore dans les *Psautiers*. (*Voyez*, pour la forme de ces caractères, les esquisses gravées par les soins de M. de Boze, et insérées dans le tome XIV des *Mémoires de l'académie des inscriptions et belles-lettres.*) Nous renvoyons, pour plus amples détails sur cette *Bible*, au n° 25 de la *Bibliographie instructive*. Passons à une autre *Bible* non moins célèbre dans les annales de la typographie : je veux dire celle rapportée dans le Catalogue de Gaignat, n.° 16, sous ce titre : BIBLIA SACRA LATINA VULGATÆ EDITIONIS, *editio primæ vetustatis, æneis caracteribus, absque loci et anni notâ, sed typis Moguntinis Johannis Fust evulgata; circa ann.* 1450 — 1455, 2 vol. in-folio. Le caractère de cette *Bible* est un peu plus petit que celui de la précédente, et par conséquent il y a plus de lignes dans les pages. Les abréviations ne portent pas sur les mêmes

---

(1) Cette Bible, dont il existe encore un exemplaire à la bibliothèque de Saint-Blaise, dans la Forêt-Noire, commence par quatre feuillets dont les colonnes ont 40 lignes, et qui contiennent l'épitre à Paulin et la préface sur la Genèse. On compte également 40 lignes dans les deux colonnes du recto du cinquième feuillet, 41 lignes au verso de ce feuillet, et 42 lignes dans toutes les colonnes entières, jusqu'à la fin. (*Catalogue de la Vallière, additions*, tome I, page 67.)

mots dans l'une et dans l'autre ; mais le type qui les caractérise toutes les deux étant exactement conforme, dans tous ses points et toutes ses figures, à celui que l'on remarque dans les premiers essais de l'imprimerie naissante, et notamment dans les *Psautiers* de 1457 et 1459, il y a lieu de croire que l'une doit être aussi ancienne que l'autre, et qu'elles ont dû être exécutées à-peu-près dans le même temps. Il existe encore une troisième *Bible*, qui dispute de primauté avec les deux précédentes : c'est celle dite de *Schelhorn*. (Voyez plus bas.)

Bible *de Mortier*. Cette *Bible* est ornée de superbes gravures. Chaque planche in-folio renferme deux sujets. Elle tire son nom de son imprimeur. Le titre est : *Histoire du vieux et du nouveau Testament, par David Martin, enrichie de plus de 400 figures gravées en taille-douce.* Anvers (Amsterdam), *Mortier*, 1700, 2 vol. in-folio. Cette *Bible* n'a été imprimée qu'une seule fois ; mais tous les exemplaires ne sont pas du même prix. La dernière planche de l'apocalypse a été brisée pendant le tirage. On a réparé cet accident en clouant ensemble les deux moitiés, mais les clous paraissent dans les épreuves, et dénotent par conséquent qu'elles sont postérieures à celles sans clous, ce qui diminue la valeur des exemplaires à clous ; cependant il faut avouer que dans quelques exemplaires les épreuves de premier et de dernier tirage ont été confondues, et je connais, dans la bibliothèque de M. Chevassu, à Vesoul, un exemplaire à clous dont les gravures sont magnifiques, tandis que des exemplaires sans clous offrent des épreuves usées. Il faut donc bien faire attention à la qualité des gravures, sans trop s'arrêter aux clous de la dernière planche.

Bible *de l'Ours*. On connaît sous cette dénomination une *Bible* espagnole qui est très-rare ; en voici le titre : *La Biblia que es los sacros libros del viejo y nuevo*

Testamento, transladada en espanol (por Cassiodoro de Regna), 1569, in-4. Cette édition n'a point été mutilée comme celles qui l'ont suivie. On la nomme *Bible de l'Ours*, parce que cet animal est gravé dans le fleuron du frontispice. Son prix est de 40 à 50 francs.

BIBLE *de Pagnin. b*, 303.

BIBLE *des pauvres. a*, 394.

BIBLE *de Pótken. b*, 128.

BIBLE *de Raimondi. b*, 128.

BIBLE *de Richelieu.* C'est ainsi qu'on appelle une petite *Bible* exécutée par ordre *du duc* de Richelieu, format in-12, avec des caractères très-fins et d'une netteté admirable; elle est généralement estimée. Voici son titre : *Biblia sacra vulgatæ editionis* (minutissimis characteribus jussu ducis de Richelieu edita). *Parisiis, Martin,* 1656, in-12. Elle se vend ordinairement 18 à 24 francs, et plus cher lorsque les deux ouvrages suivans y sont réunis, comme cela arrive quelquefois, parce qu'ils ont été imprimés avec les mêmes caractères (1). Le premier est : *Thomæ-à-Kempis de imitatione Christi, libri IV* (minutissimis characteribus editi). *Parisiis, Martin,* in-12; et le second, *Senita paradisi et pugna spiritualis, ex italico latinè, per Jod. Lorichium. Parisiis, Sebast. Martin,* 1662, in-12.

BIBLE *de Schelhorn.* On nomme ainsi cette *Bible* parce que le bibliographe Schelhorn est le premier qui l'ait décrite dans son *De antiquis lat. bib.* Ulmæ, 1760, in-4. Elle a été quelquefois annoncée comme la plus ancienne qui existe, et par conséquent attribuée aux presses de Gutenberg, à Mayence; mais on pense aujourd'hui qu'elle a été exécutée à Bamberg, par Albert Pfister, vers 1461;

---

(1) On a dit que ces caractères étaient d'argent, ou du moins qu'il en était entré une partie dans leur composition : cette assertion doit être mise au rang des fables.

les observations que le citoyen Camus a publiées sur cette Bible, et sur sa ressemblance avec les livres de Bamberg (dans sa *Notice du livre de Bamberg*, pag. 30), rendent cette opinion assez vraisemblable. Quoi qu'il en soit, cette Bible a 870 feuillets, et 36 lignes par colonne; le caractère en est un peu plus gros que celui de la *Bible mazarine*. Ces deux Bibles, ainsi que celle de Gaignat, dont j'ai parlé plus haut, peuvent le disputer d'ancienneté, et tenir le premier rang parmi toutes les *Bibles* du 15ᵉ siècle, non datées.

BIBLE *sixtine*. Cette Bible a été publiée sous ce titre: *Biblia sacra latina, vulgatæ editionis, jussu Sexti V recognita et edita, et tribus tomis distincta. Romæ, ex typographiâ apostolicâ Vaticanâ (operâ Aldi Manutii, Aldi abnepotis)*, 1590, in-folio. Cette Bible a été faite sous la direction et par les ordres de Sixte-Quint; c'est de là que lui vient son nom. A peine parut-elle qu'elle excita une grande rumeur dans l'église, à cause des fautes nombreuses qui en altéraient le texte. On répara ce défaut en faisant imprimer séparément sur de petites bandes de papier les mots qui avaient été défigurés, et en collant ensuite ces corrections sur les passages mêmes répandus de côté et d'autre dans le courant du volume. Cette édition fut supprimée après la mort de Sixte-Quint par les ordres de Grégoire XIV, son successeur, qui la proscrivit. Elle est très-rare, et sa rareté singulière a fait naître quelques supercheries qui se rencontrent dans des exemplaires que l'on a voulu faire passer, à la faveur d'un titre supposé, pour être de l'édition originale, et qui n'étaient que des exemplaires de celle dont nous allons parler.

BIBLE *sixtine corrigée*. Clément VIII, successeur de Grégoire XIV dans le pontificat, fit faire en 1592 une nouvelle édition de la *Bible sixtine*; mais il eut soin d'en faire corriger les fautes. Les exemplaires n'en sont pas très-communs ; cependant leur rareté n'approche pas de celle de l'édition originale. Le titre de la Bible corrigée est : *Biblia sacra latina, vulgatæ editionis Sixti V, cum bullâ Clementis VIII, cujus autoritate sunt recusa. Romæ ex typographia Vaticana*, 1592, in-folio. On peut voir dans Debure, *Bibliographie instruct.*, nos 39 et 40, la description de ces deux Bibles. Prosper Marchand et Vogt en ont parlé, ainsi que plusieurs autres bibliographes.

BIBLE *de Vatable*. b, 128.

BIBLE *de David Wolder*. b, 128.

BIBLES manuscrites, curieuses par leur magnificence et le grand nombre de miniatures qu'elles renferment. a, 19.

BIBLIOCAPELE. Mot dérivé du grec, et imaginé par l'abbé Rive pour désigner un brocanteur, un *frippier* de livres (1), un petit libraire, un colporteur. Ce savant dit, dans la *Chronique littéraire* de ses ouvrages, *pag.* 188, qu'il a fourni à Beauzée des articles entièrement neufs sur la Bibliographie, pour le supplément que ce grammairien s'était engagé à faire à la partie grammaticale de la nouvelle Encyclopédie. Nous allons présenter la nomenclature de ces articles, en ajoutant l'étymologie de ceux dont nous ne donnons pas la définition dans le cours de notre ouvrage (2).

Bibliocapele. (Voyez la définition ci-dessus).

Bibliochrome provient de deux mots grecs qui signifient *livre* et *couleur*; c'est-à-dire, livre imprimé sur papier de couleur.

---

(1) Expression de l'abbé Rive.

(2) L'abbé Rive nous apprend que le manuscrit dans lequel il donne l'explication de tous ces articles était en 20 pages in-folio, et que l'article *catalogue* en occupait seul 13. Il a rédigé et dicté ce travail en trois fois trois heures : telle est son expression.

Bibliochryse est composé des mots grecs *livre* et *or*, c'est-à-dire, livre où il se trouve des lettres en or.

Bibliognosie. (Voyez ce mot.)

Bibliognoste, idem.

Bibliographe, idem.

Bibliographie, idem.

Bibliologie, idem.

Bibliologue désigne celui qui discoure sur les livres.

Bibliomante. C'est celui qui devine par le moyen des livres.

Bibliomantie provient des deux mots grecs *livre* et *devination*.

Bibliophage signifie celui qui mange des livres.

Bibliophagie, substantif du mot précédent.

Bibliophile. (Voyez ce mot.)

Bibliophilie. Amour des livres.

Bibliophore désigne celui qui porte des livres.

Bibliotacte indique celui qui classe les livres.

Bibliotactique vient du grec *livre* et *ordre*.

Bibliotaphe. Tombeau de livres.

Catalogue. (Voyez ce mot.)

Livre. (Voyez ce mot.)

Papier. (Voyez ce mot.)

J'ignore si ces articles ont été imprimés dans l'Encyclopédie méthodique, mais ils ne sont ni dans la partie grammaticale, ni dans son supplément.

BIBLIOGNOSIE. Mot nouveau que l'on doit à l'abbé Rive; il l'a tiré de deux mots grecs qui signifient la connaissance historique des livres et celle de leurs parties intrinsèques. Pour devenir profond bibliognoste, il faut joindre à un travail prodigieux beaucoup de goût et de discernement; il faut parcourir les bibliothèques les plus renommées, le flambeau de la critique à la main, et chercher dans la poussière de plusieurs siècles des monumens quelquefois infiniment précieux. Il n'existe point de science plus étendue que la bibliognosie. C'est un pays immense où l'homme le plus érudit peut toujours trouver quelques nouvelles terres à défricher.

BIBLIOGNOSTE. C'est celui qui possède la bibliognosie; très-grand connaisseur de livres. *a*, 49.

BIBLIOGNOSTIQUE. Epithète qui se donne aux objets qui ont rapport à la bibliognosie. *a*, 50.

BIBLIOGRAPHE. Homme érudit qui possède toutes les parties de la bibliographie. *a*, 50

BIBLIOGRAPHES (principaux). *a*, 51. *b*, 201 et 207. (*Voyez* tout ce qui est renfermé dans l'article SYSTÈME BIBLIOGRAPHIQUE).

BIBLIOGRAPHIE. Science qui consiste à connaître les livres, à les bien décrire, et à les classer méthodiquement. (*Voyez* le Discours préliminaire, *pages* viij, ix, etc.) L'académicien Dupuy définit la bibliographie : la science d'un libraire instruit. Cette définition eût été bonne il y a plus d'un siècle ; mais depuis que des savans du premier ordre ont, par leurs travaux bibliographiques, honoré la France et rendu des services signalés aux lettres et aux sciences, on peut mettre la bibliographie au niveau des autres sciences, et ne pas tout-à-fait la confondre avec les connaissances exigées pour bien tenir une boutique de libraire.

BIBLIOGRAPHIE. Ses divisions. *b*, 271.

BIBLIOLOGIE. Science des livres (*Voyez* la définition détaillée que nous en avons donnée dans notre Discours préliminaire, *page* viij). L'abbé Rive définit la bibliologie : l'art de discourir sur les livres et d'en parler très-pertinemment, soit par rapport à leur intérieur, soit par rapport à leur histoire.

BIBIOLYTE. Mot d'une étymologie hasardée, auquel on a voulu faire signifier *destructeur de livres*. *b*, 362. Ajoutons à cet article que l'on pourrait aussi compter au nombre des destructeurs de livres, le cardinal Ximènes, qui, par un zèle inconsidéré pour la religion, se fit apporter tous les livres mahométans qu'il put ramasser, de quelque auteur qu'ils fussent et quelque matière qu'ils traitassent; et, après en avoir réuni jusqu'à 5,000 volumes, il les brûla publiquement, sans épargner ni enluminures, ni reliures de prix, ni autres ornemens d'or et d'argent, quelque prière qu'on lui fit de les destiner à d'autres usages. Comment ce cardinal, qui aimait les lettres, a-t-il pu détruire si promptement des livres précieux sur la religion, les arts et les sciences des Turcs, puisque c'est par eux seuls qu'on aurait peut-être pu véritablement s'instruire de la littérature arabe et orientale ? La publication de la *Polyglotte d'Alcala* et des *Bréviaires* et *Missels mozarabes* efface un peu, mais ne détruit pas cette tache à la mémoire de ce grand homme. Olaüs, roi de Suède, fit aussi brûler en 1001 tous les livres écrits en caractères runiques. *b*, 166.

BIBLIOMANIE. Fureur de posséder des livres. *a*, 51.

BIBLIOPÉE. Art de composer des livres. *b*, 363.

BIBLIOPHILE. Qui aime les livres. *a*, 52.

BIBLIOPOLE. Libraire. *a*, 53.

BIBLIOTAPHE. Tombeau de livres (et non pas enterreur de livres, comme nous l'avons dit d'après l'*Encyclopédie littéraire*, qui nous a induit en erreur, parce que nous n'avons pas réfléchi sur l'étymologie de ce mot). Le véritable terme pour signifier *enterreur de livres* serait *bibliothapte*, qu'on peut rendre par le mot *bibliotapse*, qui convient mieux à notre manière d'écrire et de prononcer le français. (Cette observation judicieuse nous a été faite par M. Achard, bibliothécaire et conservateur du musée à Marseille.) Voyez tome I, page 53, article BIBLIOTAPHE; on voudra bien remplacer ce mot par celui de *bibliotapse* toutes les fois qu'il se rencontre dans cet article.

BIBLIOTHÉCAIRE. Ses fonctions. *a*, 54. Ses devoirs, 56. Principaux bibliothécaires, 57.

BIBLIOTHÈQUES. *a*, 58. Avis sur leur construction, p. 58 et 59. Les principales bibliothèques du monde, p. 59 et suivantes (1).

BIBLIOTHÈQUE d'Alexandrie. *a*, 72.

BIBLIOTHÈQUES d'Allemagne. *a*, 59.

— d'Angleterre. *a*, 61.

BIBLIOTHÈQUE particulière du roi d'Angleterre, à Buckingham. *a*, 100.

BIBLIOTHÈQUES d'Arabie et d'Afrique. *a*, 62.

BIBLIOTHÈQUE *de Bâle*. Elle est curieuse surtout pour les éditions des 15ᵉ, 16ᵉ et 17ᵉ siècles. Il y a aussi beaucoup de manuscrits; les plus anciens datent du 9ᵉ siècle : ils sont dans une chambre particulière, et enfermés sous une grille de bois. On ne les montre pas à tout le monde. On voit dans cette bibliothèque les portraits originaux d'Agrippa d'Aubigné, protestant, aïeul de madame de Maintenon; d'Erasme, peint dans les différens âges de sa vie, et de Glauber, maître d'Holbein, que l'on croit généralement auteur de la *danse des morts;* elle est peinte à l'huile sur la muraille du cimetière des réfugiés français.

---

(1) On a suivi, dans la liste suivante des bibliothèques, l'ordre alphabétique des pays, des peuples, des villes ou des particuliers auxquels elles ont appartenu ou appartiennent encore.

Cette danse est assez ingénieuse : la mort y joue le principal rôle ; elle frappe ou atteint tout : si c'est un aveugle, elle coupe le cordon qui tenait le chien conducteur. Adam et Eve ouvrent la danse, parce que la mort a commencé par eux : on pouvait les faire précéder par Abel. Si Holbein n'est pas auteur de cette peinture, que monsieur Horace Walpole et plusieurs autres connaisseurs prétendent appartenir à des temps antérieurs à la naissance de ce peintre, il est du moins probable qu'il a pris dans cette peinture l'idée de ses fameux dessins sur la *danse des morts* (Voyez Papillon, *Traité de la gravure en bois*, t. I, p. 168-182).

On voit encore dans une des salles de la bibliothèque de Bâle beaucoup de dessins et de tableaux originaux d'Holbein, la plupart bien conservés. On admire sur tout un tableau de famille où il s'est peint avec sa femme et ses enfans ; mais le plus précieux de tous est un dessus d'autel en huit compartimens, et qui représente l'histoire de la passion ; le coloris et l'expression y sont portés à un degré supérieur. Ce peintre, doué de l'imagination la plus riche et la plus vive, a fait, en marge d'un *Éloge de la folie*, dont Erasme son ami lui avait fait présent, un grand nombre de dessins qui rendent parfaitement le sens du texte : on conserve précieusement ce traité à cause de ces dessins originaux, dont on n'a gravé qu'un très-petit nombre dans la dernière édition latine, française et allemande que M. Haas en a publiée.

La bibliothèque de Bâle possède aussi plusieurs morceaux rares de calligraphie, une carte du canton de Bâle, enluminée sur satin blanc, faite avec les caractères mobiles de M. Haas ; quelques anciennes médailles, des pierreries, et plusieurs morceaux d'antiquité trouvés à Augusta, ancienne ville de la domination des Romains, et dont on voit les ruines à une petite lieue de Bâle.

BIBLIOTHÈQUE *de Berne*. Elle est composée de 20,000

volumes; on y trouve beaucoup de manuscrits curieux, de médailles antiques et d'anciennes monnaies de la Suisse. On cultive les lettres à Berne avec moins d'ardeur qu'à Zurich.

BIBLIOTHÈQUE Birmane. *a*, 63.

— De Bologne. *a*, 65. On y trouve les manuscrits de Marsigli, d'Aldrovandi le naturaliste, en 187 vol. in-folio, de Cospi, de Benoît XIV, etc.; quelques manuscrits orientaux, et une collection d'estampes et de dessins. Il y a 50,000 volumes selon Richard, et 115,000 selon M. Delalande.

BIBLIOTHÈQUES des Chaldéens et Phéniciens, *idem*.

— De la Chine, *idem*.

— Des premiers chrétiens. *a*, 66.

— Des chrétiens grecs. *a*, 67.

BIBLIOTHÈQUE de Coislin. *a*, 77.

— De Constantin-le-Grand. *a*, 68.

— De Constantinople. *a*, 69.

BIBLIOTHÈQUE *de l'université de Cracovie*. Elle consiste en 30,000 volumes à peu près, dont 4,000 manuscrits. Il y a très-peu d'éditions du 15e siècle. On y remarque une *encyclopédie*, manuscrit latin, écrit par Paul de Prague, en Bohême, à Pilsen, où il était en prison (1459), tres-gros in-folio fort épais, vélin. — *Maximes de Sénèque*, en latin, allemand et polonais; Cracovie, 1532, *in-12*. C'est le premier ouvrage de ce format où se trouvent des caractères polonais. — *Pharsale de Lucain*, manuscrit sur vélin, du 13e siècle à peu près. — Beaucoup de manuscrits relatifs à l'histoire de Pologne. — *Recueil* d'anciens astronomes grecs et latins, 1499, édition aldine. La *Bible* de Radziwill et celle de 1702 n'y sont pas. On voit quelques médailles dans cette bibliothèque.

BIBLIOTHÈQUE de Damas. *a*, 62.

BIBLIOTHÈQUE *de Danemarck*. *a*, 70. Nous allons rectifier

ce que nous avons dit sur la bibliothèque royale établie à Copenhague, et ajouter quelques détails que nous fournit le *Voyage au nord de l'Europe*, par M. de Fortia. « Cette bibliothèque, dit-il, contient 130.000 volumes, et 3000 manuscrits. On entre d'abord dans une galerie de 232 pieds de longueur, qui communique à un cabinet où sont les manuscrits et autres objets précieux ; on y remarque les *Heures de François* Ier, roi de France, enluminées, provenant de la bibliothèque de Colbert ; un *Bréviaire* sur vélin ; quatre grands volumes de *plantes* peintes sur vélin, d'après nature, à Gottorp. On attribue ce beau travail, bien conservé, à madame Mérian, de Suisse. Un *Tite-Live*, manuscrit incomplet du 10 siècle, en un volume. Les *Heures du duc de Bourgogne*, tué devant Nancy, enluminées, bien conservées ; les *Heures du cardinal de Bourbon*, qui vivait sous Louis XI, enluminées ; une *chronique danoise*, en vers, de Storeman : on la croit du 15e siècle. Tous les *manuscrits* du voyageur Nieburh, au nombre de 250 au moins (Il vivait encore en 1791 à Meldorf en Holstein). Une *Bible malabare* complette ; une collection de l'*Histoire d'Espagne* complette, ainsi que celle des Indes.

On trouve ensuite une salle de 60 pieds sur plus de 30, avec une galerie de deux étages ; puis au second une galerie double appelée la *bibliothèque septentrionale*, et une galerie tournante. La plus ancienne *Bible danoise* est de 1550, imprimée à Copenhague, *in-folio*. Les *Epîtres de saint-Paul*, Roschild, 1554, *in-folio*. Une *Bible islandaise*, Holoum, 1584 ; un *Psautier* en quatre langues, hébreu, chaldéen, grec et latin ; Cologne, 1518. Un *Psalterion* grec et latin, Milan, 1481. Un *Office de la Vierge*, manuscrit *in*-12, sur vélin, avec superbes miniatures, sans date. *Cicero de officiis*, Rome, 1471. Le même ouvrage de Fust, Mayence, 1465 et 1466. Le même, de Rome, *Pet. de Maxim.*, 1469. Le même, de Venise, 1470. Ces quatre éditions sont en lettres rondes. *Justin*, première édition, sans date, et une autre de Rome, 1470. Un *Tite-Live*, Rome, 1468. Le même, de Spire, 1469. Un *Virgile* sans date ; on y trouve ces mots : *incipit feliciter* à la seconde ligne du commencement, et neuf vers à la dernière page. Un autre *Virgile* aussi sans date, qui passe pour la seconde édition, et un autre qui passe pour la quatrième édition, et qui est de Louvain, 1476. La troisième ne s'y trouve pas. *Térence*, sans date ; le même, Cologne, 1471 ; le même, sans date, les vers point séparés. *Plaute*, de Venise, 1472, très-beau. *De civitate Dei* de saint-Augustin, Venise, 1467, bien conservé, etc. etc. Il y a 4000 rixdalers de fonds attachés à cette bibliothèque.

Nous nous empressons de relever une faute typographique essentielle qui se trouve dans notre premier volume à l'article de la bibliothèque de l'université à Copenhague : au lieu de 60,000 volumes il faut lire *six mille*, dont quatre pour les imprimés, et deux pour les manuscrits. Cette bibliothèque est située dans la tour de l'observatoire. La théologie et la jurisprudence en font principalement la richesse. Parmi les manuscrits, il s'en trouve beaucoup d'islandais ; on y remarque une grande *collection de diplômes* tirés des monastères, notamment de celui de Sainte-Marie, à Roschild, par Woldemar Ier, en caractères runiques ; la *Bible danoise* de 1550. Une *Bible hongroise*, 1626, Strygon, Tirnau ; un *Nouveau testament* imprimé à Tranguebar, 1758, avec des caractères de la mission danoise. Une *Bible bohémienne*, 1596, Amsterdam. Une *Bible lithuanienne*, Kacalaurezure, 1735. *Manuale laponicum*, Stockholm, 1648, etc. 800 écus sont annuellement attachés à cette bibliothèque pour acquisitions de livres.

Ne quittons point Copenhague sans parler de la bibliothèque de monsieur Suhm ; elle passe pour la plus riche bibliothèque particulière de l'Europe depuis que celle du duc de la Vallière ne subsiste plus. Elle est composée de plus de 60,000 volumes imprimés, et d'une grande quantité de manuscrits (surtout des islandais) qui sont infiniment curieux, et qui, dit-on, coûtent plus que les livres imprimés. Cette bibliothèque est le plus précieux dépôt qu'il y ait pour l'histoire ancienne du Nord. On l'augmente journellement des nouveaux ouvrages qui paraissent. Une de ses parties les plus précieuses est celle des antiquités grecques et romaines.

Copenhague a quatorze imprimeries avec toutes sortes de caractères, même des caractères arabes, et une pour la musique ; mais aucune presse danoise ne jouit de la célébrité attachée à celles des Didot en France, des Bodoni en Italie, des Baskerville en Angleterre, des Ibarra en Espagne, des Foulis en Ecosse, etc. etc.

BIBLIOTHÈQUE d'Edimbourg. *b*, 420.

BIBLIOTHÈQUE *de Paul Gregorovitz Demidoff, à Moscou.* Elle est d'environ 5000 volumes, dont la plus grande partie sur l'histoire naturelle. Presque tous les ouvrages curieux sur cette matière, avec planches enluminées, s'y trouvent. On remarque dans cette bibliothèque un *Appien* de Spire, 1472 ; un beau *manuscrit arabe* sur l'histoire naturelle, vélin ; un beau *manuscrit chinois* avec estampes ; un *Traité des amours de Leriano et de Laureole, fille du roi de Macédoine*, manuscrit traduit de l'italien en français, avec 19 planches. Une *Bible latine*, manuscrit du 12e au 13e siècle, vélin, majuscules en or, provenant des jésuites de Lyon. Une *Bible française* sur vélin, majuscules en or, crue du 14e siècle, 2 volumes. *Aristote*, manuscrit in-folio sur vélin, avec notes interlinéaires. Un manuscrit de *Columelle*, le *Voyage de Mandeville*, en français, manuscrit, planches coloriées. *Missale Diœcesis*, Paris, 1717, belles vignettes. *Chronique de Monstrelet*, chez Antoine

Verard, 3 volumes in-folio, superbe exemplaire sur vélin, planches coloriées : le premier volume manque ; mais un autre exemplaire en papier est complet. *Bible hollandaise et russe*, la Haye, 1717, toute en lettres majuscules ; elle ne renferme que le *Nouveau testament*, et quoiqu'il y ait dessus *tome* Ier, c'est le 5e de l'édition dont nous parlons à l'article de la bibliothèque de Stutgard.

Outre cette bibliothèque, M. Demidoff possède encore un superbe cabinet qui renferme une belle collection de pierres précieuses, de minéraux, de coquillages, de médailles, etc. etc.

BIBLIOTHÈQUE *de Dresde*. Elle est au palais de Hollande dans la nouvelle ville. Le bâtiment est beau ; il est presque carré, avec 17 croisées sur deux côtés et 15 sur les deux autres à l'extérieur ; et intérieurement la cour a 11 croisées sur 7 : autour, règne la bibliothèque au premier et au second étages. Le rez de chaussée est destiné aux antiques, et les caves aux porcelaines. Cette bibliothèque passe pour une des plus belles du Nord, après celle de Vienne. On y compte 150,000 volumes et 5000 manuscrits. La partie la plus complette est celle de l'*histoire de tous les pays* et les *auteurs grecs et latins.* Les livres les plus rares que l'on remarque au premier étage sont : *Ars memorandi*, avec planches en bois enluminées. — *Ars moriendi*, également xylographique. — *Biblia pauperum*, également xylographique. — Le *Psautier* de 1457. — Le *Rationale div. officiorum* de 1459, vélin. — Le *Catholicon* de 1460, 2 vol. in-folio, vélin. — Un *manuscrit mexicain*, sur peau humaine, que Thevenot a expliqué (C'est un calendrier et quelques fragmens de l'histoire des Incas). — *Liber de re militari*, manuscrit sur vélin, avec miniatures, très-bien conservé, donné par Mathias Corvinus, roi de Hongrie, à un électeur. — *Rêveries du maréchal de Saxe*, manuscrit original fait sous les yeux de l'auteur ; on lit à la fin du volume, qu'il a composé cet ouvrage en treize nuits, avec la fièvre, et qu'il a été fini en décembre 1733. — *Portraits des plus célèbres personnages du 16ᵉ siècle*, par Rabel, français; les cadres seuls sont gravés : il a coûté 800 ducats au comte de Brulh. — L'*Alcoran*, un bel exemplaire, pris par un officier saxon à un turc au dernier siège de Vienne; on prétend qu'il avait appartenu à Bajazet II. — 600 éditions des Aldes. — Le *Cicero de officiis*, de Mayence, 1465. Les premières lettres grecques s'y trouvent dans le livre des paradoxes. Il y en a deux exemplaires; dans le mieux conservé on a gratté l'année pour tromper, et de 1465 on a fait 1440, époque à laquelle l'imprimerie en caractères mobiles n'existait pas encore. — Les *Commentaires de César*, in-folio, Rome, 1469, *in œdibus Maximorum*. — *Homère*, première édition de Florence, 1488, bien conservée. — On remarque au second étage : *Bible de Mayence* de 1462, sur vélin. — *Biblia Romanscha*, 1743, chez les Grisons, assez rare. — *Bible allemande*, sans date ni lieu. — *Bible italienne* de 1471. — *Bible espagnole*, Amsterdam, 1502. — *Actes des apôtres*, comédie, Paris, 1537, et beaucoup d'autres ouvrages très-curieux.

BIBLIOTHÈQUE d'Edimbourg. *b*, 420.

BIBLIOTHÈQUES des Egyptiens. *a*, 71.

— Des empereurs grecs. *a*, 69.

— D'Espagne. *a*, 73. La bibliothèque de l'Escurial renferme 130,000 volumes au moins.

— De Ferrare. *a*, 75.

— De Fez. *a*, 62.

— De Florence, *idem*.

— De France. *a*, 76.

BIBLIOTHÈQUE de Gaignat. *a*, 68.

— De Gaza. *a*, 62.

— De Gèvres. *a*, 77.

BIBLIOTHÈQUE de Genève. *b*, 403, 422. Elle est fort bien composée. On y voit des manuscrits curieux, un bouclier votif trouvé dans l'Arve, et des tableaux.

BIBLITOHÈQUES des Grecs. *a*, 91.

— Des Hébreux. *a*, 92.

— Du Japon. *a*, 95.

BIBLIOTHÈQUE de Leibnitz. *b*, 260.

— De Leyde. *a*, 99.

— De Lisbonne. *a*, 95.

— De Mantoue. *a*, 96.

— De Milan. *a*, 96.

BIBLIOTHÈQUE *de Moscow* (*du Saint-Synode*). Elle est dans un vieux bâtiment entièrement voûté : les portes et les fenêtres sont en fer. Il y a quatre chambres ; dans les deux premières sont les registres et les catalogues ; dans les deux autres sont à peu près 4000 volumes, presque tous ecclésiastiques. 180 volumes ont appartenu à Pierre Ier parmi lesquels il y en a en français, allemand, anglais, hollandais et italien. Dans un livre où sont des gravures relatives à la guerre, on trouve des notes écrites de la propre main de cet empereur. On voit aussi dans un volume manuscrit une lettre de cet empereur au comte de Pouskin, par laquelle il lui enjoint de donner la description des fêtes triomphales qui eurent lieu après la bataille de Pultava. On remarque encore, parmi les manuscrits anciens, des *registres ecclésiastiques* envoyés par les patriarches de Constantinople aux prélats de Russie, et signés par eux ; un petit livre d'*Evangiles*, sur vélin, manuscrit du 15e siècle ; un *Evangile esclavon*, aussi du 15e siècle. La collection des manuscrits est moins nombreuse et moins intéressante depuis que Catherine II a donné ordre d'envoyer à Pétersbourg tous les manuscrits relatifs à l'histoire de Russie qui se trouvaient dans les couvens, où sont les seules bibliothèques de l'empire. La collection des livres russes imprimés à Moscou est de 300; celle des livres étrangers de 1100. Il n'y a que deux ouvrages de la fin du 15e siècle qui n'ont aucun mérite. Le seul livre qui soit complet est *Tractatus florum astrologiæ Albumasario. Augustæ Vindel.* 1488. Une *Bible française* de Louis et Daniel Elzevir, 1669, in-folio, superbe exemplaire. La *Polyglotte de Walton*, sans le *Sereniss. Protect.* Chaque page est paraphée. Le fonds de cette bibliothèque vient des anciens patriarches. Il y a beaucoup de livres polonais ; une *grammaire grecque* pour apprendre le russe, imprimée à Lvow, Pologne, 1591. Quelques livres grecs et esclavons. Douze *Bibles* hébraïques. La plus ancienne *Bible* qui soit à la bibliothèque est celle de 7070 (1562), Moscou, petit in-folio. Il y a un catalogue de cette bibliothèque en latin et en russe. Il faut s'adresser à l'archevêque de Moscou pour voir cette bibliothèque, ainsi que l'imprimerie. Cette imprimerie consiste en 22 presses pour les livres ecclésiastiques russes ou esclavons, et deux presses pour les livres civils et pour les particuliers. Les autres imprimeries pour les livres ecclésiastiques sont à Pétersbourg, où il y a deux presses à Kiow et à Tchernigow. On fond à Moscou des caractères, mais il n'y a qu'un fourneau : ils reviennent à 5 roubles le poud (1). On grave les caractères et les planches sur cuivre et sur bois. Les ouvriers, tous esclaves de la couronne, ont 36 roubles par an. En 1792 l'imprimerie a eu 50,000 roubles de bénéfice. L'endroit où l'on grave, et où sont les caractères pour imprimer, est un bâtiment neuf attenant au vieux dont nous avons parlé. Il y a des magasins immenses de livres imprimés dans cette maison. Leur valeur s'élevait, en 1792, à 230,000 roubles. Les livres ne sont pas fort chers, à en juger

---

(1) Le *rouble* vaut 5 francs, et le *poud* 40 livres pesant de Russie ou 33 livres de France.

par la *Bible russe* en 3 volumes in-folio, qui coûte en feuilles 5 roubles.

Ne quittons pas Moskou sans parler des archives des affaires étrangères. La plus ancienne correspondance qui existe dans ce dépôt est de 1263, avec la ville de Novogorod; elle est sur parchemin, bien conservée : c'est un traité. Il y en a plusieurs, et avec des sceaux. La correspondance avec la Pologne est la plus considérable ; elle commence en 1431. Celle avec la Hollande en 1613 ; celle avec le Brandebourg en 1517 ; la Crimée en 1474 ; les papes en 1582 (c'est avec le pape Grégoire XIII, pour un traité concernant la Pologne ; la thiare, ni la double clef ne sont point sur la bulle : il y a les têtes de saint-Pierre et de saint-Paul, avec une croix au milieu); la France 1615. Il y a cependant une lettre de Henri IV, du 6 avril 1596, contre-signée *Neuville* ; le czar y est qualifié d'empereur des Russes. Ces archives vont jusqu'en 1742. Le reste est à Pétersbourg (1), à l'exception des traités qui sont tous ici : traité d'alliance de l'empereur Maximilien Ier avec le czar Basile Ivanovitz, en 1514, contre la Pologne, où il le qualifie d'empereur (keiser) ; treize volumes de lettres originales de Pierre Ier à différentes personnes qui les ont déposées aux archives pour plus grande sûreté. Toutes les salles des archives sont au rez de chaussée, et voûtées.

BIBLIOTÈQUES du moyen âge. *a*, 97.

BIBLIOTHÈQUE de Munich. Elle est riche en manuscrits

(1) C'est en 1791 que tous les manuscrits qui avaient rapport à l'histoire de Russie, soit qu'ils fussent dans les couvens ou par-tout ailleurs, ont été transportés à Pétersbourg par ordre de l'impératrice. Aux archives dont nous parlons sont jointes la bibliothèque du célèbre historien Müller, que l'impératrice a achetée, ainsi que tous ses manuscrits, et une plus petite bibliothèque qui appartient au collège des affaires étrangères. Le tout occupe trois petites pièces, et contient 5000 volumes à peu près.

curieux. On y voit trois exemplaires de la *Bible* (en allemand) qui, imprimés à Ausbourg, sont mis au rang des éditions précieuses du 15ᵉ siècle, quoique sans date. On y admire un beau *manuscrit* sur papyrus, que Pie VI a fait copier à son passage, en 1782; et un *Missel* en 3 vol. in-folio, grand format, auxquels sont réunis trois volumes d'explication, avec des ornemens et des miniatures de la plus grande beauté. Un beau manuscrit de *Virgile*, sur vélin, y attire aussi les regards de l'amateur, ainsi qu'un *Ars moriendi*, quoiqu'il ne soit pas aussi ancien que le xylographique dont nous parlons dans le cours de notre ouvrage. La bibliothèque de Munich se monte à plus de 100,000 vol.

Bibliothèque musicale de France. *a*, 98.

Bibliothèque nationale de France. *a*, 79 et suivantes. *b*, 208.

— Sous Charles V. *a*, 80.

— Sous Louis XI. *a*, 81.

— Sous François Iᵉʳ. *a*, 82.

— Sous Henri IV. *a*, 84.

— Sous Louis XIII. *a*, 84.

— Sous Louis XIV. *a*, 85.

— Sous Louis XV. *a*, 87.

— Sous Louis XVI. *a*, 90.

Bibliothèque d'*Obo*. Obo, capitale de la Finlande suédoise, a une université fondée en 1640 : à cette université est attachée une bibliothèque de 10,000 volumes, avec 120 rixdales (1) de revenu seulement. Elle a été fondée par le comte Brahé en même temps que l'université. Cette bibliothèque n'offre rien de bien curieux; on y voit un manuscrit in-folio de 1341 pages, intitulé : *Procès-verbal d'une commission nommée en 1676, et sentences qui ont été prononcées sur des maléfices et des magiciennes,* écrit en

---

(1) La rixdale de Suède vaut 5 livres 15 sous.

suédois, de la main d'André Engman, notaire de ladite commission. Il manque quelques feuillets au commencement. — *Missale obense*, Lubeck, 1588, avec des planches en bois; on croit qu'il n'en existe que deux exemplaires : l'autre est à la bibliothèque d'Upsal, et n'est pas complet. — *Dialogus creaturarum moralizatus*. L'histoire de cette bibliothèque a été écrite par Henri-Gabriel Porthan, professeur d'éloquence.

BIBLIOTHÈQUES de Padoue. *a*, 98.
— De Paulmy. *a*, 79.
— Des Pays-Bas, *idem*.
— De Pergame (des rois). *a*, 99.
— De Perse. *a*, 106.
— Des Phéniciens. *a*, 65.
— De Pise. *a*, 100.

BIBLIOTHÈQUE *de l'université de Prague*. Cette bibliothèque, qui est sous la direction de M. l'abbé Ungar, est très-belle. Voici ce qu'en rapporte M. de Fortia dans son *Voyage au nord de l'Europe*. « Elle renferme 130,000 vol. et 8000 manuscrits. Le bâtiment est carré, et a près de 200 pieds sur plus de 150. Un des côtés est occupé par une galerie qui en a une autre dans le haut, et, de plus, deux salles pour ceux qui veulent écrire. Elle est ouverte au public tous les jours le matin. Voici les principaux ouvrages qu'on y remarque : le *livre des Evangiles*, en latin, manuscrit du commencement du 11ᵉ siècle, bien conservé et complet : c'est le plus ancien manuscrit de la bibliothèque. — Un *livre de prières* fait par ordre du roi de Bohème en 1305. — Un *Pline* sur vélin, écrit en 1350 ou environ, par ordre des magistrats de Prague, beau et bien conservé. — Une *Table des logarithmes*, écrite de la main de Ticho-Brahé. — Les *Annales de l'université* depuis son établissement, manuscrit. — *Nouveau testament*, en Bohème, 1475, édition première. — *Bible*, en Bohème,

Prague, 1488, édition première. — *Bible* de 1489. — *Bible*, Venise, 1506, chez Pierre Lichtenstein, avec des planches en bois, dont l'une représente le diable terrassant un pape, au 6e chapitre de l'Apocalypse. — *Flavien Josephe*, très-beau, en latin. — *Bible bohémienne*, avec des lettres glagolitiques (de la troisième lettre de l'alphabet nommée *glagol*), très-rare : on la croit de la fin du 12e ou du commencement du 13e siècle. — *Missel esclavon*, imprimé en lettres pareilles glagolitiques, Venise, Bindoni, 1528. — *Justin*, manuscrit sur vélin, du 13e siècle, bien conservé. — *Concile de Constance*, manuscrit, et la première édition faite d'après ce manuscrit. — *Darès phrygius de bello trojano*, traduction : c'est la première édition bohémienne. A la page 58 il y a une lettre initiale en bois, la seule qui soit dans tout l'ouvrage. — *Statuts provinciaux* de l'archevêque de Prague. C'est le premier livre latin imprimé en Bohême, Pilsen, 1476. — *Polyglottes* : la collection en est complette. On remarque dans celle de Londres, de Walton, qu'à la 13e page *recto* de la préface on lit : *serenissimo Protectore* (Cromwel); ce qui est rare, cette feuille ayant été changée à la mort du *Protecteur* (1). — Une *collection de diplômes*, dont le plus ancien est de 1100. — Une *Bulle d'Eugène* de 1145. La signature de plusieurs cardinaux est une croix; ce qui le prouve, c'est que toutes les croix sont de différentes mains, et tous les noms de la même. — La *Bible* de 1462, de Mayence. — *Liber sancti Augustini qui vocatur quinggenta*, Ausbourg, 1475. — *Appiani astronomia*, Ingolstad, 1540, très-rare; et une infinité d'autres livres rares et curieux, parmi lesquels on remarque des livres chinois, un livre malabare

---

(1) J'ignore si cette feuille a été changée dans beaucoup d'exemplaires, mais celui que nous possédons à la bibliothèque de la Haute-Saône porte aussi le nom du Protecteur.

écrit sur des feuilles de palmier, et donné à la bibliothèque de Prague en 1770. — Une collection complette des *Ad-usum Delphini* (Ciceron, *opera phisolophica*, et *Darès phrygius* n'y sont pas d'éditions originales) ; la collection des gravures de Piranèse ; beaucoup de beaux ouvrages sur l'histoire naturelle, avec planches magnifiques ; ceux de Martins, de Jacquin, etc. etc. Il y a un fond de 6,000 florins affecté à la bibliothèque de Prague. L'université de cette ville a bien dégénéré : de 30,000 élèves qu'elle avait autrefois, il ne lui en reste guère que 1400.

BIBLIOTHÈQUES *de Prusse*. *a*, 100.

— *Des Romains*. *a*, 101.

— *De Rome*. *a*, 103. Il existe à Frascati une très-belle bibliothèque qui y a été fondée depuis peu par le cardinal d'York, encore existant.

BIBLIOTHÈQUE *de Russie*. *a*, 105. Nous allons ajouter quelques détails sur la bibliothèque de l'académie des sciences de Saint-Pétersbourg. Elle doit son origine à 2,500 volumes que Pierre Ier prit à Mittaw dans la guerre contre la Suède. Elle fut par la suite augmentée, tant par les libéralités de cet empereur et de ses successeurs que par la collection curieuse de livres que possédait le prince Radziwil à Newitz, et dont les Russes s'emparèrent en 1772, pendant les troubles de la Pologne. Le nombre des livres de cette bibliothèque se monte à plus de 36,000. Les plus anciens manuscrits sont les Vies des saints, écrites en 1298, et la Chronique de Nestor. Cette chronique, et celles de Nowogorod, de Pleskoff, d'Ukraine, de Kasan et d'Astracan, ainsi que les Tables généalogiques des anciens ducs, depuis Wolodimer jusques à Iwan Basiliowitsch, composées dans les 12e, 13e et 14e siècles, prouvent que la Russie est riche en matériaux pour son histoire ancienne et moderne. Ces manuscrits sont tous en langue sclavonne. Les ouvrages les plus précieux sur l'histoire de Russie se trouvaient dans la bibliothèque de Kiow, qui malheureusement a été incendiée sous le règne de Pierre Ier. Ce prince en a versé des larmes, parce que cette perte est irréparable, et que les manuscrits conservés à Saint-Jacques de Waldaï et dans la cathédrale de Woladimer ne remplaceront jamais ce qui a été brûlé. La bibliothèque de l'académie renferme seize volumes in-folio de négociations des ministres de Pierre Ier, depuis 1711 à 1716, et 30 volumes in-folio de la correspondance du prince Menzikoff sur les affaires publiques de 1703 à 1717 ; avec ces matériaux on écrirait l'*Histoire de Pierre* Ier d'une manière plus authentique que ne l'ont fait Théophane et Voltaire. Un autre manuscrit qui n'est pas moins précieux que les précédens, c'est une instruction dressée par Catherine II elle-même, écrite de sa propre main, et adressée au comité choisi pour composer un nouveau code. Ce manuscrit, conservé dans un beau vase de bronze, est toujours placé sur la table dans les séances publiques de l'académie. On remarque dans la bibliothèque dont nous parlons un volume intitulé : l'*Apostol*, qui contient les *Actes des apôtres* et *leurs Epîtres* ; il est très-rare : c'est le premier livre imprimé en Russie (à Moscow.) M. Nichols dit, dans son Traité de l'origine de l'imprimerie, qu'il fut dix ans sous presse. Il porte la date de 1563. On trouve dans la même bibliothèque la plus belle collection de livres chinois qui soit peut-être en Europe ; on en compte jusqu'à 2800 cahiers séparés. M. Léontief, qui a passé plusieurs années à Pékin, où il y a une église russe et un séminaire où l'on entretient des étudians russes pour apprendre le Chinois, a fait un catalogue exact de ces livres. Les relations amicales qui existent entre les cours de Saint-Pétersbourg et Pékin ont facilité l'acquisition des livres chinois ; aussi c'est de Saint-Pétersbourg que l'on tire depuis quelque temps divers ouvrages intéressans sur les lois, l'histoire et la géographie de la Chine, qui sont extraits ou traduits des originaux publiés à Pékin.

Les bornes de notre ouvrage ne nous permettent pas d'entrer dans de plus longs détails sur la bibliothèque impériale de Saint-Pétersbourg. Nous renvoyons à la brochure de M. Jean Bacmeister, intitulée: *Essai sur la bibliothèque et le cabinet de curiosités et d'histoire naturelle de l'académie des sciences de Saint-Pétersbourg*; 1776, in-8°. Comme cette bibliothèque et ce cabinet ont reçu de grandes augmentations depuis 1776, il faut avoir recours aux ouvrages qui en ont traité, et particulièrement au 3ᵉ volume du *Voyage au nord de l'Europe*, par M. de Fortia. Nous dirons seulement qu'outre le nombre considérable de livres modernes d'Europe qui sont entrés dans cette bibliothèque depuis l'ouvrage de M. Bacmeister, on y a aussi reçu beaucoup de livres japonais et du Thibet; ajoutons qu'Alexandre Iᵉʳ a acheté en 1802 pour la somme de 28,000 roubles le cabinet du comte de Buturlen, qui renferme les plus beaux instrumens de physique et d'astronomie, et qu'il en a fait présent à l'académie de médecine.

BIBLIOTHÈQUE *de Saint-Gall, en Suisse*. Elle a été fondée par le théologien Wadian, qui était aussi poëte; car il dédia à Maximilien un poëme composé en son honneur et en l'honneur de Frédéric III. On lui doit encore des remarques sur *Pomponius Mela*. Il a écrit un *Traité sur l'eucharistie*, dédié à Conrad Pelican, dans lequel il déclame contre Luther. Il légua sa bibliothèque à la ville de Saint-Gall. Telle est la fondation de celle qui est publique dans cette ville. On y trouve une correspondance avec les réformateurs contemporains de Wadian (qui l'était lui-même de Saint-Gall), reliée en 13 volumes in-folio. Cette bibliothèque contient, outre des éditions précieuses par leur ancienneté, telles que les premières d'Allemagne, de Paris, des Manuce, de Robert Etienne, des polyglottes anciennes ; elle contient, dis-je, un grand nombre de manuscrits précieux, parmi lesquels on peut citer un *Saint-Augustin* complet, un *Ciceron*, un *Juvenal*, un *Silius-italicus*, les *Capitulaires* (qui ont été consultés par Baluze), un *Virgile*, sur les marges duquel les moines, suivant la coutume du temps, avaient écrit des cantiques. Ils ne craignaient pas de gâter les manuscrits en les barbouillant ainsi. La plupart de ces manuscrits ont des miniatures et des lettres dorées et coloriées qui attestent leur richesse et en même temps l'enfance et les progrès de l'art. Ils sont tous bien conservés. La collection des médailles est assez suivie, et par conséquent précieuse.

BIBLIOTHÈQUE de Saint-Germain-des-Prés. *a*, 77.

BIBLIOTHÈQUE Sloanienne. *a*, 466.

BIBLIOTHÈQUE *de Spalatro*. Cette ville, capitale de la Dalmatie vénitienne, est située sur le golfe de Venise. Les archives de la cathédrale renferment quelques manuscrits précieux dont on pourrait tirer des matériaux pour l'histoire de l'Illyrie. Parmi ces manuscrits on en trouve un des *Evangiles* qui est assez bien conservé ; on le croit du 7e et peut-être du 6e siècle. La première page contient le commencement de l'Evangile de saint-Jean en grec, mais écrit en caractères latins. Le copiste, après avoir achevé deux colonnes en latin, s'est servi de la vulgate pour original.

Spalatro a produit quelques hommes distingués dans les lettres et dans les sciences. Ses chroniqueurs du moyen âge sont l'archidiacre Tommaso, Michel Spalatinus, et d'autres dont on conserve des fragmens assez intéressans. A la renaissance des lettres on y a vu un savant nommé Marc Marcello qui a laissé des ouvrages en assez grand nombre, entre autres une collection d'inscriptions expliquées, dont l'authenticité est plus que suspecte. Parmi les archevêques de cette ville le plus savant était sans doute *Marc-*

Antoine *de Dominis*, qui devait se contenter d'être bon physicien, sans se mêler de controverse. Son ouvrage du *Rayon visuel* et *de l'arc-en-ciel*, et son *Traité sur le flux et le reflux de la mer* renferment des principes qui ont été développés dans la suite par des philosophes célèbres, et entre autres par Newton, qui, rendant justice à *de Dominis*, a reconnu avoir puisé dans son ouvrage, les premières idées de sa *Théorie de la lumière*. Cosmi, qui a occupé le siège archiépiscopal de Spalatro long-temps après *de Dominis*, a laissé un écrit sur la *Bulle clémentine*, qui doit être resté parmi les manuscrits d'Apostolo Zeno, dans la bibliothèque d'un couvent de religieux à Venise.

BIBLIOTHÈQUE *de Stutgard*. Nous avons dit un mot de la collection des Bibles qui se trouvent dans cette bibliothèque, *a* , xviij. Nous allons ajouter à ce mot quelques détails tant sur cette collection que sur la bibliothèque qui les renferme. Le duc de Wirtemberg, connu par son goût pour les livres, surtout pour les anciennes éditions, a commencé sa bibliothèque de Stutgard, lieu de sa résidence, depuis 1768. On y compte déjà plus de 100,000 vol., et chaque jour on augmente ce riche dépôt. Le prince a fait plusieurs voyages dans l'étranger, et en a rapporté des livres précieux pour des sommes considérables. Sa collection de Bibles, comme nous l'avons dit ailleurs, est unique en Europe : on en compte déjà plus de 9000 différentes, et il en manque encore plus de 3000 pour que le recueil soit complet. Il y en a dans toutes les langues et de toutes les éditions. Voici les plus remarquables : *Allemande* de 1467. (La collection allemande est complette.) — *Anglaise*, Londres, 1541, en lettres allemandes (1).— *Arabe*, Rome, 1671. (La première Bible arabe est de Rome, 1614, in-4.) — *Arménienne*, Venise, 1733. (La

---

(1) La première *Bible anglaise* qui ait paru est de 1535, in-folio.

première Bible arménienne est de Amsterdam. [*Æra armenorum* 1115] 1666, in-4.) — *Bohémienne*, Prague, 1506 (1). — *Danoise*, Copenhague, 1550, in-folio. — *Esclavonne*, Wittemberg en Saxe, 1584. (Lelong ne parle point de cette édition.) — *Espagnole*, Ferrare, 1551. (Même silence de Lelong.) — *Française*, Paris, 1520. (La première édition de la Bible en français a dû paraître vers 1484 ou 1487 au plus tard.) — *Georgienne*, 1743. — *Grecque*, Venise, Aldes, 1518, in-folio. — *Grisonne*. Il y a dans cette bibliothèque, dit M. de Fortia, quatre Bibles grisonnes qui sont fort rares ; il ne cite aucune date. — *Hébraïque*, 1488, in-folio. — *Hollandaise*, 1721., 5 vol. en lettres majuscules. M. de Fortia dit que cette Bible a été imprimée par ordre du czar Pierre. La traduction russe devait être à côté. On ne la trouve qu'au Nouveau testament, qui compose le 5e volume. Cette édition est superbe, et de la plus grande rareté. Leclerc, dans son Histoire de Russie, prétend que l'impératrice Elisabeth, pour plaire aux prêtres, leur abandonna toute l'édition. (Voyez *Voyage au nord de l'Europe*, tome I, page 6.) — *Islandaise*, Holoum, 1584, in - folio. — *Latine*, Mayence, l'édition sans date, présumée avant 1462. — *Polonaise*, Breste ou Brescie, ville de Lithuanie, 1563, in-folio, imprimée aux frais de la famille Radziwill. — *Russe*, 1744. (La première Bible russe intitulée : *Biblia veteris et Novi testamenti Slaveno-Russica*, etc., a paru en 1581. La seconde est intitulée *Biblia russica ex græco*, 1663, *Moscuæ*, in-folio. Elle est plus belle que la précédente.) — *Suédoise*, 1524. (La première édition dont parle Lelong est de 1541.) —

---

(2) M. de Fortia parle dans son *Voyage au nord de l'Europe*, dans lequel nous puisons une partie de cette notice, d'une édition de cette Bible de 1488, Prague. Le père Lelong n'en parle point dans son B. S.

Valaque, Bucharest, 1688. (Lelong ne parle point de cette édition.)

Telles sont les Bibles les plus remarquables de la bibliothèque de Stutgard, dont M. de Fortia donne une notice dans son *Voyage au nord*. J'ai ajouté quelques explications à sa nomenclature, qui m'a paru insuffisante. Cette bibliothèque contient plus de 2000 imprimés du 15e siècle, et un recueil complet de *Mémoires* sur toutes les familles et les villes souveraines. Le bâtiment où est déposée cette bibliothèque est en bois.

BIBLIOTHÈQUES *de Suède. a*, 106. Ajoutons quelques détails à cet article. La bibliothèque royale, située au château (à Stockholm), est composée de 20,000 volumes imprimés et 500 manuscrits, à peu près. Les livres les plus précieux sont: la *Vulgate* dont s'est servi Luther, et qu'il a chargée de notes écrites de sa propre main. Elle a été imprimée à Lyon en 1521, et prise à Wittemberg; la première édition d'*Homère*, Florence, 1488, bien conservée, belles marges, sur papier; le *Speculum humanæ salvationis* xylographique; le *Cicero de officiis* de Mayence, 1466; le 4e volume de l'*Atlantique* de Rudbeck, 1702, jusqu'à la page 210, le reste manque : ce volume est si rare qu'il en existe au plus trois ou quatre exemplaires, l'édition ayant été brûlée chez l'imprimeur (1) lors du fameux incendie qui réduisit en cendres une partie d'Upsal en mai 1702; *Liseri Poligamia triomphatrix*, imprimé à Londres en 1682, brûlé à Stockholm. Parmi les manuscrits les plus curieux on remarque le *Codex*

---

(1) Debure (Bibl. inst., n° 5578) se trompe quand il dit : Le quatrième volume de l'*Atlantica* n'a jamais été imprimé..... il s'en est échappé seulement quelques copies manuscrites, etc. Cailleau a commis la même erreur : voyez son Dictionnaire typogr., tome II, page 522. Il faut consulter sur cet ouvrage curieux la savante dissertation qui se trouve dans le *Voyage au nord de l'Europe par M. de Fortia*, tome II, depuis la page 91 jusqu'à la page 109.

Evangeliorum sous le titre de *Codex aureus.* Il a été acheté à Madrid en 1690 : on le croit du 9.e siècle. On le nomme *aureus* à cause de la quantité de lettres en or qu'on y trouve. Les feuilles sont pourpres, avec lettres en or et blanches ; le tout en lettres capitales noires. Ce manuscrit a été acheté par Sparwenfeld, suédois qui voyageait par ordre de Charles XI : il alla jusqu'en Afrique chercher les monumens qui pouvaient avoir quelque rapport avec l'ancienne histoire des Goths ou des Vandales. On admire encore dans cette bibliothèque deux manuscrits infiniment précieux et sur lesquels nous allons donner la notice qui en a été remise à M. de Fortia par M. l'abbé Albertrandi, bibliothécaire du roi de Pologne : ces deux manuscrits sont en latin.

« Le premier est d'une grandeur extraordinaire et d'une proportion telle que le vélin sur lequel il est écrit ne peut être que de peau d'âne : il est composé de 40 cahiers de 4 feuilles chacun ; les deux feuillets étant d'une seule pièce, cela fait huit feuillets, par conséquent seize pages, et en tout 640.

« Il manque environ deux feuillets ; l'histoire du déluge est à la première page. Voici l'ordre et le nombre des ouvrages qui y sont contenus : le choix nous en a paru assez extraordinaire pour le donner en entier. — Le Pentateuque — Josué — les Juges — Ruth — Isaïe — Jérémie — Ezéchiel — Daniel, dont les deux derniers chapitres s'y trouvent, — les douze prophètes — le livre de Job — quatre livres des Rois — livre des Psaumes — autre version de la Vulgate — les Proverbes — l'Ecclésiaste — le Cantique des cantiques — la Sagesse, — l'Ecclésiastique — les deux Paralipomènes — livres d'Esdras, embrassant les deux de la vulgate, — Tobie — Judith — Ester — deux livres des Macchabées — vingt livres des Antiquités hébraïques de Josèphe. (Cette traduction a beaucoup de passages différens de celle de Gélénius : le célèbre passage sur Jesus-Christ s'y trouve.) — la Guerre des Juifs du même Josephe (Cette traduction s'accorde entièrement avec celle attribuée à Rufin.) — *Sancti Isidori Epistola ad Branlionem sequitur — Ejusdem etymologia libri XX. — Isagogæ Joannicii, Johannis Alexandrini discipuli Tegni Galieni de Physicâ ratione — 4 Evangelia — Acta apostolorum — Epistola Jacobi — Petri duæ epistolæ — D. Johannis tres epistolæ*: In prima sic habet Celeber *locus et spiritus est qui testificatur quia Christus est veritas, quia tres sunt qui testimonium dant, Spiritus, aqua et sanguis et tres unum sunt.* — *Epistola beati Judæ Apocalypsis — Pauli Epistolæ ad Romanos, ad Corinthios duæ, ad Galatas, ad Ephesios, ad Philippenses, ad Tessalonicenses duæ, ad Colocenses, ad Timoteum duæ, ad Titum, ad Philemonem, ad Hebræos, ad Laodicenses*: on sait que cette dernière est apocryphe. A la suite de cet ouvrage est une confession écrite en lettres rouges sur un fond brun; elle parle d'une infinité de péchés abominables, sans en dire le nombre ni détailler les circonstances; cependant on y lit : *Peccavi in fornicatione diversâ cum animalibus multis, excepta cane.* Vient ensuite un exorcisme superstitieux. — *Cosmæ pragensis chronica Bohemiæ libri tres — Monasterii Bremnoviensis, et in Bramow Martinus abbas misit hunc codicem Pragam versus* 1594. Il n'y a pas de doute que ce manuscrit n'ait été pris par les Suédois à Prague, et qu'il ne vienne de ce couvent. On lit dans le calendrier *Sanctus Benedictus* en grosses lettres, ce qui donnerait lieu de croire que le couvent où il a été déposé était de l'ordre de S. Benoit. S. Adalbert est écrit en lettres de fêtes : S. Stanislas ne s'y trouve pas. La visitation, la commémoration des morts et la fête du S. Sacrement y manquent, Pâque et la Pentecôte s'y trouvent; ainsi il est postérieur à l'établissement des fêtes mobiles, qui datent de 1260 ou 1264. — Il y a de plus une liste où plusieurs princes et seigneurs ont écrit leurs noms.

« Le second manuscrit est intitulé : *Magistri Johannis Arderum de Slewark, de arte physicali et de cirurgia, quas ego prædictus Johannes* fervente (mot douteux) *pestilentiâ, quæ fuit anno domini millesimo* CCCXLIX *usque annum domini* MCCCCXII *morem* (ou *moram*) *egi apud Newerk, in comitatu Slotingui, et ibidem quam plures de infirmitatibus subscriptis curavi*. Ce manuscrit est sur vélin : il est roulé d'une longueur considérable, et partagé en colonnes.

FIGURES des MALADIES.	TEXTE, MALADIES et REMÈDES.	FIGURES ANATOMIQUES et pour les ACCOUCHEMENS	TEXTE, MALADIES.	FIGURES.

A côté de chaque figure de malade est décrit le genre de maladie, avec le remède ; au-dessous des figures des accouchemens, il y a des explications. Dans le nombre des maladies dont il est parlé, et qui est fort étendu, peu sont oubliées : on y en parle d'une assez extraordinaire pour le temps où l'ouvrage a été composé. Voici le texte nullement altéré : *Pro morbo qui dicitur Ch..d p..se* (au masculin). L'auteur parle ainsi d'une guérison qu'il a opérée : *Quidam miles nobilis ducis Lancastriæ apud Agezir* (in Hispania) *historia curatæ à Johanne Arderum torturæ oris.* » Telle est la description de ces deux manuscrits très-curieux. On peut compter sur l'exactitude de la notice donnée par M. l'abbé Albertrandi, savant bibliographe.

A côté de la bibliothèque est une petite chambre où sont treize grands volumes in-folio de dessins originaux de différentes écoles, et classés au nombre de 3025 pièces. Le plus ancien dessin fait en Suède est de Philippe Lembke, en 1631.

La bibliothèque de l'académie des sciences, dont une partie a été donnée par M. Rosenadler, contient des éditions précieuses : on y voit une *Bible suédoise*, Upsal, 1541, petit in-folio, avec des planches en bois. — Un *Nouveau Testament*, 1549, Stockholm, in-4, avec planches en bois, fort rare. — Un autre *Nouveau Testament*, le premier imprimé en Suède, Stockholm, 1521, petit in-fol., fort rare. — *Batailles du duc Charles* (Charles IX), rare parce qu'il est défendu. Tout ce qui est dans la première pièce est écrit en suédois. On trouve dans une petite chambre à côté les *Mémoires* des différentes académies, quelques *Voyages*, les ouvrages sur l'histoire naturelle, sur la physique, etc.; ceux qui traitent de l'astronomie sont à l'observatoire. Le *Musœum Carlsonianum*, ouvrage très-précieux, se voit au cabinet d'histoire naturelle; c'est la collection d'oiseaux de M. Carlson, gravés et enluminés avec le plus grand soin : en 1791 il y en avait quatre volumes de publiés.

Nous ne finirons point cet article sans parler de quelques imprimés et manuscrits infiniment curieux que possèdent MM. Ludeké, pasteur de l'église allemande, homme instruit, et Fredenheim, savant distingué. Le premier a une *Biblia malabrica*, imprimée à Tranquebar, 1ere partie, en 1723, et la seconde en 1727 : le titre intérieur est *Biblia damulica*. Le *Nouveau Testament*, aussi imprimé à Tranquebar en 1715, quoique du même format que la Bible et avec des caractères malabares, est imprimé avec des caractères plus beaux. Le tout forme 3 vol. in-4. — La première édition du *Nouveau Testament* finnois, Stockholm, 1548, in-4; une *Bible française*, Stockholm, 1642, in-fol.; un beau manuscrit du *Koran* sur vélin avec des variantes à la marge. M. Fredenheim possède des manuscrits précieux, entre autres, ceux du baron d'*Alder Salvius*, ambassadeur de Suède à la paix de Westphalie : ils contiennent des minutes de ses lettres et d'autres écrits, même de plusieurs articles de la susdite paix, quantité de mémoires, lettres originales, etc., etc. Cette collection s'étend depuis 1624 jusqu'en 1652 inclusivement : le nombre des pièces est de 2607. Le possesseur en a fait dresser un catalogue raisonné qui forme à lui seul un vol. in-folio.

M. Fredenheim possède encore une autre suite de manuscrits d'un seigneur suédois qui a joué un très-grand rôle dans les affaires du temps depuis 1700 jusqu'en 1727 : le nombre des pièces va à 617 ; elles consistent en lettres originales des rois *Charles XII*, *Frédéric Ier*, la reine *Ulrique Eléonore*, *Louis XV*, *Stanislas* de Pologne, son épouse la princesse *Czartorisky*, le cardinal *Judice*, ministre d'Espagne, etc., etc. Il y a aussi un catalogue raisonné.

C'est ce même M. Fredenheim qui a fait à Rome une fouille qui a déterminé au juste l'étendue du *Forum romanum*. Nous en parlons à l'article OBERLIN.

BIBLIOTHÈQUE de Suze en Perse. *a*, 106.

— Des Tartares kalmouks. *a*, 106.

BIBLIOTHÈQUE *du couvent de Trotzkoï* (1), *près Moskow*. Presque au milieu de la cour de ce vaste et célèbre couvent s'élève un clocher à cinq étages, commencé en 1741 et achevé en 1767. La bibliothèque du séminaire est au 1er étage. Les livres sont distribués dans différens angles de ce clocher, formant des espèces de cabinet ; ils sont dans des armoires non vitrées. 6000 volumes et 200 manuscrits composent cette bibliothèque. On a fait passer à Pétersbourg trois manuscrits relatifs à l'histoire de Russie. Les principaux ouvrages qu'on remarque dans cette bibliothèque sont une *Vie de saint Serge*, manuscrit dans lequel il y a beaucoup

---

(1) Le couvent de Trotzkoï, ou de la Sainte-Trinité, est à 63 verstes (16 lieues à-peu-près) de Moskow, sur la route d'Archangel ; il a été commencé en 1513 et fini en 1540. Il est célèbre dans l'histoire de Russie, ayant servi de refuge à ses souverains, notamment à Pierre-le-Grand, lors de la révolte des strélitz.

de peintures représentant des miracles. Les moines y ont un costume différent de celui d'aujourd'hui. — *Trois livres* qui ont servi aux premiers fondateurs du couvent ; celui des quatre évangélistes a servi à saint Serge ; les deux autres à saint Nicon ; l'un d'eux est d'autant plus curieux que tous les mots sont notés pour être chantés, mais les signes musicaux sont inconnus. Ces trois petits volumes sont assez bien conservés. — *Nouveau testament* in-folio, vélin, du premier temps de la religion grecque en Russie. — *Interprétation de l'Apocalypse*, avec belles figures, in-folio, en langue sclavonne. — Les *Homélies de saint Grégoire de Naziance*, traduites en langue sclavonne, beau manuscrit. — *Bible russe*, imprimée à Ostrog en Valachie, incomplette. — *Boetii liber de consolatione philosophiæ*, 1484, *in almâ Loanensi universitate diligenter elaboratus*. — *Hieronimi stridensis presbyteri epistolæ*, 1480, *in urbe Parmensi*, in-folio, bien conservé ; on trouve le mot *telos* en grec à la fin du volume : le reste est en latin. — *Moralizationes biblicæ*, Ulmæ, 1474 ; à la fin on lit : *Per Joannem Zeiner de Reutlingen artis impressoriæ Mgrm, non pennâ sed stagnis caracteribus in oppido ulmensi artificialiter effigiatus*, in-folio, bien conservé.

BIBLIOTHÈQUE de Turin. *a*, 107.

— De Typpo-Saïb. *a*, 107.

BIBLIOTHÈQUE *de l'université d'Upsal*. Cette bibliothèque jouit d'une grande réputation en Europe ; elle est renfermée dans trois salles : la première est consacrée aux belles-lettres, à l'histoire et à l'histoire naturelle. On y voit le buste en marbre de Charles XI, érigé en 1701 par *Ben.* Oxenstiern. La seconde a été donnée en 1767, par Gustave III, alors prince royal, comme l'atteste l'inscription sur la porte ; et la troisième salle, qui renferme la jurisprudence, la théologie et la médecine, est décorée du buste de Gustave-Adolphe, érigé en 1731, donné par le roi Frédéric 1er,

Le morceau le plus précieux de cette bibliothèque est le manuscrit gothique connu sous le nom de *Codex argenteus*; ce sont, comme nous l'avons dit ailleurs, les 4 *Evangiles* écrits en lettres or et argent, toutes les lignes interlignées, in-4, incomplet au commencement et à la fin; à la marge on voit quelques traductions de passages en latin. M. de Fortia, qui a vu ce livre, ne le croit pas imprimé, comme quelques voyageurs l'ont prétendu. Parmi les autres manuscrits on remarque : *Commentaria historica regis Erici XIV, cum directionibus et profectionibus planetarum, domorum et partium, pro anno* 1566; original de sa main; le même pour l'année 1567 : copie. — *Edda et Scalda* (1), manuscrit islandais très-précieux, sur vélin, avec des figures grossièrement dessinées, incomplet, fort maltraité. L'Edda a été composé d'abord par Sæmund Sigfusson, puis par Snorro Sturleson (comme nous l'avons dit à ce mot; voyez *Edda*, tome I page 241). au treizième siècle. Sturleson fut massacré dans une émeute en 1241. Voici comment M. Mallet, dans son Introduction à l'*Histoire du Danemarck*, s'exprime sur cet ouvrage : « J.-P. Résénius a donné la première édition de l'Edda, in-4, à Copenhague, 1665. Il y a une version latine à côté du texte, qui a été faite par Stephanus Olaï, savant ecclésiastique islandais. De plus, une version danoise de Stephanius, et des variantes tirées d'un manuscrit de Magnus Olaï, islandais. On regarde comme le manuscrit le plus

---

[1] Les étymologistes se sont souvent exercés sur l'étymologie du mot *Edda*. Ce que l'on trouve de plus vraisemblable dans leurs conjectures est qu'il vient d'un terme de l'ancien gothique qui signifie *ayeule*; dans le style figuré des anciens poëtes, ce terme paraissait propre sans doute à désigner une doctrine ancienne. *Scalda* signifie *poétique*; c'est la seconde partie de l'Edda : elle renferme un catalogue raisonné des mots que les poëtes emploient le plus souvent, un traité de la langue et de l'orthographe anciennes, et une explication du mécanisme des différentes sortes de vers. (*Mallet.*)

ancien de l'Edda, celui qui appartient au roi de Danemarck; on le croit de la fin du 13e ou du commencement du 14e siècle. Il existe aussi un manuscrit précieux de l'Edda à Upsal. M. Gœurandson l'a fait publier avec une version suédoise et une latine. Le texte de cette édition ne diffère en rien d'essentiel de celui de Résénius. » Le même M. Mallet a donné une traduction française de l'Edda; j'en possède la 3e édition, sous ce titre : *Edda, ou monumens de la mythologie et de la poésie des anciens peuples du nord*, par, etc. Genève, 1787, in-12. On trouvera l'histoire de ce livre dans l'avant-propos de cette traduction, pages 30 et suivantes. M. Schimmelmann en a publié une traduction allemande en 1777, à Stetin, in-4. — Les *Lois d'Islande*, manuscrit très-ancien, sur vélin. — *Dialogus creaturarum moralyzatus;* premier ouvrage imprimé en Suède, Stockholm, 1483. — *Manuale ecclesiæ Linkopensis*, ouvrage très-rare; Sœuderkœuping, 1525, le seul connu. — *Commentaire latin sur les sept Psaumes*, 1515, premier ouvrage imprimé à Upsål. — Le 4e volume de l'*Atlantique* de Rudbeck; c'est l'un des exemplaires dont nous parlons à l'article BIBL. de *Stockholm* (V. BIBL. de *Suède*). — *Secunda secundæ* de saint Thomas d'Aquin, Mayence, 1467, in-folio, bien conservé. — *Pline* latin, Rome, 1473, in-folio, sur papier. — *Suétone*, Rome, 1470, in-folio, sur papier. — Les *Lois de Suède*, sur vélin, Stockholm, 1617, très-beau. Cette bibliothèque contient à-peu-près 50 à 52,000 volumes. Les manuscrits sont au 1er étage. On a acheté de la veuve de M. Palmskœlds une collection de 500 volumes manuscrits, presque tous in-4, avec quelques pièces rares imprimées. Le professeur Giorgi les a mis en ordre, et en a fait le catalogue en deux gros volumes. On n'y trouve rien de fort précieux, si ce n'est *Diarium Wadstenense*, manuscrit original, sur vélin, petit in-4, écrit de différentes mains, depuis 1344 jusqu'en 1544. Cet ouvrage a été publié par Benzelius, à

Upsal, en 1721. M. Nordin doit en avoir donné dernièrement une nouvelle édition.

On voit encore dans cette bibliothèque des petits objets curieux, tels que des petits tableaux sur agathe, représentant la passion de Jésus-Christ ; des petits ouvrages en bois et ivoire donnés à Gustave-Adolphe par la ville de Nuremberg, pour sa fille enfant ; une agathe de 16 pouces sur 13, où est peint d'un côté le jugement dernier, et de l'autre le passage de la mer Rouge, par Kœnig ; deux petits livres de fleurs, poissons et animaux, peints sur vélin par la reine Christine ; le portrait du prince Konigsmarck, au service de la république de Venise, formé par des lignes d'écriture latine qui contiennent sa vie, sur vélin, etc. etc. Le fond attaché à cette bibliothèque est de 1000 plottes (1) par an, ce qui paraît médiocre. (Voyez tome II, page 446, au mot *Upsal.*)

BIBLIOTHÈQUE de la Vallière. *a*, 78, 79. Elle renfermait plus de 300 volumes imprimés sur vélin.

BIBLIOTHÈQUE *royale de Varsovie*. Elle est déposée dans une longue galerie passablement décorée en colonnes de stuc, mais mal placée au nord ; les armoires sont massives, mal faites, et les livres ne s'y voient qu'à moitié. Cette bibliothèque ne consiste guères qu'en livres modernes. Elle a au plus 20,000 volumes ; l'histoire est une des parties que l'on s'attache à completter. On y remarque les manuscrits suivans : *Racolta dei monumenti di antichita che col mezzo dei regi scavi si sono tratti delle viscere della cita dei Veliati* (*Velleia* dans le duché de Parme). 3 vol. in-folio, contenant les découvertes faites depuis 1760 jusqu'en 1765, beau manuscrit orné de superbes planches, dont 46 au 1er volume, 84 au 2e, et 42 au 3e. Il se trouve dans cette bibliothèque deux exemplaires de cet

---

(1) La plotte vaut une livre 18 sous 6 deniers.

ouvrage absolument pareils. — *Livre d'évangiles*, manuscrit sur vélin, avec beaucoup d'estampes. Il a au plus 400 ans d'antiquité; il est entremêlé de lettres d'or et d'argent: il ne contient que saint Mathieu, saint Marc et saint Luc, et finit à la passion de ce dernier. Il manque plusieurs feuillets à la fin. Les argumens à la tête des Evangiles sont seuls en petites lettres; les Evangiles en lettres onciales. — *Evangile* avec des commentaires, manuscrit sur vélin, mêlé de planches, de lettres dorées et rouges, beau; 500 ans d'antiquité au moins. — *Bible latine*, manuscrit sur vélin, de 1350 environ, etc. etc. L'abbé Albertrandi, savant bibliographe, était bibliothécaire du roi de Pologne en 1792. La bibliothèque dont nous venons de parler tient à une riche collection de médailles sur laquelle on trouvera des détails dans le *Voyage au nord de l'Europe*, par M. de Fortia, tome V, page 27.

BIBLIOTHÈQUE de Venise. *a*, 108.

BIBLIOTHEQUE *impériale de Vienne*. Elle est placée dans un superbe vaisseau dont l'architecture et la décoration ne laissent rien à désirer; elle a 242 pieds de long. Elle est ornée de colonnes et de pilastres en stuc, dont les bases et les chapiteaux sont dorés; on y voit 17 statues en marbre de la maison d'Hapsbourg, et au milieu de la rotonde celle de l'empereur Charles VI. La bibliothèque du prince Eugène occupe une grande partie de cette rotonde ovale, dont le grand diamètre est de près de 100 pieds. On y voit aussi plusieurs bustes antiques, parmi lesquels un de Pyrrhus en marbre très-rare; huit globes, dont 4 grands et 4 petits, célestes et terrestres, faits à Venise. Une galerie fait le tour de la salle. Dans le cabinet des manuscrits, on remarque une carte de *l'itinéraire de l'ancien monde*, par Peutinger : elle a été gravée en un volume in-folio. — Un *manuscrit mexicain*, en figures coloriées, unique dans son genre, écrit sur de la peau humaine. — Une belle machine représentant le système de Copernic, fait par un homme qui n'avait, dit-on, aucune connaissance dans cette partie. — Manuscrit célèbre de *Tite-Live*, du 5e siècle; il y manque quelques pages. — Manuscrit chinois. — Un petit *Alcoran*, sur vélin, pris sur un turc par le prince Eugène. — Le fameux *Senatus-consultum* sur les Bacchanales, donné l'an 186 avant Jesus-Christ, en original sur bronze; c'est celui que cite Tite-Live dans le 9e livre de la 4e décade. Ce morceau unique a été trouvé en Calabre, chez le prince Cigala. — Fragment des *Evangiles de saint Marc et saint Luc*, manuscrit en lettres d'or et d'argent, comme les *Codex aureus et argenteus* dont nous parlons ailleurs, etc. etc. Dans la galerie du fond, à gauche, on trouve 7000 volumes imprimés avant 1500, entre autres le premier *Psautier*, en caractères mobiles, Mayence, Fust, 1457, vélin. — Le *Speculum humanæ salvationis*, acheté à la vente de la Vallière; il est sans date, et imprimé en bois. — *Biblia pauperum*, gravé en bois. — Un *Pline* superbe, Venise, Joh. Spira, 1769. — *Virgile* gothique, de Mentelin, Strasbourg. — *Christianissimi* (1) *restitutio* de Servet, 1553, gros in-8. Je crois que c'est celui dont le comte de Laky a fait présent à Joseph II, qui lui a donné un diamant de 10,000 florins.

---

(1) On peut consulter sur cet ouvrage, qui est peut-être le plus rare de tous les livres, Debure (*Bibliographie instructive*, n° 756); *Encyclopédie* de Genève, in-4, *tome* XXXV, page 445; le *Dictionnaire historique* de Chauffepié; le *Catalogue de la Vallière*, n° 913; Dutens, *Origine des découvertes*, etc., deuxième édition, 1776, tome II, pag. 15, et surtout page 359. Ce livre a été vendu à la vente des livres de M. Gaignat 3810 livres; c'est Rive qui l'a acheté pour M. de la Vallière; et à la vente des livres de ce dernier on a payé cet exemplaire 4120 liv. Il a eu pour possesseurs successivement le docteur Mead, M. Deboze, le président de Cotte, Gaignat et de la Vallière. J'ignore maintenant où il se trouve.

On ne connaît que deux exemplaires de cet ouvrage; celui dont nous parlons, et un second qui est à Paris, mais moins bien conservé. — *Jules-César* sur vélin, Rome, 1469, bien conservé. — *Térence* en lettres gothiques, sans séparation de vers. — *Valère Maxime* sur papier, sans date; on le croit imprimé à Venise. — *Navis stultifera*, 1499; c'est la première édition de cet ouvrage en allemand, avec gravures en bois. — *Horace*, sans date. — *Caii Valerii flacci argonauticon liber*, Bologne, 1474. — *Marci Manlii*(1) *astronomicon libri*, Bologne, 1474. — *Rationale divinorum officiorum de Durandi*, Mayence, Fust, 1459. — *Bible* de Mayence, Fust, 1462. — *Catholicon*, Mayence, 1460. — *Bible allemande*, Mentelin, Strasbourg, 1466; c'est la plus ancienne qu'il y ait à cette bibliothèque en allemand. — *Bible* dite *Mazarine* sur papier, présumée de 1450 à 1455, etc. etc. Dans le grand vaisseau de la bibliothèque, on voit une grande collection d'estampes contenue en 700 gros volumes, dont 217 de portraits de tous les âges et de tous les pays, recueil unique. — La *Bible* de Radziwill, bien conservée. — Une feuille de huit pouces de hauteur sur un peu plus de six de largeur, sur laquelle sont écrits par un juif, d'un seul côté, sans abréviations et très-lisiblement, sans que le lecteur ait besoin de loupe : 1° Les *cinq livres de Moyse*; 2° *Ruth* en allemand; 3° l'*Ecclésiaste* en hébreu; 4° le *Cantique des cantiques* en latin; 5° *Esther* en syriaque; et 6° le *Deutéronome* en français. Pour donner une idée de ce travail, voici ce que contient la dernière ligne de ce tableau : *Ennemis : qu'ils méritent selon les œuvres de leurs mains; vous leur mettrez comme*

---

(1) *Manlii* est une faute d'impression qui se trouve dans cet exemplaire; il faut *Manilii*. La faute est encore aggravée dans le *Voyage au nord de l'Europe*, par M. de Fortia, qui nous fournit cette notice; on a imprimé *Mantii*. (Voyez sur cette édition de Manilius la *Bibliographie de Debure*, n° 1974.)

un bouclier sur le cœur par le travail dont vous les accablerez ; vous les poursuivrez dans votre fureur, et vous les exterminerez, ô Seigneur, de dessous le ciel, comme ils étaient au commencement ; mais il semble que vous nous ayez rejetés pour jamais, et que votre colère soit sans retour contre nous ; fin : *anno.* Ajoutez encore à ces mots plusieurs agrémens faits à la plume qui se trouvent dans la même ligne, et qui tiennent beaucoup de place.

La bibliothèque impériale contient 300,000 volumes, et 12 à 14000 manuscrits. Il y a 6000 florins affectés pour les emplettes courantes. L'arrangement des livres est dans chaque classe selon le format.

On voit encore à Vienne la bibliothèque de l'université. Elle n'est composée que de livres relatifs aux sciences. On y trouve tout ce qui a paru de moderne, même les ouvrages les plus chers et les plus précieux par les estampes, les enluminures, etc. Elle est classée selon les formats, et non par langues ou par ordre de matières, etc. etc.

BIBLIOTHÈQUE *Zalewski ou de la République, à Varsovie.* Cette bibliothèque a été donnée à la république de Pologne par les deux frères Zalewski, dont l'un était évêque de Cracovie. Elle consistait dans 300,000 volumes ; on en a vendu 52,000 qui étaient doubles. Elle a été rendue publique par les frères Zalewski depuis 1745 ; ils n'ont point laissé de fonds pour son entretien. Elle occupe une infinité de petites salles en trois étages. Elle est divisée en cinq classes : *religion, philosophie* ou *raison, discours* ou *oraison, histoire,* et *imagination.* Chaque classe est divisée par langue. La première *Bible polonaise* qui y soit est de 1562 ou 64 (Le dernier chiffre est effacé), à Cracovie, avec figures en bois, in-4. On ignore quel est l'auteur de cette traduction. — La *Bible* de Radziwill y manque. — *Bible polonaise* traduite par Budny, 1572, très-rare. — *Psaumes de David* en polonais, avec des passages latins intercallés ;

Cracovie, 1539, Hungler. On croit que c'est le premier livre polonais imprimé, rare. — *Prymiot*, Cracovie, 1551, in-8; c'est un traité des maladies vénériennes, que l'auteur appelle *maladie de la cour*. — *Virgile* de Nuremberg, 1492. — *Speculum historiale Bellovacense*, imprimé par Mentelin, sans nom de lieu, 1473. — *Breviarium argentinense*, manuscrit cru du 12e siècle, sur vélin. — *Ciceronis epistolæ*, Rome, 1490. — *Lactance*, 1476, Rostock. — *Lactance*, Venise, 1497. — *Saint Léon*, Venise, 1483. — *Miscellanea*, contenant treize ouvrages, dont le premier est *Jamblicus de Mysteriis Ægyptiorum*, et le dernier : *Marcilii ficini florentini de voluptate liber*, Venise, chez les Aldes ; on a écrit à la fin *sept*. 1497 ; il est en effet de cette année, quoiqu'il y ait dans le texte 1457. — *Cicero de officiis*, Venise, 1480. — *Idem*, Venise, 1484. On a écrit sur cet exemplaire *omnium prima*. — *Cicero de oratore*, Venise, 1478. Parmi les manuscrits on distingue deux *Ovide*, dont l'un, des métamorphoses, est sur une colonne, et l'autre est sur deux ; ils sont très-anciens, à en juger par la forme des lettres et les abréviations multipliées. — Un *Missel romain* du 10e siècle, provenant de la bibliothèque du duc de Bourgogne. — Une *Histoire de Pologne* par Dlugoss ou Longin, in-folio de 526 pages, beau manuscrit moderne en italique. — Plusieurs volumes de la main de Sobieski: ce sont des journaux. Cette bibliothèque est riche en auteurs classiques. Au bas du dos de chaque volume il y a un papier blanc sur lequel il serait à souhaiter que l'on mît la date des éditions pour éviter à ceux qui quelquefois n'en cherchent qu'une seule d'un ouvrage, la peine d'ouvrir cinquante volumes.

BIBLIOTHÈQUE *de Zurich*. La bibliothèque publique de Zurich contient environ 25,000 volumes; elle possède les meilleures éditions des auteurs classiques, beaucoup de livres imprimés dès l'orgine de l'art typographique, au

15e siècle, et quelques manuscrits précieux, parmi lesquels on distingue ceux du célèbre réformateur Zuingle; trois *lettres* écrites en latin, en 1551, 52 et 53, par lady Jeanne Gray, à Bullinger, avec des notes hébraïques et grecques qui attestent les connaissances que cette femme avait dans ces deux langues; le manuscrit original de *Quintilien*, qui fut trouvé dans la bibliothèque de Saint-Gall, et d'après lequel on publia la première édition des œuvres de ce savant rhéteur; les *Psaumes* en grec, écrits sur vélin violet, en lettres d'argent, avec les initiales en or, et les renvois à la marge en lettres rouges. On présume que ces Psaumes font partie du *Codex Vaticanus* conservé à Rome, dans lequel ils manquent, parce que les deux manuscrits se ressemblent.

La bibliothèque de la cathédrale est aussi riche en anciennes éditions et en manuscrits. La bibliothèque des chanoines est remarquable par le corps complet des *Chroniques de la Suisse*, qui, malgré le grand nombre de ses compilateurs, n'a point encore d'histoire complette et bien rédigée. On devrait traduire toutes les lettres des réformateurs.

BIBLIUGUIANCIE. Mot d'étymologie barbare, qui signifie lessive de livres ou art de détacher et restaurer les livres. *a*, 108.

BILAINE, et non BILLAINE (Louis). Imprimeur du 17e siècle, à Paris. Il était fils de Jean Bilaine, libraire, et neveu de Pierre Bilaine, également libraire à Paris. Il demeurait *in palatio regio*, expression équivoque qui supposerait le *Palais-Royal*, tandis qu'il demeurait au palais de Justice, au deuxième pilier, comme le dit Boileau dans sa IXe Satyre. Il avait pour enseigne la *palme* et *César*. *a*, 3.

BLANCHETS. Terme d'imprimerie. *a* 323.

BLUMAVER. Poëte burlesque, allemand; il a composé

plusieurs pièces fugitives dans ce genre, ainsi que l'*Enéide travestie*, qu'il n'a pas terminée, mais qui l'a été par un autre auteur.

BOLLANDISTES. Société de savans jésuites, auteurs de l'*Acta sanctorum. a* XX. Nous allons rectifier plusieurs erreurs qui se sont glissées dans l'article consacré à cette riche collection dans notre premier volume. Quant aux noms de quelques Bollandistes, au lieu de *Janning* lisez *Jauning*; au lieu de *Suyskenus* lisez *Suyskenius*; au lieu de *Byens* lisez *Byeus* (le père Debie); au lieu de *Buens* lisez *Bueus* (le père Debue). Quant au nombre des volumes, nous en avions annoncé 50; il y en a 54, en y ajoutant le *Martyrologium Usuardi*, et le *Propilœum* du mois de mai; en voici le détail: janvier 2, février 3, mars 3, avril 3, mai 8, y compris le *Propilœum*, juin 7, juillet 7, août 6, septembre 8, octobre 6, et le *Martyrologium Usuardi*. On peut consulter sur cet ouvrage le *Catalogue de la Vallière*, n° 4717, et le 4e tome du *Dictionnaire de Cailleau*, page 58. On y trouvera quelques détails; mais pour en obtenir de plus précieux sur ce volumineux ouvrage, qu'il sera bien difficile de terminer, il faut lire le curieux *Voyage de M. Camus, fait en l'an 10 dans les départemens réunis, dans la Belgique*, etc. in-4, pag. 55, 56, 57, 58, 59, 60 et 61; on y verra combien les deux derniers volumes, 51 et 52 (5 et 6 d'octobre) sont rares. « Le 51e volume est peu commun, dit M. Camus, parce « que la vente a été interrompue par les changemens « continuels de domicile des Bollandistes. Le 52e, ou 6e « d'octobre, est beaucoup plus rare; peu de personnes « connaissent son existence. Le citoyen Laserna m'a donné « les 296 premières pages du volume, qu'il croit avoir été « imprimées à Tongerloo. Il est persuadé que le surplus « du volume existe, et il pense que c'est à Rome qu'il a « été terminé. »

BOMBYCINA (*charta*). Papier de coton qui commença à être en usage, selon Montfaucon, vers le 9e siècle.

BOUCLIERS votifs, dits de Scipion et d'Annibal, *a*, 444. *b*, 454.

BOUDET (Antoine). Libraire et imprimeur à Paris, mort à Essonne en 1787 (non en 1789). *b* 366.

BOURDONS. Terme d'imprimerie; on appelle ainsi les mots ou phrases oubliés par le compositeur.

BOURGEOISES (lettres). *a*, 368.

BOUSTROPHEDON. Ancienne manière d'écrire chez les Grecs. *a*, 241, 352.

BOUVIER (A....). graveur. *b*, 196. Je me suis procuré dernièrement une *Grammaire française simplifiée*, par J.-B. *Castille;* Paris, an XI (1802), in-12. Cet ouvrage porte au bas du frontispice : *imprimé par* Glisau, *sur planches monotypées en bronze*, par A. Bouvier, *breveté d'invention*.

BRACHMANES. Leurs castes. *b*, 328.

BRACHYGRAPHIE. *b*, 286.

BRACTÉATES (Médailles). *a*, 429.

BRINDLEY (J...). Célèbre imprimeur anglais qui a imprimé à Londres vers le milieu du 18e siècle. On lui doit une collection de jolies petites éditions des auteurs latins, de format in-18. *César*, 1744, 2 vol. — *Catulle, Tibulle et Properce*, 1 volume. — *Cornelius-Nepos*, 1744, 1 volume. — *Quinte-Curce*, 1746, 2 volumes. — *Horace*, 1744, 1 volume. — *Juvenal et Perse*, 1744, 1 volume. — *Lucain*, 1751, 2 volumes. — *Lucrèce*, 1749, 1 volume. — *Ovide*, 1745, 5 volumes. — *Phèdre*, 1750, 1 volume. — *Salluste*, 1744, 1 volume. — *Tacite*, 1760, 4 volumes.

— *Térence*, 1744, 1 volume, et *Virgile*, 1744, 1 volume. On reproche à cet imprimeur d'avoir employé un caractère si fin que la lecture en devient fatigante; ce qui fait que ses éditions sont peu recherchées.

BRONZE. Composition métallique. *a*, 430.

Bronzes. *a*, 430, 432.

BULLE-D'OR de Charles IV, de 1356, écrite d'un style barbare. *a*, 31.

BURLESQUE (Poésie). *a*, 403.

BUTTNER, savant glossographe. *a*, 364. Cet érudit professeur est mort le 8 octobre 1800. Il s'était fait des dictionnaires de presque toutes les langues anciennes et modernes dont on peut tracer l'origine. Lorsque l'impératrice de Russie Catherine II fit publier le fameux glossaire de toutes les langues qui sont parlées dans son vaste empire, il y trouva beaucoup à redire, et ajouta plusieurs racines de langues asiatiques qui étaient échappées aux recherches des voyageurs russes. Malheureusement il mit plus d'empressement à rassembler qu'à digérer et publier ses trésors. Il préparait depuis long-temps un *Prodromus linguarum* qu'il n'a pu achever, et qui sera publié peut-être par le professeur Rüdiger, à Hall. Tout ce que l'on a de Buttner consiste dans une petite série de tablettes comparatives des langues, publiées à Goettingue, où il était professeur avant son changement de domicile; mais ces tablettes ne sont pas complettes, et il leur manque la fin. Sa bibliothèque a été achetée par le duc de Weimar. Il vivait seul avec un couple de chiens; il passait son temps à fumer, à prendre du café, et à compulser des extraits pour son grand dictionnaire. (*Ext. du Mag. Encyclop.*)

BYZANTINE. Corps d'histoire de Constantinople depuis 330 jusqu'en 1453. *a*, 22.

C

CABALE ou KABALE. Tradition, doctrine des Juifs. *b*, 366.

CABINET de l'école des mines formé par le citoyen Sage. *a*, 463.

CABINET d'histoire naturelle. *a*, 118.

CABINET d'histoire naturelle d'Adjuda. *a*, 95.

CABINET des médailles, à la bibliothèque nationale. *a*, 443.

CABINET de physique. *a*, 131.

CABOCHONS. Terme de glyptographie, pierres convexes. *a*, 286.

CADEAUX. Grandes lettres. *a*, 368. On remarque de ces capitales singulières dans deux éditions fort curieuses de Schoeffer, *expositio Joannis de turre cremata super toto psalterio*; à Mayence, l'une de 1474, l'autre de 1476. (Voyez le *Catalogue de la Vallière*, nos 191 et 192.)

CAILLEAU (André-Charles). Imprimeur, libraire et bibliographe. *a*, 132. *b*, 244. M. Delalain vient de publier un quatrième volume de supplément au *Dictionnaire bibliographique*, etc. dont l'abbé Duclos est l'auteur, et qui a paru sous le nom de Cailleau, tant parce qu'il en était imprimeur que parce qu'il avait aussi contribué au travail de Duclos. Il y a eu plusieurs contrefaçons de ce *Dictionnaire*, surtout une imprimée à Liège, et portant le nom de Tutot.

CALIBRE. Terme de fonderie de caractères. *b*, 317.

CALLIGRAPHIE. Art de bien écrire. *a*, 133. *b*, 359.

CALQUES. Ce mot indique, en bibliographie, les empreintes ou plutôt les dessins des lettres, titres et figures des plus anciens ouvrages gravés en bois ou imprimés en caractères mobiles depuis l'origine de l'imprimerie; on tire ordinairement ces empreintes pour servir à l'histoire de l'art typographique et à la vérification des anciennes éditions rares et recherchées. Il serait bien à souhaiter qu'à l'exemple des diplomatistes, qui ont fait graver les suites des caractères d'écriture usités dans les différens siècles, chez différens peuples, les bibliographes fissent graver de même, non-seulement les caractères et les figures, mais même la première et la dernière page des principales éditions du 15e siècle. Cet ouvrage, infiniment curieux, serait du plus grand secours pour composer une bonne histoire de l'art typographique. M. Pierre-Antoine Bolongaro Crevenna, d'Amsterdam, qui s'occupait de cet objet, s'était procuré à grands frais une suite de caractères typographiques en usage aux 15e et 16e siècles (1). Cette collection précieuse, composée de 513 calques, a dû être vendue à Amsterdam en 1793. « M. Crevenna, dit l'éditeur du dernier catalogue des livres de cet amateur, ne s'est point borné à faire calquer trois ou quatre lignes d'un livre, ce qui n'en aurait

---

(1) Je présume que c'est à la vente des livres du célèbre Mirabeau, en janvier 1792, que Crevenna a acheté cette suite de calques, annoncée sous le n° 1808 *bis* du Catalogue de Mirabeau. La notice de ces calques est en tête de ce catalogue, et répétée mot pour mot dans le troisième catalogue de Crevenna, imprimé en 1793. La seule différence qu'il y a entre les deux catalogues, c'est que dans celui de Mirabeau on annonce 226 calques contenus en 83 enveloppes ou chemises, et dans celui de Crevenna on en annonce 513 contenus en 135 enveloppes. Il y a apparence que Crevenna aura augmenté la collection qu'il avait déjà de celle de Mirabeau, car on trouve en tête du Catalogue de 1789 du bibliographe d'Amsterdam, qu'il s'occupe d'un ouvrage nouveau et très-intéressant sur l'histoire de l'origine et des progrès de l'imprimerie, qu'il fera paraître aussitôt que le permettra la gravure de grand nombre de planches qui doivent l'accompagner.

pas donné une idée satisfaisante, mais il a pris ordinairement la première et la dernière page de chaque ouvrage, où se trouvent le plus souvent la date de l'édition, ainsi que le nom de la ville et de l'imprimeur. On a aussi calqué des figures quand il s'en est rencontré, et on en trouvera plusieurs fort singulières et très-expressives. Cette méthode, en suppléant aux descriptions quelquefois imparfaites des bibliographes, peut surtout servir à reconnaître et distinguer ce qui caractérise particulièrement l'édition d'un ouvrage recommandable par son ancienneté et par sa rareté. M. Crevenna n'est point le seul qui se soit occupé de calques ; plusieurs bibliographes en ont enrichi leurs ouvrages ; on en trouve dans le *Vindiciæ typographicæ* de Schoephlin, dans les *Origines typographicæ* de Meerman, dans la première partie du *Catalogue de la Vallière*, dans le *Notitia historico-litteraria* de Braun, relatif aux livres imprimés dans son monastère et dans d'autres villes d'Allemagne, au 15e siècle; dans un manuscrit de l'abbé Rive, intitulé : *Essai chalcographique de caractères de près de 300 éditions du 15e siècle*; dans les *Monumens typographiques* de Fischer; dans les *Mémoires de l'académie des inscriptions*; dans les *Mémoires de l'institut*, etc. etc. etc.

CAMBIS (Jos.-L.-Dom. marquis de). Littérateur et bibliophile, né à Avignon en 1706, mort en 1772. Nous ne parlerons point des ouvrages étrangers à notre sujet qu'a composé M. de Cambis ; nous ne le considérerons que comme auteur d'un bon *Catalogue raisonné des principaux manuscrits de son cabinet*; Avignon, 1770, in-4º. Ce catalogue est fort rare, parce qu'il n'a été tiré qu'à un très-petit nombre d'exemplaires ; il y en a qui n'ont que 519 pages au lieu de 766 ; cela provient de ce que l'auteur, quelque temps après avoir distribué une partie de l'édition, y ajouta les descriptions de plusieurs manuscrits dont il avait fait acquisition (*Debure*, Catalogue de la Vallière, n° 5543). Il s'est glissé dans ce catalogue quelques erreurs que l'abbé Rive a relevées avec sa grossièreté ordinaire ; il dit à la page 187 de la *Chasse aux bibliogr.* : « Si ces deux maigres auteurs (D.-B. et V.-P.) eussent, dans le Catalogue de L.-V., reproché au marquis de Cambis beaucoup de solécismes littéraires et une quantité inouie de plagiats, ils m'auraient soulagé dans mes travaux, et je n'aurais pas manqué de les y citer. » On peut consulter sur les erreurs de M. de Cambis, relevées par l'abbé Rive, les *pages* 150, 187, 275, 285, 294, 299, 300, 303 et 304 de la *Chasse aux bibliographes*, citée ci-dessus. Malgré la diatribe du bouillant provençal, le Catalogue de M. de Cambis est très-estimé et fort recherché des curieux et des amateurs.

CAMÉES. Gravures en relief. *a*, 286.

CAMUA. Livre indien. *b*, 371.

CAMUS (Armand-Gaston). *a*, XIX, 135, 387. *b*, 190, 218, 305. Cet estimable savant a, depuis la publication de nos deux premiers volumes, acquis de nouveaux droits à la reconnaissance des bibliographes ; il a fait un savant rapport à l'Institut sur la réforme à faire dans la typographie allemande ; il a démontré la nécessité de conserver l'usage des caractères allemands, mais il a en même temps fait sentir que les changemens adoptés dans la forme de ces caractères pourront rendre la lecture des livres imprimés en cette langue plus facile, sans cependant en dénaturer l'origine. Le citoyen Camus a publié un *Mémoire* curieux sur la *collection des grands et des petits voyages par les Debry et Merian*, et sur celle des *Voyages de Melchisedech Thevenot* ; Paris, *Baudouin*, an XI, 1 volume in-4 de 401 pages. Ce mémoire fait connaître toutes les pièces qui doivent composer ces collections, donne des détails sur les figures, sur ce que contient chaque pièce ; l'auteur y compare l'édition des pièces données par les Debry avec les éditions premières de ces pièces, etc. Le savant Huet avait écrit de sa main plusieurs notes intéressantes sur les marges de son exemplaire, qui est à la bibliothèque nationale : elles sont insérées dans le Mémoire du citoyen Camus. L'abbé de Rothelin avait fait imprimer en 1742 un cahier de 42 pages intitulé : *Observations et détails sur la collection des grands et petits voyages*. Le citoyen Camus a donné récemment la relation du voyage qu'il a fait dans la Belgique à la fin de l'an 10. Ce Voyage, écrit d'un style toujours attachant, renferme des détails curieux sur les richesses littéraires et commerciales des départemens réunis, sur les établissemens de bienfaisance, sur les mœurs et usages des habitans. On y reconnait partout la plume exercée d'un littérateur, d'un philantrope et d'un ami zélé des sciences et des arts.

CANONS *de Gratien.* Manuscrit. *b*, 324.

CAPITALES (lettres). *a*, 370. *b*, 15.

CAPITALES (lettres). Il ne faut pas croire que l'on ne trouve point de lettres capitales dans les premières éditions qui touchent au berceau de l'imprimerie. Que l'on consulte l'*Index librorum ab inventâ typographiâ*, etc. du savant Laire ; il dit, en parlant des capitales : « *Habentur in psalterio, anni* 1459 ; *in Bibliis Richelii et Bertholdi* (Richelius et Bertholdt Rodt, associés de Gutenberg, imprimaient à Bâle depuis 1460 à 1465) ; *in Petro Comestore, anni* 1473 ; *in Boccacio anni ejusdem* ; *in Alvare Pelagio*, 1474 ; *in Bibliâ aurea* (1), 1475 ; *in Speculo B. M. Virg.* 1476, *et in summâ Pisanellâ, anni* 1475 ;

---

(1) On trouve dans quelques vieilles éditions *Biblia Bibliæ*, au lieu de *Biblia Bibliorum*.

in Durando, *anni* 1475; *in* Summa Gallensi, 1475; *in* Petro Nigro contra Judæos, 1475; *in* Miroir de vie humaine, *Lugduni*, 1477, etc. »

CARACTÈRES D'IMPRIMERIE (1). *a*, 138. *b*, 308, 309, etc. Leurs noms et leurs rapports entre eux. *a*, 140.

CARACTÈRES *en bois*. *b*, 308.

CARACTÈRES *de fonte*. *b*, 309, 317. L'imprimerie en caractères de fonte passe pour avoir été inventée par l'orfévre Pierre Schoeffer, à Mayence, vers 1450 à peu près. On voit par la souscription qui est à la fin de la première partie des *Chroniques abrégées* de l'abbé Trithème, imprimées à Mayence en 1515, par Jean Schoeffer, fils de Pierre, que son père et son aïeul maternel commencèrent à imprimer en caractères de fonte en 1452 (2). On peut encore consulter à ce sujet la *Chronique du monastère d'Hirsauge*, par Trithème, dont le deuxième tome a été imprimé in-folio, en 1690, aux frais de ce monastère, comme il est rapporté dans la *Bibl. lat. med. ætat.* de Fabricius, in-4, tome IV, page 156, col. 2, et dans l'Origine de l'imprimerie, par Chevillier, pag. 3. (Voyez aussi notre article MONUMENS TYPOGRAPHIQUES.)

CARACTÈRES *d'or*. Quelques auteurs ont prétendu qu'Erhard Ratdolt, imprimeur à Venise vers la fin du 15ᵉ siècle, avait imprimé un *Euclide*, 1482, in-folio, en lettres d'or; ils se sont trompés : il est vrai qu'il a tiré quelques exemplaires de cette édition *princeps* avec une

---

(1) Pour l'explication des termes *corps* de caractères, *épaisseur* de caractères, et *hauteur* de caractères, voyez, outre le *Manuel typographique* de Fournier, l'*Essai de fables nouvelles* de M. Didot, fils aîné, page 135.

(2) Tome XIV, *Histoire de l'académie des inscriptions et belles-lettres*, in-4, page 239.

encre qui imite la couleur de l'or. Ces exemplaires sont fort rares.

CARACTÈRE *grec*. Nous pensions que le premier livre où l'on trouve ce caractère imprimé, était *Augelii noctes atticæ*. *Romæ*, *in domo Petri de Maximis*, 1469, in-folio. Dans le *Térence* de 1472 on voit aussi plusieurs endroits où des passages grecs sont imprimés, et d'autres endroits laissés en blanc pour y en mettre à la main. Il en est de même dans la préface du *Commentaria* (*Gabrielis Brebiæ*) *in psalmos et cantica sacrorum bibliorum*. *Mediolani*, 1477, in-4; Goth. Mais Debure, n° 413 du Catalogue de la Vallière, en citant le fameux Lactance (*Lactantii Firmiani opera*, in monasterio Sublacensi, 1465, in-folio) dit dans sa notice : « Première édition, très-rare, dans laquelle les passages grecs sont imprimés. Cet ouvrage, ainsi que les *Offices de Ciceron*, Mayence, 1465, sont les deux premiers dans lesquels on a employé des caractères grecs. » Alors nous croyons que les deux ouvrages cités plus haut doivent tenir le premier rang après ceux rapportés par M. Debure. Le premier livre imprimé en grec est : *Constantini Lascaris*, *Byzantini grammatica græca*, *græcè*, *ex recognitione Demetrii cretensis*. *Mediolani*, *per Magistrum Dionysium Paravisinum*, 1476 (30 janvier), in-4. La seconde édition de cet ouvrage, avec la version latine, est de 1480, in-4. (Voy. Debure, *Bibl. instr.* n° 2217, et Crevenna, Catalogue de 1776, in-4, page 116 du tome III.)

CARACTÈRE *hébraïque*. Ce caractère parut pour la première fois dans un ouvrage imprimé, à la dixième page du livre intitulé : *Petri Nigri tractatus contra perfidiam Judæorum; in Eslingen, per discretum et indusrium virum Conradum Fyner de Gerhusen*, 1475, in-fol. Dans la même année parut le premier ouvrage entièrement écrit en hébreu, et portant une date certaine; il est intitulé : *R. Salomonis*

Jarchi commentarius in Pentateuchum. Regii Calabriæ, 1475, in-folio, *minor*. (Voyez les *Annales hebræo-tygraph.* de de-Rossi, édition de Bodoni, 1795, page 3.) Quatre mois après l'impression de l'ouvrage que nous venons de citer, parut encore *R. Jacobi ben Ascèr Arbà turim seu IV ordines*. Plebisacii, 1475, 4 volumes petit in-folio.

CARACTÈRE *italique*. *a*, 139, 407.

CARACTÈRES ORIENTAUX de l'imprimerie nationale, *a*, 300.

CARACTÈRE *romain*. *a*, 139, 322.

CARDÉ. Mot indien. *a*, 150.

CARTE-MARINE de Bianchi. *b*, 147.

CARTES A JOUER. Nous avons dit (page 150 de notre premier volume) que les uns attribuent l'invention des cartes à jouer aux Allemands et d'autres aux Français; mais nous avons oublié de dire qu'un savant bibliographe en fait honneur aux Espagnols : c'est l'abbé Rive qui, dans ses *Eclaircissemens historiques et critiques sur l'invention des cartes à jouer*, 1780, in-12, soutient cette opinion et cherche à l'appuyer de toutes les preuves que lui a fournies sa profonde érudition. Selon lui, les cartes sont en usage en Espagne vers 1330 avant qu'on en trouve la moindre trace chez aucune nation (1). Le nom de *naipes*, que les Espagnols leur ont donné, et dont les Italiens ont fait *naibi*, vient des lettres N P qui désignaient *Nicolas Pepin* leur inventeur. Telle est l'étymologie que fournit

---

(1) Papillon, dans son *Traité historique de la gravure*, Paris, 1766, 3 volumes in-8, page 80, dit : « j'ai découvert tout récemment, dans le recueil de Blanchart, un *édit* de 1254, rendu par saint Louis à son retour de la Terre sainte, où il est défendu de jouer aux cartes et aux dez. Il est reconnu que Papillon s'est trompé; il n'est point question de cartes dans cet édit.

le *Dictionnaire de la langue castillane*, composé par l'académie royale d'Espagne, tome IV, à Madrid, 1734. Ce qui décide l'abbé Rive à faire honneur aux Espagnols de l'invention des cartes à jouer, c'est qu'ils produisent la première pièce qui en atteste l'existence. Cette pièce consiste dans la défense (*de jouer argent aux cartes ou dez*) faite par les statuts d'un ordre de chevalerie nommé l'*ordre de la Bande*, et institué vers l'an 1332 par Alphonse XI, roi de Castille. Cet ordre n'existe plus ; mais dom Antoine de Guévare, évêque de Mondonedo, en a rapporté les statuts dans ses *Épîtres*. Les trois premiers livres de ces épitres, divisées en cinq, ont paru à Valladolid en 1539. Cette édition est très-rare, puisque Rive n'a pu en découvrir un seul exemplaire à Paris. Il y a une réimpression d'Anvers, 1578, in-8, qui est infidelle et tronquée dans l'endroit où les statuts proscrivent les jeux de cartes, sans doute parce que les Espagnols étaient alors passionnés pour ce jeu. Il y a une traduction italienne de cet ouvrage de Guévare, donnée par Dominique Catzelu, qui est également infidelle, soit de l'édition de Venise, 1558, 2 volumes in-8, ou de celle de 1547, in-8. L'abbé Rive s'en est rapporté à une traduction française du même ouvrage, par de Gutterry, médecin ; Lyon, Macé Bonhomme, 1558, in-4, portant : *commandait leur ordre que nul des chevaliers de la Bande n'osast jouer argent aux cartes ou dez*. Il y a une édition antérieure de la même traduction, et par le même imprimeur, en lettres rondes, 1556, et qui a été inconnue à l'abbé Rive. Cet abbé cite encore deux éditions du même ouvrage faites à Paris, l'une en 1570, chez Jean Ruelle, et l'autre en 1573, chez Olivier de Harsy ; elles sont divisées en trois livres, dont les deux premiers sont traduits par le seigneur de Gutterry, et le troisième par Antoine Dupinet. Il y a aussi une édition de 1565, in-8, de la même traduction, imprimée par Jean Leblanc pour Jacques

Kerner et Galiot Dupré. Après avoir parlé des différentes éditions de la traduction de Gutterry, sur laquelle s'appuie l'abbé Rive, reste à savoir si l'expression dont s'est servi Guévare est bien exactement rendue en français par le mot *cartes*, comme l'a fait le traducteur; car on sera toujours étonné que Catzelu, dont la traduction italienne parut huit ans après l'édition originale de Valladolid, 1539, ne parle point de ce jeu. L'abbé Rive prévient l'objection qu'on pourrait lui faire au sujet des fleurs de lys qui, se trouvant sur les cartes de presque toutes les nations de l'Europe, sembleraient dénoter qu'elles tirent leur origine de la France. Lors de l'invention des cartes en Espagne, dit notre savant auteur, elles y furent décriées, et ne furent pas mieux accueillies en France, où elles passèrent trente ans après. Charles V les défendit, sans les nommer, par une ordonnance de 1369, et Petitjehan de Saintré ne fut favorisé par ce prince que parce qu'il ne jouait ni aux cartes ni aux dez. En Provence, les *valets* étaient appelés *tuchim*, nom d'une race de voleurs contre lesquels les papes furent obligés de publier une croisade pour les exterminer. Pour introduire les cartes à la cour de France il fallut imaginer un prétexte, celui de calmer la mélancolie de Charles VI. Le jeu de piquet ayant été inventé sous Charles VII, les cartes, où certaines figures étaient ornées de fleurs de lys, passèrent chez les autres nations qui d'abord n'y firent point de changement. D'ailleurs Bullet a observé qu'on trouve des fleurs de lys sur des monumens du haut et du moyen âge, sur les sceptres et les couronnes de divers empereurs d'Occident, de divers rois de Castille et de la Grande-Bretagne, avant que les Normands en eussent fait la conquête. Il ne serait donc pas surprenant que les Espagnols eussent mis des fleurs de lys sur les cartes, d'autant plus que l'invention en est postérieure de peu de temps à la mort de leur saint roi Ferdinand, dont la couronne était toute fleurdelisée. Finissons par dire que malgré le savoir et la méthode qui se font remarquer dans l'ouvrage de l'abbé Rive, malgré les notes historiques et critiques très-curieuses et très-intéressantes qui l'enrichissent (1), on n'est point convaincu que les Espagnols doivent être regardés comme auteurs des cartes à jouer plutôt que les Français et les Allemands, et je crois qu'on ne cessera jamais de dire à ce sujet : *Semper sub judice lis est*. Nous n'avons point parlé du système de Court de Gébelin, qui, dans son Monde primitif, fait venir les cartes à jouer des anciens Egyptiens.

CARTON. Terme d'imprimerie. *a*, 151.

CASAUBONIANA. *b*, 355.

CASSE. Terme d'imprimerie. *b*, 70.

CASSETIN. Terme d'imprimerie. *b*, 319.

CATALOGOGRAPHE. Rédacteur de catalogues. L'art de bien rédiger un catalogue demande des connaissances bibliographiques très-étendues et beaucoup d'exactitude.

CATALOGOGRAPHIE. Mot inventé par l'abbé Rive pour exprimer l'art de dresser des catalogues. Les Boudot, les Prosper Marchand, les G. Martin, les Debure ont été célèbres dans cet art, et leurs catalogues sont très-recherchés.

CATALOGUE DE LIVRES. *a*, 152. C'est un ouvrage dans lequel on présente une liste de livres classés soit par ordre alphabétique de noms d'auteurs ou de titres,

---

(1) Cet ouvrage a été critiqué par M. Dupuy, de l'académie des inscriptions et belles-lettres (Voyez le *Journal des savans*, août 1780, in-4, page 546.), et par M. Debure. (Voyez le *Catalogue de la Vallière*, première partie, tome I, page xxv et suivantes de l'avertissement.)

soit par ordre de matières, soit par ordre de formats. Les catalogues raisonnés, c'est-à-dire ceux qui renferment des notices sur le mérite, sur la rareté et sur le prix des éditions, sont les plus recherchés. Ajoutons un mot de l'abbé Rive sur ce sujet. « Qu'on dise tant que l'on voudra que les catalogues de livres ne mènent pas à de grandes découvertes, je répondrai à ceux qui me feront une pareille allégation qu'ils ne sont que des esprits bornés, et qu'en conséquence leurs travaux doivent l'être. Il n'y a qu'à renvoyer, poursuit-il en note, ces esprits bornés à l'Epître dédicatoire de Maittaire, qui est en tête du Catalogue de la bibliothèque Harléienne (1). *Intelligunt, dit-il, periti et accurati scriptores, quantum horum cognitio (Lerioris utcunque momenti esse videatur) conferat ad veritatem in quæstionibus aliquando literariis investigandam et confirmandam : quantique idcirco intersit, omni accuratione uti in construendis iis catalogis ; quorum fide unica rei controversæ veritas constat.* Voilà comme pense sur les catalogues un vrai savant ; c'est parce qu'il sent parfaitement tous les avantages qu'on peut en tirer, qu'il est pénétré de leur importance et de leur nécessité. Il les regarde comme des procès-verbaux littéraires qui servent à décider une infinité de questions qui s'élèvent sur la bibliologie, et il exhorte ceux qui les dressent à ne rien négliger pour les rendre le plus rigoureusement exacts. (*Chasse aux bibliog.* page 236.) Pour bien dresser un catalogue, il faut beaucoup plus de connaissances qu'on ne le pense ordinairement, surtout si l'on veut suivre le plan que s'était proposé Rive dans la rédaction du catalogue de la Vallière (rédaction qui a été confiée à Guillaume Debure fils ainé, et à Nyon l'ainé). Ce plan

---

(1) *Catalogus bibliothecæ Harleianae*, etc. Londini, Thom. Osborne, 1743, 5 volumes in-8, tome I, page 2.

se trouve (en anglais) dans le journal intitulé : *A New review; with literary curiosities*, etc., de M. Henri Matey; Londres, février 1783, in-8, page 160; en voici le résumé que nous allons généraliser pour toute espèce de catalogue de livres précieux. Il serait à propos que dans ces catalogues l'on pût donner un modèle de l'écriture de chaque manuscrit et du type de chaque livre imprimé, (au moins des plus curieux) avec le nombre de pages de chacun, le nombre des lignes de chaque page, la forme des caractères des livres imprimés et manuscrits, s'ils sont sur une ou sur deux colonnes. Il faudrait que l'on dit quels sont les chiffres, les signatures, les dates, les noms des écrivains et des imprimeurs que chaque livre contient, et dans le cas où ces livres seraient sans aucune de ces marques, on devrait copier les deux premières lignes. En rendant compte de chaque manuscrit on peut entrer dans des détails sur les manuscrits semblables qui existent; et sur chaque livre imprimé donner une liste des éditions et le nombre des exemplaires que l'on a tirés de chacune. Pour completter un catalogue de ce genre, il faut ajouter une critique concise à chaque article qui en vaut la peine, et un examen des notices qui en ont été faites par les savans qui ont écrit sur la bibliographie et la typographie. Des catalogues faits avec une pareille exactitude seraient des monumens bien précieux pour la science bibliologique. Disons de plus qu'il serait bon de faire précéder les catalogues des bibliothèques d'une notice bibliographique sur ceux qui les ont possédées, surtout quand ce sont des littérateurs connus, et d'une notice historique sur ces bibliothèques quand elles ont eu successivement plusieurs possesseurs.

CATALOGUE de la bibliothèque nationale. *a*, 153. *b*, 172, 396.

CATALOGUES d'un grand nombre de bibliothèques. *a*, 152.

CATENATI libri. a, 164. Nous avons dit à l'article de ces sortes de livres qu'on avait la coutume, dans les 14e, 15e et 16e siècles, de les enchaîner aux pupitres, ajoutons : et peut-être aux tablettes des bibliothèques ; ce qui s'est passé à la mort de Sozomène, natif et chanoine de Pistoie, nous en fournit une preuve. Il laissa une bibliothèque de livres choisis assez considérable pour le temps où il vivait ; elle consistait en 116 volumes des meilleurs auteurs latins anciens, et de quelques grecs. On trouva ces volumes enchaînés sur six tablettes lorsqu'on en fit l'inventaire en 1460, deux ans après sa mort. Le père Zacharie a inséré cet inventaire dans sa *Bibliotheca Pistoriensis* ; il donne la notice de quelques livres restés à Pistoie. Sozomène a composé une *Chronique universelle* dont il ne reste qu'une partie, qui a été imprimée dans la collection de Muratori.

CATHOLICON de Donat. *b*, 308.

CATHOLICON de Jean de *Janua*. *b*, 311.

CÉNOBITIQUE. Etymologie de ce mot. *a*, 188.

CENTON. Morceau de poésie composé de plusieurs vers ou passages empruntés d'un ou de plusieurs auteurs. Ausone a prescrit des règles pour composer des centons. Il faut prendre, dit-il, des morceaux détachés du même poëte ou de plusieurs. On peut partager un vers et en lier la moitié à une autre moitié prise ailleurs, ou employer le vers tout entier ; mais il n'est pas permis d'insérer deux vers suivis et pris dans le même endroit. Ausone a composé un centon obscène puisé entièrement dans le chaste Virgile. Proba-Falconia, femme d'Anicius Probus, au 4e siècle, a composé la vie de Jesus-Christ en centons ; voici le titre de son ouvrage, qui se trouvait dans la bibliothèque de M. Crevenna, à Amsterdam : *Probæ centonæ vatis clarissimæ a divo Hieronymo comprobatæ, de fidei nostræ mysteriis e Maronis carminibus excerptum opusculum. Lugduni, in officina Bernardi Lescuyer*, 1516, in-8. Lelio Capilupi, né à Mantoue comme Virgile, a surpassé Ausone et Proba dans l'art de décomposer et de recoudre les vers de son compatriote. On lui doit un *Cento Virgilianus de vita monachorum, quos vulgo fratres appellant. Romæ*, 1575, in-8; ou *Venise*, 1550, aussi in-8. On regarde cette pièce comme inimitable. Il a encore fait un centon contre les femmes, qui a paru également à Venise en 1550, in-8. Deux de ses frères, Hippolyte et Jules, ont comme lui excellé dans l'art de faire des centons; on a recueilli leurs poésies sous ce titre : *Capiluporum carmina. Romæ ex typographia hæredum Jo. Lilioti*, 1590, in-4. Ce volume est rare, selon Clément. Les poésies d'Hippolyte Capilupi ont paru à Anvers, chez Christophe Plantin, en 1574, in-4. Étienne de Pleurre, chanoine régulier de Saint-Victor de Paris, a écrit la vie de Jesus-Christ en centons tirés de Virgile. Son ouvrage est approuvé par deux docteurs de la faculté de théologie de Paris, qui disent que cet auteur a fait des couronnes à Jesus-Christ et aux saints martyrs avec l'or de l'idole de Moloch. Il a paru dernièrement, dans le *Moniteur universel français*, un centon tiré de Virgile en l'honneur du premier consul. On appelle quelquefois, par extension, centon un ouvrage rempli de morceaux dérobés; ainsi les *Politiques* de Juste Lipse ne sont que des centons où il a ajouté seulement des conjonctions et des particules. On peut aussi regarder comme centon un ouvrage qui a paru depuis peu sous le titre d'*Histoire de la révolution française, tirée des auteurs latins*, in-12. Ce ne sont que des passages tirés de Cicéron, Salluste, Tacite, etc., adaptés aux circonstances de la révolution. Le mot centon vient du latin *cento*, qui signifie *manteau rapetassé*, fait de pièces rapportées, et le mot latin est tiré du grec *kentrón* formé de *kentéô* qui veut dire piquer, parce qu'il fallait bien des points d'aiguille pour former ces sortes de manteaux ou d'habits.

CENSORII libri. a, 165.

CENSURE DES LIVRES. Elle date du 15ᵉ siècle. On en voit la preuve à la fin d'un Traité contre la perfidie des Juifs, par un frère prêcheur nommé Pierre Lenoir. Il y est dit que cet ouvrage a été corrigé et approuvé par l'évêque de Ratisbonne. Il y a apparence que la censure ecclésiastique a précédé la censure laïque. Le traité de Pierre Lenoir est de 1475. (Voyez CARACTÈRE hébraïque, et pour la censure voyez le mot INDEX.)

CERAUNION. Signe d'ancienne ortographe. *a*, 165.

CÉSAR DE LONDRES. On connait sous cette dénomination une magnifique édition des *Commentaires de César*, dont voici le titre : *C. Julii Cæsaris quæ extant accuratissimè ; cum libris editis et MSS. optimis collata et correcta : accesserunt Samuelis Clarke annotationes, necnon indices locorum rerumque et verborum, cum figuris æneis elegantissimis. Londini, Jac. Tonson*, 1712, in-folio, *formâ majori*. On regarde cette édition comme un chef-d'œuvre d'impression et de gravure, devenu fort rare. Les gravures surtout ont été exécutées avec le plus grand soin aux dépens de différens seigneurs anglais dont les noms sont indiqués au bas de chacune des planches qui leur ont été dédiées. Elles sont au nombre de 87, dont les quatre premières sont : 1º Un grand frontispice avec intitulé gravé ; 2º le buste de César d'après le marbre antique ; 3º le portrait du comte duc de Marlboroug, à qui l'ouvrage est dédié ; et 4º la carte géographique de l'ancienne Gaule. Quelquefois il manque des planches à certains exemplaires, surtout la planche 42, représentant le grand taureau sauvage appelé *Urus* (page 135 du livre), et qui est singulièrement estimée des connaisseurs; alors ces exemplaires défectueux perdent beaucoup de leur valeur.

Le César de Londres vaut ordinairement cinq à six cents francs quand il est tiré sur très-grand papier. Il a été vendu chez Lemarié 641 francs; chez Saint-Ceran 512 francs; chez Gouttard 700 francs; chez la Vallière 999 francs 19 sous; à l'hôtel de Bullion, en 1786, 1165 fr. Quand il est en papier moins grand, il ne vaut que 3 à 400 francs.

CHALCOGRAPHIE, et non CALCOGRAPHIE. Art de graver sur les métaux. *a*, 133.

CHAN-HAI-KING. Livre chinois. *a*, 167.

CHARTÆ cessionis; eleemosinaria; institutionis; legataria; semi-plantaria; solutionis; usufructuaria, etc. *a*, 169.

CHARTE d'Angleterre (Grande). *a*, 171.
CHARTE normande. *a*, 171.
CHARTE de paix de 1222. *a*, 171.
CHARTE au roi Philippe. *a*, 171.

CHARTES. Anciens titres. *a*, 167. Difficulté de fixer la date des chartes. *a*, 167. Caractères intrinsèques et extrinsèques des chartes. *a*, 172.

CHARTES d'abjuration. *a*, 168.
CHARTES andelanes. *a*, 171.
CHARTES apennes. *a*, 168.
CHARTES bénéficiaires. *a*, 169.
CHARTES de citation. *a*, 170.
CHARTES de confirmation. *a*, 170.
CHARTES de défi. *a*, 171.
CHARTES de donation. *a*, 169.
CHARTES de fidélité. *a*, 168.
CHARTES de garantie. *a*, 170.
CHARTES d'héritage. *a*, 170.

CHARTES de Munderbude. *a*, 168.

CHARTES d'obligation. *a*, 170.

CHARTES-PARTIES. *a*, 172.

CHARTES prestaires et précaires. *a*, 170.

CHARTES de tradition. *a*, 170.

CHARTES de vente. *a*, 170.

CHARTES ET DIPLÔMES de France (continuation de la collection des). *a*, 136.

CHETUVIM. Mot hébreu qui désigne une partie de l'écriture sainte. *a*, 12.

CHEVAUCHER. Terme d'imprimerie. *a*, 191.

CHEVALLON, et non CHEVALON (Claude). Imprimeur-libraire de Paris. *a*, 173. Il fut reçu en 1513, et mourut en 1542.

CHEVILLIER. Bibliothécaire de Sorbonne et bibliographe. *a*, 173. Il se trouve quelques omissions dans son *Origine de l'imprimerie*, de Paris, entre autres, celle du *Ciceronis opera philosophica*, Paris, Ulric Gering, 1471, 2 volumes in-folio, édition très-rare.

CHIFFRES. *a*, 173. Chiffres arabes, chiffres romains. *a*, 174. Pour les chiffres grecs il faut consulter Edouard Corsini, *Notæ græcorum*, Flor. 1702, in-folio. Mannert, professeur à Altorf, vient de publier une dissertation latine sur l'origine des chiffres arabes.

CHI-KING. Livre canonique des Chinois. *a*, 179.

CHINOISE (langue). *a*, 353.

CHIROGRAPHE, et non CHYROGRAPHE. Acte passé double entre plusieurs parties. *a*, 180.

CHORIER (Nicolas). Littérateur, auteur de l'*Aloysiæ Sigeæ*, etc., ou *J. Meursii elegantiæ*, etc. *b*, 147. Il a publié plusieurs ouvrages d'histoire, surtout relativement au Dauphiné : ils sont recherchés. Le second volume de son *Histoire générale du Dauphiné* est rare.

CHOU-KING. Livre canonique des Chinois. *a*, 181.

CHRESTOMATHIE. Notion élémentaire. *b*, 372.

CHRISME. Signe d'ancienne ortographe. *a*, 166.

CHRONOGRAMME, ou CHRONOGRAPHE. Lettres numérales qui se rencontrent dans une réunion de lettres qui forment un mot et qui indiquent une date. *a*, 182.

CHRYSOGRAPHES. Ecrivains en lettres d'or. *a*, 183.

CIMBRIQUE (langue). *a*, 362.

CISTOPHORES (médailles). *a*, 429.

CLASSIFICATION *des manuscrits*. *a*, 413.

CLASSIQUE. Epithète que l'on donne aux meilleurs auteurs dans toutes les langues. *b*, 372. Classiques grecs, *idem*; classiques latins, *idem*; classiques français. *b*, 373.

CODE du Vatican, manuscrit. *b*, 392.

CODE Alexandrin, manuscrit. *b*, 393.

CODE de Colbert, manuscrit. *b*, 393.

CODEX. *a*, 380.

CODEX *argenteus*. *a*, 106. *b*, 338.

CODEX *mediсæus*. *b*, 393.

CODICELLI, ou *Libelli*. Espèces de tablettes. *b*, 282.

CODICES. *b*, 340.

COLINES (Simon de). Célèbre imprimeur de Paris, reçu libraire-impr. en 1520. Il exerçait encore en 1550. *a*, 185.

COLLANA (1). Expression singulière par laquelle on désigne une collection des historiens grecs et latins traduits

---

(1) Mot italien qui signifie *collier*.

en langue italienne. C'est à Thomas Porcacchi, qui fleurisait dans le 16e siècle, que l'on doit l'idée de cette collection ; il l'a entreprise afin que ceux des Italiens qui ne possèdent ni le grec, ni le latin puissent lire et étudier l'histoire dans leur propre langue. Par une imagination assez originale, Porcacchi a voulu former du corps des historiens deux colliers (*collane*), l'un grec et l'autre latin, composés tous les deux de plusieurs anneaux (*anelli*), ornés de différentes pierres précieuses (*gioje*). Il ne put exécuter que le premier de ces deux colliers, savoir le grec. Le célèbre imprimeur Gabriel Giolito, de Ferrari, qui avait travaillé avec Porcacchi à former le collier grec, suivit le plan de ce dernier pour le latin ; mais il ne laissa aucune notice de l'ordre que s'était proposé Porcacchi. Nicolas-François Haym a cherché à suppléer à ce défaut en donnant à la tête de sa *Bibliothèque italienne*, ou *Notice des livres rares italiens*, une liste détaillée des deux colliers, savoir du collier grec selon la disposition de Porcacchi, avec plusieurs additions, et du collier latin selon qu'il a cru que Giolito pourrait l'avoir disposé, en marquant les différentes éditions de chaque article, et distinguant les meilleures. Les traductions que forment ces deux colliers ne sont pas aussi excellentes que le prétend Haym ; cependant il y en a de fort bonnes, surtout celles des auteurs grecs, qui ont été faites sur le texte original et par des hommes savans dans les deux langues. L'ordre dans lequel ces deux corps sont disposés est assez baroque, et si on voulait le suivre dans l'étude de l'histoire on aboutirait à une confusion de temps, de faits, et même d'idées. Disons encore qu'il y aurait beaucoup à ôter et beaucoup à ajouter pour rendre ces deux corps complets. Haym a réuni au collier grec un recueil de plusieurs ouvrages qui traitent des duels et du point d'honneur, qui forment une collection en elle-même assez considérable et rare, mais qui est extraordinairement déplacée à la suite du Collana, et qu'on a sagement ôtée dans la nouvelle édition de Milan. On peut consulter sur la *Collana græca e latina* le *Dictionnaire typographique* d'Osmont, 2e volume, page 364, et le *Catalogue de Crevenna*, de 1776, tome VI, p. 196 et suivantes, etc. etc.

COLOMBIER. Terme d'imprimerie. *b*, 14.

COLONIE de philosophes projetée par Plotin. *b*, 102.

COMINO (Joseph). Célèbre imprimeur de Padoue au 18e siècle. Son habileté dans l'art typographique lui a attiré la direction de cette fameuse imprimerie qui, de son nom, s'est appelée *Cominiane*, et qui a été établie en 1717 par deux savans italiens liés autant par les liens du sang que par leur goût pour les sciences et les belles-lettres, qu'ils ont cultivées avec le plus grand succès. On voit que nous voulons parler de Gaetan et Jean-Antoine Volpi; ce dernier était professeur à l'université de Padoue. Ces deux frères, hommes très-savans et très-éclairés, ont fourni aux frais de l'imprimerie cominiane, et ont tellement contribué à son illustration qu'elle s'est fait un nom distingué dans l'Europe, tant par le choix des auteurs et des ouvrages excellens qu'elle a produits, que par la correction, la netteté des caractères, la beauté du papier et la propreté de l'exécution typographique; aussi s'est-elle attiré les éloges des journaux d'Italie et de Leipsick, des acadaméciens de la Crusca, d'Apostolo Zeno, de Joseph-Antoine Sassi, et de beaucoup d'autres écrivains. Les frères Volpi corrigeaient eux-mêmes toutes les productions qui sortaient de leurs presses, et qui commencent à devenir fort rares. On peut regarder l'année 1756 comme l'époque à laquelle cette célèbre imprimerie a pris fin, parce que c'est alors que les frères Volpi s'en sont retirés. Ils mirent le sceau à leurs travaux en publiant, avant de quitter, un catalogue chronologique suivi d'un autre alphabétique, raisonné et détaillé de toutes les éditions cominianes, depuis 1717 jusqu'en 1756 (1). Si tous les imprimeurs célèbres en avaient fait autant, ils auraient évité bien des recherches et bien des erreurs aux bibliographes. Joseph Comino a toujours continué le commerce de l'imprimerie depuis la retraite des frères Volpi, mais à ses frais, et les éditions postérieures à cette retraite ont bien moins de réputation que les précédentes.

COMMA. Signe de ponctuation, les deux points. *b*, 12.

COMMENTATEURS. *b*, 177.

COMPOSITION. Terme d'imprimerie. *b*, 320.

COMPOSTEUR. Terme d'imprimerie. *b*, 320.

CONCILE de Bâle. Manuscrit. *b*, 396.

CONCILE de Jérusalem, manuscrit. *b*, 395.

CONCORDANCE de la Bible (première). *b*, 449.

CONCURRENS (jours). *a*, 207.

CONTORNIATES (médailles). *a*, 428.

CONTREFAÇON. *a*, 186.

CONTRE-MARQUÉES (médailles). *a*, 428.

COPHTE (langue). *a*, 352.

COQUILLES. Terme d'imprimerie. Ce sont des lettres employées pour d'autres; ces erreurs prennent ordinairement leur source dans l'inattention du compositeur lorsqu'il distribue et qu'il ne remet pas la lettre dans le cassetin qui lui est propre.

---

(1) Le titre de ce catalogue est *La Libreria de Volpi et la stamperia Cominiana, con note di Gaet. Volpi*, 1756, in-8. On trouvera une liste abrégée et chronologique de tous les articles de ce catalogue dans le sixième volume du *Catalogue raisonné* de Crevenna, 1776, page 177.

COQUILLES. Terme d'histoire naturelle ; leur division d'après d'Argenville. *a*, 129.

CORDELETTES. *a*, 187.

CORPOROLOGIE. Mot d'une étymologie barbare, imaginé par Girard. *a*, 188.

CORRECTION D'ÉPREUVES. *a*, 190, 311. On prétend que la mort d'Alexandre Guidi, poëte italien, a été accélérée par le chagrin de voir quelques petites fautes d'impression dans sa belle édition des *Homélies de Clément XI*, son bienfaiteur, qu'il a paraphrasées en vers, et qui ont paru en 1712. Heureusement que de nos jours tous les auteurs ne sont pas aussi sensibles que Guidi.

CORROZET (Gilles). Imprimeur de Paris au 16e siècle ; il eut deux fils, l'un Galliot Corrozet, reçu libraire en 1578, qui eut un fils nommé Jean ; et l'autre Gilles Corrozet, qui fut reçu libraire en 1636. *a*, 188, 190.

COSTER (Laurent-Janssoen, *dit*). Imprimeur hollandais. Un des zélés partisans de Coster est Meerman : on peut aussi consulter G.-W. Van Osten de Bruyn. *a*, 193. *b*, 306. Nous citons, dans ce volume, à l'art : IMPRIMERIE (auteurs qui ont écrit sur l'originede l') plusieurs écrivains qui ont défendu la cause de Coster.

COT (Jean). Libraire et fondeur de caractères à Paris. Il acheta plusieurs petites fonderies de différens imprimeurs, et en forma une seule plus complette. Il exerça depuis 1670 jusqu'en 1708, époque de sa mort. Il fut reçu libraire en 1703.

COT (Pierre), fils du précédent, libraire, imprimeur et fondeur comme lui. Il réunit plusieurs petites fonderies à celle de son père. Il entreprit, en 1710, une *Histoire générale de la fonderie des lettres, et de l'imprimerie*, qui devait former un volume in-4. La mort le surprit lorsqu'i n'y avait encore que sept feuilles d'imprimées. A sa mort, arrivée en 1712, sa fonderie revint à sa mère. *b*, 374.

COUSTELIER (Antoine-Urbain). Célèbre libraire de Paris, reçu en 1741. *a*, 195. Il était fils d'Antoine-Urbain Coustelier, reçu libraire en 1712, imprimeur en 1720, et mort en 1724.

CRAMOISY (Sébastien). Imprimeur de Paris, reçu libraire et imprimeur en 1602, et nommé directeur de l'imprimerie royale fixée au Louvre en 1640. *a*, 195.

CREVENNA (Pierre-Antoine-Bolongaro), né à Milan, et négociant à Amsterdam, est l'un des plus célèbres bibliophiles du 18ᵉ siècle. Dès sa jeunesse il avait consacré la plus grande partie de son loisir à la littérature, aux sciences, aux arts et à toutes les recherches qui caractérisent le vrai bibliographe; aussi s'acquit-il une haute réputation dans ce genre, soit par le nombre immense des bons ouvrages qu'il se procura, soit par l'étude particulière qu'il en fit. En 1775 et 76, Crevenna publia un *Catalogue raisonné de la collection de ses livres*, en 6 vol. in-4. Ce catalogue est très-estimé; toutes les descriptions des premières éditions qu'on y trouve sont faites avec la plus grande exactitude; l'auteur a souvent relevé des erreurs de M. Debure, mais il ne l'a jamais fait avec l'aigreur de l'impitoyable Rive. Ce catalogue est et sera toujours très-bon à consulter par toutes les personnes qui s'adonneront à la bibliographie. En 1789, on publia un nouveau catalogue des livres de Crevenna destinés à être vendus, 5 volumes in-8, avec les prix. Ce catalogue renferme plus d'articles que le précédent, mais il y a peu de notes (1). La vente des livres compris en ce catalogue a eu lieu en 1789, du vivant de Crevenna. Après sa mort, parut, en 1793 (toujours

---

(1) On en a tiré des exemplaires en grand papier d'Hollande, in-4.

à Amsterdam), un petit catalogue des livres qu'il s'était réservés depuis la vente dont nous venons de parler. Tous ces catalogues sont précieux et utiles aux bibliographes. Crevenna travaillait depuis long-temps à une *Histoire de l'origine et des progrès de l'imprimerie*. Il l'a annoncé lui-même dans la préface du catalogue de la première vente (1789). Pour exécuter cette entreprise avec succès, il avait rassemblé tout ce que les époques les plus reculées nous ont laissé de plus rare sur l'art typographique. N'ayant échappé aucune occasion de se procurer des matériaux précieux, il avait fait des acquisitions aussi importantes que dispendieuses, comme on en peut juger par la collection de 513 calques ou empreintes d'anciens caractères et dessins qui devaient servir de modèles pour les gravures destinées à l'ouvrage susdit, et qui ont été mis en vente en 1793 (Voyez CALQUES). Malheureusement Crevenna n'a pas eu le temps d'exécuter son projet, et il est présumable que ses matériaux ont été dispersés.

CRISPIN (Jean), imprimeur, fut reçu libraire et imprimeur à Paris en 1563, et se retira à Genève en 1571. *a*, 198.

CROCHETS. Terme d'imprimerie. *b*, 13.

CRUSCA (académie de la). Elle a été établie à Florence pour la perfection de la langue toscane. *Crusca* signifie *son*. Cette académie a pris son nom de son emploi et de son but, qui est d'épurer la langue, et pour ainsi dire d'en séparer le son. Sa devise est un bluteau avec ce mot italien : *il più bel fior ne coglie* (il en recueille la plus belle fleur). On dit que la décoration de la salle de l'académie fait allusion à tout ce qui a rapport au matériel de son nom et de sa devise. Cette société est célèbre par son fameux dictionnaire ayant pour titre : *Vocabolario degli accademici della Crusca. Quarta impressione.* Firenze *appresso Domenico Maria Manni*, 1729-38, 6 volumes in-folio. Cette quatrième édition est la plus estimée; le premier volume a paru en 1729, le second en 1731, le troisième en 1733, le quatrième en 1735, et le cinquième et sixième en 1738. Haym a eu tort de l'annoncer sous la date de 1732. Cette édition est préférable à celle qui a été imprimée postérieurement à Naples, en 6 volumes in-folio, et qui est moins belle et moins correcte. Les académiciens de la Crusca ont formé ce grand vocabulaire d'après l'autorité des ouvrages d'un grand nombre d'auteurs italiens qui ont écrit avec pureté et élégance depuis le 13e siècle jusqu'à nos jours. Ces ouvrages sont partie manuscrits, partie imprimés. La collection des imprimés est infiniment précieuse. M. Crevenna la possédait presque complette (Voyez son *Catalogue de* 1776, in-4). Au tome VI, page 206, on trouve la *Notice de la collection de tous les auteurs et ouvrages imprimés qui font autorité dans la langue italienne, de toutes leurs différentes éditions marquées et citées dans la dernière édition du Vocabulaire de la Crusca.* C'est la précitée. Cette notice est divisée en trois parties; la première renferme les auteurs connus, imprimés séparément, et disposés par ordre alphabétique de noms propres; la seconde présente les auteurs incertains ou inconnus, imprimés séparément, et disposés par ordre alphabétique de titres de livres ou de matières; enfin la troisième comprend quelques auteurs qui sont en tout ou en partie cités dans le Dictionnaire de la Crusca, et disposés par ordre alphabétique de titres de livres ou de matières. La notice entière renferme 307 vol. de différens formats.

CRYPTOGRAPHIE. Art d'écrire d'une manière secrète. *a*, 199.

CRYPTONIMES. Auteurs dont le nom est déguisé. *a*, 199.

CUL-DE-LAMPE. Terme d'imprimerie. *a*, 199.

CUSSON (Jean). Imprimeur de Paris au 17ᵉ siècle. Il était fils de Jean Cusson, et il mourut en 1705. *a*, 199.

CYCLE. Terme de chronologie. *a*, 204.

CYNISME. *b*, 65.

D.

DACTYLIOGLYPHES. Graveurs d'anneaux. *a* 286.

DATES. *a*, 200. Dates de temps, *idem;* dates de lieux, 208 ; dates des personnes, *idem;* dates des faits, *idem.*

DAUNOU (Pierre-Claude-François). Ci-devant oratorien, membre de l'institut national, et bibliothécaire du Panthéon. Si nous n'avons point parlé de cet estimable citoyen dans nos deux premiers volumes, c'est que, ne le connaissant que sous le rapport purement littéraire et politique, nous regardions ses intéressantes productions comme étrangères à l'objet que nous traitons ; mais sa qualité de bibliothécaire et le savant mémoire sur l'origine de l'imprimerie dont il a enrichi la collection de l'institut, sous le titre d'*analyse des opinions diverses sur l'origine de l'imprimerie*, ne nous permettent pas de le passer sous silence. Ce mémoire, dont nous allons donner l'analyse d'après le citoyen Ginguené, assure à son auteur une place distinguée parmi les bibliographes. Cédons la plume au littérateur distingué qui a rédigé la notice des travaux de la classe des sciences morales et politiques de l'institut pendant le troisième trimestre de l'an 10. « L'art de l'imprimerie, dit le citoyen Ginguené, ne mérite pas moins que celui de la parole d'occuper les méditations des philosophes. C'est à eux à se saisir des recherches que les érudits ont faites sur l'histoire de cet art, sur sa naissance peu reculée et pourtant déjà couverte de doutes et d'incertitudes, et à tirer de leurs conjectures, souvent contradictoires, des résultats satisfaisans pour la curiosité, et, ce qui est plus difficile, pour la raison. Le C^{en} Daunou s'est proposé ce but dans son mémoire, divisé en trois parties.

« Dans la première il considère les plus anciennes productions de l'imprimerie, toutes celles qui sont ou qui ont passé pour être antérieures à 1460, soit qu'elles subsistent encore, soit qu'il n'en reste que des fragmens, soit enfin qu'elles ne soient connues que par la mention qu'en font quelques écrivains. Il s'applique à rechercher les procédés employés pour l'exécution de ces productions diverses, de celles au moins qui ont été décrites et vérifiées.

« La seconde partie du mémoire est un examen des témoignages relatifs à l'origine de l'imprimerie. Ce mot *témoignages* embrasse ici des actes publics, des écrits particuliers, des souscriptions d'éditions, les textes des écrivains contemporains, c'est-à-dire, de ceux qui ont vécu dans le 15e siècle; les textes même de quelques auteurs qui n'ont existé que dans le 16e, mais qui s'autorisent de certains récits particuliers que les contemporains leur ont faits. Ces témoignages sont très-discordans : leur nombre vient d'être augmenté par ceux que le citoyen Fischer, bibliothécaire de Mayence, a récemment découverts et publiés (1).

« Dans la troisème partie, le C^{en} Daunou discute les systèmes soutenus dans le cours des 17e et 18e siècles, sur l'origine de l'art typographique: systèmes aussi très-nombreux, même en ne tenant compte que de ceux qui placent le berceau de l'imprimerie dans Harlem, ou à Strasbourg ou à Mayence. L'auteur analyse ce qui a été écrit pour

---

(1) *Essais sur les monumens typographiques de Jean Gutenberg*, mayençais, inventeur de l'imprimerie, par Gotthelf Fischer, professeur, bibliothécaire à Mayence. A Mayence, an 10, in-4 de 102 pages.

Harlem par Boxhorn et surtout par Méerman : pour Strasbourg, soit par ceux qui, comme Schœpflin, pensent que c'est dans cette ville que Gutenberg a exécuté les premières productions de cet art, soit par ceux qui en attribuent l'invention à Mentellin ; pour Mayence enfin, par Salmuth, Naudé, Mallinckrot, Lacaille, Mettaire, Palmer, Prosper Marchand, Schwarz, Fournier, Heineken, Mercier de Saint-Léger, Wardthwein, Lambinet, etc. etc. etc. Les écrivains de cette troisième classe, d'accord sur un seul point, c'est-à-dire, sur le lieu, ne le sont ni sur l'époque, ni sur les inventeurs, ni sur les procédés, ni sur les premiers essais.

« Les résultats du mémoire du citoyen Daunou sont :

1° Qu'avant 1440 la gravure en bois avait été appliquée à l'impression des livres, et surtout des textes qui accompagnaient les images ;

2° Qu'avant 1440 aussi, Gutenberg avait conçu l'idée des types mobiles, mais que cette idée n'a donné lieu qu'à des essais pénibles, dispendieux, improductifs tant que les lettres mobiles n'ont été que sculptées, soit en bois, soit en métal ;

3° Qu'on ne saurait désigner aucun livre comme imprimé à Strasbourg par Gutenberg, et que les *Donats* et autres opuscules qui passent pour être sortis de sa presse à Mayence avant 1450, sont des productions purement xylographiques ;

4° Que tout livre imprimé avant 1457 l'a été ou avec des planches de bois, ou avec des caractères de fonte tels que les nôtres, caractères inventés et perfectionnés à Mayence durant l'association de Faust et de Gutenberg, depuis 1450, jusqu'en 1455, perfectionnés, sans nul doute, par Schœffer, inventés peut-être par Gutenberg ou par Faust ;

5° Qu'enfin les premières productions véritablement typographiques, c'est-à-dire, en caractères mobiles, ont été la *Bible* sans date de 637 feuillets, et une *Lettre de Nicolas V*, fruits de la société de Gutenberg et de Faust ; et , après la rupture de cette société, le *Psautier* de 1457, que Faust et Schœffer ont souscrit. »

Tel est l'analyse de l'ouvrage du C^{en} Daunou; nous l'avons lu avec le plus vif intérêt, et nous y avons puisé presque entièrement les articles que nous donnons sous les mots : *Premiers* MONUMENS TYPOGRAPHIQUES , et *auteurs qui ont écrit sur l'origine de l'*IMPRIMERIE.

DEGRÉS de maitre-ès-arts, de bachelier et de licencié, que l'on prend dans les universités. *b* , 339.

DELEATUR. Terme d'imprimerie. *a* , 191.

DELOS (temple de). Étymologie de ce mot. *a*. 30.

DÉLUGES (principaux). *a* , 217.

DENIS (Michel). Bibliographe. *a* , 222; *b* , 232. M. le baron de Retzer a publié en allemand une collection des ouvrages posthumes de M. Denis, son ami ; la 1ere section de cette collection a paru à Vienne en 1801, in-4. Elle renferme le *Suffragium pro Joanne de Spira, primo Venetiarum typographo*; — l'Oracle des Allemands ; — une Relation de la controverse qui eut lieu entre plusieurs savans sur les anciens documens ; — *Commentarii de vita sua*, que Denis avait commencé à l'âge de 70 ans, et que la mort l'a empéché d'achever ; — des lettres de Klopstok, Gleim, Gessner, Ramler, Veisse, etc.

DESROCHES ( ). Savant belge, secrétaire perpétuel de l'académie des sciences de Bruxelles. Il a publié en 1777 *Nouvelles recherches sur l'origine de l'imprimerie*, dans lesquelles il prétend que dès 1442 les imprimeurs formaient à Anvers un corps de métier, et que les premières tentatives de l'imprimerie, non en caractères de fonte, mais en bois, tant par estampes que par types isolés, sont dus à Louis de Vaelbeke (ainsi nommé de

Valbeke en Brabant, lieu de sa naissance), qui florissait dans le 14ᵉ siècle. Desroches a été réfuté par Ghesquiere (*Esprit des Journaux*, 1779, page 232), et par Lambinet dans ses *Recherches sur l'origine de l'imprimerie*, pages 401 et suivantes.

DIALECTES de la langue grecque. *b*, 93.

DIAMANT (taille du). Son invention. *a*, 284.

DIBUTADE invente le dessin. *b*, 179.

DICTIONNAIRE *bibliographique* (plan d'un nouveau). *b*, 280.

Dictionnaire *bibliographique* de Cailleau-Duclos. *a*, 132, *b*, 452.

DIOSCORIDE. Manuscrit. *b*, 393.

DIPLOMATIE. *a*, 227.

DIPLOMATIQUE. Art de connaître les écritures anciennes, etc. *a*, 228. On doit consulter sur cette partie les excellentes tables de M. Oberlin, connues sous le titre de *Artis diplomaticæ primæ lineæ*. *Argentor*, 1688, in-8, p. pap.

DIPLOMES. Anciens actes émanés de l'autorité souveraine. *a*, 228.

Diplômes gravés sur métaux. *b*, 283.

DIPTYQUE. Terme de diplomatique. *a*, 229. Ajoutons aux auteurs qui ont parlé des dyptiques, MONTFAUCON, tome 3 du supplément à l'*Antiquité expliquée*; LEICH, qui a composé un traité *De diptycis veterum et de diptyco card. Quirini*; et le Cᵉⁿ COSTE, bibliothécaire à Besançon, qui vient de publier un très-bon *Mémoire sur l'origine des diptyques consulaires, les causes de leur usage et leur métamorphose en diptyques ecclésiastiques, la publication d'un nouveau diptyque d'Aréobinde existant dans le musée de Besançon, les rapprochemens de ce diptyque avec celui de Dijon, et l'erreur qui attribue ce dernier au consul Stilicon.* Paris, *Fuchs*, 1803, in-8. Ce mémoire, sous la forme d'une lettre au savant Millin, est tres-curieux; l'auteur, avant d'aborder le véritable objet de sa dissertation, qui est le diptyque de Besançon, trace l'histoire des diptyques, et la divise en cinq époques bien distinctes. Ensuite il donne la description du diptyque de Besançon, et finit par établir les rapprochemens de cette tablette de celle de Dijon, et leur attribution commune au consul Aréobinde. Nous sommes fâchés que les bornes de notre ouvrage ne nous permettent pas de citer tout ce qui est instructif et profondément écrit dans ce mémoire ; mais il faudrait le copier en entier.

DISTRIBUTION. Terme d'imprimerie. *b*, 319.

DIVISION ou TRAIT-D'UNION. Signe d'ortographe. *b.*, 14.

DOCTEURS. *a*, 230. De l'église grecque et de l'église romaine. *a*, 231. Dans les universités. *b*, 339.

DOUBLONS. Terme d'imprimerie. Ce sont des mots, des membres de phrase ou des phrases entières répétées deux fois, par l'inattention du compositeur.

DROUARD (Jérôme et Ambroise). Imprimeurs de Paris au 17e siècle. Il était fils de Pierre Drouard qui fut reçu libraire en 1541. Ambroise, reçu libraire en 1583, est mort en 1608 ; et Jérôme reçu en 1603, est mort en 1636. *a*, 235.

DRUIDES. Philosophes et théologiens chez les Gaulois. *a*, 277.

DRYANDER (Jon). Bibliographe anglais, qui a rédigé le catalogue de la bibliothèque de M. Banks, sous ce titre: *Catalogus bibliothecæ historico-naturalis Josephi Banks*, etc. Londini, *typis Gul. Bulmer et soc.*, 1796-1800, 5 vol.

grand in-8. Ce catalogue est infiniment précieux, parce que le rédacteur a indiqué le nombre de pages et celui des planches que chaque volume renferme ce qui est d'une très-grande utilité aux bibliographes, surtout pour les livres d'histoire naturelle dont cette bibliothèque offre la collection la plus complette que puisse posséder un particulier. Il serait bien à désirer que tous ceux qui ont des bibliothèques ainsi composées dans un genre particulier, en publiassent le catalogue aussi bien fait que celui de M. Dryander.

DUBOY-LAVERNE, Directeur de l'imprimerie de la République, né à Tréchâteau, département de la Côte-d'Or, mort à Paris le 22 brumaire an 11. La perte de ce savant typographe a été vivement sentie par ceux qui savent à quel état de perfection il a porté l'établissement national confié à sa surveillance, et par les personnes qui ont eu des relations avec lui, tant pour l'impression de leurs ouvrages que pour les autres objets de l'imprimerie. Son éducation fut confiée aux soins de son oncle le célèbre bénédictin Clément, auteur de l'*Art de vérifier les dates*. Doué d'un esprit vif, pénétrant, d'un génie facile et d'une mémoire brillante, il fit des progrès rapides dans plusieurs genres de sciences et d'érudition. En 1785 il fut chargé par M. de Bréquigny, de l'académie des inscriptions et belles-lettres, de composer les Tables analytiques des matières des derniers volumes de l'*Histoire et Mémoires de cette académie*. Le soin de l'impression lui donna accès dans l'imprimerie du Louvre. Anisson-Duperron discerna en lui un collaborateur intelligent, propre à le seconder, et en même temps un ami digne de sa confiance. Anisson fut victime de la révolution ; Duboy-Laverne, nommé directeur, fut incarcéré, et n'obtint la liberté qu'après le 9 thermidor. Alors tout entier à ses fonctions, il n'épargna rien pour créer en quelque sorte, agrandir et illustrer un établissement qui, dans son genre, est regardé avec raison comme le plus splendide qui soit au monde. Anisson avait commencé à tirer la typographie orientale de la poussière dans laquelle elle était ensevelie depuis un siècle dans l'imprimerie du Louvre. Duboy-Laverne exécuta ce qu'Anisson avait projeté : les caractères arabes dont on ne s'était pas servi depuis Louis XIV, furent mis en ordre, fondus, disposés, et l'on s'en sert tous les jours. Les sept volumes des manuscrits de la bibliothèque nationale, remplis de textes grecs, arabes et hébreux, imprimés sous sa direction immédiate, prouvent à la fois son activité, son intelligence et son érudition. C'est d'après ses notes qu'a été tiré de l'imprimerie de la propagande à Rome la nombreuse collection de poinçons, matrices et caractères exotiques, pour être transportés à l'imprimerie de la république, où il s'occupait de les mettre dans le plus bel ordre. Il fut aussi dans le temps chargé d'organiser différentes imprimeries du gouvernement, particulièrement celle de l'expédition d'Égypte qui était munie de caractères grecs et arabes. Elle fut montée en moins de trois mois, c'est-à-dire, avec la plus incroyable célérité. Duboy-Laverne était lié d'amitié avec des savans distingués, tels que Sainte-Croix, Sylvestre de Sacy, Poirier, Laporte-Dutheil, Langlès, Gail, etc. Il est mort par suite d'un accident très-malheureux. Le 22 brumaire an 11, étant monté à la fonderie pour y donner des ordres nécessaires, il se sent tout à coup affecté de la vapeur des matières en fusion ; il s'approche rapidement d'une croisée basse et ouverte : un évanouissement subit le précipite dans la cour : il expire peu d'heures après. (V. le Moniteur, an XI, n° 59.) Vers la fin de fructidor an X, M. Duboy-Laverne eut la complaisance de me faire voir l'imprimerie nationale dans le plus grand détail ; il me parut encore jeune, et je ne m'attendais pas que ce riche établissement eut sitôt à regretter un directeur aussi recommandable par son amabilité que par ses connaissances dans l'art typographique. M. J.-J. Marcel, qui était à la tête de l'imprimerie nationale orientale et française établie à Alexandrie et au Kaire pendant l'expédition d'Egypte, a été nommé successeur de M. Duboy-Laverne.

DUCHEMIN (Nicolas). Libraire et imprimeur à Paris au 16ᵉ siècle ; il sut graver habilement des poinçons, particulièrement pour la musique et le plain-chant : il prouva son savoir-faire par diverses impressions dans ces deux genres. Il exerça depuis 1541 jusqu'à 1544. *a*, 470.

DURANDI RATIONALE DIVINORUM OFFICIORUM CELEBRANDORUM *Moguntiæ, per Johannem Fust et Petrum Schoyffer de Gernszheym*, 1459, in-folio. Cet ouvrage passe pour être le second imprimé avec des caractères de fonte. Nous en avons dit un mot à la page 311 de notre deuxième volume. Nous ajouterons ici qu'il en existe des exemplaires en papier vélin qui sont très-rares et très-chers. Le duc de la Vallière en possédait un que Rive avait acheté à la vente de Gaignat pour 1050 livres, et qui a été revendu, après la mort du duc, 2700 livres pour la bibliothèque impériale. Il existe deux opuscules que l'abbé Rive croit avoir été imprimés avec les caractères du *Rationale*, et qu'il regarde comme un essai entrepris avant l'exécution de ce livre, soit en 1458, soit au plus tard en 1459. Ces deux opuscules sont intitulés, l'un : *Beati Augustini liber de vita Xpiana*, in-4 de 17 feuillets, et l'autre : *Sti Augustini de veræ vitæ cognitione libellus*, in-4 de 34 feuillets. Debure, dans le Catalogue de la Vallière, les croit de 1470 à peu près ; il a été contredit par Rive (*Chasse aux bibliogr.*, pages 102 et 103) ; et, selon ce dernier, le *Liber de vitâ Christianâ* n'est point de saint Augustin, mais de Fastidius, originaire de la Grande-Bretagne et évêque de cette île ; c'est Luc Holstein qui, sur la foi de Gennade et d'un ancien manuscrit, a fait connaître le véritable auteur de ce livre. Tillemont (dans ses *Mémoires ecclésiastiques*, tome XV, page 17.), le père Pagi dans sa Critique contre Baronius, sous l'an 429 (n° 29), et Fabricius trouvent ce petit traité entaché de pélagianisme : Dupin est plus indulgent; quelques endroits, selon lui, semblent seulement favoriser les sentimens de Pélage ; d'autres auteurs n'y voient rien qui approche du pélagianisme (1).

E

ECLETISME. *b*, 86.

ECOLES DE PEINTURE. *b*, 39.

ECOLE allemande. *b*, 42.
— Anglaise. *b*, 45.
— Flamande. *b*, 43.
— Florentine. *b*, 40.

---

(1) Pélage était un moine né en Angleterre dans le quatrième siècle. Il soutenait que l'homme pouvait, par ses propres forces, s'élever au plus haut degré de perfection, et que l'on ne pouvait rejetter sur la corruption de la nature l'attachement aux besoins de la terre et l'indifférence pour la vertu. Il développa ces idées dans le quatrième livre du *Libre arbitre*, qu'il publia contre saint Jérome, et dont il ne reste que des fragmens. Les principales erreurs qui constituent son hérésie sont: 1° qu'Adam avait été créé mortel, et qu'il serait mort quand même il n'aurait pas péché; 2° que le péché d'Adam n'avait fait de mal qu'à lui et non au genre humain; 3° que la loi conduisait au royaume céleste aussi bien que l'Evangile ; 4° qu'avant l'avénement de Jesus-Christ les hommes ont été sans péché; 5° que les enfans nouveaux nés sont dans le même état où Adam était avant sa chûte; 6° que tout le genre humain ne meurt pas par la mort et par la prévarication d'Adam, comme il ne ressuscite point par la résurrection de Jesus-Christ ; 7° que l'homme naît sans péché, et qu'il peut aisément obéir aux commandemens de Dieu, s'il veut, etc. etc.

Ecole Française. *b*, 42.
— Hollandaise. *b*, 44.
— Lombarde. *b*, 41.
— Romaine. *b*, 40.
— Vénitienne. *b*, 41.

ECORCE (papier d'). *b*, 25.

ECRITURE. *a*, 237. Ecriture de pensées, *idem*. Ecriture des sons. *a*, 238.

Ecriture la plus ancienne. *a*, 239.
— la plus ancienne de l'Europe. *a*, 240.
— horizontale de trois sortes. *a*, 241.
— orbiculaire. *a*, 241.
— perpendiculaire. *a*, 240.
— en boustrophedon. *a*, 241, 352.
— chez les différens peuples. *a*, 339.
— onciale. *a*, 369. *b*, 394.

Ecriture des bulles et autres actes émanés de la chancellerie romaine, difficiles à lire à cause des abréviations. *a*, 6.

Ecriture des Chinois. *a*, 179, 187.
— des différens peuples. *a*, 339, 344.
— (six ordres d'). *a*, 340.
— des Tartares orientaux. *a*, 343.

EDDA. Livre sacré du Nord. *a*, 241. (Voyez ci-dessus l'article BIBLIOTHÈQUE *d'Upsal.*)

EDITEUR. *a*, 242.

EDITION. *a*, 242.

Editions clandestines. *a*, 243.
— qui n'ont jamais été mises en vente. *a*, 244.
— incunables. *a*, 244.

Edition princeps. *a*, 244.

Editions d'une rareté absolue. *a*, 385. — D'une rareté relative. *a*, 386.

EDITIONS DU XVe SIÈCLE. Les signes auxquels on reconnait ordinairement ces éditions lorsqu'elles sont sans date, se trouvent dans un ouvrage de Sébastien-Jacques Jungendres, intitulé : *Disquisitio in notas characteristicas librorum à typographiæ incunabulo ad an. M. D. impressorum*, etc. 1740, in-4. Voici ces signes, tels qu'ils ont été répétés par Struve (1), avec quelques additions; 1º l'absence des titres imprimés sur un feuillet séparé (2); 2º celle des lettres capitales au commencement des divisions; 3º la rareté de ces mêmes divisions; 4º le non-emploi des virgules et des points virgules; 5º l'inégalité et la grossièreté des types; 6º le manque de chiffres au haut des feuillets ou des pages, et celui de signatures et de réclames au bas; 7º la solidité et l'épaisseur du papier; 8º la non-apposition des noms de typographe, de lieu et d'année; et 9º la grande quantité d'abréviations. On pourrait encore ajouter à ces signes quelques autres marques qui, je crois, n'appartiennent qu'aux éditions du 15e siècle, telle que des points carrés, des traits obliques en place de points sur les *i*, des signes particuliers d'abréviation, comme *z* pour *et*; *neq*3 et *quib*3 pour *neque* et *quibus*; *opacone* pour *comparatione*; des q avec une croix placée au bas de la branche perpendiculaire de cette lettre pour exprimer *quam* ou *quod*, etc. etc.; mais en général tous ces signes sont quelquefois fautifs, et il faut être versé dans la bibliographie pour en faire une application toujours juste et concluante. Ajoutons à ce que nous venons de dire sur les éditions du 15e siècle ce que Rive expose sur leur

---

(1) Dans son *Bibliotheca historiae litterariae selecta*, Jenae, 1763, in-8, pages 2138-2140 du tome III.

(2) C'est vers 1476 ou 1480 qu'on a commencé à imprimer les titres de livres sur un feuillet séparé; et les titres des chapitres se voient déjà dans les *Epîtres de Cicéron* de 1470.

mérite intrinsèque et réel. « Ce n'est pas toujours l'ancienneté de ces éditions qui en fait la valeur; elle n'augmente celle qu'elles ont déjà par elles-mêmes que dans le cas où elles représentent fidellement et exactement un texte très-ancien, sûr et bien correct. Les anciennes éditions des classiques ne sont recherchées que parce qu'elles sont exécutées sur de pareils manuscrits. Les copies que ces impressions en fournissent sont ordinairement d'une grande valeur, parce qu'elles font remonter les leçons qu'elles contiennent à des temps voisins de ceux de l'original; mais si les manuscrits d'après lesquels elles sont copiées, n'ont pas beaucoup d'ancienneté, elles n'ont qu'une valeur très-médiocre, et cette valeur baisse en raison de l'ignorance des copistes par les mains desquels elles ont passé, et de l'ignorance des compositeurs qui les ont dirigées sous la presse. Ce n'est pas par le prix des ventes qu'il faut apprécier les anciennes éditions, mais seulement d'après la confrontation que des savans du premier genre ont faite de leurs leçons avec celles des manuscrits les plus anciens et les plus corrects. Il y a souvent une distinction à faire entre les divers tirages d'une même édition ancienne. Comme les corrections typographiques ne se faisaient pas, au berceau de l'imprimerie, ainsi qu'elles se sont faites environ vingt ans après, et qu'elles continuent de se faire aujourd'hui, delà sont venus les divers tirages d'une même ancienne édition sortie de la même forme; c'était à divers savans que les premiers imprimeurs remettaient des exemplaires de leur impression avant d'en finir totalement le tirage, et ce n'était qu'après la diversité de leurs corrections qu'ils l'achevaient. Ces corrections ne leur arrivant que successivement, il sortait donc de la même forme des exemplaires beaucoup plus corrects les uns que les autres. » (RIVE, *Chasse aux bibliographes*, pages 41, 42 et 43.)

EGGESTEYN (Henri). L'un des premiers imprimeurs de Strasbourg. *a*, page xxiij. Nous ajouterons à son article qu'il y a beaucoup de conformité entre ses caractères et ceux dont se servait Conrad Fyner à Eslingen. On croit que son imprimerie a passé chez les chartreux de Strasbourg.

ELEPHANTINI (*libri*). Livres en ivoire. *a*, 245.

ELZEVIERS ou **Elzevirs**, célèbres imprimeurs de Hollande. *a*, 246. Nous ajouterons les détails suivans à l'article des Elzeviers. Louis Elzevier de Leyde ayant commencé à imprimer en 1595, il finit en 1616, année sous laquelle on trouve *Philostrati epistolæ græcò*, in-4. *Apud Ludovicum Elzevirium typis Godefridi Basson.* Il a distingué le premier les *u* et *i* voyelles des *v* et *j* consonnes. Cette distinction ne se trouve pas dans les lettres capitales. Elle est due à Louis Zetzner de Strasbourg.

Isaac Elzevier succéda, dans la même ville de Leyde, à Louis. Il commença à imprimer, selon Maittaire, en 1617; il imprimait encore en 1628, quoique Maittaire semble indiquer qu'il avait cessé en 1621.

Abraham et Bonaventure Elzevier doivent, selon Maittaire, avoir commencé à imprimer en société en 1626 et avoir continué jusqu'en 1653. C'est à eux, comme nous l'avons dit, que l'on doit la jolie collection des classiques, in-12, ainsi que la collection des auteurs qui ont écrit l'histoire de presque tous les états du monde, qui forment une collection assez curieuse lorsqu'on peut les réunir. Nous avons oublié de dire que dès 1621, Abraham Elzevier commença à se faire connaitre à Leyde par le *Buchanani poemata*, in-12.

Jean et Daniel Elzevier ont imprimé en société, à Leyde, depuis 1655 jusqu'en 1658; ils étaient imprimeurs de l'académie. Jean a aussi imprimé seul en 1656, 1657 et 1660.

Passons aux Elzeviers d'Amsterdam. On y trouve un

Louis et un Daniel qui est le même que celui dont nous venons de parler, et qui aura sans doute quitté Leyde après 1660 pour se fixer à Amsterdam.

Louis Elzevier imprimait déjà à Amsterdam en 1640, continua seul jusqu'en 1656; il commença une société avec Daniel vers 1657, laquelle société dura jusqu'en 1670 à peu près; cela n'empêcha pas Daniel de donner des éditions en son seul nom, soit pendant soit après la société, dans les années 1665, 1666, 1667, 1671, 1672, 1676 et 1678. Ce Daniel mourut vers 1680 ou 1681, et sa veuve continua l'imprimerie, mais pendant peu de temps.

Il y eut encore un Pierre Elzevier établi à Utrecht à peu près en 1669. C'est sans doute un parent de ceux de Leyde et d'Amsterdam.

EMPREINTES ou PATES, imitation des pierres précieuses. *a*, 286.

ENCAUSTUM. Encre pourpre. *a*, 249.

ENCLAVÉES (lettres). *a*, 368.

ENCRE. *a*, 247.

ENCRE d'imprimerie. *b*, 321. Il paraît que l'on fut long-temps à trouver l'encre convenable à l'impression, car dans les premières éditions mayençaises le noir ne résiste pas à l'eau, à l'acide muriatique, etc.

ENCRE d'or. *a*, 248. Le citoyen Crapelet, qui par ses belles éditions s'est acquis une juste réputation, est parvenu après plusieurs expériences à imprimer en lettres d'or douze exemplaires des deux volumes des *Oiseaux dorés* d'Audebert et Viellot. (à Paris, chez Desray.) On regarde cette découverte comme plus curieuse qu'utile, et l'impression en or n'est pas d'un effet fort agréable à la vue, car il faut chercher un jour favorable pour appercevoir la nuance brillante de l'or, et la lecture en est un peu fatigante. Ce rafinement de luxe typographique prouve le goût déterminé des curieux pour tout ce qui est extraordinaire. (Cailleau, *Dict. Bibliogr.* IVe tome, page 36.)

ENCYCLOPÉDIE d'Asteldius. *b*, 259.

ENCYCLOPÉDIE. Système de Bacon. *b*, 259.

ENCYCLOPÉDIE d'Ephraïm Chambers. *b*, 260 La dernière édition est de Rees; Londres, 1788, 5 volumes in-folio. On a encore publié en Angleterre : *Encyclopœdia Britannica, or a dictionary of arts, sciences*, etc. Edimburgh, *Balfour*, 1778, 10 volumes in-4, et postérieurement : *Encyclopœdia Britannica, or a dictionary of arts and sciences*, etc. London, 1789-97, 36 parties en 18 volumes in-4, fig. Supplément : *To the Encyclopœdia Britannica, by Gleig.* London, 1801, 4 parties en 2 volumes in-4, fig. Cette encyclopédie anglaise est peu connue en France.

ENCYCLOPÉDIE de Diderot et d'Alembert. *b*, 261. Il existe différentes éditions de cette encyclopédie : 1° celle de Paris, 1751, 35 volumes in-folio ; 2° celle de Genève, imprimée page à page et mot à mot sur celle de Paris. Il s'y trouve quelques légères différences que les bibliographes ont remarquées. (Voyez la *Chronique littéraire de Rive*, page 90; notre *Manuel bibliographique*, page 274; le 4e volume du *Dictionnaire de Cailleau*, page 147, etc.); 3° une édition imprimée, format in-folio, à Livourne en 1770, par les ordres du grand-duc de Toscane ; elle est peu commune en France. M. Camus en a vu un exemplaire à la bibliothèque de Luxembourg, lors de son voyage dans les départemens réunis ; 4° l'Encyclopédie de Genève, 1777, 39 volumes in-4, dont trois de planches ; on y ajoute, si l'on veut, six volumes de tables, ce qui fait 45 volumes en tout ; 5° l'édition d'Yverdun, 1778, 58 volumes in-4, dont 10 de planches ; cette édition est la meilleure après celle in-folio ; enfin 6° l'édition de Lausanne, 1780, 39 volumes grand in-8, dont trois de planches. L'Encyclopédie méthodique, Paris, Panckouke, a déjà (an x-1802) 239 parties in-4, dont 34 de planches, le tout publié en 67 livraisons. (Voyez *Dictionnaire de Cailleau*, tome IV, page 160 et suivantes.) On croit que cette Encyclopédie pourra avoir 84 à 90 livraisons.

Encyclopédie de Jean Maignon. Devons-nous parler de cette encyclopédie que le poëte Maignon de Tournus, assassiné sur le Pont-Neuf en 1661, composa en vers sous le titre de *la Science universelle*? Elle parut en 1663, in-4. Lorsque Maignon travaillait à cet ouvrage, quelqu'un lui demanda s'il serait bientôt achevé. Bientôt, dit-il, je n'ai plus que mille vers à faire. Jamais peut-être on n'avait formé un projet plus ridicule ; aussi Scarron fait dire à Maignon, dans une certaine épître chagrine, qu'il a aussi dessein de mettre en vers les conciles.

Encyclopédie de Savigny. C'est un in-folio de 37 pages, dont 18 sont imprimées en caractères ordinaires, avec un cadre de petites vignettes à l'entour ; et 19 autres renferment des tableaux des sciences et des arts libéraux, gravés en bois. Au frontispice on lit dans un ovale gravé : *Tableaux accomplis de tous les arts libéraux, contenant brièvement et clerement, par singulière méthode de doctrine, une générale et sommaire partition desdits arts, amassez et réduits en ordre pour le soulacement et profit de la jeunesse* ; et plus bas, imprimé : *par monsieur Christofle de Savigny, seigneur dudit lieu et de Priment en rethelois;* et tout au bas : *reveu, corrigé et augmenté de nouveau. A Paris, chez Jean Liber, rue Saint-Jean-de-Latran, devant le collège royal,* 1619. A la seconde page est l'épître dédicatoire à Louis de Gouzagues, duc de nivernois et rethelois, prince de Mantoue, pair de France, etc. Après une page blanche, commence au verso : l'Encyclopédie *ou la suite et liaison de tous les arts et sciences*, dont la liste composée de 18 articles est disposée en ovale dans l'ordre suivant : *Grammaire, rhétorique, poésie*, *dialectique*, *arithmétique*, *géométrie*, *optique*, *musique*, *cosmographie*, *astrologie*, *géographie*, *physique*, *médecine*, *métaphysique*, *éthique*, *jurisprudence*, *chronologie* et *théologie*. Ensuite viennent les divisions et subdivisions de chaque science. Il est assez singulier que cette série encyclopédique, très-bien suivie, faite par un français long-temps avant que le chancelier Bacon ait produit son arbre encyclopédique, n'ait pas acquis à notre nation la priorité pour la découverte d'un système général des connaissances humaines, et que la gloire en soit restée aux Anglais dans la personne de Bacon, qui sans doute s'est beaucoup servi de l'ouvrage de Savigny. Ce qu'il y a de sûr, c'est que Savigny a mis au jour son Encyclopédie 40 ans avant l'exil de Bacon, et il a donné la deuxième édition de 1619, dont nous parlons, deux ans avant que le chancelier se retirât chez le comte d'Arundel, où il mourut en 1626, âgé de 66 ans. Ce fut chez ce comte qu'il commença ou perfectionna ses premiers ouvrages et son arbre encyclopédique. (Voyez PAPILLON, *Traité de la gravure en bois*, pages 279 et suivantes du tome I.)

ENSEIGNES ou marques d'anciens imprimeurs, d'après Orlandi, Baillet et l'abbé Petity. *b*, 331.

EPACTE. Terme de chronologie. *a*, 204.

EPICURE. Son *Traité de la nature des choses*, trouvé à Herculanum, publié par M. Haiter, bibliothécaire du prince de Galles. *b*, 426.

EPICUREISME. *b*, 82. Chez les Romains et chez les modernes. *b*, 83.

EPIMETRIQUE. Epithète imaginée par Girard. *a*, 249.

EPOQUES de l'histoire. *a*, 216.

EPREUVES (correction d'). *a*, 190, 311.

EST

ERES chronologiques qui servent de fondement à l'histoire. *a*, 216.

ERRATA. On nomme ainsi une table des fautes, soit typographiques, soit autres, qui se trouvent dans un ouvrage, et qu'on imprime ordinairement à la fin du volume pour en avertir le lecteur et lui faciliter les corrections. Dans les premiers monumens de la typographie, les *errata corrigenda* n'étaient point imprimés ; les calligraphes ou enlumineurs (*miniatores*) faisaient les corrections à la main, et dans le cours de l'ouvrage : c'est ce que l'on voit dans la *Bible de Schoeffer* de 1462 ; par exemple : dans le psaume 93, *Deus ultionum Deus*, à ces mots *et vos stulti aliquando sapite*, on lit *stulte* ; le correcteur a remplacé l'*e* par un *i*, et s'est servi d'encre rouge pour cette correction.

ERREURS sur quelques monumens antiques et sur quelques médailles. *a*, 27. Nous ajouterons aux erreurs dont nous parlons dans notre premier volume celle-ci, tirée du *Pithœana* : « jadis on voyait à Saint-Pierre de Troyes un vase de porphyre où Jesus-Christ fit, dit-on, la cène, et à l'entour de ce vase est de l'écriture en grec vulgaire. »

ERREURS de classification bibliographique occasionnées par des titres de livres. *a*, 390.

ESCLAVONE (langue). *a*, 357.

ESCLAVONS (caractères). *a*, 249.

ESTAMPES (moyen de nettoyer et d'enlever les taches des). *a*, 110.

ESTAMPES (manière d'arranger les porte-feuilles d'). *a*, 292.

ESTAMPES (cabinet des) à la bibliothèque nationale de France ; leur classification. *b*, 211.

ESTAMPILLE. Terme de bibliographie. *b*, 376.

ET-CŒTERA. Mot proscrit dans les actes publics par arrêt du parlement de 1552. *a*, 2.

ETIENNES (les). Célèbres imprimeurs des 16e et 17e siècles. Nous en avons parlé *a*, 250 ; mais nous n'avons pas établi leur généalogie d'une manière assez complette : c'est ce que nous allons faire ici.

Le premier Etienne est Henri, qui commença à imprimer à Paris en 1502, en société avec Wolfgang Hopyl (1). Il mourut le 24 juillet 1520. Sa veuve épousa Simon de Colines ; il laissa trois fils : François, Robert et Charles.

François, premier du nom, commença à imprimer en 1537, et mourut sans postérité en 1547.

Robert, premier du nom, et le plus célèbre des Etiennes, naquit en 1503, commença à travailler en 1526, fut imprimeur du roi en 1539 (2), s'enfuit à Genève pour cause de religion en 1552, et y mourut en 1559. Il laissa sept enfans : Henri II, Robert II, François II, Catherine, Jean, Marie et Simon. Nous en parlerons après avoir fait mention de Charles, troisième fils de Henri Ier (3).

---

(1) Allemand d'origine, qui imprima à Paris depuis 1489 jusqu'en 1517.

(2) C'est cet Etienne que François premier, roi de France, honora de sa visite. On a son portrait gravé, in-8, dans la collection de Desrochers, et in-4, par Coster, avec ces vers au bas :

Robertum cernis Stephanum quem Gallicus orbis
Miratur. Primus calcographùm, Stephanus,
Qui pius et doctus, procudit scripta piorum ;
Sorbona hinc non vult impia ferre virum.

(3) J'ai commis une erreur, d'après Debure, à l'article de Robert premier, en disant que le Nouveau Testament *O mirificam*, avec la faute *pulres*, est de 1546 ; il est de 1549, ainsi que Debure l'a reconnu lui-même dans son *Appel aux Savans*, 1763, in-8, et cet aveu aurait dû dispenser l'abbé Rive de relever avec tant d'aigreur l'erreur qui se

Ce Charles embrassa d'abord la médecine, puis fut imprimeur en 1536, imprimeur du roi en 1538, et mourut en 1564, dans les prisons du Châtelet, ne laissant qu'une fille nommée Nicole, qui fut mariée à Jean Liébaut, médecin, et qui vivait encore en 1584.

Passons aux enfans de Robert premier.

Le premier est Henri II, né en 1528. Il commença à imprimer en 1554, et mourut en 1598, au mois de mars, à l'hôpital de Lyon, laissant un fils (Paul) et deux filles, dont l'une (Denise) meurt sans être mariée, et l'autre (Florence) épouse Casaubon. Nous parlerons de Paul par la suite.

Le second fils de Robert premier est Robert II, qui commence à imprimer en 1556, qui est imprimeur du roi en 1561, et qui meurt le 11 septembre 1571. Sa veuve, Denise Barbe, épouse Mamert Patisson. Il laisse trois fils, Robert III, François III et Henri III.

Le troisième est François II, qui commence à imprimer en 1562, et qui meurt en 1582. Il laisse trois enfans, Gervais, Adrien, et une fille nommée Adrienne.

Le quatrième enfant de Robert premier est une fille nommée Catherine, née le 5 mars 1541, mariée à un nommé Jacquelin, notaire; elle vivait encore en 1585.

Le cinquième est Jean, né à Paris le 23 juillet 1543; il est libraire en 1563, et se retire ensuite à Genève.

---

trouve au n° 20 de la *Bibliographie instructive.* Voyez *Chasse aux bibl.* page 536. Les deux éditions du *Nouveau Testament grec* de Robert Etienne, de 1546 et 1549, sont parfaitement semblables, toutes deux sont en 2 volumes in-16; la préface de l'une et de l'autre commence par *O mirificam*, et a une page et demie; mais l'édition de 1546 est plus belle, parce que les caractères sont moins usés, et par conséquent plus nets que dans la réimpression de 1549, remarquable par la faute *pulres* pour *plures.*

Le sixième enfant est une fille nommée Marie, née le 31 janvier 1544.

Enfin, le septième est Simon, né le 21 août 1546; il est libraire en 1566, et ensuite se retire à Genève.

Paul, fils de Henri II, né en 1566, commence à imprimer en 1599, cesse en 1626, et meurt à Genève en 1627. Nous avons parlé plus haut de ses deux sœurs, Denise et Florence. Il laisse deux fils, Antoine et Joseph.

Robert III, premier fils de Robert II, commence à imprimer en 1572; il est imprimeur du roi en 1574, cesse d'imprimer en 1629, et meurt à Paris en 1644, sans postérité.

François III, second fils de Robert II. On n'a aucun détail sur ce François Etienne.

Henri III, troisième fils de Robert II, fut trésorier des bâtimens du roi, et imprimeur-libraire en 1615. Il laisse deux fils et une fille, Henri IV, Robert IV, et Rénée qui épousa Fougevolles, notaire.

Les enfans de François II sont :

Gervais, qui se maria en 1610; il fut imprimeur-libraire en 1612, et exerçait encore en 1627. Il eut une fille nommée Marie, qui naquit le 2 novembre 1619.

Adrien, second fils de François II, fut libraire en 1614, imprimeur en 1616, se maria en 1617; il exerçait encore en 1627. Il eut trois enfans, Pierre, Adrienne et Jérôme. Adrienne, sœur de Gervais et d'Adrien, épousa, en 1635, Jacques Palfart, libraire.

Les fils de Paul sont :

Antoine, né à Genève en 1594, imprimeur du roi et du clergé de France en 1614, meurt à l'hôpital en 1674 (1),

---

(1) Fabricius, dans sa *Bibliothèque grecque*, tome XIII, page 615, fait précéder cet Antoine par un Thomas que personne ne connaît, et il ne dit rien de Joseph.

à Paris. Il laisse 6 enfans, savoir, Jean-Jacques, Jeanne, Jeanne II, Marie, François IV et Henri V : ce dernier seul a eu de la postérité.

Joseph, second fils de Paul, était libraire en 1628, et imprimeur du roi à la Rochelle en 1629. Il est mort sans postérité.

Les enfans de Henri III sont :

Henri IV, sieur Desfossés, sur lequel on n'a point de détails (1).

Robert IV, avocat au parlement et bailli de Saint-Marcel, commence à imprimer en 1630; il laisse deux enfans, Marie, née le 14 novembre 1614, et Jean-François, né le 12 juillet 1621, sur lesquels on n'a aucun détail.

Nous avons parlé plus haut de Rénée, sœur de Henri IV et Robert IV.

Les enfans d'Antoine sont :

Jean-Jacques, né à Paris le 16 juillet 1622; il exerça l'imprimerie en 1642.

Jeanne I, née le 15 octobre 1623.

Jeanne II, née le 1er avril 1625.

Marie, née le 10 juillet 1626.

François IV, né le 11 juillet 1629, et imprimeur-libraire en 1647.

Henri V, né le 9 février 1631, est celui dont nous parlons dans la note ci-dessus; il a laissé trois enfans, savoir :

Henri qui, né en 1658, n'a vécu que deux ans.

---

(1) Lottin, dans son Catalogue des libraires de Paris, fait un Henri IV, second fils d'Antoine, né en 1631, imprimeur-libraire en 1646, et imprimeur du roi en 1651, et mort *ebrietate* en 1661. Prosper Marchand ne compte aucun Henri IV au rang des fils d'Antoine, mais bien Henri V qui n'est point le second, mais le troisième fils d'Antoine, et le sixième de ses enfans, car il eut trois sœurs.

Angélique, née en 1639, et qui, selon la Caille, vivait encore en 1689.

Et Anne, née en 1660, et qui n'a vécu qu'un an.

Telle est la généalogie de cette célèbre famille, que nous avons recueillie de différens auteurs, mais particulièrement de Prosper Marchand. Avant la révolution française, il existait encore à Paris un abbé Antoine Etienne, qui avait Robert IV, bailli de Saint-Marcel, pour ayeul au cinquième degré; mais depuis 1661 aucun Etienne n'a exercé l'imprimerie. Il ne faut point confondre cette famille avec d'autres Etiennes qui ont exercé la librairie à Paris depuis 1699, et que Ducerceau, par une licence poétique, a confondus avec les célèbres Etiennes dans l'épître en rondeau qui se trouve à la tête de ses œuvres, et qui commence par ces vers :

>Monsieur Etienne, eh ! ne m'imprimez pas.
>Au nom de Dieu, quartier, monsieur Etienne.
>. . . . .
>. . . . .
>. . . . .
>Je sais qu'en l'art de bien mouler un livre,
>Vous égalez ces Etiennes fameux
>Que vous comptez au rang de vos ayeux,
>Et qui dans vous commençant à revivre,
>Nous font trouver dans un de leurs neveux
>Ce que leur siècle a tant prisé chez eux.
>Mais quand bien même, en dépit de la parque,
>Pour m'imprimer, revenant sur leurs pas,
>Ils se pourroient échapper de la barque
>Où les mortels vont après leur trépas ;
>Fut-ce Robert ou fut-ce Charle Etienne,
>Je lui dirais toujours la même antienne :
>Monsieur Etienne, eh ! ne m'imprimez pas.
>Ne croyez pas, etc. etc.

ÉTHICOLOGIE. *a*, 249.

ETOILE. Terme d'imprimerie. *a*, 36.

ETYMOLOGIE. *a*, 256.

ETYMOLOGISTES. *a*, 258.

EUGUBINES (tables). *a*, 262.

EVANGILE de saint Marc, manuscrit. *a*, 393.

EXOTÉRIQUES (livres). *a*, 264.

F

FABLIAU. C'est, d'après la définition du comte de Caylus, un poëme qui renferme le récit élégant d'une action inventée, petite, plus ou moins intriguée, quoique d'une certaine étendue, mais agréable ou plaisante, dont le but est d'instruire ou d'amuser. Ces sortes de poëmes ont eu lieu dans les 12e et 13e siècles. On trouve des fabliaux dans un assez grand nombre de manuscrits dispersés dans différentes bibliothèques, et surtout dans la bibliothèque nationale de France. Celle de Saint-Germain-des-Prés possédait, sous le n° 1830, le manuscrit le plus considérable dans ce genre ; il renfermait au moins 150,000 vers, et semblait écrit dans le 13e siècle ; il est présumable qu'il a été la proie de l'incendie qui a dévoré cette bibliothèque pendant le cours de la révolution française. On y trouvait le mot *fabliau* écrit indifféremment *fabel*, *flabele*, *flablele*, *fableau*. Le mot *fabel*, qui subsiste encore dans la langue allemande et dans le même sens, a la même etymologie que notre mot *fable*, et vient du latin *fabula* ; *fableor* signifie *conteur*. Les fabliaux sont quelquefois des modèles de naïveté, la narration en est facile, les descriptions souvent pittoresques ; mais il faut avouer que presque tous ces contes sont excessivement libres ; et ce qui est plus que ridicule, c'est qu'au milieu des obscénités qu'ils renferment, on y trouve de pieuses et longues tirades de l'ancien testament. Beaucoup d'auteurs ont parlé des fabliaux, et surtout de l'origine de la poésie française. On distingue parmi eux Fauchet dans son *Origine des romans*; Lacurne de Sainte-Palaye dans ses différens mémoires sur notre langue; Millot dans son *Histoire des troubadours*; Caylus dans son *Mémoire sur les fabliaux* (XXe tome des Mémoires de l'académie des inscriptions, page 352); Lacombe dans son *Dictionnaire du vieux langage*, et Legrand dans un ouvrage spécialement consacré à cet objet, ayant pour titre : *Fabliaux ou contes du 12e et 13e siècles, fables et romans du 13e, traduits ou extraits d'après plusieurs manuscrits du temps, avec des notes historiques et critiques, et les imitations qui ont été faites de ces contes depuis leur origine jusqu'à nos jours. Paris*, 1781, 5 volumes in-12, nouvelle édition augmentée d'une dissertation sur les troubadours. Cet auteur a prétendu, dans la préface de cet ouvrage, que les poëtes et les auteurs septentrionaux de la France étaient supérieurs aux écrivains d'au-delà de la Loire, connus sous le nom de *troubadours*. Le père Papon, dans son *Voyage littéraire de Provence*, a essayé de le réfuter. L'abbé Rive a critiqué amèrement Legrand dans sa *Chasse aux bibliographes*, pag. 226, et dans sa *Chronique littéraire*, page 79. Nous pourrions encore citer plusieurs autres auteurs qui ont traité des fabliaux, mais nous croyons avoir indiqué les principaux, et ceux par conséquent qu'il est le plus avantageux de consulter. (Voy. TROUBADOURS.)

FASTI capitolini. b, 386.

FEUILLE D'IMPRESSION (nombre de lettres qui entrent dans la composition d'une). *a*, 143. Poids d'une feuille composée des caractères les plus usités. *a*, 149.

FEUILLE *d'impression* (prix de la) en Angleterre. *a* 142. En France. *a*, 150.

FISCHER (Gotthelf), né en Saxe, membre de

plusieurs sociétés savantes, professeur et bibliothécaire à Mayence. Ce bibliographe a publié plusieurs ouvrages qui attestent ses connaissances dans la science bibliologique. Son *Essai sur les monumens typographiques de Jean Gutenberg, mayençais, inventeur de l'imprimerie*, Mayence, an X, in-4, figures, doit être recherché avec empressement par tous ceux qui s'occupent de l'origine de l'art typographique. Cet ouvrage est divisé en trois parties ; dans la première l'auteur parle des circonstances qui auraient pu accélérer la découverte de la typographie ; dans la seconde il présente Gutenberg comme l'inventeur de l'imprimerie, et appuie son opinion de pièces historiques qui paraissent décisives ; les monumens typographiques de Gutenberg occupent la troisième partie ; ces monumens consistent dans les livres suivans :

1º *Donatus de octo partibus orationis*, édition en tables fixes de bois, in-4 ; lettres longues, quatre lignes ; lettres courtes, trois lignes et quart ; épaisseur, une demi-ligne ;

2º *Donatus de octo partibus orationis*, première édition avec des caractères mobiles, sur vélin, in-4 ; lettres longues, deux lignes trois-quarts ; lettres courtes, deux lignes et quart ; une demie-ligne de largeur à peu près ;

3º et 4º Deux éditions différentes du *Donat*, petit in-folio, imprimées sur vélin. Première et seconde édition imprimées avec des caractères mobiles fondus ; lettres longues, trois lignes et demie ; lettres courtes, deux lignes ; épaisseur, un peu moins d'une demi-ligne ;

5º *Bible latine*, sans date, 2 volumes in-folio, mêmes caractères que les deux derniers *Donats* ;

6º. *Herrmanni de Saldis speculum sacerdotum*, 16 feuillets in-4, monument typographique inconnu jusqu'alors à tous les bibliographes ; lettres longues, une ligne sept huitièmes ; lettres courtes, une ligne un huitième ;

7º *Tractatus de celebratione missarum*, 30 feuillets petit

in-4, mêmes caractères que le précédent ; hauteur de la colonne, quatre pouces neuf lignes ; largeur, trois pouces; page complette vingt-huit lignes ;

8o *Joannis Balbi de Janua Catholicon*, in-folio ; petit caractère maigre ressemblant au cicéro ; hauteur de la colonne, dix pouces ; largeur, trois pouces, et neuf lignes de séparation entre les colonnes ;

9° *Mathaei de Cracovia tractatus rationis et conscientiæ*, 22 feuillets in-4, mêmes caractères que ceux du *Catholicon*; hauteur de la colonne, cinq pouces trois lignes ; largeur, deux pouces neuf lignes ;

10° *Thomas de Aquino de articulis fidei*, 12 feuillets in-4, mêmes caractères, même impression et même grandeur des colonnes que le précédent.

Tels sont les premiers monumens typographiques attribués à Jean Gutenberg par le citoyen Fischer. Nous renvoyons pour les descriptions et les preuves à l'ouvrage même qui est enrichi de calques, surtout de superbes lettres initiales exécutées par Gutenberg. A la suite des *Monumens* on trouve une *Liste chronologique des ouvrages sortis de la presse de Fust et Schoeffer*, que l'auteur a pu comparer. Cette liste commence par *Litteræ indulgentiarum Nicolai V*, pp. 1554, et finit par *Legenda et miracula S. Goaris*, 1489. L'ouvrage est terminé par une table des savans qui ont fleuri à Mayence de 360 à 1790.

On doit encore au citoyen Fischer une production bibliographique très-curieuse qui parait par livraisons (en allemand) sous ce titre : *Descriptions de raretés typographiques et de manuscrits remarquables, avec des matériaux pour servir à l'histoire de la découverte de l'imprimerie*. Nuremberg, 1801, in-8, avec planches. Cet ouvrage devrait être traduit en français ; il est déjà cité avantageusement par plusieurs savans bibliographes. La deuxième livraison a paru dernièrement ; elle est ornée du portrait de Jean Fust. On peut consulter sur le citoyen Fischer le bel éloge que fait de ce jeune savant, âgé de 31 ans (1802), M. Camus, pages 12 et 13 de son Voyage dans les départemens réunis. Le citoyen Fischer a des connaissances très-étendues en histoire naturelle.

FONDATEURS des principales bibliothèques connues. *b*, 230.

FONDERIE (ce qui constitue une). *b*, 318.

FONDERIES de l'Europe (principales). *a*, 270.

FONTE des caractères d'imprimerie. *b*, 317.

FORMAT des livres. *a*, 266. Manière de les connaître. *a*, 267. Quelques bibliographes ont prétendu qu'on ne voyait point de format in-8 et au dessous, avant 1480, mais ils se trompent; on connaît *Diurnale seu liber precum. Venetiis*, 1478. *In membranis*, in-24. Un *Psalterium Davidis* imprimé par Jean de Westphalie, vers 1480, in-18, etc. Nous ajouterons ici (sur la manière de connaître les formats) qu'il y a quelques éditions du 15ᵉ siècle dans le papier desquelles on n'apperçoit aucune trace de pontuseaux; ce papier ressemble presque à du papier vélin; mais on découvre des vergeures qui peuvent servir à faire connaître le format. Il y a encore un autre moyen de distinguer l'in-folio d'avec l'in-4 et l'in-8 dans ces sortes de papier; c'est de faire attention à la marque du papier; si elle se trouve au milieu du feuillet, le volume est in-folio; si elle est au fond du volume, il est in-4, et si elle est au haut du feuillet, il est in-8. Les principaux ouvrages du 15ᵉ siècle ayant du papier sans pontuseaux sont : *Pompeius Festus de verborum significatione*, Milan (Ant. Zarot), 1471, in-4; le *Juvenal* et *Perse*, de Milan, Antoine Zarot, 1479, in-4; la *Vita del Padre san Francesco, per Bonaventura Cardinale*, Milan, Zarot, 1477, in-4, et le *Quinte-Curce*, Milan, Zarot, de 1481, in-4. On regarde tous ces ouvrages comme in-4, et non comme in-folio, parce que les vergeures en sens contraire aux pontuseaux invisibles dans le papier, y sont perpendiculaires. La *cosmographia* de Pomponius Mela, Milan, Zarot, est in-8 et non in-4, parce que les vergeures se présentent horisontalement.

FORME. Terme d'imprimerie. *b*, 321.

FORME (lettres de). *a*, 368. Ce sont les lettres gothiques proprement dites ; les traits en sont anguleux et chargés de pointes. On les appellait de *forme* ou *formées* parce qu'elles étaient composées. On abandonna presque totalement cette écriture dans le 15ᵉ siècle, où on ne la voit presque plus employée que dans les livres de prières et d'église.

FORME des livres. *a*, 381. — Des manuscrits d'Herculanum. *a*, 414.

FOULIS (Robert et André). Célèbres imprimeurs de Glascow au 18ᵉ siècle. André a polytypé un Virgile en 1780. *b*, 193.

FOURRÉES (médailles). *a*, 427.

FRANÇAISE (langue). *a*, 356.

FRAPPÉES (médailles non). *a*, 427.

FRISQUETTE. Terme d'imprimerie. *b*, 323.

FRUSTES (médailles). *a*, 427.

G

GABALIS (le comte de). Ouvrage de l'abbé de Villars. *b*, 368.

GALÉE. Terme d'imprimerie. *b*, 320.

GALLIA Christiana. *a*, 136.

GANDO (Jean-Louis). Graveur et fondeur de caractères

au commencement du 18ᵉ siècle, à Bâle. Il fut attiré au Louvre vers 1705, par Grandjean, premier graveur du roi. Il s'établit ensuite à Paris avec la fonderie qu'il avait à Bâle, et qu'il augmenta beaucoup.

GANDO (Nicolas), neveu et élève du précédent. Après avoir long-temps travaillé avec Jean-Louis, il forma un établissement à Genève par l'acquisition qu'il y fit d'une fonderie. Jean-Louis, desirant finir ses jours dans sa patrie, proposa à Nicolas sa fonderie à Paris en prenant la sienne à Genève. L'échange eut lieu en 1736. Nicolas fit beaucoup d'augmentation à la fonderie de Jean-Louis. En 1758, il y joignit celle de Claude Lamesle, qui provenait de Jean et Pierre Cot. On a de Nicolas Gando, outre les ouvrages que nous citons, *a*, 275, *Epreuve des caractères de la fonderie de Gando père et fils*. Paris, 1760, in-4, ce qui prouve qu'en cette année Nicolas Gando était associé avec Pierre-François son fils ; celui-ci eut un fils, Nicolas-Pierre, qui, en 1787, était associé avec son père.

GANDO (François), frère cadet de Nicolas, et comme lui neveu et élève de Jean-Louis. Il alla en 1736 s'établir fondeur à Lille en Flandre; il y était encore en 1753, puisqu'il y publia des épreuves de quelques caractères et ornemens. En 1754 il vint se fixer à Paris. En 1760 il vendit sa fonderie à Grangé, imprimeur-libraire. En 1764 il mourut, comme il travaillait à lever une nouvelle fonderie. Il laissa une fille qui se maria après sa mort à Jean-François Fournier, fils de Jean-Pierre Fournier l'aîné. François Gando a publié deux lettres dans les Mercures de 1757 et 1758, et une épreuve des *caractères nouvellement gravés par F. Gando*. Paris, 1763, in-4.

GARNITURE. Terme d'imprimerie. *a*, 320. M. Didot père est le premier qui ait fait fondre des garnitures en métal, qu'il a fait creuser pour plus grande légèreté. Ces garnitures sont préférables à celles en bois.

GAULOIS. Ils ont cultivé les lettres de temps immémorial. *a*, 276.

GAZA (grammaire grecque et latine de). *b*, 342.

GEMARE. Seconde partie du Thalmud. *b*, 291.

GESSNER (Salomon). Poëte, imprimeur, dessinateur, graveur et peintre, né à Zurich en 1730, mort en 1787. La meilleure édition de ses œuvres est celle publiée par le citoyen Renouard; Paris, Crapelet, 1799, 4 volumes in-8, avec 51 gravures, par Moreau jeune. Le même libraire a publié les mêmes œuvres; Dijon, Causse, 4 volumes petit in-8, avec les mêmes figures. (Voyez *a*, 281, et corrigez les dates.)

GHESQUIÈRE (Joseph). Savant bollandiste; il a publié des *Réflexions sur deux pièces relatives à l'histoire de l'imprimerie*. Nivelles, 1780. Il avance dans cet écrit que dès l'an 1445 on vendait à Bruges des livres imprimés. Il a été réfuté victorieusement par Lambinet. Il a combattu en 1779, dans l'*Esprit des journaux*, page 232, l'opinion que Desroches a publiée en 1777 sur l'origine de l'imprimerie à Anvers.

GILLÉ (Joseph). Célèbre graveur et fondeur en caractères, à Paris. En 1774, il présenta au roi son livre de modèles de caractères, et en 1777 il fut nommé graveur et fondeur du roi pour les caractères d'imprimerie de la loterie royale de France. On a de lui des *épreuves de ses caractères* de 1764 in-4, de 1773 in-4, et de 1778 in-8. M. Gillé fils, suivant les traces de son père, occupe un rang distingué parmi les graveurs et fondeurs de la capitale. (Voyez ce que nous en avons dit à l'article FAGNON. *b*, 378.

GLEN (Jean de), imprimeur et graveur en bois, né à Liège vers le milieu du 16e siècle. On lui doit un livre assez curieux, intitulé : *Des habits, mœurs, cérémonies, façons de faire anciennes et modernes.* Liége, 1601, in-8. Cet ouvrage est orné de 103 figures inventées par lui; il en est l'auteur, l'imprimeur et le graveur; il a su donner beaucoup de correction à son dessin et d'expression, du moins c'est l'opinion de l'auteur du Dictionnaire historique. Jean de Glen a encore publié les *Merveilles de la ville de Rome*, avec figures.

GLOSSAIRES. Ayant omis de parler de ce genre d'ouvrage à la page 281 de notre premier volume, nous allons réparer cette omission. Un glossaire est une espèce de dictionnaire consacré particulièrement à l'explication des termes difficiles, barbares, hors d'usage d'une langue morte ou corrompue. On a reconnu de tout temps l'utilité de ces sortes d'ouvrages, qui exigent un travail long, pénible et rebutant. Le public en jouit avec fruit, avec facilité, et peut-être jamais avec assez de reconnaissance envers l'auteur. On peut mettre à la tête des auteurs de glossaires le célèbre Charles-Dufresne Ducange, connu principalement par deux glossaires, l'un grec et l'autre latin; le titre du premier est : *Glossarium ad scriptores mediæ et infimæ græcitatis, gr.-lat. Cum appendice ad suum glossarium mediæ et infimæ latinitatis; nec non brevi etymologico gallicæ linguæ ex utroque glossario.* Lugduni, Anisson, 1688, 2 volumes in-folio. Cet ouvrage est rempli d'érudition. Le titre du second, qui parut d'abord en 1678, 3 volumes in-folio, est : *Glossarium ad scriptores mediæ et infimæ latinitatis. Editio nova Locupletior et auctior, operâ et studio monachorum ordinis S. B. è congreg. S. Mauri* (D. Lobineau, D. Guesnier, D. Toustain, D. Maur d'Antine.) *Parisiis, Osmond*, 1733, 6 volumes in-folio. Cet ouvrage renferme une infinité de choses curieuses sur les antiquités, les usages, etc. de la France. Il faut faire attention si dans cette édition se trouvent, à l'article *Moneta*, dix planches qui représentent les empreintes des différentes espèces de monnaies et de monogrammes de plusieurs princes et souverains, gravés en taille douce. Ces empreintes manquent souvent dans les exemplaires de ce livre. On ajoute aux six volumes de Ducange, dont nous venons de parler, le supplément suivant de Carpentier: *Glossarium novum ad scriptores medii œvi, cum latinos tum gallicos ; seu supplementum ad auctiorem glossarii Cangiani editionem. Subditæ sunt, ord. alph. voces gallicæ usu aut significatu obsoletæ, quæ in glossario et supplemento explicantur. Accedunt variæ indices*, etc. etc. *His demum adjuncta est Cangii dissertatio de inferioris œvi aut imperii numismatibus, quam excipiunt emendationes typographicæ ad postremam glossarii editionem. Collegit et digessit. D. Carpentier*, etc. *Parisiis*, Lebreton, 1766, 4 volumes in-folio. Ce livre, plein d'érudition, est non-seulement un supplément du glossaire de Ducange, mais il renferme encore l'explication des mots français qui ont vieilli ; les tables facilitent singulièrement les recherches. Carpentier y a aussi inséré un *errata* pour le Glossaire en 6 volumes, dont il avait composé, dit Chaudon, huit lettres en entier. On trouve à la fin des quatre volumes onze gravures relatives à la dissertation de Ducange sur les médailles des empereurs de Constantinople ; ces gravures sont intitulées : *Tabellæ aliquot græcanicæ ad dissertationis de imperatorum Constantinopolitanorum nummis atque adeo totius historiæ Byzantinæ illustrationem.* Après Ducange et Carpentier, nous citerons Henri Spelman, savant anglais, qui publia à Londres, en 1626, *Glossarium archœologicum*, in-folio, ouvrage profond dans lequel il débrouilla les antiquités saxones, et expliqua les termes barbares et étrangers, les vieux mots remis en usage, et les nouveaux inventés depuis la décadence de l'empire romain. Lacurne de Sainte Palaye s'était occupé de la composition d'un *Glossaire français universel*; malheureusement cet ouvrage n'a pas vu le jour; je dis malheureusement, car personne n'était peut-être plus en état de mieux faire dans cette partie. Le projet de ce glossaire a été publié en 1756, in-4. L'ouvrage devait avoir quatre à cinq volumes in folio. Je crois que l'impression en a été commencée au Louvre. Lacurne de Sainte-Palaye a laissé en manuscrit : *Histoire des variations successives de la langue française*. Lacombe a donné en 1766 et 1767 un *Dictionnaire du vieux langage français*, etc., 2 volumes in-8. Cet ouvrage est assez estimé. A la tête du second volume est un coup-d'œil sur les progrès de la langue et de la poésie française, avec quelques fragmens des troubadours et de nos plus anciens poëtes depuis Charlemagne jusqu'à François Ier. On trouve différens glossaires français dans la *Coutume de Beauvoisis de Beaumanoir*; dans l'*Histoire de saint Louis, par Joinville*, soit l'édition de Ducange, 1668, soit celle du Louvre de 1761 ; dans l'Histoire de Bretagne, de D. Lobineau, tome II, à la fin, et dans les Preuves de dom Maurice, tome III, à la fin; dans l'*Histoire de Paris*, de Félibien, tome III; dans le *Traité de la noblesse*, etc., de la Roque; dans le *Recueil des chansons du roi de Navarre*; dans les *Œuvres de Pasquier*; dans les *Mélanges de Saint-Julien Balenre*; dans un ouvrage de M. Oberlin, intitulé : Essais sur le patois lorrain, 1775, in-12, etc. etc., et enfin dans le *Glossaire de la Monnoie* pour l'intelligence des mots bourguignons et autres qu'il a employés dans ses *Noëls*. Ce glossaire est un ouvrage d'érudition et de recherches intéressantes sur la langue française. Voici comment la Monnoie, à la fin du glossaire en question, donne l'explication de ce mot. « Il vient de *glossa*, qui en grec ordinairement signifie *langue*, et qui depuis a signifié non-seulement toute locution obscure, étrangère, inusitée, mais, ce qui est assez singulier, l'interprétation même de ces sortes de locutions ; d'où il résulte que par glossaire on doit entendre un recueil de termes difficiles, barbares, hors d'usage, accompagnés de l'explication dont ils ont besoin, laquelle delà est appelée *glose* ». Telle est à peu près la définition que nous avons donnée en tête de cet article.

GLOSSOGRAPHE. Ecrivain qui s'applique à l'étude des langues. Les principaux glossographes sont Borrichius, Duret, Henselius, Postel, Chamberlayne, Buttner, Hickes, Schœvius, Bibliander, Gesner, Guichard, Debrosses, Court-de-Gebelin, Lebrigant, Latour-d'Auvergne, Laurent Hervas, etc. etc. *a*, 281, 366. *b'*, 380.

GLOSSOMÈTRE. Tablature propre à comparer les langues, imaginée par Debrosses. *a*, 281.

GLUTINATORES. Ceux qui collaient ensemble les feuilles de parchemin pour en faire des rouleaux. *b*, 33.

GLYPTOGRAPHES. Ecrivains qui se sont appliqués à l'étude des pierres gravées. *a*, 288.

GLYPTOGRAPHIE. Science des pierres gravées. *a*, 283.

GOFFES (lettres). *a*, 368.

GOUJET. *a*, 289. Nous ajouterons à l'article de ce savant bibliographe, que M. Barbier, bibliothécaire du conseil d'état, vient de publier une notice infiniment curieuse sur un manuscrit en 6 volumes in-folio, dont il a fait acquisition à la vente des livres de M. Béthune-Charost. Ce manuscrit a pour titre : *Catalogue raisonné des livres de la bibliothèque de l'abbé Goujet, chanoine de Saint-Jacques de l'hôpital, associé des académies de Marseille,* d'*Angers*, de *Rouen*, et l'un des honoraires de la société des sciences, arts et belles-lettres de la société d'*Auxerre*. Ce catalogue a été commencé par l'abbé Goujet en 1750, et a été terminé vers le mois de décembre 1759 ; mais il a été perfectionné depuis 1759 jusqu'en 1767, époque de la mort de l'auteur. Outre la description des titres de 10,000 volumes que possédait ce profond bibliographe, outre des notes raisonnées sur chaque ouvrage, on trouve encore classés méthodiquement, dans ce catalogue, tous les ouvrages, dissertations ou mémoires insérés dans le précieux Recueil des mémoires de l'académie des inscriptions et belles-lettres, dans les collections des Martenne, des Durand, des d'Achery, etc., enfin dans tous les journaux littéraires qui parurent pendant un siècle. Ce catalogue est infiniment précieux ; l'abbé Goujet y a suivi le système bibliographique le plus généralement adopté. Ce système est né en France vers le milieu du 17e siècle. Ses principaux auteurs sont les frères Dupuy, les Naudé, les Garnier, etc. (Nous parlons de ce Garnier, *b*, 237.) Il a été perfectionné au commencement et vers le milieu du 18e siècle par les Martin, les Barrois, les Debure libraires, qui joignaient des connaissances littéraires à celle de leur état. Ce système consiste, comme nous l'avons déjà dit plusieurs fois, dans les cinq grandes classes : *théologie*, *belles-lettres*, *jurisprudence*, *sciences et arts*, et *histoire*. L'abbé Goujet a placé les *belles-lettres* avant la *jurisprudence* ; il a fait aussi quelques changemens dans les subdivisions. Nous ne nous étendrons pas davantage sur ce catalogue intéressant ; nous renvoyons à la notice de M. Barbier (elle est insérée dans le n° 18 du tome V de la huitième année, pluviôse an XI, du Magasin encyclopédique) ; elle a été aussi imprimée séparément ; on y trouve beaucoup d'anecdotes littéraires inédites qui sont trop étendues pour que je puisse en enrichir mon ouvrage; mais il faut espérer que M. Barbier, mettant la dernière main à ce riche catalogue, se décidera à le publier : ce sera un vrai service rendu aux bibliographes et aux amateurs de l'histoire littéraire.

GRANDJEAN (Philippe). Célèbre graveur de caractères pour l'imprimerie du Louvre. Il exécuta les nouveaux caractères dont Louis XIV avait ordonné la gravure et la fonte, vers 1693, d'après Jaugeon, Desbillettes et Séb. Truchet, choisis par l'académie des sciences, qui avait été consultée à cet effet. Philippe Grandjean eut la garde de cette fonderie dans les différens endroits qu'elle occupa jusqu'en 1725, époque à laquelle elle fut transportée au Louvre et réunie à l'imprimerie royale. Grandjean exerça depuis 1700 jusqu'en 1725. Il était le père de l'académicien Grandjean de Fouchy, qui est mort en 1788. Alexandre, graveur, succéda à Grandjean, et exerça depuis 1725 jusqu'en 1740.

GRANJON (Robert). Libraire à Paris dans le 16 siècle. Il était aussi habile tailleur de poinçons et fondeur en caractères, particulièrement pour les lettres italiques. Il fit, aux dépens du pape et à ses gages, le voyage de Rome pour dessiner, frapper et fondre des lettres majuscules et capitales de l'alphabet grec. Il exerça depuis 1523 jusqu'en 1573. Il était frère puiné de Jean Granjon, aussi graveur et fondeur de caractères, qui exerça depuis 1506 jusqu'en 1551.

GRAVEURS, tant en bois qu'en taille douce. *a*, 290. Nous ajouterons, d'après M. Fortia de Pilles, auteur du *Voyage de deux français au nord de l'Europe*, que la plus ancienne gravure de l'école allemande est de Barthelemi Schoen, en 1440. La plus ancienne en manière noire est un œuvre de Von-Sichem, en 1643. La plus ancienne de l'école française est de Léon Daven, en 1540. La plus ancienne de l'école flamande est de Luc de Leyden, en 1509; et enfin la plus ancienne de l'école italienne est de Maso Finiguerra, 1460. M. Fortia cite ces objets comme existant au cabinet de l'Electeur à Dresde. Cette collection est très-belle, et renferme 160,000 estampes. (*Voyage au nord*, etc., tome I, page 67.)

Graveurs en pierres précieuses. *a*, 286.

GRAVURE et fonte de caractères d'imprimerie. *b*, 316. Les principaux graveurs et fondeurs français sont: Josse Bade, Pierre Cot, Simon Decolines, Jacques de Sanlecque, Louis de Sanlecque, François-Ambroise Didot, Pierre-François Didot, Firmin Didot, Henri Didot, Fagnon, Jean-Pierre Fournier, Pierre-Simon Fournier, Jean-François Fournier, Simon-Pierre Fournier, Jean-Louis Gando, Nicolas Gando, François Gando, Pierre-François Gando, Nicolas-Pierre Gando, Claude Garamond, Philippe Grandjean, Robert Granjon, Joseph Gillé, Pierre Hautin, les Guillaume Lebé, Louis Luce, Momoro, Claude-Louis Thiboust, Claude-Charles Thiboust, Denis Thierry, Geoffroi Tory, Vaflard, etc. Nous avons consacré un article à chacun de ces graveurs, qui ont tous travaillé à à Paris. Nous n'avons point oublié les graveurs étrangers qui jouissent d'une réputation justement acquise, tels que les Aldes, les Jenson, les Baskerville, les Breitkopf, les Ibarra, etc. etc.

Gravure sur métal (premier livre où l'on trouve une). *a*, 385. (Voyez au mot Livres d'images.)

Gravure en relief et en creux. *a*, 293.

GRECQUE (langue). *a*, 352. Ses dialectes. *b*, 93. (Voyez Caractère grec.)

GRECS (commencement de l'histoire des). *b*, 57.

GRISES (lettres). *a*, 369.

GRUNINGER. On connaît deux imprimeurs de ce nom

établis à Strasbourg dans le 15ᵉ siècle ; l'un, nommé Jean a imprimé *Martini Poloni sermones*, etc. Argentinæ, 1484, in-folio sans signatures, réclames, ni chiffres ; et *Sermones Socci de sanctis*, in-folio, avec cette souscription : *imp. à sagaci viro Johanne de Gruningen in inclita Argentinensi civitate diligenter anno* 1484. *Ydus mensis aprilis*. Et l'autre, nommé Jean Reinhard de Gruninger, qui a imprimé *Quinti Horatii opera, cum commentariis et annotationibus Jacobi Locher.* Argentinæ, *per Joan. Reinhardum cognomento Gruninger*, 1498, in-folio. *a*, 185.

GUILLARD (Charlotte), veuve de Rembost, exerça l'imprimerie à Paris avec succès depuis 1518, et même avant, jusqu'en 1556. *a*, 301.

GUILLEMET. Terme d'imprimerie. *a*, 301. On remarque déjà des guillemets dans les éditions qui touchent au berceau de l'imprimerie. Les Allemands les figuraient par deux petits traits horisontaux parallèles ; mais Pannartz et Jean de Spire ne se servaient que d'un seul petit trait horisontal. On ne voit point de guillemets dans le *Catholicon* de 1460.

GUIRLANDE DE JULIE. Manuscrit précieux vendu 14510 livres en 1784. *b*, 389.

GUTENBERG (Jean-Henne-Gaensfleisch de Sulgeloch, *dit*). Illustre mayençais reconnu assez généralement pour l'inventeur de l'imprimerie. L'article que nous avons consacré à cet homme de génie, *a*, 301, est fautif soit pour l'ortographe du nom propre, soit pour les détails trop superficiels qui nous avaient été fournis par l'abbé Defontenay. Nous allons rétablir les principaux faits de la vie de Gutenberg d'après les auteurs les plus modernes et les plus instruits. On croit qu'il est né à Mayence vers 1397 ou 1398, et qu'il a quitté cette ville par suite d'une révolution qui y arriva en 1420 environ, un peu après que

Conrad III, nouvellement nommé à l'électorat de Mayence, eut fait son entrée solemnelle dans sa capitale, accompagné de l'empereur Ruprecht. Gutenberg se retira à Strasbourg, où il s'occupa d'abord du *poli des pierres et des glaces*, et *d'autres arts tenant au merveilleux*. Je remarquerai ici que ces occupations ne paraissent guères s'accorder avec la qualité de patricien de Mayence et l'idée d'ancienne noblesse dont on gratifie Gutenberg. Il s'associa dans ses entreprises Jean Riffe, André Heilmann et André Dritzehn ; ce dernier mourut, et son frère Georges Dritzehn intenta un procès à Gutenberg. Les pièces de ce procès, qui eut lieu en 1439, prouvent clairement que Gutenberg s'occupait dès-lors de l'art de l'imprimerie ; qu'il avait une presse montée et des pièces qui servaient à l'impression. Il avait pour atelier la maison de Dritzehn. On pense avec fondement que les essais typographiques de Gutenberg à Strasbourg n'étaient qu'une application de la gravure en bois déjà en usage, et que l'art de l'imprimerie ne fit alors dans cette ville d'autres progrès que ces planches fixes. C'est en 1445 à peu près que Gutenberg quitta Strasbourg pour revenir à Mayence, où il s'occupa beaucoup plus particulièrement de l'imprimerie qu'il ne l'avait fait jusqu'alors. On assure que dès 1443 il avait déjà loué à Mayence la maison dite *Zum jungen*, lieu où depuis il imprima pour la première fois, d'abord, dit-on, avec des planches fixes en bois ; ce qui prouve qu'il n'avait point employé de caractères mobiles à Strasbourg (1). En

---

(1) On est fondé à croire que les essais typographiques de Gutenberg à Strasbourg avaient peu d'importance, puisque Riffe et Heilmann, ses associés, qui ne le suivirent point à Mayence, n'ont point continué ses procédés, et que vingt-cinq ans se sont écoulés depuis l'instant où Gutenberg a cessé de travailler à Strasbourg jusqu'au temps où y a paru Mentel.

1450 Gutenberg s'associa avec Jean Fust. Aux tables fixes succédèrent bientôt des caractères mobiles ; ces caractères furent d'abord en bois, puis en métal. C'est Gutenberg qui imagina l'art de fondre ces derniers par des matrices, et Schoeffer perfectionna cette invention. C'est Schoeffer lui-même qui rend cette justice à Gutenberg dans le témoignage que nous a conservé Trithème, et dans sa souscription de l'édition des *Institutions de Justinien*, de 1468 :

Quos genuit ambos urbs Maguntina JOHANNES
Librorum insignes protho-caragmaticos (1).

Pierre Schoeffer commença à travailler à la presse vers 1453. C'est lui qui composa des caractères beaucoup plus délicats, plus petits, et plus économiques que ceux de Gutenberg. Les premiers petits caractères paraissent dans la *Bulle du pape Nicolas V*, en 1454, puis dans le *Durandi rationale*, en 1459, et dans les deux éditions des *Offices de Ciceron*, en 1465 et 1466 ; dans la souscription de ces deux éditions, Jean Fust dit : *Non atramento. Plumali Canna neque œrea. Sed arte quadam perpulcra. PETRI pueri mei feliciter effeci.* Pierre Schoeffer avait épousé la fille de Jean Fust. Un procès, survenu entre Gutenberg et Fust, en 1455, rompit la société et dépouilla Gutenberg de sa presse. Il en remonta une autre, et continua à imprimer, comme on le voit par un acte passé entre lui, ses frères et sa sœur religieuse de Sainte-Claire, en 1459 ; mais on n'a rien de certain sur les ouvrages sortis de sa seconde presse. L'électeur de Mayence Adolphe II reçut Gutenberg au nombre des gentils-hommes de sa maison en

---

(1) *Caragmatici* ne signifie pas seulement des typographes, mais des graveurs qui préparaient les matrices avec des poinçons quelconques. (Voyez *Vindiciæ typographiæ* de Schoepflin, page 67.)

1465; dès-lors il n'imprima plus : cependant il permit à ses aides d'imprimer, en 1467, le vocabulaire dit *Ex quo*, qui n'est qu'un extrait du *Catholicon* de 1460, dont la seconde édition parut en 1469. Gutenberg mourut avant le 24 février 1468. Il y a apparence que ses aides achetèrent les ustensiles de son imprimerie du docteur Humery qui, ayant contribué aux frais du second atelier de Gutenberg, en hérita de droit. L'Électeur Adolphe lui imposa la condition de ne pas les vendre ailleurs qu'à Mayence, ce qu'il promit, ainsi qu'on peut le voir dans son reçu que Koehler a publié. Quoiqu'on voie employer ces mêmes caractères à Elfeld, cela n'est point en contradiction avec le sens du document : Elfeld était la résidence d'Adolphe, et jouissait conséquemment des mêmes droits que Mayence. Nous terminons ici ces détails rapides sur Gutenberg ; nous les avons puisés dans l'excellent ouvrage de M. Fischer ayant pour titre : *Essai sur les monumens typographiques de Jean Gutenberg, mayençais, inventeur de l'imprimerie*. Mayence, an X, in-4, fig. Nous renvoyons pour les détails chronologiques à l'article OBERLIN, dans lequel nous donnons l'analyse de son *Essai d'annales de la vie de Jean Gutenberg*. Strasbourg, an IX, in-8, fig. Voyez notre article TYPOGRAPHIE. *b*, 307.

GUYARTS-DES-MOULINS, chanoine d'Aire, commence sa traduction de la Bible en 1291, et la termine en 1294. *a*, 356.

H.

HAAVAMAAL, et non HAVATNAAL, poëme du nord. *a*, 304.

HAGIOGRAPHE. Epithète qui signifie sacré. *a*, 12. Ce mot est écrit AGIOGRAPHE dans notre premier volume ;

c'est une faute; son étymologie exige qu'il commence par H.

HARANGUE de l'empereur Claude à Lyon. *b*, 383.

HAUTEUR en papier. Terme d'imprimerie. *a*, 140.

HAUTIN (Pierre). Libraire et graveur en caractères à Paris. Il fit des poinçons, et frappa des matrices pour la langue grecque et pour les petits caractères romains. Il exerçait vers le milieu du 16e siècle. *a*, 469.

HEBDOMADES. Tel est, dit-on, le titre d'un grand ouvrage qui avait été composé par le célèbre Varron, et qui était enrichi de 700 portraits d'hommes illustres, copiés d'après des statues et des bustes antiques. Nous parlons de cet ouvrage, qui n'est point parvenu jusqu'à nous, à cause des gravures qui le décoraient. Pline attribue l'invention de la gravure à Varron, *inventum Varronis*. C'est avec des planches gravées qu'on imprimait le profil et les principaux traits des figures, auxquelles le pinceau ajoutait ensuite les ombres et les couleurs convenables. Une femme nommée Lala, originaire de Cyzique, et établie alors en Italie, excellait dans l'art d'enluminer ces sortes d'estampes. Elle enlumina les 700 figures dont nous venons de parler. C'est la nécessité de répéter exactement, dans différens exemplaires, les mêmes figures qui inspira l'idée de les multiplier sans grandes dépenses, et qui fit naître l'art de la gravure, inconnu jusqu'alors. Comme on avait ajouté au bas de chaque portrait des vers grecs ou latins, on les grava, et on les imprima avec la même planche, de façon que dans ce procédé on retrouve l'origine de l'imprimerie en planches xilographiques. Une découverte de cette importance fut reçue à Rome avec un applaudissement général. Non-seulement on multiplia des objets de pure curiosité, mais on grava des figures nécessaires à l'intelligence des livres scientifiques, comme des plans d'architecture, des cartes géographiques, etc. Agathodemon d'Alexandrie, appellé improprement *mécanicien*, était un graveur qui exécuta, selon la méthode de Varron, les cartes répandues dans tous les exemplaires de la *Géographie* de Ptolomée. On peut conclure d'après ce que nous venons de dire que ce n'est point aux Grecs que l'on doit l'origine de la gravure, mais aux Romains, et particulièrement à Varron. Il parait que cet art s'est entièrement perdu pendant les siècles de barbarie qui composent le moyen âge, et qu'il n'a reparu que vers 1440 ou 60 à peu près.

HÉBREU (alphabet). *a*, 349. (Voyez CARACTÈRE hébraïque.)

HÉBREU rabbinique (caractère). *a*, 350.

HEINEKEN (Charles-Henri de). Savant très-versé dans la science chalcographique. Il est auteur d'un excellent ouvrage intitulé : *Idée générale d'une collection complette d'estampes, avec une dissertation sur l'origine de la gravure et sur les premiers livres d'images*, Leipsick et Vienne, *Jean-Paul Kraus*, 1771, in-8. *a*, 292, et de plusieurs autres productions intéressantes, dont on voit la notice page 388 de notre premier volume. Heineken, dans son *Idée d'une collection d'estampes*, s'étend fort au long sur les premiers livres ; il parle d'abord des *cartes à jouer*, du *Donat* gravé en bois, du *Catholicon*, de la *Bible* et du *Psautier* de Mayence, du *Livre des fables*, ou *Liber similitudinis*, qu'il regarde comme imprimé en lettres de fonte, et des *Légendes*. Ensuite passant aux ouvrages gravés entièrement en bois, il commence par ceux sans texte, et cite la *Bible des pauvres*, l'*Histoire de saint Jean* et de l'*Apocalypse*, les *Images des cantiques*, l'*Histoire de la Vierge*, tirée des évangélistes et des saints pères, démontrée par images. Quant aux livres d'images avec texte, il donne la description des suivans : le *Livre de l'Anthechrist.* — l'*Art d'apprendre par cœur les quatre évangélistes.* — l'*Art de mourir.* — des *Sujets tirés de l'écriture sainte.* — le *Speculum humanæ salvationis* — et *la Chiromancie du docteur Hartlieb.* Heineken donne des notices et des calques très-curieux de ces différens objets. Comme il a beaucoup voyagé, et qu'il les a tous vus, il les décrit avec beaucoup de vérité et de sagacité. Ses conjectures sont d'un grand poids auprès des bibliographes. Nous regrettons que les bornes de notre ouvrage ne nous permettent pas de donner une analyse détaillée de ce bon livre.

Nous en parlons encore à l'article IMPRIMERIE (auteurs qui ont écrit sur l'origine de l').

HELLENISME. *a*, 304.

HELLENISTIQUE. *a*, 304.

HENRI de Harlem, imprimeur à Bologne en 1482, à Sienne en 1490, et à Lucques en 1491.

HERCULANUM. Ancienne ville d'Italie. Son engloutissement ; ses fouilles. *a*, 414; *b*, 426. On a publié à Naples la collection des antiquités d'Herculanum sous ce titre : *Le Antichita di Ercolano, esposte con qualque spiegazioni.* In Napoli, *regia stamperia*, 1757 et suiv. 9 volumes in-folio, max. Cet ouvrage est un des plus beaux que l'on connaisse sur les antiquités ; il est divisé comme il suit : *peintures*, 5 volumes ; *bronzes*, 2 vol. *candelabres*, 1 volume ; et *catalogue*, 1 volume. Le bel exemplaire de l'abbé Barthelemy, relié en 8 vol. maroquin rouge, a été vendu 626 fr. en 1801. Le citoyen David, graveur, a publié une copie de ces antiquités en 1780 à 1798, 11 vol. in-4.

HÉRISSANT (Louis-Antoine-Prosper). Médecin et

littérateur. C'est à lui que l'on doit un *Poëme sur l'imprimerie*, et non à Jean-Thomas Hérissant, comme nous l'avons avancé, *a*, 305, d'après les *Siècles littéraires*. Le nom de Hérissant est connu avantageusement dans l'imprimerie et dans la librairie. Lottin compte jusqu'à 21 Hérissant, tant hommes que femmes, qui ont exercé ces deux arts à Paris depuis 1654 jusqu'à nos jours.

HÉTÉRONYME. Nom faux, nom supposé. *b*, 136.

HEURES de Charlemagne. Manuscrit. *b*, 393.

HEXAPLES. Bible en six colonnes, par Origène, *a*, 306.

HIEROPHANTE. Prêtre. *b*, 53.

HISTOIRE. Ses divisions. *b*, 209, 236, 241, 252, 262, 272. A cette dernière page, nous avons omis de diviser la chronologie en technique et en raisonnée; et l'histoire universelle en histoire politique, histoire littéraire, histoire religieuse et histoire naturelle. Il faut placer cette division après la ligne : *dictionnaires géographiques*, puis mettre en titre, après le mot *histoire universelle*, ces mots : Histoire politique.

Histoire moyenne. *b*, 262.

HISTOIRE NATURELLE. Ses divisions. *a*, 118. *b*, 239, 274.

Histoire des religions. Ses divisions. *b*, 208, 237, 252, 273.

HISTOIRE des rois de France, manuscrit. *b*, 395.

HISTORIÉES (lettres). *a*, 369.

HISTORIENS grecs. *b*, 93.

Historiens latins. *b*, 104.

HISTORIENS et chroniqueurs de France (continuation des). *a*, 125.

HISTORIENS des livres. *a*, 380.

HOMÉLIES. Exhortations pieuses, conférences, etc. *b*, 390.

I

ICONOGRAPHES. Savans qui ont publié les figures des monumens antiques. *a*, 468.

IMITATION DE JESUS-CHRIST. Ouvrage célèbre qui, après la Bible, est celui qui a été le plus souvent traduit et imprimé. Luther le mettait au-dessus des ouvrages de tous les pères, excepté ceux de saint Augustin. Fontenelle disait que ce livre admirable, traduit dans les langues des peuples même les plus barbares, est le plus beau qui soit sorti de la main d'un homme, puisque l'Evangile n'en vient pas. Un roi de Maroc l'avait, dit-on, dans sa bibliothèque et se plaisait beaucoup à le lire. On ne peut s'empêcher d'avouer que cet ouvrage, malgré la négligence du style, touche beaucoup plus que les réflexions pétillantes de Sénèque et les froides consolations de Boëce. Il charme à la fois le chrétien et le philosophe; ce qu'il y a de particulier, c'est que ce livre, qui ne prêche que la douceur, la concorde, a été un sujet de forte querelle entre les bénédictins de Saint-Maur et les chanoines réguliers de Sainte-Geneviève, pour savoir qui en était véritablement l'auteur. Les bénédictins l'attribuèrent à Jean Gersen, religieux de leur ordre, qui vivait dans le 13ᵉ siècle. Les chanoines réguliers en regardèrent comme auteur Thomas A-Kempis (1). De ces prétentions réciproques résulta un procès scandaleux et beaucoup de *factums* ridicules.

---

(1) Ce mot A-Kempis n'est qu'un surnom tiré de Kempen, village du diocèse de Cologne, où naquit en 1380 Thomas Amerken, chanoine régulier. Il est mort en 1471. Le seul nom d'A-Kempis lui est resté.

L'affaire fut terminée le 12 février 1652; on ordonna que les paroles injurieuses, respectivement employées dans les *factums*, seraient supprimées, et qu'on ne laisserait plus imprimer le livre de l'*Imitation de Jesus-Christ* sous le nom de Jean Gersen, abbé de Verceil, mais sous celui de Thomas A-Kempis. Gabriel Naudé, dom Tarisse, le père Fronteau, Jean-Robert de Quatremaire et Valgrave ont joué un grand rôle dans ce procès. L'abbé Vallart, dans une jolie édition de l'*Imitation de Jesus-Christ*, chez Barbou, 1758 ou 1773, in-12, a cherché à prouver que ce livre est plus ancien que Thomas A-Kempis, et que Jean Gersen doit en être l'auteur. Il a été réfuté par l'abbé Desbillons dans une dissertation dont ce dernier a enrichi son édition de l'*Imitation de Jesus-Christ*; Manheim, 1780, in-8. On est fâché que Desbillons ait négligé de diviser les chapitres par versets. En général on est maintenant assez d'accord que Thomas A-Kempis est le véritable auteur de ce livre. La plus belle édition, ou pour mieux dire la plus recherchée, est celle des Elzeviers, Leyde, in-12, sans date, avec deux figures au frontispice et la tête de Bufle à la page 212. Parmi les versions françaises on distingue la traduction de Debeuil (Sacy), 1663, in-8, avec figures. L'édition latine du Louvre, de 1649, in-fol. en gros caractères, est fort estimée, mais elle est peu commode à cause du format. (Consultez sur cet ouvrage le *Dictionnaire historique*, aux mots G. NAUDÉ, GERSEN, A-KEMPIS, QUATREMAIRE, et surtout la relation curieuse de la contestation entre les bénédictins et les génovéfains, que dom Vincent Thuillier a donnée à la tête du tome Ier des *œuvres posthumes* des pères Mabillon et Ruinart. (Voyez encore les éditions de Vallart et de Desbillons dont nous avons parlé.)

IMPOSITION. Terme d'imprimerie. *b*, 320.

IMPOSTORIBUS (LIBER *de tribus*). A qui attribué. *a*, 333.

IMPRESSION. *a*, 310. *b*, 319.

IMPRESSION (différence de l') à l'écriture, pour multiplier promptement les copies. *b*, 324, *en note*.

IMPRIMERIE (petite notice historique sur l'origine de l'). *b*, 306, et suiv. Son établissement dans différentes villes, à dater de 1460 à 62. *b*, 313. (Voyez OBERLIN, GUTENBERG, et dans ce troisième volume au mot TYPOGRAPHIE.

IMPRIMERIE (auteurs qui ont écrit sur l'origine de l'). Commençons par les auteurs les plus voisins de cette découverte.

Paul de Prague. Cet écrivain, dans un manuscrit latin de sa composition, daté de 1459, et conservé dans la bibliothèque de Cracovie, représente l'imprimerie comme établie à Bamberg avant cette époque. (Voyez *Polnische biblioteck; Warschau*, 9e cachier, 1788, page 61; *Notice d'un livre imprimé à Bamberg*, par le citoyen Camus, page 33. — *Monumens typographiques de Gutenberg*, par le citoyen Fischer, pag. 65. — *Analyse des opinions diverses sur l'origine de l'imprimerie*, par le citoyen Daunou, page 36, etc. etc.)

François Philelphe. Ce savant, ainsi que *Jean André*, évêque d'Aleric, attribue à l'Allemagne la gloire de l'invention de l'imprimerie, sans désigner plus particulièrement l'époque, le lieu, l'inventeur.

Pierre Schoeffer. Il a placé à la suite de la souscription de la première édition des *Institutes de Justinien*, 1468, vingt-quatre mauvais vers qui indiquent que Mayence est le berceau de l'imprimerie, et que Gutenberg, Faust et Schoeffer lui-même en sont les inventeurs.

Philippe de Lignamine, imprimeur à Rome, ou *Ricobalde*

de Ferrare. On attribue à ces deux auteurs une chronique imprimée chez le premier, dans laquelle on lit qu'en 1458, Jacques, surnommé Cutembero, natif de Strasbourg, et un autre nommé Fustus, imprimaient à Mayence avec des formes de métal, *cum metallicis formis*, et que le même procédé était pratiqué à Strasbourg par Mentellin. Pierre Schoeffer n'y est point mentionné.

Mathias Palmer de Pise. La Chronique d'Eusèbe avait été continuée jusqu'en 1449 par *Mathieu Palmer* de Florence ; Mathias Palmer, de Pise, l'a continuée depuis 1449 jusqu'en 1481. Ce dernier, qui mourut en 1483, dit que Jean Gutenberg Zum Jungen inventa l'imprimerie en 1440. Les mots *Maguntiæ Rheni* se trouvent placés dans le texte de telle manière qu'ils peuvent signifier ou que Gutenberg était de Mayence, ou qu'il y inventa son art.

Henri Wircsburg. Ce chroniqueur, continuateur du *Fasciculus temporum* de Werner Rolevinck, dit que l'imprimerie fut inventée à Mayence, mais il ne dit pas par qui.

Guillaume Caxton. Ce traducteur en anglais, et continuateur du *Polychronicon* de Ranulphe Higden (Londres, 1642, in-folio), parle de la découverte de l'imprimerie, mais ne dit rien de plus positif que l'auteur précédent.

Jacques de Bergame. Cet auteur du *Supplementum chronicarum*, publié en 1483, désigne trois inventeurs de l'imprimerie concurremment, sans rien décider entre eux, Gutthimberg de Strasbourg, Faust et Nicolas Jenson.

Donat Bossius. Cet auteur d'une *Chronique* (Milan, Zarot, 1497, in-folio.), n'attribue l'invention de l'imprimerie qu'à Gutenberg, en 1457.

Ma. Ant. Cocceius Sabellicus. Cet historien (dans son *Historia universalis, sive Enneades*, etc. Venise, 1498, in-folio, *lib.* VI, *enn.* X.) ne nomme que Gutenberg, chevalier de Mayence, comme inventeur de l'imprimerie ;

mais il ajoute qu'il croit que l'imprimerie existait déjà depuis seize ans, lorsqu'au commencement du pontificat de Pie II elle s'introduisit en Italie, c'est-à-dire, qu'elle aurait été inventée en 1442 et introduite en Italie en 1458.

Baptiste Fulgose. Il ne nomme dans ses *Dits et faits mémorables*, liv. VIII, que Gutenberg.

Pierre Mexia. Cet auteur (dans ses *Diverses leçons*; Séville, 1542, livre III; et en français, Paris, 1572.) regarde Mayence comme le berceau de l'imprimerie, et Jean Gutenberg, allemand, comme son inventeur. Il s'accorde pour les dates avec Sabellicus; cependant celle de 1458 paraît trop ancienne.

Venegas de Busto. Il a publié un ouvrage: *Differentia de libris*, Tolède, 1546, in-4, dans lequel il regarde aussi Mayence comme la première ville où l'on a imprimé, et Gutenberg comme premier imprimeur; mais il reporte l'invention à 1440, et son introduction chez les Italiens à 1459.

Polydore Virgile. Dans la première édition de son *De rerum inventoribus*, donnée en 1499, on lit qu'un allemand, nommé Pierre, inventa l'imprimerie à Mayence en 1442, et que seize ans après, savoir en 1458, un autre allemand, nommé Conrad, l'apporta en Italie; mais ce passage est changé dans l'édition de 1517, où au lieu de Pierre (prénom de Schoeffer), on trouve Jean Gutenberg.

Chronique de Cologne, écrite en allemand, et publiée en 1499. L'auteur dit avoir appris d'Ulric Zell, premier imprimeur de Cologne, que l'art typographique fut inventé à Mayence vers 1440; qu'il se perfectionna pendant les dix années suivantes; qu'en 1450 on commença d'imprimer, et que le premier livre qui sortit de la presse fut une *Bible latine* d'un caractère semblable à celui dont on se sert pour les *Missels*; qu'à la vérité on avait auparavant imprimé des *Donats* en Hollande ; mais que des productions si grossières étaient les avant-coureurs plutôt que les premiers essais d'un si bel art. L'auteur semble faire de ce qui s'était pratiqué en Hollande et de ce qui s'exécuta à Mayence, deux inventions différentes, qu'il ne distingue pas néanmoins par les procédés propres à chacune. Il dit seulement que la seconde fut très-supérieure à la première, infiniment plus ingénieuse ; il observe qu'on a voulu mal à-propos désigner un français nommé Nicolas Jenson, comme l'inventeur de l'imprimerie. Ce fut, dit-il, un citoyen de Mayence, né à Strasbourg, nommé Jean Gudenburch. Il ajoute que de Mayence cet art fut porté d'abord à Cologne, puis à Strasbourg, ensuite à Venise. Ce passage de la *Chronique de Cologne* jette un grand jour sur l'origine de l'imprimerie. Passons à celui des *Annales d'Hirsauge*, qui n'est pas moins intéressant.

Jean Trithême. Ce savant, qui naquit en 1462 et mourut en 1516, parle de l'imprimerie en divers endroits de ses ouvrages ; mais le passage le plus important et le plus détaillé est celui qu'on lit page 421 du tome II de ses *Annal. monasterii Hirsaug.; ad ann.* 1514. *Typis monast. S. Galli*, 1690, 2 volumes in-folio. Il y dit qu'en 1440 l'imprimerie fut inventée non en Italie, mais à Mayence par Jean Gutenberg qui, ruiné par cette entreprise, s'aida, pour la continuer, des conseils et de la fortune de Jean Fust, citoyen, comme lui, de Mayence. Ils se servirent d'abord de caractères formés sur des tables de bois, et imprimèrent ainsi le *Catholicon*. Mais ces caractères étant sculptés et inamovibles, on ne pouvait plus s'en servir pour aucune autre impression. Ils imaginèrent donc des types métalliques fondus dans des matrices. Cependant les difficultés étaient encore extrêmes. Ayant entrepris une *Bible*, ils en avaient à peine achevé le troisième cahier (*tertium quaternionem*, la quarante-huitième page) qu'ils étaient déjà en avance de 4000 florins. Heureusement Pierre Opilio (*Berger*, en allemand *Schoeffer*), domestique, puis gendre de Jean Fust, trouva un moyen plus facile de fondre les caractères. Il acheva l'art. Trithême, qui déclare avoir appris tout ce détail de Pierre Opilio lui-même, ajoute que les trois associés demeuraient à Mayence, dans une maison dite *Zum jungen*, et depuis nommée *Maison de l'imprimerie;* qu'ils y tinrent leur art fort caché durant quelque temps, mais que leurs ouvriers le répandirent à Strasbourg et chez toutes les nations. Pierre Opilio eut de Fusthine, fille de Fust, un fils nommé Jean Schoeffer qui exerça aussi l'imprimerie, et qui, dans les souscriptions de plusieurs des éditions qu'il a publiées, désigne comme inventeurs de cet art son ayeul et son père, sans faire aucune mention de Gutenberg.

Jean Turcmaier, dit *Aventin*, du nom d'Abensberga, ville de Bavière où il naquit en 1474. Cet auteur (dans ses *Annales Boïci*, Ingolstadii, 1554, réimprimées à Bâle en 1580, en 1615, en 1627, et à Leipsick en 1710, in-fol.), après avoir fait à Faust et à Pierre Schoeffer tout l'honneur de l'invention de l'imprimerie, nomme Jean Gutenberg, mais c'est pour en faire un ouvrier des deux autres, et pour l'indiquer même comme celui par lequel leur secret fut divulgué d'Allemagne.

Gassari, dans les *Annales Augsburg.*, page 1660 du tome I des *Scriptor. rer. Germanic.*, edit. à *S. B. Menckenio* 1728 et 1730, 3 volumes in-folio. Cet auteur fait à peu près le même récit que Jean Aventin.

D. Erasme. Il ne nomme que Jean Faust comme créateur de la typographie dans la préface du *Tite-Live*, Mayence, 1519.

Wimpheling écrivait en 1502 que Jean Gutenberg, né à Strasbourg, après avoir inventé, en 1440, l'art d'imprimer, était allé le perfectionner à Mayence, laissant à Strasbourg Jean Mentel occupé des mêmes travaux.

Spiegel, né en 1483, écrivant vers 1520, et *Jérôme Gebwiler*, vivant à peu près dans le même temps, regardent Jean Mentél, Mantel ou Mentellin, comme le premier inventeur de l'imprimerie ; mais leurs livres sont imprimés à Strasbourg, chez Jean Schott, petit-fils de Mentellin ; d'ailleurs ils varient sur l'époque des premiers essais de Mentel, c'est tantôt 1440, tantôt 1442, 1444, etc.

Deux chroniques manuscrites de Strasbourg. L'auteur de l'une est Speckle, architecte ; l'autre auteur est inconnu. Schilter a publié des extraits de ces deux chroniques. On y voit que Jean Mentellin est regardé comme inventeur de l'imprimerie ; il eut pour gendre Pierre Schoeffer, et pour domestique Jean Genssfleich, qui, disent ces chroniques, lui vola son secret et alla le mettre en œuvre à Mayence, en s'associant un homme riche nommé Gutenberg. Elles ajoutent que Mentellin en mourut de chagrin, et que Dieu punit Genssfleich en le privant de la vue.

Sébastien Munster. Il n'a parlé que de Gutenberg dans l'édition originale de sa *Cosmographie universelle* ; Bâle, Henri-Pierre, 1554, in-folio ; mais dans les éditions postérieures on a adjoint à Gutenberg deux autres mayençais, Jean Faust et Jean Medimbach.

Jean Arnold de Bergel. Ce correcteur d'épreuves a composé 454 vers sur l'imprimerie, sous le titre d'*Encomion Chalcographiæ*, Mayence, Behem, 1541, in-4. Il fixe l'origine de l'imprimerie à l'an 1450 ; il en dit Gutenberg l'inventeur, d'abord à Strasbourg, puis à Mayence, et lui donne pour aides Faust et Pierre Schoeffer, qui le premier y fabriqua des matrices et fondit des lettres. L'*encomion chalcographiæ* est réimprimé en entier dans l'*Histoire de l'imprimerie* de Prosper Marchand, p. 21-33.

Marie-Ange Accurse. Il a écrit sur un *Donat* quelques lignes que Roccha a conservées dans son *Appendix ad biblioth. Vatic.* Rome, 1591, in-4. Ces lignes portent que ce *Donat* a été imprimé en 1450, avec les *Confessionalia*; que ce même *Abrégé de grammaire* avait été auparavant imprimé en Hollande, au moyen de planches de bois ; que les caractères métalliques ont été imaginés par Jean Faust et perfectionnés par *son fils* Pierre Schoeffer.

Serrarius cite, dans le *lib.* 1, *cap.* 38, *Rerum Moguntiac*, 1722, 2 volumes in-folio, un ouvrage manuscrit et inédit où il est dit que Jean Gutenberg, mayençais, invente l'imprimerie à Mayence, dans la maison de Zum Jungen. Les difficultés de son entreprise l'obligent à prendre deux associés qui sont Jean Faust et Jean Medinback. Bientôt après, Pierre Opilio ou Schoeffer, *gendre de Gutenberg*, perfectionna ce nouvel art.

Atkyns, anglais, a publié, dans son *The original and Growth of printing*, London, 1664, in-4, un fragment d'un manuscrit anglais qui déclare expressément la Hollande le berceau de la typographie.

Thomas Bourchier, archevêque de Cantorbery, détermina Henri VI à introduire l'imprimerie en Angleterre. On séduisit à grand prix un ouvrier de la ville de Harlem, où *Jean Gutenberg venait d'introduire l'imprimerie*. Ceux qui le séduisirent étaient Robert Turnour et Caxton. L'ouvrier se nommait Corsel ou Corsellis, et vint fonder une imprimerie à Oxford (1).

Adrien Junius, dans son *Batavia*, Leyde, 1588, in-4, page 253, plaide vivement la cause de Harlem contre Mayence. Il tient de plusieurs vieillards que Laurent Jean,

---

(1) On rapporte que lorsque l'imprimerie fut introduite en Angleterre, Rowland Philippe, vicaire anglais, prêchant à saint-Paul de Londres, prédit que la nouvelle découverte amenerait dans ce pays la ruine de la religion catholique romaine. Il faut, dit-il, que nous renversions l'imprimerie ou elle nous renversera.

surnommé *Ædituus* ou *Custos*, habitant de Harlem, s'avisa, en se promenant dans une forêt voisine, de tailler des écorces de hêtre en forme de lettres, et de s'en servir pour imprimer un ou deux versets. Cette première tentative ayant réussi, Laurent, aidé de son gendre Thomas Pierre, composa une encre glutineuse et tenace avec laquelle il imprima le *Speculum nostræ salutis*. Bientôt après il employa au lieu de hêtre, du plomb, puis de l'étain, si bien qu'on voit encore quelques-uns de ces types métalliques dans la maison que l'inventeur habitait sur la place de Harlem, vis-à-vis du palais. Laurent eut un ouvrier infidèle nommé Jean, soit Jean Faust, soit un autre Jean, dit Junius, qui, pendant la nuit de Noël, déroba tous les caractères, tous les instrumens typographiques, avec lesquels il s'enfuit prestement à Amsterdam, puis à Cologne, enfin à Mayence. C'est dans cette dernière ville qu'en 1442 ces caractères servirent à imprimer la *Grammaire d'Alexandre* et les *Traités* de Pierre d'Espagne. Or les vieillards qui ont raconté ces faits à Junius les tenaient d'un relieur nommé Corneille, témoin oculaire, qui avait été au service de Laurent, et qui fondait en larmes toutes les fois qu'il les racontait, surtout lorsqu'il en était à l'article du vol nocturne.

Mathieu Judex a publié à Copenhague, en 1566, un ouvrage sous le titre *De typographicæ inventione et de prælorum legitimâ inspectione*, dans lequel il désigne vaguement comme inventeurs d'abord Jean Faust, orfévre de Mayence, puis ses associés Schoeffer et Gutenberg.

Christ. Besolde a, dans son *Pentas dissertationum philologicarum*, etc. Tubingen, 1620, in-4, une dissertation sur l'origine de l'imprimerie. Il ne croit point que les européens soient redevables de cet art aux Chinois, qui ne pratiquaient que l'imprimerie tabellaire. Il ne décide point entre Strasbourg, Mayence et Harlem.

André Rivin, dans son *Hecatomba laudum et gratiarum ob inventam in germaniâ ab hinc annis* CC, *calcographiam...... immolata, cùm in carminibus...... tùm declamatiunculâ solemni....* Lipsiæ, 1640, regarde Mayence comme le berceau de l'imprimerie, Jean Faust comme son inventeur, et Schoeffer et Gutenberg comme ses associés.

Catherinot, dans un *Opuscule sur l'art de l'imprimerie*, Bourges, 1685, in-4, nomme comme inventeurs Gutenberg et Schoeffer, à Mayence, vers 1455, etc.

Casimir Oudin, dans le tome III de ses *Comm. de script. ecclesiasti.* Lipsiæ, 1722, in-folio, combat les prétentions d'Harlem, n'accorde à Coster que des productions xylographiques, affirme l'imprimerie inventée à Mayence par Gutenberg, aidé de Meydenbach, et cite le *Psautier* de 1457, le *Durand* de 1459, etc.

Pierre Scriverius, né à Harlem à la fin du 16e siècle, a plaidé la cause de cette ville dans son *Laurecrans voor Coster van Harlem*, etc. Harlem, 1628, in-4, traduit par Georges Quapner, sous le titre de *P. Scriverii Laurea Laurentii Costeri Harlemensis primi typogr. inventoris*, etc. Mayence, selon lui, a commencé à imprimer en 1450, mais Harlem dès 1430 avait des livres avec figures, imprimés par Coster. Il croit le *Speculum salutis* imprimé avec des caractères de fonte.

Marcus Zuerius Boxhorn, dans sa *Dissertatio de typographicæ artis inventione*, Leyde, 1640, in-4, ne fait guère que citer et commenter deux inscriptions qui se lisent l'une sur la maison et l'autre sous la statue de L. Coster.

Bagford, anglais, est, ainsi que Ellis son compatriote, partisan de la ville de Harlem. Bagford expose le plan d'un ouvrage sur l'invention de l'imprimerie dans la seconde partie du tome V des *Philosophical transactions*, etc., de 1700 à 1720, Londres, 1721, in-4, p. 11-26.

Gérard Meerman. C'est lui qui a défendu la cause de Coster et de Harlem avec le plus de soin et d'érudition dans ses *Origines typographicæ*, *Hagæ-comitum*, 1765, 2 volumes in-4.

Adam Schrag, en 1640, a cherché à prouver, dans un ouvrage allemand traduit en latin par Sucksdorf, sous ce titre : *Historia typographiæ Argentorati inventæ* (Voyez Volf. *Mon. typ.* tome II, pag. 1-67), à prouver, dis-je, d'après les témoignages de Daniel Speckle, de Gebwiler et de Spiegel, que Mentellin ou Mentel est l'inventeur de l'imprimerie à Strasbourg. Cet art n'a été pratiqué en Italie et en France qu'après l'avoir été à Mayence, et il n'a été introduit à Mayence que par un ouvrier de Mentellin.

Jean-Henri Boeckler et J. Schmid. Ils ont répété les assertions de Schrag dans des harangues ou sermons que l'on trouve dans les *Mon. typ.* de Volf., tome II, pag. 58 à 188.

Jacques Mentel, descendant de Mentellin, en plaidant avec chaleur la cause de son parent dans son *De verâ typographiæ origine parænesis*, Parisiis, Ballard, 1650, in-4, n'ajoute presque rien à l'opinion de Schrag.

Jean Stohr, dans une thèse soutenue en 1666 (Voyez Volf., tome II, pages 456-94), avoue que Gutenberg fut le maître et le propriétaire de la première imprimerie, mais il prétend que Mentel fut le premier typographe, et il distingue de Gutenberg l'ouvrier Genssfleich qui, après avoir volé Mentellin, alla s'établir à Mayence vers 1450.

Dan.-Guill. Moller a publié une dissertation ridicule connue sous ce titre : *Dissertatio de typographiâ*, Altorf, 1692, in-4, réimprimée à Nuremberg en 1727, in-4.

Schroedter a soutenu en 1697, sur l'origine de l'imprimerie, une thèse aussi ridicule que la dissertation de Moller. (Voyez Volf. tome II, pag. 614-32.)

Normann, professeur à Upsal, pense, dans sa *Dissertatio*

academica de renascentis litteraturæ ministrâ typographiâ, 1689 (Voyez Volf. tome II, pag. 550-94), pense, dis-je, que Gutenberg a publié ses plus anciennes éditions à Strasbourg.

Guill.-Ern. Tentzel développa le système désigné par Normann dans sa *Dissertatio de inventione artis typographiæ in Germaniâ*, traduit en latin par Klefeker (Voyez Volf. tome II, pag. 645-700). Il pense que Gutenberg créa l'art à Strasbourg en 1440, et l'alla perfectionner à Mayence vers 1450.

Paulus Pater adopta la plupart de ces idées dans sa dissertation très-prolixe intitulée : *De Germaniæ miraculo, optimo, maximo, typis litterarum, earumque differentiis, dissertatio, quâ simul artis typographicæ universam rationem explicat. P. Pater.* Lipsiæ, *Gleditsh*, 1710, in 4. Mais il dit que Gutenberg, né à Strasbourg, employa sa fortune à des entreprises typographiques par les conseils du mathématicien Muller (*Regiomontanus*), et qu'il eut à Mayence, pour associé, Jean Faust, auquel Pater et Tentzel donnent le surnom de Genssfleich.

Jean Daniel Schoepflin a publié en 1741, dans les *Mémoires de l'académie des inscriptions*, in-4, t. XVII, pag. 762-86, une dissertation dans laquelle il divise l'histoire de l'origine de l'imprimerie en deux époques: l'une depuis 1440 jusqu'en 1450, et l'autre depuis 1450 jusqu'en 1460. Dans la première époque Gutenberg est à Strasbourg ; dans la seconde, il travaille à Mayence avec Faust et Schoeffer. Schoepflin rectifia tout ce qui se trouvait d'erreurs dans cette dissertation, lorsqu'après avoir découvert les pièces du procès de Gutenberg à Strasbourg, en 1439, il publia son *Vindiciæ, typographicæ Argentorati*, Baver, 1760, in-4; qui n'est pas non plus exempt d'erreurs, car il y dit qu'en 1445, après la rupture de la société de Faust et de Gutenberg, ce dernier se retira à Harlem, où il demeura dix ans.

Jacques-Jérémie Oberlin. Ce savant professeur, dans son excellent précis intitulé : *Exercice public de bibliographie, ou essai d'annales de la vie de Gutenberg*, croit que ce typographe a publié à Strasbourg quelques éditions exécutées soit avec des caractères mobiles de bois, soit avec des caractères de fonte, soit peut-être même avec les mêmes caractères que Meerman appelle *sculpto-fusi*; mais il ne désigne point ces éditions.

Henri Salmuth, dans son *Commentaire du titre III du livre de Pancirole, de rebus memoralibus*, éditions de 1600, 1606, 1612, in-8, déclare Jean Faust le véritable inventeur de l'imprimerie; il imprima un *abécédaire* ou *Donat* en colonnes ou planches de bois vers 1440; ensuite il employa des caractères mobiles jusqu'à ce que l'un de ses ouvriers, P. Schoeffer, lui en fondit de métalliques. Gutenberg n'était qu'un homme opulent et avide, qui, dans l'espoir d'un gain considérable, associa une partie de ses fonds à l'industrie de Faust, et manqua bientôt à ses engagemens, ce qui occasionna en 1455 un procès entre eux, et la rupture de la société.

Gabriel Naudé, dans le chapitre 7 de l'*Addition à l'histoire de Louis XI*, Paris, Targa, 1630, in-8, rapporte à Gutenberg *de la ville de Strasbourg* cette merveilleuse invention; il quitta cette ville pour aller à Mayence, où il s'associa avec le libraire Jean Faust ou Fust, lequel, assisté de son parent Pierre Opilio ou Schoeffer de Gernshein, qui trouva le premier les poinçons et matrices, mit enfin cet art en pratique.

Bernard Mallinckrot, dans son ouvrage intitulé : *De ortu ac progressu artis typographicæ dissertatio historica*. Colon. Agripp. *Kinchius*, 1640, in-4, regarde la ville de Mayence comme le berceau de l'imprimerie, mais il ne décide rien entre Gutenberg *strasbourgeois*, Faust et Schoeffer, qu'il regarde tous trois comme inventeurs.

Jean de la Caille, dans son *Histoire de l'imprimerie et de la librairie*, Paris, 1689, in-4, embrassa l'opinion de Naudé, et regarda Gutenberg comme l'inventeur de l'imprimerie.

André Chevillier partagea l'opinion de Naudé et la fortifia du témoignage nouvellement connu de Trithéme, dans son *Origine de l'imprimerie de Paris. Dissertation historique et critique*, Paris, Delaulne, 1694, in-4. Il regarde une *Bible latine*, sans date, qu'il croit publiée vers 1450, comme le premier livre imprimé.

Michel Maittaire, dans ses *Annales typographicæ*, Hag. Com. 1719, in-4, tome I, met sur la même ligne Faust, Gutenberg et Schoeffer. Leur société ayant été rompue en 1455, Gutenberg se retira d'abord à Strasbourg, puis à Harlem, où il eut pour ouvrier Corsellis qui fut attiré à Oxford en 1459.

Samuel Palmer, dans son *History of printing*, 1732, in-4, est de l'opinion de Salmuth sur le compte de Gutenberg, et regarde Faust et Schoeffer comme les deux seuls inventeurs. Il fixe l'origine de l'imprimerie à l'an 1440, et celle des caractères de fonte entre 1440 et 1450.

Jo. Christianus Wolfius, dans ses *Monumenta typographica, quæ artis hujus originem, laudem et abusum posteris produnt*, Hambourg, 1740, 2 volumes in-8, a recueilli une grande partie des écrits publiés jusqu'alors sur l'origine de l'imprimerie.

Prosper Marchand, dans son *Histoire de l'origine et des progrès de l'imprimerie*, la Haye, 1740, in-4, regarde Gutenberg comme imaginant l'art typographique vers 1440, à Strasbourg, et le perfectionnant à Mayence. Cet art ne consista long-temps qu'à graver des lettres à rebours et en relief sur des planches en bois. C'est de cette manière que, peu avant 1450, Gutenberg, aidé de Faust et de Meydinbach, imprima un *Abécédaire*, un *Donat* et un

Catholicon. Marchand ne reconnaît ni caractères mobiles de bois, ni caractères sculptés en métal.

Chr. Gott. Schwarz, dans ses *Primaria quædam documenta de origine typographiæ*, Altorf, 1740, in-4, réimprimés à Nuremberg en 1793, in-4, conclut des pièces du procès entre Gutenberg et Fust, de la lettre de Conrad Humery, de la Chronique de Philippe Lignamine et de celle de Palmer de Pise, que Gutenberg était noble et mayençais ; qu'il imprimait avant 1449, époque de la formation de la société avec Faust, qui n'a contribué aux progrès de l'art typographique que par ses conseils et son argent ; que Schoeffer, clerc du diocèse de Mayence, qui inventa des caractères de fonte, n'est pas le même que Schoeffer de Gernshein, simple ouvrier et laïc, marié à Fusthine ; qu'enfin Gutenberg est mort avant le 25 février 1468, etc.

Pierre-Simon Fournier le jeune a développé un autre système dans les quatre ouvrages suivans : *Dissertation sur l'origine et les progrès de l'art de graver en bois* ; Paris, Barbou, 1758. — *De l'origine et des productions de l'imprimerie primitive en taille de bois* ; Paris, Barbou, 1759. — *Observations sur le* Vindiciæ typographicæ *de Schoepflin* ; Paris, Barbou, 1760. — *Remarques pour servir de suite au Traité sur l'origine de l'imprimerie* ; Paris, 1761, in-8. Nous avons parlé de son système à son article (Voyez FOURNIER, *a*, 268).

Charles-Henri de Heinecken, dans son *Idée générale d'une collection d'estampes*, Leipsick, 1771, in-8, pense que les cartiers, qui sont les premiers qui ont exécuté des sujets historiques entremélés de textes, ont donné l'idée à Gutenberg de tailler des lettres séparément. Il s'occupa sérieusement de cette entreprise à Strasbourg, et s'y ruina ainsi que ses associés sans pouvoir venir à bout d'imprimer une seule feuille nette et lisible. Gutenberg quitta Strasbourg et vint à Mayence où il continua son entreprise avec Jean Faust. Ils commencèrent par un *Donat* ou *Vocabulaire*, ou *Catholicon*, exécuté sans nul doute avec des tables de bois; mais ni les lettres mobiles de bois, ni les caractères mobiles de métal sculptés, façonnés au couteau, amollis au feu ne purent jamais leur servir à l'impression d'un seul livre. Après avoir perdu beaucoup d'argent et de temps dans ces essais, Faust, peut-être avec l'aide de Pierre Schoeffer, imagina enfin les poinçons et les matrices pour fondre des lettres de métal. Le premier fruit de cette invention fut la *Bible latine* qui parut entre 1450 et 1452; elle fut suivie des *Lettres de Nicolas V*, des *Statuts de Mayence*, enfin du *Psautier de* 1457.

Barthelemi Mercier, abbé de *St.-Leger*. Ce savant a donné un *Supplément à l'histoire de l'imprimerie de P. Marchand*. Paris, 1773, in-4. La seconde édition est de 1775. Paris, Pierres, aussi in-4. Il paraît par cet ouvrage que Mercier de St.-Leger n'est point content de ce qui s'est dit en faveur de Harlem et de Strasbourg. Il croit qu'après les planches fixes on a employé les caractères mobiles de bois, avec lesquels on a imprimé les *Confessionalia* et un *Donat*; que le volumineux *Catholicon* de Balbi n'a pu être exécuté xylographiquement; que la première édition de cet ouvrage est celle de 1460, faite avec des caractères de fonte; que c'est avec de semblables caractères qu'on a exécuté les *Psautiers* de 1457 et 59, mais antérieurement les *Lettres de Nicolas V*. Mercier distingue, comme Meerman, deux frères Genssfleich; l'ancien qui n'avait point habité Strasbourg, et le jeune, dit Guttemberg, qui, de Strasbourg où il s'était retiré avant 1439, vint en 1445 rejoindre son aîné à Mayence, dans la maison de Zum Jungen.

Etienne-Alexandre Wurdtwein, dans sa *Bibliotheca Maguntina*, Aug. Vindel. 1789, in-4, ne reconnaît qu'un seul Genssfleich, autrement dit Gutenberg ou Sorgelock, auquel on doit les premières productions typographiques. Il ne met point de ce nombre le *Doctrinal d'Alexandre de Villedieu*; il s'arrête peu au *Donat*, à la *Table abécédaire*, etc. Le premier livre imprimé avec des caractères mobiles ou de bois, ou de métal lui parait être la *Bible*, sans date, commencée en 1450.

P. Lambinet, avantageusement connu par ses *Recherches sur l'origine de l'imprimerie, particulièrement sur ses établissemens dans la Belgique*, Bruxelles, an 7, in-8, est d'avis que Strasbourg est le berceau de l'art typographique ; que Gutenberg y fit ses premiers essais, et qu'il y conçut même l'idée des caractères mobiles; mais ses tentatives y furent infructueuses. Retournant en 1445 à Mayence, il ne laissa à Strasbourg ni presses ni élèves, ce qui contredit Schoepflin. Lambinet donne une date bien moins ancienne aux éditions de Mentellin et d'Eggesteyn. Il pense qu'à Mayence, Gutenberg, Faust son associé et quelques autres *commencèrent par imprimer en caractères fixes, gravés sur des planches de bois, un* VOCABULAIRE *latin ou* CATHOLICON *qui n'était que la grammaire abrégée qu'on appelle aussi* DONAT. Il n'admet aucune production intermédiaire entre cet opuscule et le *Psautier* de 1457, premier fruit, selon lui, des caractères de fonte. Il n'attribue à la société de Gutenberg aucune des *Bibles* sans date (opinion contredite par le témoignage de Trithême, par une tradition constante, et par les résultats de beaucoup de recherches bibliographiques.). Il pense qu'après 1455 il y eut deux imprimeries à Mayence : celle de Faust et Schoeffer qui produisit deux *Psautiers*, le *Durand* de 1459, etc.; et celle de Gutenberg, à laquelle il rapporte le *Catholicon* de 1460.

Gotthelf Fischer adopte la plupart des idées du citoyen Lambinet dans son *Essai sur les monumens typographiques* de *Jean Gutenberg*, Mayence, an x, in-4, figures; mais il en rejette quelques-unes, surtout celle qui concerne la première *Bible* non datée, qu'il regarde comme l'un des plus anciens produits des caractères de fonte, dû aux presses de Gutenberg et Faust, associés.

Nous ne parlerons point ici des opinions de *Desroches* et de *Ghesquière* ; on peut voir leur article dans le cours de notre ouvrage.

Pierre-Claude-François Daunou. Nous avons rapporté, à l'article de ce savant littérateur et bibliographe, une notice donnée par le citoyen Ginguené de son curieux ouvrage intitulé : *Analyse des opinions diverses sur l'origine de l'imprimerie*, Paris, Baudouin et Renouard, an XI, in-8. Nous ajouterons seulement que nous avons extrait de cette utile production une grande partie de la notice que nous donnons ici des auteurs qui ont traité de l'origine de l'imprimerie. Les légers changemens que nous nous sommes permis d'y faire n'ont pour cause que les bornes de notre ouvrage, qui nous forcent à beaucoup réduire tous les articles qui le composent. Cette partie de l'*Analyse* du citoyen Daunou est d'une telle importance, que l'auteur nous pardonnera, malgré son étendue, d'en avoir enrichi notre Dictionnaire.

IMPRIMERIE. Nous avons indiqué sous ce mot, *a*, 313, tous les objets nécessaires pour exercer l'art typographique, parce que la réunion de ces objets dans un local convenable se nomme imprimerie. Nous allons ajouter à notre article primitif une petite nomenclature chronologique des imprimeries particulières remarquables qui ont existé à Paris ou ailleurs, et dont Lottin a fait mention dans son *Catalogue alphabétique des libraires et libraires-imprimeurs de Paris depuis 1470 jusqu'au 31 décembre 1788*.

1571. *Imprimerie du monastère Saint-Denis.* Elle existait dans ce monastère, situé à Paris, rue de l'Amandier. Il en sortit cette même année : *Carmen de arte Rhetoricâ, à Francisco le Picard ; Parisiis, typogr. monast. St.-Dionysii à Prato, viâ Amygdalinâ, ad veritatis insigne.*

1617. *Imprimerie établie au château de Lugny.* Jean, vicomte de Lugny, fit faire dans son château de Lugny, près d'Autun, une édition des *Mémoires de Gaspard et de Guillaume de Saulx de Tavannes*, son père et son frère aîné, in-folio, estimant que la franchise qui y régnait demandait cette clandestinité. (Voyez le Catalogue de Soubise, page 506, n° 6877.)

1630. *Imprimerie du cardinal Duperron.* Elle existait dans sa maison de campagne à Bagnolet ; il y faisait imprimer ses ouvrages, et était lui-même son correcteur. Il faisait toujours deux éditions de ses écrits ; la première pour un petit nombre de juges éclairés dont il recueillait les avis, et la seconde qu'il livrait au public après avoir profité de leurs lumières.

1631. *Imprimerie de la Gazette de France.* La Gazette de France, dont Téophraste Renaudot est l'inventeur, fut, en vertu de lettres du roi en forme de charte, du 11 octobre 1631, imprimée et débitée au bureau d'adresse, rue de Calandre, en 1779. L'impression de cette gazette fut confiée à l'imprimerie royale. Elle s'est continuée jusqu'en 1792 environ.

1640. *Imprimerie du Louvre.* Cette imprimerie a été établie au Louvre en 1640, sous le ministère du cardinal de Richelieu. Elle coûta 360,000 livres d'établissement. Sublet Desnoyers en fut nommé le surintendant, Sébastien Cramoisy le directeur, et Trichet Dufresne le correcteur. (Cette imprimerie avait été fondée dès 1531 par François Ier, qui en confia d'abord la direction à Robert Etienne.)

1640. *Imprimerie à Richelieu.* Le cardinal de Richelieu

leva une imprimerie pour lui dans son château de Richelieu. Elle travailla même après sa mort, puisqu'elle produisit en 1653 les *Morales d'Epictète, de Socrate, de Plutarque et de Sénèque, par J. Desmarets. Au château de Richelieu*, in-8, et *le Combat spirituel*, etc. par le même auteur. *Au château de Richelieu*, 1654, petit in-12.

1660. *Imprimerie du surintendant Fouquet*. Elle était établie dans sa maison de campagne à Saint-Mandé.

1680 à peu près. *Imprimerie de la Grande-Chartreuse à Paris*. Elle a été établie vers 1680, par dom Masson, général des chartreux, à l'occasion de quelques changemens qu'il fit dans l'ordre, et qui donnèrent lieu à une nouvelle édition des *Statuts*, du *Missel* et du *Psautier* à l'usage des chartreux, et de quelques autres ouvrages (1). Comme cette imprimerie fut toujours restreinte aux livres à l'usage des chartreux, elle tomba d'elle-même, parce qu'il en coûtait plus pour imprimer à la Chartreuse que pour faire imprimer ailleurs.

1683, environ. *Etablissement typographique à Versailles*. François Muguet a levé une imprimerie à Versailles vers 1683; elle était située rue de l'Orangerie, hôtel de Seignelay. Elle exista jusqu'en 1696 au moins. On voit le fils Muguet reçu imprimeur le 16 juillet 1691, par arrêt du conseil du 12, *pour exercer concurremment avec son père, qui a une imprimerie à Versailles*. Il est sorti de cette imprimerie, en 1696, un petit in-12 intitulé : *Conseil-privé de Louis XIV*,

---

(1) Ces éditions portent pour souscription : *Correriae*, (bâtiment dépendant de la Grande-Chartreuse) *per Laurentium Gilibert, typographum juratum apud gratianopolim*.

En 1510, les chartreux firent imprimer à Bâle leurs *Statuts* et leurs *privilèges* en caractères gothiques; et c'est, à ce qu'il paraît, la première fois qu'on fit imprimer quelque chose à leur usage : jusques là ils ne s'étaient servis que de manuscrits.

assemblé pour trouver les moyens, par de nouveaux impôts, de continuer la guerre contre les Hauts Alliés.

1718. *Imprimerie de Louis XV dans son palais des Tuileries, à Paris.* Ce roi y a imprimé lui-même l'ouvrage suivant: *Cours des principaux fleuves et rivières de l'Europe, composé et imprimé par Louis XV en 1718; Paris, dans l'imprimerie du cabinet de sa majesté, dirigée par J. Collombat, 1718, in-8.*

1720. *Imprimerie du chancelier Daguesseau.* Elle était dans son château de Fresne; il n'en sortit que le petit nombre d'exemplaires d'un ouvrage qu'il destinait à ses enfans : c'était un *Discours sur la vie et la mort, le caractère et les mœurs de M. Daguesseau, par M. Daguesseau, chancelier de France, son fils, 1720, in-8.*

1727. *Imprimerie du marquis de Lassay.* Elle était dans son château de Lassay. On en vit sortir : *Recueil de différentes choses, commençant vers l'an 1663, et finissant au mois d'octobre 1726, imprimé au château de Lassay, le 15 juin 1727, in-8.*

1757. *Imprimerie de la loterie royale de l'école militaire.* Elle s'établit, par arrêt du conseil du 15 octobre 1757, sous ce nom, rue Montmartre; puis, en 1776, sous celui d'*imprimerie de la loterie royale de France*; et elle fut située rue Neuve-des-Petits-Champs, hôtel de l'ancienne compagnie des Indes.

1758. *Imprimerie de la Dauphine, mère de Louis XVI.* Elle était au château de Versailles; il en sortit : *Elévations de cœur à Jésus-Christ*, etc. imprimées de la main de madame la Dauphine, 1758, in-16. L'impression en a été dirigée par Delespine.

1760. *Imprimerie du duc de Bourgogne, à Versailles, au château;* il en sortit : *Prières à l'usage des enfans de France*; Versailles, de l'imprimerie du duc de Bourgogne, dirigée par Vincent, 1760, in-12.

1760. *Imprimerie de madame de Pompadour*. Cette petite imprimerie était dans son appartement. Il y fut imprimé *Rodogune* de Corneille, *au Nord*, 1760, in-4. Madame Pompadour grava elle-même, d'après Leboucher, l'estampe qui est en tête de cette édition.

1766. *Imprimerie du dauphin* (Louis XVI.) *au château de Versailles*; il sortit de cette imprimerie : *Maximes morales et politiques tirées de Télémaque, imprimées par Louis Auguste, Dauphin*; Versailles, *de l'imprimerie du Dauphin, dirigée par A. M. Lottin*, 1766, in-8.

1768. *Imprimerie élevée à Versailles dans l'hôtel de la guerre*. Cette imprimerie, destinée uniquement au service des bureaux du département de la guerre, était composée de six ouvriers à demeure, savoir : un imprimeur ayant l'inspection à 3000 livres d'appointemens par an, un compositeur à 1500 liv., deux pressiers à 1200 liv. chacun, et deux garçons pour couper, brocher et étendre le papier, à 550 livres chacun. Il est sorti de cette presse quelques ouvrages étrangers au service militaire. Elle n'a subsisté que sept ans et demi, ayant été supprimée en 1775.

1782. *Imprimerie de Franklin à Passy*. Il est sorti de cette imprimerie : *Petit code de la raison humaine, par M. B. D. B.* (Barbeu du Bourg, médecin de Paris.), 1782, in-24 de 118 pages, dédié à Benjamin Franklin.

1786. *Imprimerie polytype* (1). » Trois siècles après l'invention de l'imprimerie en caractères mobiles, on

---

(1) Nous rapportons ici textuellement les expressions de Lottin, quoique nous parlions du polytypage de Ged et d'Hoffmann d'une manière assez détaillée à l'article STÉRÉOTYPAGE. (Voyez ce MOT, T, 190-197.) Lottin ne paraît point partisan de cette nouvelle découverte. Peut-être changerait-il d'avis s'il voyait les nombreuses productions stéréotypes que mettent au jour MM. Didot et Herhan.

essaya de faire rétrograder l'art, en prenant toutefois pour base ses premiers principes. C'est ce qu'osa tenter un orfévre, Guillaume Ged d'Edimbourg, qui se crut inventeur d'une nouvelle typographie en substituant aux lettres mobiles la fusion de pages entières composées avec des caractères mobiles. L'imprimerie de Paris pouvait lui revendiquer cette invention, si c'en est une. Dès la fin du 17ᵉ siècle, on avait, dans cette capitale, imaginé de fondre d'un seul jet, en cuivre, un *calendrier*, essai peu important, mais suffisant pour assurer à la France l'antériorité de la découverte. Ged ne s'en tint pas à de simples tentatives ; il eut le courage de donner en 1744, par son procédé, une édition du *Salluste*, à la fin duquel il déposa *ad perpetuam rei memoriam*, le certificat authentique de sa prétendue invention : *non typis mobilibus, ut vulgò fieri solet, sed tabellis seu laminis fusis excudebat*. Ged ne fit aucun tort à la typographie anglaise, qui continua à travailler *ut vulgò fieri solet*. En France, un homme de loi, et réellement intelligent, allemand de naissance, arrive à Paris avec ce secret, dont il se dit l'inventeur, et auquel il donne le titre d'*imprimerie polytype*, obtient un privilège exclusif, jette périodiquement dans le public un ouvrage imprimé par ce procédé secret, et qu'il décore du nom de *journal polytype*. Un arrêt du conseil, du 5 décembre 1785, avait consenti à l'existence de cette nouvelle typographie ; un autre arrêt du conseil, du 1ᵉʳ novembre 1787, en a prononcé la suppression. » (Voyez *b*, 193.)

1786. *Imprimerie des enfans aveugles*. Elle a été établie en 1786, par les soins de M. Haüy, qui, instituteur des enfans aveugles, a cru pouvoir faire entrer l'art de l'imprimerie au rang des choses propres à occuper ces infortunés ; il a réussi, à l'aide de M. Clousier, imprimeur de Paris, qui a parfaitement secondé son zèle en donnant des leçons de typographie à ces jeunes élèves. On a vu sortir de leur presse : *Eloge historique de M. Phelippeaux, archevêque de Bourges, composé et présenté au roi par M. Blin de Sainmore, historiographe de ses ordres*, 1788, 1 volume in-8 de 53 pages.

1787. *Imprimerie de M. Pierres à Versailles.* Elle a été établie pour le service de l'assemblée des notables, en 1787. Louis XVI, connaissant et appréciant depuis plusieurs années les talens typographiques de M. Pierres, lui donna la direction de cette imprimerie ; et le 31 août 1787 il fut rendu un arrêt du conseil d'état portant, en faveur de cet habile imprimeur, établissement d'une imprimerie à demeure dans la ville de Versailles, sa majesté désirant, dit l'arrêt, donner audit sieur un témoignage de la satisfaction qu'elle a eu de ses services, notamment du zèle et de l'intelligence avec lesquels il a exécuté les différens travaux relatifs à l'assemblée des notables. (V. PIERRES, *Philippe-Denis*, dans le *Catalogue des libraires*, par Lottin, tome II, pages 88 et 139.)

Imprimeries supposées et qui n'ont pas existé. On se tromperait si l'on s'en rapportait toujours aux lieux portés sur les frontispices des livres : par exemple, dans la chaleur des disputes du calvinisme, quantité de livres indiquaient pour lieu de leur naissance *Quévilly*, bourg de Normandie, *Charenton*, bourg de l'Ile de France, et autres lieux supposés où jamais il n'y eut d'imprimerie. Les livres licentieux, ou écrits avec une trop grande liberté de penser, étaient autrefois proscrits, et quoiqu'ils s'imprimassent pour la plupart à Paris, ils portaient des noms de villes supposées.

Imprimeries clandestines. La liberté de la presse n'était point admise en France avant la révolution ; c'est ce qui donna lieu, dans quelques circonstances politiques, à plusieurs particuliers d'élever des imprimeries clandestines. On n'en vit pourtant point dans le temps de la ligue, où le trône ayant à lutter contre de trop puissans personnages, les imprimeurs pouvaient impunément mettre leurs noms à des libelles qui attaquaient le gouvernement et le roi ; ils s'en faisaient d'autant moins de scrupule, qu'ils ne rendaient par la presse que ce que débitaient en chaire des curés trop exaltés (1) : aussi s'intitulaient-ils *imprimeurs de la sainte union*. Après les orages de la ligue, lorsque l'on écrivit contre les cardinaux de Richelieu et de Mazarin, on eut recours à l'anonyme et aux presses clandestines.

Il paraît qu'en 1614 il y avait une imprimerie clandestine chez les jésuites du collége de Clermont, puisque, par sentence du Châtelet du 6 octobre de cette année, il leur est défendu d'avoir aucune presse, caractères et ustensiles de librairie, imprimerie et reliure.

Gui Patin, dans une lettre du 13 février 1663, parle d'une imprimerie clandestine établie à Montreuil, sous Vincennes, à deux lieues de Paris, dans laquelle on imprimait quelques libelles en faveur de Fouquet qui était pour lors à la Bastille, après avoir été arrêté à Nantes le 5 septembre 1661.

En 1728, l'imprimerie des *Nouvelles ecclésiastiques* commença à publier des *Mémoires pour servir à l'histoire ecclésiastique*, une demi-feuille in-4 par semaine ; et en 1733 on vit sortir, sinon d'une imprimerie clandestine, du moins d'une imprimerie anonyme, des feuilles intitulées : *Supplément des Nouvelles ecclésiastiques*. On attribua ce *Supplément* aux jésuites. Il subsista jusqu'en 1758.

En 1735, des commissaires du Châtelet saisirent deux

---

(1) Entre autres ceux de St.-Benoît et de St.-André, qui réunissaient au seizième siècle la presque totalité des imprimeurs de la capitale dans leurs disticts.

imprimeries clandestines dans lesquelles on imprimait des opuscules sur les matières ecclésiastiques.

En 1756 on découvrit à Arcueil une imprimerie clandestine d'où sortaient des ouvrages tant de matières ecclésiastiques que de matières rien moins qu'ecclésiastiques. L'imprimerie fut saisie, les imprimeurs arrêtés, et punis par jugement.

Depuis la révolution française il n'y a plus d'imprimeries clandestines, mais chaque imprimeur est tenu de mettre son nom sur tout ce qui sort de ses presses.

IMPRIMERIE DU VATICAN. Elle a toujours passé pour la première imprimerie du monde, soit par le grand nombre de caractères en toutes langues, soit par la quantité de presses qui y roulent. On assure que le pape Pie IV en a jetté les premiers fondemens, et qu'il en a confié la direction à Paul Manuce dans le dessein de lui faire imprimer les Saints Pères; à cet effet le pape avait fait fondre de nouveaux caractères d'une beauté achevée, et avait réuni un bon nombre d'habiles ouvriers; mais cela ne répondit point à ce que l'on devait en attendre. L'imprimerie apostolique ou du Vatican ne parut avec éclat que sous le pontificat de Sixte-Quint. Ce pape la fit bâtir avec beaucoup de magnificence dans le dessein d'y faire faire les éditions les plus exactes dont on serait humainement capable. Sa principale vue était de rétablir dans leur intégrité les livres corrompus et altérés soit par la succession des temps, soit par l'esprit de parti. En outre il avait pris la résolution d'y faire imprimer l'Ecriture sainte en plusieurs langues, les Conciles généraux, un grand nombre de statuts, et divers réglemens ecclésiastiques, tous les ouvrages des Saints Pères, des liturgies, rits et usages divers pour toutes sortes d'églises, et quantité d'instructions chrétiennes en toutes langues et en différens caractères pour étendre la religion catholique dans les pays éloignés. Il fit venir, à cet effet, à Rome une infinité de gens habiles pour vaquer à la correction des exemplaires ; il n'épargna rien ni pour la quantité, ni pour la qualité des choses nécessaires à l'imprimerie ; il l'assortit d'un grand nombre de presses et d'une multitude de caractères latins, grecs, hébraïques, arabes et esclavons. Le papier qu'on y employa fut remarquable tant pour la grandeur que pour la qualité. Sixte-Quint donna la direction de cette imprimerie à un habile vénitien nommé Dominique de Baza, connu par son grand savoir et par ses talens typographiques, et il lui confia de grandes sommes pour mettre en train cette imprimerie. Vossius dit que quand ce pape n'aurait fait que la dépense des caractères arabes dans cette imprimerie, la république des lettres lui aurait toujours des obligations immortelles, parce que ce sont les premiers qu'on ait vus en Europe, et qu'ainsi c'est à lui que l'on doit la meilleure partie des livres imprimés en cette langue pour la première fois. L'imprimerie du Vatican s'est toujours soutenue avec éclat jusqu'à la dernière révolution, époque à laquelle les Français en ont tiré les caractères étrangers qui manquaient à l'imprimerie nationale de France.

IMPRIMERIE *à la Chine.* J'avais lu quelque part que la découverte de l'imprimerie à la Chine datait du règne de Ming-Tson ou Ming-Tcoung, second empereur de la quinzième dynastie nommée Heou-Tang, en 957 de l'ère vulgaire. Une savante note du père Laire annonce que l'imprimerie, telle qu'elle est maintenant en usage dans ce pays, fut inventée vers l'an 923, sous l'empire de Mim-Cum et Chim-Cum, si l'on en croit aux Tables dynastiques de cet empire que le père Couplet a fait graver dans son *Confucius sinarum philosophus*, page 65, livre assez rare, imprimé à Paris en 1687, in-folio. Cet art, ajoute le bibliographe cité plus haut, s'y perfectionna jusqu'en 969. (Voyez Couplet, page 69.) Voici quels sont les procédés typographiques employés à la Chine. On commence par faire écrire sur papier, et d'un seul côté, très-proprement et très-correctement, ce que l'on veut publier ; ensuite on colle ce papier sur des planches de bois tendre et bien uni : le graveur suit, avec la pointe du stylet bien tranchant, le contour de chaque lettre, et enlève les parties du bois étrangères à la lettre. Après cette opération, on lave les planches avec de l'eau tiède pour en détacher la colle ou le papier ; puis on met ces planches sous presse de la même manière que cela se pratique chez nos graveurs. L'impression terminée, on dépose les planches dans un magasin pour tirer d'autres épreuves lorsque les premières sont débitées ; c'est ce qui s'appelle en Chine une seconde édition. Cette grande quantité de planches exige, ainsi que nos stéréotypes, de grands magasins, ce qui paraît d'abord incommode, mais l'imprimerie chinoise semble y gagner, 1º en ce qu'elle s'adapte mieux à la forme des caractères chinois, grands et allongés, et à leur quantité qui est immense : les célèbres Fourmont en ont compté jusqu'à 80,000 différens, quantité qui exigerait au moins quatre millions de caractères mobiles pour former une imprimerie ; 2º parce que si les exemplaires d'un ouvrage ont un prompt débit, l'auteur peut, sans nouveaux frais, faire remettre les planches sous presse et en tirer de nouvelles épreuves, après même avoir fait des corrections, avantage qu'ont également nos planches stéréotypes ; enfin 3' parce que l'imprimeur n'est pas obligé d'entretenir un grand nombre d'ouvriers, et que la nature du papier, trop transparent pour recevoir l'impression des deux côtés, s'accommode mieux de cette manière d'imprimer. On ignore le temps positif auquel l'imprimerie chinoise passa dans l'Inde, les brachmannes, les peuples du Tangut, du Tibet, du Bengale, les côtes de Malabare, Coromandel et autres états d'Asie impriment à la manière des Chinois, suivant le témoignage de Bayer dans les *Mémoires de l'académie de Pétersbourg*, tome III, année 1728, édition de Pétersbourg, page 389 et suivantes. Suivant cet auteur, ils se servent de peaux si fines qu'elles approchent du papier de soie, et ils impriment non sur la largeur, mais sur la longueur, et donnent de cette sorte à leurs livres, lorsqu'ils les relient, une figure oblongue, la première ligne de la seconde page commençant précisément *folio verso*, vis à vis la dernière ligne de la première ou du *folio recto*; alors au lieu de lire de droite à gauche ou de gauche à droite, on le fait du haut de la page en bas et du bas en haut, et le dos de leurs livres, au lieu d'être toujours à droite ou à gauche, se trouve au contraire dans le haut ou dans le bas. Quoique les différens peuples de l'Asie dont nous avons parlé aient une manière d'imprimer qui leur soit particulière, l'imprimerie européenne y passa cependant sur la fin du 16°. siècle. Les jésuites la portèrent à Macao en 1593, et les dominicains à Manille la même année; ils y joignirent la gravure à l'eau-forte. (Voyez ce que nous avons dit précédemment des CARACTÈRES chinois, *a*, 354; de leur ÉCRITURE, *a*, 179, 240, et de leur PAPIER, *b*, 26.)

IMPRIMERIE de Constantinople. *b*, 315, à la note.

IMPRIMERIE (progrès de l'). en Espagne. *b*, 431. Voyez aussi IBARRA. *a*, 309; J. G. MORALES. *b*, 397; et J. de TORRES. *b*, 300.

IMPRIMEUR. *a*, 315. Nous ajouterons à ce que nous avons dit sur les connaissances que doit posséder l'imprimeur, le passage suivant, que l'on doit au célèbre M. Didot. « Un bon imprimeur, dit-il, doit faire la nuance entre l'homme de lettres et l'artiste. Il n'est pas nécessaire qu'il soit homme de lettres; il s'occuperait trop exclusivement de quelques parties qui auraient plus d'attraits pour lui ou qu'il aurait plus étudiées; mais il faut qu'il ait sur presque toutes des notions générales, afin que les diverses matières contenues dans les ouvrages dont on lui confie l'exécution ne lui soient pas tout-à-fait étrangères. Il lui importe surtout d'être bon grammairien, et il serait à désirer qu'à la connaissance de la langue latine, exigée par les réglemens, il joignît celle du grec et de deux ou trois langues vivantes les plus répandues. Les principes de la mécanique doivent lui être assez familiers pour qu'il puisse les appliquer utilement à son art. Enfin il doit être exercé dans les fonctions manuelles des ouvriers, afin de les diriger dans leurs travaux et de leur indiquer les méthodes les plus promptes et les plus sûres. »

IMPRIMEURS de la Belgique. *a*, 332.

INANIMÉES (médailles). *a*, 427.

INCUNABLES (éditions). *a*, 244.

INCUSES (médailles). *a*, 427.

INDEX, INDICE ou INDICÉ, en italien. Nom que l'on donne aux recueils ou catalogues des livres défendus et proscrits pour cause d'hérésie, par une congrégation établie à Rome, et qui, par cette raison, s'appelle congrégation de l'*index*. On ajoute ordinairement au mot *index* ou *indicé* l'épithète *expurgatoire*; cependant on fait une différence entre l'*index* simple et l'*index* expurgatoire. L'*index* simple regarde les livres dont la lecture est absolument défendue, et l'*index* expurgatoire indique seulement ceux dont la lecture est défendue jusqu'à ce qu'on les ait corrigés (*donec corrigantur*). La raison et la justice n'ont pas toujours présidé aux jugemens portés par la congrégation de l'*index*, « car, dit l'Encyclopédie (1), il est sûr qu'il n'y a presque pas un seul bon livre de piété ou de morale dans notre langue qu'elle n'ait proscrit....... et, ajoute l'un des auteurs de l'Encyclopédie méthodique (2), ces ridicules *indices* expurgatoires sont, pour le dire en passant, les fruits de l'intolérance et de la barbarie; ils ne servent à rien, et d'ailleurs tout livre étranger, jusqu'aux almanachs inclusivement, doit être hérétique en Espagne. » Ce passage sent un peu l'humeur, et n'est pas ou du moins n'est plus dans l'exacte vérité. Les bons ouvrages français sont maintenant reçus et applaudis non-seulement en Espagne, mais même chez toutes les puissances de l'Europe, et on ne donne l'exclusion qu'aux livres destructeurs des principes de la saine politique, de la religion et de la morale. Cependant la censure de Vienne paraît quelquefois mettre une excessive sévérité dans ses décisions. Le premier *index* qui a paru a été composé par l'inquisition d'Espagne, et imprimé par ordre de Philippe II. Le pape Paul IV suivit son exemple en 1559; il en fit imprimer un semblable par la congrégation du Saint-Office de Rome. Pie IV envoya l'examen de l'*index* au concile de Trente, qui en a fait un. Le duc d'Albe en fit ensuite imprimer un à Anvers en 1571 (3). Clément VIII, en 1596, en publia un qu'on appelle le *Romain*. Les cardinaux Guiroci et

---

(1) Edition de Genève, in-4, TOME XVIII, page 580.

(2) Partie géographique, TOME III, page 383.

(3) Consultez sur cet *index* le Catalogue de Crevenna, 1776, in-4, tome V, page 308. Vous y verrez que cet *index* n'a point été imprimé pour être vendu, mais pour être seulement distribué aux visiteurs chargés de l'expurgation des livres; et même il était défendu d'en avoir un exemplaire ou d'en tirer une copie manuscrite sans la permission des supérieurs; aussi cette édition de Plantin, 1571, in-4, est-elle assez rare.

Sandoval en ont fait paraître deux, l'un en 1583, et l'autre en 1612; il y en a encore d'autres des inquisiteurs et des maîtres du sacré palais. Alexandre VII en publia un en 1667, dont voici le titre : *Index librorum prohibitorum Alexandri VII, pontificis Maximi jussu editus. Actorum XIX. Multi autem ex eis qui fuerant curiosa sectati, contulerunt libros et combusserunt coram omnibus. Juxta exemplar excusum. Romæ, ex typographiâ rev. cam. apost.* 1667, *in folio.* Le plus considérable de tous les *index* est celui de Sotomayor, qui a été fait pour tous les états soumis au roi d'Espagne, qui comprend tous les autres, et qui va jusqu'en 1667; il est intitulé : *Index librorum prohibitorum et expurgandorum novissimus pro catholicis hispaniarum regnis Philippi IV, reg. cath. Antonii à Sotomaior generalis inquisitoris jussu ac studiis luculenter ac vigilantissimè recognitus. Madriti ex typographœo, Didaci Diaz,* 1667, *in-folio.* On relie ordinairement ce dernier *index* avec le précédent pour avoir un catalogue à peu près complet de tous les livres défendus jusqu'en 1667. On est surpris d'y trouver un grand nombre d'auteurs, entre autres Calvisius (page 888), qui n'a jamais publié d'ouvrages théologiques, et à qui l'on doit un excellent *Opus chronologicum* réimprimé à Francfort en 1685, in-fol. et une critique du calendrier grégorien sous ce titre : *Elenchus calendarii à Gregorio XIII comprobati,* publié en 1611. C'est sans doute à ce dernier ouvrage qu'il doit la place qu'on lui a accordée un peu légèrement parmi les hérétiques. Je ne finirai point cet article sans rapporter un trait plaisant que j'ai puisé dans un voyage moderne : « En Styrie, la censure des livres s'exerce d'une manière assez singulière, et qui prouve que cette fonction, dans les états autrichiens, n'est pas confiée à des hommes fort éclairés. En l'an VI, un de ces censeurs condamna comme hérétiques deux livres, dont l'un était intitulé : *Principes de la trigonométrie*, et l'autre de la *Destruction des insectes.* Il crut que la trigonométrie avait au moins de grands rapports avec la Trinité, sur laquelle il est défendu d'écrire, et dans le titre du second livre il a lu jésuites au lieu d'insectes, et il a cru que ces religieux étaient malignement désignés sous ce nom.

INDICTION. Révolution de 15 ans, etc. *a*, 203.

INSCRIPTIONS. *b*, 384.

INSCRIPTIONS grecques et romaines (les plus anciennes). *b*, 385.

INSECTES qui rongent les livres. *a*, 316.

INSTITUT NATIONAL de France. Nous avons parlé, *a* II, de son établissement en l'an IV (1), et de sa division primitive en trois classes. Un arrêté du gouvernement, du 3 pluviôse an XI, divise l'institut national en quatre classes. La PREMIÈRE CLASSE a deux branches : 1° les sciences mathématiques, qui comprennent cinq sections : géométrie, mécanique, astronomie, géographie-navigation, et physique générale. Cette première branche a vingt-sept membres, et pour secrétaire perpétuel le citoyen Jean-Baptiste-Joseph Delambre; 2° les sciences physiques, qui comprennent six sections : chymie, minéralogie, botanique, économie rurale-art-vétérinaire, anatomie-zoologie, et médecine-chirurgie. Cette seconde branche a trente-six membres;

---

(1) Le 29 brumaire an IV, le directoire exécutif a pris, en vertu de l'article 298 de la constitution de l'an III, et en vertu du titre IV de la loi du 3 brumaire an IV, sur l'instruction publique, a pris, dis-je, un arrêté qui nomme d'abord quarante-huit savans premiers membres de l'institut, et chargés de choisir les quatre-vingt-seize autres. Le 19 frimaire suivant ces quarante-huit savans sont installés au Louvre. Le premier nivôse, les cent quarante-quatre membres, formant les trois classes de l'institut, sont réunis au Louvre, et tiennent la séance d'ouverture.

et pour secrétaire perpétuel le citoyen Georges Cuvier. La première classe a en tout soixante-trois membres résidans, huit associés étrangers, et cent correspondans nationaux ou étrangers. La SECONDE CLASSE, chargée particulièrement de la confection du Dictionnaire de la langue française, a quarante membres résidans. Son secrétaire perpétuel est le citoyen Suard. La TROISIÈME CLASSE s'occupe des langues savantes, des antiquités et des monumens de l'histoire, du rapport de toutes les sciences morales et politiques avec l'histoire ; de la traduction française des auteurs grecs, latins et orientaux ; de la continuation des recueils diplomatiques. La troisième classe a quarante membres, huit associés étrangers, et soixante correspondans nationaux ou étrangers. Son secrétaire perpétuel est le citoyen Bon-Joseph Dacier. La QUATRIÈME CLASSE a cinq sections : peinture, sculpture, architecture, gravure, musique-composition. Elle a vingt-huit membres, huit associés étrangers, et trente-six correspondans nationaux ou étrangers. Son secrétaire perpétuel est le citoyen Lebreton. Telle est la nouvelle division de l'institut, composé en totalité de cent soixante-onze membres résidans, à 1500 francs de traitement par an, de vingt-quatre associés sans traitement, et de cent quatre-vingt-seize correspondans également sans traitement. Chaque secrétaire perpétuel a 6000 francs par an. Les membres des quatre classes se réunissent quatre fois par an en corps d'institut pour se rendre compte de leurs travaux. Ils élisent en commun le bibliothécaire et le sous-bibliothécaire de l'institut. Chaque classe tiendra tous les ans une séance publique à laquelle les trois autres assisteront. La première classe rendra publique sa première séance de vendémiaire; la deuxième, sa première de nivôse ; la troisième, sa première de germinal ; la quatrième, sa première de messidor. Tous les ans les classes distribueront des prix, savoir :

la première un prix de 3000 francs, les deuxième et troisième un prix de 1500 francs, et la quatrième des grands prix de peinture, sculpture, d'architecture et de composition musicale. Ceux qui auront remporté un de ces grands prix seront envoyés à Rome, et entretenus aux frais du gouvernement. Un arrêté du 8 pluviôse an XI compose les quatre classes de l'institut d'abord des anciens membres, et ensuite des citoyens que le gouvernement a jugé à propos de nommer. Avant cet arrêté, l'institut n'était composé que de cent quarante-quatre résidans : il l'est maintenant de cent soixante-onze.

INTAILLES (pierres gravées). Ce sont celles en creux. *a*, 286.

INTERLIGNES. Ce sont des lames de métal plus ou moins épaisses, selon le corps du caractère avec lequel on les emploie, et plus ou moins grandes, selon la justification. On les place entre les lignes pour donner plus de grace à l'impression en faisant mieux ressortir la beauté du caractère. Autrefois on se servait d'interlignes brisées, c'est-à-dire, de plusieurs pièces ; mais elles étaient sujettes à plusieurs inconvéniens, soit parce qu'elles n'étaient pas de la même épaisseur, soit parce qu'elles ne joignaient pas bien juste, et qu'elles rendaient la correction très-difficile. C'est ce qui a décidé à faire des interlignes de toute la longueur des lignes. Dans le 16ᵉ siècle, et même dans le 15ᵉ, on laissait entre les lignes des ouvrages classiques un espace assez grand pour que les élèves pussent écrire les explications de leur maître. *a*, 185. Gruninger imprima ainsi *Horace* en 1496, et *Térence* en 1498 ; mais cette manière d'interligner n'avait aucun rapport avec celle qui est si fort à la mode depuis une trentaine d'années.

IROUKOUVEDAM. Livre sacré de l'Inde. *a*, 317.

IRLANDE (topographie d'), manuscrit. *b*, 395.

ISIAQUE (table). *a*, 318.

ISLANDAISE (langue). *a*, 353. *b*, 425.

IZECHNÉ. Ouvrage indien. *a*, 321.

J.

JANNON (Jean). Imprimeur de Sédan au 17ᵉ siècle. Ses éditions sont très-estimées et très-recherchées : on les connait et on les distingue avantageusement à la ténuité et à la netteté du caractère que l'on a nommé *sédanois*; mais il est difficile d'en trouver des exemplaires bien conservés. Crevenna possédait une *Bible française* de cet imprimeur, 1633, in-8 ; un *nouveau Testament grec*, 1628, in-32, et beaucoup d'autres ouvrages, tous remarquables par une sévère correction et par un coup-d'œil agréable.

JANSSON BLAEU (Guillaume). Imprimeur à Amsterdam au 17ᵉ siècle. *a*, 322. Quelques bibliographes pensent que Jean Blaeu, fils du précédent, a imprimé la jolie édition de la *Bible* portant *Cologne*, 1666, 8 vol. in-12, et qu'il s'est déguisé sous le nom de *Balt. d'Egmondt*. D'autres prétendent que ce sont les fameux Louis et Daniel Elzeviers qui ont pris ce déguisement : cette dernière opinion a plus de partisans et paraît mieux fondée, à l'inspection du caractère.

JANUS souvent employé pour *Joannes;* IACCHUS pour *Jacques;* PIERIUS pour *Pierre*, etc. *b*, 145.

JEAN DE COLOGNE. Célèbre imprimeur du 15ᵉ siècle à Venise : il a commencé à imprimer en 1471. Quelques bibliographes pensent que le premier ouvrage sorti de ses presses est le traité de Cicéron *De finibus bonorum et malorum* ; 1471, in-fol ; mais comme on trouve dans la souscription de ce livre : *Joanne ex Colonia Agrippinensi sumptum ministrante impressum*, on présume que Jean de Cologne aura seulement fait les frais d'impression, et que l'ouvrage aura été imprimé par Vindelin de Spire, le caractère étant le même que celui dont s'est servi ce dernier imprimeur. M. Crevenna a aussi remarqué que le papier de ce *Ciceron* est marqué d'une ancre, comme tous les papiers employés par Vindelin de Spire, au lieu que le papier dont s'est servi Jean de Cologne dans son *Térence* de 1471 et dans son *Valere Maxime* de 1774, est marqué d'une balance. Il résulterait de ce que nous venons de dire que le *Térence* serait le premier ouvrage imprimé par Jean de Cologne. Il a donné en 1472, en société avec Vendelin de Spire, une *Collection de différens traités de droit*, in-folio, et un *Plaute*. Il y a lieu de croire que Jean de Cologne a cessé d'imprimer en 1487. Le dernier ouvrage cité par Maittaire est *Fallacie secundum divum Thomam de Aquino*, imprimé à Venise, en 1487, par Jean de Cologne, en société avec Jean Manthen de Gerretsen, in-folio. On connaît encore de cet imprimeur quelques éditions sans date.

JEAN DE SPIRE. Célèbre imprimeur du 15ᵉ siècle. Il n'y a aucun doute que c'est lui qui le premier a porté l'art de l'imprimerie à Venise en 1469 : le privilége qui lui a été accordé, le 18 septembre 1469, par le sénat de Venise, en fait foi. Il a imprimé, dans cette année, les *Epîtres familières de Ciceron*, in-folio ; l'*Histoire naturelle de Pline*, in-fol. Il avait commencé, en 1470, l'impression de la *Cité de Dieu de S. Augustin* ; mais la mort l'ayant surpris, cette impression a été continuée par Vindelin de Spire, son frère, qui était venu le trouver à Venise, et le privilége de cinq ans qu'avait obtenu Jean est resté sans effet. Voyez le MAITTAIRE de Panzer, 1795, tome III, page 64. (Voyez VINDELIN DE SPIRE.)

JENSON (Nicolas). Imprimeur à Venise dans le 15ᵉ siècle. *a*, 322. Ajoutons quelques détails à son article. D'anciens manuscrits nous apprennent que Charles VII (en 1458), ou postérieurement Louis XI, envoya Nicolas Jenson à Mayence pour *s'informer secrettement de l'art* (de l'imprimerie) *et enlever subtilement l'invention* (1). De Boze pense que Nicolas Jenson, au lieu de revenir en France, s'établit à Venise, parce que des allemands l'avaient devancé à Paris. Il est le premier qui ait fondu des caractères romains ; il imprimait ordinairement sur papier d'un très-grand format. Omnibonus Leonicenus, correcteur dans l'imprimerie de Jenson, le nomme modestement, dans la préface de l'édition de *Quintilien* en 1471, *librariæ artis mirabilis inventor*. C'est sans doute ce qui a fait donner dans l'erreur un écrivain du 18ᵉ siècle nommé Valdskiaers, qui ne se contente pas de faire Jenson l'inventeur de l'imprimerie, mais qui en fait encore un danois. Nous parlons, *a*, 323, et *b*, 359, du *Decor puellarum*, que l'on croit avoir été composé par Dom Jean de Dieu, chartreux et intime ami de Jenson.

JETONS. Espèce de médailles. *a*, 437.

JEUX FLORAUX. *b*, 445.

JONGLEURS. *b*, 304.

JOURNAL des savans. *b*, 172.

JOURNAUX littéraires, bibliographiques et typographiques. *b*, 173.

JUNTES (les). Célèbres imprimeurs d'Italie. (Voyez *a*, 323, et mettez à la première ligne *Florence* au lieu de

---

(1) Il est permis de douter qu'à cette époque on eut idée à Paris d'un art qui était encore enveloppé, pour ainsi dire, des ombres du mystère dans la ville qui l'a vu naître, et que le roi de France songeât à faire *enlever subtilement cette belle invention.*

Gênes.) Nous ajouterons à l'article des Juntes les détails suivans. L'imprimerie des Giunti ou Juntes tient le second rang en Italie après celle des Aldes : elle a été établie trois ans après cette dernière, c'est à-dire, en 1497, par Philippe Giunta ou Junte, que l'on croit venu de Lyon. Tantôt il s'appelait Junta ou de Junta, tantôt Giunta ou de Giunta; quelquefois il se qualifiait de *bibliopola* (libraire) ou de *cartolajo* (papetier). Il y a quelques-unes de ses éditions qui ne portent pas *opera* ou *cura et impensa*, mais seulement *impensa* ou *à petizione*, c'est-à-dire, aux frais ou à la demande de Philippe Junte, ce qui pourrait faire douter qu'il en a été lui-même l'imprimeur. L'enseigne des Juntes était trois lys, accompagnés quelquefois de la devise: Nil *candidius*. Philippe Junte mourut vers 1518 (1). Jusqu'à cette époque, on ne connaît aucune production exécutée à Florence portant d'autre nom que celui de Philippe, si ce n'est deux comédies d'Aristophane intitulées *Cereris sacra celebrantes* et *Lysistrate*, dont la souscription porte *Apud Bernardum Juntam, quinto cal. februarii* 1515. Ce Bernard est-il frère ou fils de Philippe? c'est ce que l'on ignore; mais comme on trouve postérieurement à 1518 des éditions portant le seul nom de Bernard, et d'autres la souscription *Per Hæredes Philippi Juntæ*, il est présumable que Bernard était ou frère ou cousin de Philippe. Ce qu'il y a de sûr c'est que Bernard a travaillé avec Philippe jusqu'en 1518. On peut conjecturer qu'à la mort de ce dernier, Bernard se sera séparé de ses neveux et ensuite aura imprimé seul, puisque depuis 1520 jusqu'en

---

(1) La plus grande partie des éditions des anciens Juntes, tant de Florence que de Venise, est en grec en en latin ; les plus estimées sont surtout celles du vieux Philippe, celui dont nous parlons ici, et qui est remarquable par son exactitude dans la ponctuation; les éditions de ses héritiers, ainsi que celles de Luc-Antoine Junte, ne sont pas moins recherchées.

1540 on trouve plusieurs éditions sous son seul nom. Il y a apparence que Bernard Junte est mort en 1550 ou 51, car dès-lors (en 1551) on voit figurer les héritiers de ce Bernard, lesquels on suppose être les mêmes qui ont imprimé, jusqu'en 1584, sous le nom tantôt d'héritiers de Bernard Junte, tantôt d'héritiers de Bernard Junte et frères, plusieurs fois de Philippe et Jacques Juntes et frères, et plusieurs autres fois de Philippe Junte et frères. En effet on sait que deux des héritiers de Bernard se nommaient Philippe et Jacques ; mais ils avaient sans doute d'autres frères. On voit en 1533 un Bernardin, fils de Philippe Junte; en 1537, un Benoit Junte; dans les années 1549, 1551, 1575, 1581, 1584 et même 1623, on trouve des livres datés chez les Juntes seulement; en 1588 et années suivantes, jusqu'en 1602, des éditions portent Philippe Junte seul ; de 1603 à 1614, on voit encore un Cosme Junte. Tout cela donne à penser que la famille des Juntes a eu différentes branches qui ont exercé l'imprimerie à Florence ; mais le temps a répandu un nuage impénétrable sur la généalogie de cette famille célèbre.

Passons aux Juntes de Venise : le premier qu'on y trouve est un nommé Luc-Antoine Junte, originaire de Florence. Etait-il fils ou frère du vieux Philippe ? Il paraît qu'il était déjà établi à Venise en 1507, comme on le voit dans Maittaire, qui cite une édition de la *Bible italienne* de Malermi faite à Venise en 1507, *Typis Barth. de Zanis, rogatu Lucæ Antonii Juntæ*. Cela donnerait à penser que Luc-Antoine était frère du vieux Philippe de Florence. Il a commencé à imprimer à Venise, en 1519, une *Bible latine*, avec souscription *apud Lucam de Giunta*. Ensuite on ne trouve plus de ses éditions jusqu'en 1527 : dès-lors elles deviennent plus abondantes. On croit que Luc-Antoine Junte est mort à peu près en 1537 ou au commencement de 1538 ; car on trouve dans Maittaire : *Ciceronis opera*

(1537). *Venetiis, per Lucam Antonium Juntam;* et, plus loin: *Biblia italica Brucioli* (1538). *Venetiis, per Hæredes Lucæ Antonii Juntæ.* Thomas Junte était le chef de l'imprimerie des héritiers de Luc-Antoine ; et cette imprimerie doit avoir duré assez long-temps ; mais au mois de novembre 1557 elle a été brûlée. Ensuite on trouve des éditions de 1575 *apud Juntas* : la même souscription paraît en 1581 ; on y remarque aussi *Per Bernardum Juntam et fratres.* En 1584 Bernard Junte paraît tantôt seul, tantôt avec ses frères ; en 1592, on le voit seul ; en 1599 on trouve un Philippe Junte, et ensuite jusqu'en 1642 on n'a que la souscription simple des Juntes.

En 1562 les héritiers de Jacques Junte exerçaient l'art typographique à Lyon, et en 1592 il existait encore dans ladite ville une imprimerie des Juntes.

JUSTIFICATION de corps. Terme de fonderie de caractères. *b*, 318. En terme d'imprimerie, c'est la hauteur des pages et la largeur des lignes, plus ou moins grandes.

K.

KABALE. *b*, 366.

KALENDES. *a*, 202.

KINGS. Cinq livres canoniques des chinois. *a*, 325.

KIO ou FOKE-KIO. Livre sacré du Japon. *a*, 325.

KORAN ou ALCORAN. Livre sacré des Turcs. *a*, 326; *b*, 16.

KOUA. Espèce de caractères chinois. *a*, 328.

KRYPHIA. Terme d'ancienne orthographe. *a*, 166.

L.

LABEUR (terme d'imprimerie). *a*, 314.

LAMESLE (Claude), libraire et fondeur de caractères

à Paris. Il acquit en 1737 la fonderie des Cot père, mère et fils, et en 1758 il la vendit à Nicolas Gando, et se retira à Avignon, où il en leva une nouvelle. On a de lui : *Epreuves générales des caractères qui se trouvent chez C. Lamesle.* Paris, 1742, in-4.

LANGAGE philosophique. *a*, 342.

LANGUE arabe. *a*, 350.
— d'Ava et d'Arracan. *a*, 358.
— Chinoise. *a*, 353.
— Cimbrique. *a*, 362.
— Française (son origine). *a*, 356.
— Grecque (ses dialectes). *b*, 93.
— Grecque, son introduction en France, en Angleterre, en Allemagne. *a*, 352.
— Latine. *a*, 355.
— Parlée par Jesus-Christ. *a*, 351.
— Scytho-celtique ou gauloise. *a*, 363.
— Tudesque. *a*, 362.

LANGUES. *a*, 335.
— (Origine des). *a*, 335.
— (Différence des). *a*, 337.
— Anciennes. *a*, 348.
— Modernes en Europe. *a*, 355. En Asie, 353. En Afrique, 359. En Amérique, 360.
— (Généalogie des). *a*, 361.

LE-BÉ (les), célèbres graveurs et fondeurs de caractères d'imprimerie à Paris. *a*, 43. Voici leur généalogie. Le premier est Guillaume Ier, né en 1525, reçu libraire, graveur et fondeur de caractères en 1539. C'est lui que François Ier avait choisi pour graver tous les caractères des langues orientales dont se servait Robert Etienne ; et Philippe II le choisit aussi pour les caractères de la Bible qui devait s'imprimer à ses dépens à Anvers, par Christophe Plantin. Guillaume Ier meurt en 1598. Henri Le-Bé est reçu libraire en 1581. Jacques Le-Bé est reçu libraire en 1610. Pierre Le-Bé, fils de Henri, naît à Paris en 1583, et est reçu libraire en 1623. Guillaume II, fils de Guillaume Ier, est reçu libraire, graveur, fondeur et imprimeur en 1625; et Guillaume III, fils de Guillaume II, fut reçu libraire, graveur et fondeur en 1636 : il meurt en 1685. Il était de la *compagnie du grand navire* et *des usages réformés;* il avait pour marque un *B*, faisant allusion à son nom.

LÉGENDE. *a*, 426. Terme de numismatique.

LÉGENDE-DORÉE. C'est une compilation des vies des saints, faite par Jacques Varase, plus connu sous le nom latin *de Voragine*, parce qu'il était de Varaggio ou Varase, petite ville de la côte de Ligurie, entre Gênes et Savone. Cet auteur fut archevêque de Gênes en 1292, et mourut en 1298. Il composa les vies des saints dans un nouvel ordre, sous le titre de *Légendes d'or* ou d'*Histoire lombarde*. Cet ouvrage fut d'abord très-applaudi, et conserva sa réputation pendant deux cents ans ; mais depuis le commencement du 16e siècle, il a été critiqué, surtout par Wicelius, par Louis Vivez, par Claude Despence, par Melchior Cano, par Jean Hessels, par Bollandus, par Baillet, etc. (Voyez sur les principales éditions de la *Légende* de Jacques de Voragine, Debure, *Bibliographie instr.*, n°s 4619-4623). Autrefois le mot *légende* exprimait un livre d'église qui contenait les prières que l'on devait faire dans l'office divin. Ces lectures s'appellent aujourd'hui *leçons*.

LEMNISQUE. Signe d'ancienne orthographe dans les manuscrits. *a*, 367.

LEONINS (vers). *b*, 108. Ce sont des vers latins rimés tant à l'hémistiche qu'à la fin du vers, ainsi qu'on le voit dans plusieurs hymnes, proses et poésies anciennes. En voici un exemple tiré de Muret, qui, parlant des poésies de Lorenzo Gambara, de la ville de Bresse, ne paraît pas en faire beaucoup de cas.

> Brixia, vestra*tis* merdosa volumina va*tis*,
> Non sunt nostra*tes* tergere digna na*tes*.

Autre exemple :

> Hunc Dominus di*tat*, qui sedulus otia vi*tat*.

Autre exemple tiré de l'école de Salerne :

> Ut vites pœ*nam*, de potibus incipe cœ*nam*.

Autre exemple tiré de Scaliger :

> Hic jacet ed*mundus* telluris inutile pon*dus*,
> Dilexit rab*iem*, non habeat requ*iem*.

Les vers léonins sont d'un mauvais goût; cependant il en est échappé à Virgile :

> Trajicit; i ver*bis* virtutem illude super*bis*.

Et à Horace :

> Fratrem mœren*tis* rapto de fratre dolen*tis*.

On en trouve aussi dans Homère. Depuis long-temps on les a bannis de la poésie latine.

On ne connaît ni l'origine ni l'étymologie du mot *léonin*; les uns croient qu'il vient du pape Léon; les autres le font dériver du lion, parce qu'il s'applique à des vers plus élevés que les autres ; enfin Pasquier est d'avis que ce mot vient de *Leoninus* ou *Leonius* qui fit plusieurs de ces vers latins rimés, et même un monorime qu'il dédia au pape Alexandre III. Ce Leoninus était religieux de St.-Victor, et florissait en 1154, sous Louis VII. Campanella dit que les vers léonins viennent des Sarrasins. Au reste, nous renvoyons pour cet objet à la savante dissertation qui se trouve (dans les *Miscella litteraria maximam partem Argentoratensia* de M. Oberlin, 1770, in-4, page 35.) sous ce titre : *Rhytmologia leonina ex Godefridi Hagenoensis codice MS. biblioth. universit. Argentin. locupletior*. On y trouvera tout ce que l'on peut désirer sur la poésie léonine, sur ses différens genres, et surtout un grand nombre de vers léonins tirés du manuscrit de ce Godefroi de Haguenau, qui a célébré les six fêtes de la Vierge en 4000 vers. Il a écrit dans le 13e siècle. La poésie française connaît aussi quelques vers léonins, c'est-à-dire, des hemistiches qui riment ensemble, ou un dernier hémistiche qui rime avec le premier hémistiche du vers suivant : c'est un défaut qu'il faut éviter. Il se rencontre plusieurs vers léonins dans l'*Homme des champs* du Virgile français. J'ignore si l'on peut lui faire le même reproche dans son poëme *de la Pitié*.

LEROUGE (Pierre). Imprimeur du 15e siècle à Chablis. *b*, 415. Il imprima le *Livre des bonnes mœurs*, composé par *Jacques Legrand* (*Fr.-Augustin*), 1478. — *Bréviaire d'Auxerre*, 1483, 2 volumes in-8. — Les *Sermons de Maurice, évêque de Paris*, en latin, 1490.

LETTRES. *a*, 367.
— Armoriées. *a*, 367.
— Barbues. *a*, 371.
— Bâtardes. *a*, 368.
— Blanches. *a*, 368.
— Bourgeoises. *a*, 368.
— Capitales. *a*, 370.
— Changées. *b*, 11.
— Enclavées. *a*, 368.
— De forme. *a*, 368.
— Goffes. *a*, 368.
— Grises. *a*, 369.
— Historiées. *a*, 369.
— Inventées par Chilpéric. *a*, 14.
— Par l'empereur Claude. *a*, 14.

LETTRES inventées par Palamède. *a*, 14.

— D'or. *a*, 248.

— D'or ou d'argent. *a*, 371.

— Supérieures. *a*, 371.

— Tondues. *a*, 371.

— Tourneures. *a*, 371.

LETTRES de l'alphabet (supputation des). *a*, 15.

— Ajoutées à l'alphabet latin deux siècles avant Auguste. *a*, 14.

LETTRES (renaissance des) en Europe. *b*, 108.

LETTRES - TITRES ou LETTRES D'ABRÉVIATION. *b*, 15.

LETTRINES. *a*, 370. *b*, 16.

LEXICOLOGIE. Science des mots. *a*, 373.

LIBER. Qu'entend-on par ce mot, selon Isidore et selon Maffei ? *a*, 380.

LIBRAIRE. *a*, 373.

LIBRAIRIE ET IMPRIMERIE de Genève. *b*, 423.

LI-KI Quatrième livre canonique des Chinois. *a*, 379.

LIN. Plante. Son étymologie. *b*, 28.

LITHOGLYPHES. Graveurs en pierres précieuses. *a*, 286.

LITTÉRATEURS de la Grèce. *b*, 96.

LITTÉRATEURS latins. *b*, 106.

LITTEROLOGIE. Mot d'une étymologie ridicule et barbare, imaginé par Girard. *a*, 379.

LIVRE. *a*, 379.

LIVRE *in albis*, en blanc ou en feuilles. *a*, 382.

LIVRE de Bamberg, décrit par le citoyen Camus. Sa rareté, sa description. *a*, 387.

LIVRE unique. *a*, 397. Nous regardions ce livre comme

unique quant à son exécution. En parcourant le *Catalogue de la Vallière*, nous avons trouvé, sous le n° 307, un livre exécuté de la même manière : ce sont des *Heures de Henri III, de Henri IV et de Louis XIII*, in-8. « Ce volume n'est ni écrit, ni imprimé; mais les caractères, formés avec un emporte-pièce, en sont percés à jour. Il consiste en 75 feuillets, dont les pages qui sont entières ont vingt-deux lignes. Le papier en est lissé, et chaque feuillet est suivi d'un feuillet de papier rougeâtre qui sert à faciliter la lecture du feuillet découpé. » Les prières que renferme ce volume ayant été faites pour l'usage d'Henri III, proclamé roi de France le 30 mai 1574, il y a apparence, d'après quelques-unes de ces prières, que ce livre a été exécuté peu de temps après 1574, c'est-à-dire, entre cette année et 1589, époque de la mort de ce roi.

Livres (dénomination des). *a*, 381.

Livres (de l'éloge et du choix des). *a*, 383.

LIVRES FATIDIQUES. Livres sacrés et mystérieux qui, chez certains peuples, renfermaient les ordres du destin et les volontés des dieux. Les *livres fatidiques* les plus célèbres dans l'antiquité sont les livres sibyllins des Romains, dont nous parlerons plus bas. Nous allons d'abord nous occuper d'un livre de cette espèce qui existait à Athènes, et qui n'est connu que d'un très-petit nombre de savans, parce qu'aucun auteur ancien n'en a parlé, si ce n'est Dinarque dans sa fameuse harangue contre Démosthènes, qu'il accuse d'avoir manqué de respect envers ce volume ineffable. Les Athéniens nommaient, en leur langue, *testament* ce livre prophétique et mystérieux auquel le salut de la république était, disait-on, attaché. On le conservait avec tant de soin qu'aucun passage n'en a transpiré dans le public. Reiske pense que ce livre fatidique était déposé dans l'Aréopage; d'autres s'imaginent que c'était un recueil de prédictions faites par deux célèbres imposteurs grecs nommés Bacis et Antiphyle. Pauw dit qu'il est probable que ce livre concernait le culte religieux de Cérès, et que c'est ce *testament* que les femmes choisies au sort dans les cent soixante-dix peuplades de l'Attique portaient tous les ans en procession à Eleusis durant la fête des Tesmophories. Quoiqu'il en soit, cet ouvrage de ténèbres était en son genre ce que furent les livres sibyllins à Rome. Les destinées de la nation y étaient également attachées, suivant l'opinion des prêtres et des pontifes, mais il en est moins parlé que des livres sibyllins, parce qu'on ne lui a pas fait jouer un aussi grand rôle dans la politique, et il y a apparence que ce testament restait enseveli dans le silence et les ténèbres comme tout ce qui s'observait aux mystères de Cérès. Passons aux livres sibyllins.

Sous le règne de Tarquin-le-Superbe ou de Tarquin l'ancien, selon Pline, une vieille mystérieuse présenta à l'un de ces princes neuf livres remplis d'oracles et de prédictions sur le destin de Rome. Cette vieille passa pour sibylle ; c'est celle de Cumes, nommée indistinctement Démophile, Hérophile, et même Amalthée. Elle est la plus célèbre des dix que les savans reconnaissent (1) Tarquin fit l'acquisition de trois de ces neuf livres. On assembla les augures ; on commit deux patriciens à la garde de ces prophéties, que l'on renferma soigneusement dans un coffre

---

(1) Solin et Ausone ne comptent que trois sibylles, l'Erythréenne, la Sardienne et la Cuméee. Elien en admet quatre, celle d'Erythrée, celle de Sardes, l'Egyptienne et la Samienne. Varron et presque tous les savans en distinguent dix, savoir : la Persique, la Lybienne, la Delphique, la Cuméee, l'Erythréenne, la Samienne, la Cumane (c'est celle dont nous parlons), l'Hellespontine, la Phrygienne et la Tiburtine. Le mot *Sibylle* vient de deux termes grecs qui, moyennant un léger changement, signifient *Dieu* et *conseil*.

de pierre sous une des voûtes du Capitole (1). Ces oracles étaient consultés dans les calamités publiques ; il fallait un décret du sénat pour y avoir recours. Il était défendu, sous peine de mort, aux duumvirs de les laisser voir à personne ; et Valère-Maxime rapporte que le duumvir Atilius fut puni du dernier supplice pour en avoir laissé prendre une copie par Petronius Sabinus. Les livres sibyllins furent brûlés dans l'incendie du Capitole, l'an 671 de Rome, sous la dictature de Sylla. Le sénat, pour réparer cette perte, envoya à Samos, à Troies, à Erithrée, et dans plusieurs autres villes de l'Italie, de la Grèce et de l'Asie pour recueillir ce que l'on pourrait trouver de vers sibyllins. Les députés en rapportèrent un grand nombre, parmi lesquels on fit un choix. Ce nouveau recueil d'oracles fut renfermé par Auguste dans des coffres dorés, et déposé sous la base du temple d'Apollon Palatin, que cet empereur venait de faire bâtir, mais on n'y eut pas tant de foi qu'au premier recueil, parce qu'il n'était pas enveloppé d'un aussi grand secret. Il y eut un collége de quinze personnes pour veiller à la conservation des vers de la sibylle de Cumes, qui furent toujours environnés d'un secret religieux, et par conséquent d'une grande vénération ; enfin les livres sibyllins étaient une espèce d'oracle permanent aussi souvent consulté par les Romains que celui de Delphes l'était par les Grecs. Ces livres subsistèrent dans le temple d'Apollon Palatin jusqu'en 363 de Jesus-Christ, époque à laquelle le feu consuma ce temple. On les transporta dans quelque autre

---

(1) Voici l'anecdote, peut-être un peu hasardée, qui explique l'étymologie du mot *Capitole*. Tarquin l'ancien jetta les fondemens d'un temple à Jupiter sur l'une des sept collines qui se trouvent maintenant dans l'enceinte de Rome. Un des ouvriers trouva dans les fondations la tête d'un certain Tolus encore teinte de sang, ce qui fit donner le nom de Capitole, *Caput toli*, à tout l'édifice.

lieu sacré. Ils furent encore consultés en 403, sous Honorius, lors de la première invasion de l'Italie par Alaric. On présume que Stilicon les fit jetter au feu à-peu-près en 406 ou 407. Nous ne dirons rien de ce que renfermaient les deux recueils sibyllins, car tout est incertain et sans doute supposé dans ce que nous en ont laissé Zozime, Lactance, Denys d'Halycarnasse, Plutarque, etc. Les principaux livres à consulter sur les sibylles sont : *Sex Gallæi dissertationes de Sibyllis*, Amsterdam, 1688, in-4, ouvrage très-savant. *Pet. Petiti de Sibyllâ tractatus*. Lipsiæ, 1686, in-8. Ce Petit était médecin à Paris. L'ouvrage de Th. Hyde, *De religione Persarum*; celui de Van Dale, *De oraculis Ethnicorum*; et Lactance qui nous a conservé sur les sibylles l'ancienne tradition, qu'il dit avoir puisée dans les écrits de Varron.

Il existe un recueil de livres sibyllins modernes qui est une compilation informe de prophéties différentes, supposées la plupart vers le premier ou le second siècle de l'ère chrétienne. Ces livres ou vers sibyllins sont remplis de choses contre l'idolâtrie et la corruption des mœurs des payens. Ce recueil est divisé en huit livres, et a été imprimé pour la première fois en 1545, sur des manuscrits, et publié plusieurs fois depuis avec d'amples commentaires surchargés d'une érudition souvent triviale et presque toujours étrangère au texte. Les ouvrages composés pour et contre l'authenticité de ces livres sibyllins sont en très-grand nombre, et quelques-uns même très-savans. Fabricius, dans le premier livre de sa Bibliothèque grecque, donne une espèce d'analyse de ces différens ouvrages, à laquelle il joint une note assez détaillée des huit livres sibyllins.

LIVRES dont le texte est gravé en taille-douce (1). Les

---

(1) Nous parlons ailleurs des ouvrages exécutés en planches xylographiques, qui sont regardés comme les premiers essais de l'art

éditions entièrement exécutées avec des planches gravées sont ordinairement précieuses et très-recherchées, surtout lorsque les épreuves sont belles : on ne connait qu'un petit nombre d'ouvrages ainsi exécutés; nous nous contenterons d'en citer ici quelques-uns.

Quinti Horatii Flacci opera. Londini, œneis tabulis incidit Johannes Pine, 1733-1737, 2 volumes in-8, maj. Cette édition est célèbre par sa beauté et sa magnificence.

P. Virgilii Maronis opera ex antiquis monumentis illustrata (et œre incisa) cura, studio et sumtibus Henrici Justice (Amsterdam, 1765) 5 volumes grand in-8.

Édition très-recherchée, surtout quand les épreuves sont bien conservées.

Fables choisies, mises en vers par Jean de la Fontaine; nouvelle édition gravée en taille-douce : les figures par le sieur Fessard, le texte par le sieur Montulay. *Paris*, Fessard, 1764-75, 6 volumes in-8.

Cette édition est moins estimée que celles de l'*Horace* et du *Virgile* qui la précèdent.

On connait encore un *Télémaque* entrepris par M. Cochin, in-8, mais il n'a point été terminé.

The Book of common Prayer, and administration of the sacraments, and other Rites and ceremonies of the church of England. *London*, engraven and printed by John Baskert, 1717, in-4.

Cette édition, entièrement gravée, est enrichie de jolies figures.

On peut encore, selon quelques auteurs, mettre au rang des livres gravés le fameux Tewrdanncks, dont voici le titre :

Die geuerlicheiten und einsteils der geschichten des

---

typographique. (Voyez les art. HEINECKEN, MONUMENS TYPOGRAPHIQUES, et le mot XYLOGRAPHIQUE.)

loblichen streyt-paren und hochberumbten helds und ritters herr Tewrdancths (ou les hauts faits d'armes et quelques aventures de l'illustre, célèbre et belliqueux héros et chevalier du Grand-Penser (Tewrdank), poëme en langue teutonique, par Melchior Pfintzing, avec 118 planches gravées en bois par Hans Sibald ou par Hans Schaeufelin.) *Nuremberg, par Hannsen Schonsperger,* 1517, in-folio (1).

Nous avons parlé ailleurs de ce livre curieux (*a*, 369). Nous en parlerons encore.

Tels sont les principaux ouvrages dont le texte est gravé soit en cuivre soit en bois (V. XYLOGRAPHIQUES). On en connaît sans doute encore quelques autres, mais qui sont moins intéressans. On possède à la bibliothèque de la Haute-Saône un *Abrégé de la philosophie en tables, par de Lesclache, avec privilège du roi* : c'est un in-4 relié à onglets, parce que chaque table s'ouvre comme une carte géographique, et n'est gravée que d'un côté. Le frontispice est dessiné par Chauveau, et les tables, au nombre de 36, sont gravées très-proprement par Richer. On trouve à la même bibliothèque l'*Introduction à la géographie, avec une description historique sur toutes les parties de la terre, par N. Defer, géographe de sa majesté catholique,* Paris, 1717, deuxième édition augmentée des longitudes et latitudes des principales villes, suivant les dernières observations, 1 volume in-8 de plus de 200 pages, avec quelques cartes.

Le *Pygmalion* de Rousseau, mis en vers par Berquin,

---

(1) Voyez la savante dissertation du citoyen Camus, consignée dans les *Mémoires de l'institut,* tome III de la classe de littérature et beaux-arts, pages 170-211, avec trois calques. Le citoyen Camus est d'avis que le Tewrdanck a été imprimé avec des caractères mobiles, et qu'il est un des plus beaux monumens de la typographie. Voyez la lettre du citoyen Oberlin sur la dissertation du citoyen Camus, *Magasin encyclopédique,* huitième année, *tome* I.

a été aussi gravé. Le *Temple de Gnide*, par Montesquieu, a été publié dans le même genre. On connait beaucoup de livres de prières également gravés. Une grande quantité de livres libres a eu de même les honneurs de la gravure. La plupart des livres sur l'architecture ou sur les principes de la musique sont gravés. Je vais encore citer quelques ouvrages de cette nature.

La *Bible allemande*, d'Ulric Kraussen. 1 vol. in-folio;

Les *Epîtres et Evangiles* en allemand, du même auteur, 1 volume in-folio;

Les *Œuvres diverses* de P. Brebiette, en latin, 1638, in-8.

Le *nouveau Testament* sténographique de Addy, gravé en 1687.

Les *Tables chronologiques* de Jean-Louis Fabricius, in-4 oblong;

Le *Rationalis reminiscentia* d'Adrien Schoonebeck, in-4 oblong;

Les *Héros de la ligue*, 1691, in-4;

Les *Histoires du vieux Testament*, par Christ. Weigel, 2 volumes in-folio;

La *Bible* de Jacques Weigel, 7 volumes in-8.

Les *Proverbes* de J. Lagniet, in-4;

Les *Costumes des nations du Levant*, par Lehay, in-folio;

Les *Historiæ conchyliorum* de Martin Lister, in-folio;

L'*Herbier anglais* de Jacques Petiver, in-folio;

Les *Tables chronologiques* de Jean Rou;

La *Vie et la passion de Jesus-Christ*, par Schaeufelin, in-4, etc. etc.

Livres (de la forme des). *a*, 381.

Livres trouvés à Herculanum. *a*, 415.

Livres *d'images*. *a*, 393. Selon Mercier, le premier livre orné de gravures sur métal, que l'on ait découvert en Italie, est *Libro intitulato monte santo di dio composto da Messer Antonio da Siena veschovo di Fuligno, della congregatione de poveri Jesuati*. Florentie, *Nicolo di Lorenzo, die X septembris*, 1477, in-4, grand format. On croit que les gravures qui ornent cet ouvrage sont de Maso Finiguerra, orfèvre de Florence, qui florissait vers 1424, et qui passe pour l'inventeur de la gravure sur cuivre (Voyez le *Catalogue de la Vallière*, n° 763, avec une planche qui représente l'enfer du Dante). Le premier livre français où l'on trouve des figures gravées en cuivre est le suivant : *Des saintes pérégrinations de Jérusalem et des lieux prochains, du mont Sinaï, et la glorieuse Catherine*; trad. du latin de Bernard de Breydenbach, par frère Nicole le Huen, religieux carme du couvent de Ponteaux-de-mer. Lyon, *Michel et Topie de Pymont, et Jacques Heremberck d'Alemaigne*, 1488, le 28 novembre, in-folio. L'édition latine de Bernard de Breydenbach est de *Mayence*, 1486, in-folio. La traduction française n'est pas littérale. Les figures sont les mêmes pour les deux éditions.

LIVRES (de la matière des). *a*, 380.

LIVRES à consulter sur les langues, *a*, 364. Sur les médailles, *a*, 438. Sur les médailles des hommes illustres. *a*, 448.

LIVRES (moyen de nettoyer et de restaurer les). Voyez BIBLIUGUIANCIE. *a*, 108.

LIVRES rares. *a*, 385.

LIVRES (rareté des) dans le moyen âge. Les livres étaient alors extraordinairement rares; il y avait très-peu de particuliers qui en possédassent. Des monastères même assez considérables n'avaient qu'un missel. Loup, abbé de Ferrières, dit Muratori, conjura le pape, dans une lettre écrite en 855, de lui prêter une copie du livre de l'*Orateur de Ciceron* et des *Institutions de Quintilien*, car, dit-il, quoique nous en ayons quelques fragmens, cependant on n'en trouverait pas un exemplaire complet dans toute la France. Muratori dit ailleurs que quand quelqu'un faisait présent d'un livre dans une église ou à un monastère, les seuls endroits où il y eut des bibliothèques pendant ces siècles d'ignorance, le donateur venait lui-même l'offrir à l'autel au milieu de la pompe des cérémonies religieuses. (MURATORI. *Antiq. italia.* vol. III.)

LLOUFFEN (Helijas Helije ou Elie), imprimeur du 15ᵉ siècle, et chanoine régulier de l'abbaye de Munster en Argew, bourg de Suisse au canton de Lucerne, au nord du lac de Sursée. Ce bourg se nomme en latin *Ergowia*, ou *Berona* (1), ou *Beronensis villa*, parce que cette abbaye y a été fondée dans le 10ᵉ siècle par un comte de Lentzbourg nommé *Bero*. Llouffen est le premier qui établit l'imprimerie dans ce monastère, ou qui du moins l'y fit entrer. On ne sait pas au juste l'année où il commença à imprimer, ni pendant combien de temps il imprima. Laire (*Index librorum*, etc. tome I, page 82.), en parlant du *Tractatus de Missâ*, *seu officio misse editus à Magistro Nicolao Andreæ de civitate theatina doctore venerabili decretorum*, in-4, *sine signaturis, numeris et custodibus* : dit *ex charactere quo canonicus Helias de Louffen, ab anno* 1470, *ad annum* 1474 *utebatur Beronæ*. Ce passage donnerait à entendre que Llouffen a imprimé depuis 1470 à 1474. L'ouvrage le plus rare sorti de ses presses est le livre appelé *Mametractus* (2), composé par un nommé Jean Marchesin, cordelier. On croirait ce livre

---

(1) J'ai commis une erreur grave au mot *Berona* dans ma note géographique, non pas en disant que ce mot signifie *Beraun* en Bohême, mais en disant que Helias Llouffen y a établi la typographie en 1470. Ce n'est point à *Berona* en Bohême, mais à *Berona* en Suisse qu'a résidé ce chanoine.

(2) On trouve quelques lignes de ce *Mametractus* ou *Mammetrectus* imitées dans Schelhorn : *Diatribe prœliminaris ad Quirini libr. sing. de optimorum scriptorum editionibus*. p. 26, fig. 11.

imprimé en 1470, ainsi que le porte sa souscription ; mais on peut élever des doutes sur l'authenticité de cette souscription, car elle est absolument calquée sur l'édition de cet ouvrage, imprimé à Mayence la même année 1470 (1). Ces deux éditions sont les plus précieuses du *Mametractus*. On peut consulter à ce sujet le *Catalogue de Gaignat*, n° 134 ; le *Catalogue de la Vallière*, n° 176 ; la *Bibl. sac.* de Lelong, page 845, col. 2, et surtout l'abbé Rive, *Chas. aux bibl.* page 133 et suivantes. Les autres éditions que l'on croit être de Llouffen sont : *Conradi Thuricensis phisici tractatus de cometis*, in-folio. (*Munster in Ergeu*, 1473, dit Laire). *Oratio lamentabilis egregii doctoris Dni. Joh. Savageti*, etc., et *ejusdem Savageti tractatus super controversiis ecclesiæ Constantiensis*, in-folio, sans date. En 1472 et 1473, Llouffen réimprima le *Speculum vitæ humanæ Roderici Zamorensis* (Roderic, évêque de Zamora). Il en existait déjà plusieurs autres éditions imprimées en plusieurs endroits ; les deux de 1472 et 1473 sont sans signatures. On ignore quand Elie Llouffen est mort. Ses caractères étaient très-difformes, et quand on les compare à ceux du beau *Psautier* de 1457 de Schoeffer, on ne croirait jamais que Llouffen a imprimé trente ans après Schoeffer.

LOGOGRAPHIE. Système d'écriture aussi prompte que la parole. *b*, 171.

LOGOGRAPHIE typographique. *Idem.*

LOS-RIOS (François de), libraire bibliographe à Lyon. *a*, 399. La bibliographie instructive de ce libraire ne

---

(1) Bien plus, l'imprimeur dit dans sa souscription qu'elle est sortie de sa presse la veille de la fête de saint Martin (*Vigilia sancti Martini episcopi*), et c'est précisément le jour indiqué par Schoeffer dans son édition de Mayence.

renferme qu'un petit nombre d'articles tous raisonnés ; il n'a parlé que des ouvrages qu'il a vendus, et il y a ajoutés les prix.

LOTTIN (Augustin - Martin) , imprimeur-libraire à Paris, bibliographe. *a*, 399. En 1766 il enseigna à Louis XVI, alors dauphin, l'exercice des principes de l'art typographique.

LUCE (Louis). Célèbre graveur de caractères à l'imprimerie du Louvre. Il fut le troisième graveur en titre. Alexandre, son beau-père, successeur de Philippe Grandjean, fut le second. Fagnon fut le quatrième. On peut juger des efforts que Luce a faits dans l'art de la gravure en voyant son caractère nommé *la perle* qui est le plus petit caractère qui ait jamais été gravé et fondu. On en voit le modèle dans l'ouvrage intitulé : *Essai d'une nouvelle typographie* (c'est-à-dire, caractères d'imprimerie), *ornée de vignettes, fleurons,* etc., *inventés, dessinés et exécutés par Luce, graveur du roi, commencé en* 1740, *et fini en* 1770. Paris, *Barbou*, 1771, in-4. M. Didot, dans son *Epître sur les progrès de l'imprimerie*, a critiqué les productions de Luce. Voici comme il s'exprime à ce sujet :

> « Luce, dont les poinçons n'ont qu'un faible mérite,
> De ses fleurons nombreux nous offre en vain l'élite :
> Tous ces colifichets de notre art sont exclus.
> Que je plains cet artiste et ses soins superflus,
> Si, gouverné toujours par un ancien usage,
> D'ornemens étrangers il charge son ouvrage,
> S'il pense en ses travaux, soignés de toute part,
> Sous un papier superbe, à l'aide de son art,
> Nous masquer les défauts de son vieux caractère.
> Je crois voir, etc. ».

Et dans une note il ajoute : « Parmi les caractères généralement mauvais que Luce a gravés, et dont heureusement on ne se sert point à l'imprimerie royale, il a pris plaisir à en faire un si petit qu'il échappe à la vue, et il lui a donné son nom. A la vérité il a mieux réussi dans un grand nombre de fleurons qui cependant ne seront jamais adoptés par un imprimeur qui aura véritablement du goût. » Nous ne nous permettrons pas d'ajouter quelque chose à ce jugement, peut-être un peu sévère, de l'un des premiers imprimeurs de l'Europe.

LUTHER. Célèbre hérésiarque. *b*, 392. Nous avons rapporté la prière que l'on prétend que Luther a écrite de sa main sur un exemplaire de sa version de la *Bible* qui se trouve au Vatican. Cette anecdote est citée par Ficoroni dans son *Singolarita di Roma moderna*, etc., 1744, in-4. Voici comme il donne cette prière (pag. 19): *Orazione di preghiera a Dio, con cui chiede ricchezze, pecore, vestimenta, molte mogli, e pochi figliuoli.*

LYON. Sa fondation. *a*, 280.

M

MABILLON (Jean). Célèbre diplomatiste. *a*, 400. L'abbé de Longuerue disait que ce savant bénédictin savait fort bien les 7, 8, 9, 10 et 11ᵉ siècles, mais qu'il ne savait rien ni en deça ni au delà.

MACARONIQUE. Poésie burlesque. *a*, 401.

MANUSCRIT. Le plus ancien connu. *a*, 108.

MANUSCRIT de Petrone. *b*, 395. (V. PETRONE.)

MANUSCRIT de Tamerlan. *a*, 412.

MANUSCRITS. *a*, 410; *b*, 392. Les plus anciens écrits en grec. *b*, 392. Les plus anciens écrits en latin. *b*, 393. On regarde maintenant comme le plus ancien manuscrit avec date précise les *Œuvres de Platon*, que M. Clarke, savant anglais, a rapportées de Patmos; c'est un *in-folio* très-bien écrit sur vélin. Les scholies sont en petites capitales. Ce livre a été transcrit par Jean-le-Calligraphe pour Aréthas, doyen de Patras, moyennant treize écus bysantins, l'an 14 de l'indiction, 6404 du monde (ère de Constantinople, et 896 ère vulgaire), sous le règne de Léon, fils de Basile. Dorville (sur CHARITON, auteur des *Amours de Chœreas et Callyrhoé*, Amsterdam, 1750, 2 volumes in-4, avec la traduction latine et des notes.), Dorville, dis-je, avait un *Euclide* plus ancien d'un an, c'est-à-dire, de 895, comme il l'annonce dans l'ouvrage que nous citons de lui; et Montfaucon, dans son *Palæographia*, page 42, dit avoir vu un manuscrit grec plus vieux de six ans, c'est-à-dire, de 890; mais ces deux manuscrits ont disparu. Le professeur Porson a mis beaucoup de temps et de soins à copier les scholies du manuscrit de Platon ; il a découvert par ce moyen des passages de pièces de théâtre grecques et de poëtes qui sont perdus.

Les autres ouvrages rapportés du Levant par M. Clarke sont :

De PATMOS, outre le *Platon*, un *Lexicon* de saint Cyrille d'Alexandrie. — Des *poésies grecques* accompagnées d'anciennes notes de musique grecque. — Deux autres recueils de *poésie*, et les *Œuvres* de Grégoire de Naziance.

Du MONT-ATHOS. Les *Oraisons* de Démosthènes. — Les Œuvres de dix orateurs athéniens, dont quelques-uns sont inconnus.

De NAXOS. Les copies des *Evangiles*, de date très-ancienne.

De CONSTANTINOPLE. Les *Œuvres* de Denis l'aréopagite, avec des commentaires curieux et savans, sur vélin, in-folio. — Une copie des *Evangiles*, écrite dans le 8e siècle. — Les Œuvres de Philippe l'Hermite. — Les Dialogues de Théodore de Syracuse, etc. etc. etc.

Manuscrits de la bibliothèque nationale de France. *b*, 210. De l'abbaye de Saint-Germain-des-Prés. *a*, 413, 417.

Manuscrits d'Herculanum. *a*, 414, 467. *b*, 426.

Manuscrits de Voltaire légués à Panckouke, vendus à Beaumarchais. *a*, 44.

MAPPA-CIRCENSIS. Terme d'antiquités. *a*, 230.

Marbres de Paros ou d'Arundel. *a*, 418.

MARSEILLE. Sa fondation. *a*, 279.

MARTELÉES. Médailles. *a*, 427.

MARTIN (Edme Ier), imprimeur du 17e siècle, à Paris, né à Châteauvillain, reçu imprimeur-libraire en 1610, mort en 1645. *a*, 421.

MASORETHES. Docteurs juifs. *a*, 349.

MASSORE ou Massorah. Travail de savans rabbins sur la Bible. *a*, 423.

MATIÈRES VÉGÉTALES sur lesquelles on écrit dans l'Inde. *b*, 21, *à la note.*

MATRICES. Terme de fonderie de caractères. *b*, 317. Une fonderie complette doit avoir au moins vingt mille matrices. *b*, 319.

MAUGERARD (   ), ex - bénédictin de Saint-Arnould de Metz, bibliographe. *a*, 387. Il a été vivement critiqué par l'abbé Rive, 1° sur une lettre insérée dans le Journal encyclopédique le 26 octobre 1787, et qui a pour objet une édition de *Térence*, imprimée sans date, noms de ville et d'imprimeur, dans le 15e siècle, et dont un exemplaire, très - bien conservé, se trouvait dans la bibliothèque du principal ministre ; 2° sur une notice bibliographique insérée par le même Maugerard dans le même journal (mars 1788). Cette notice concerne la rareté de l'édition de la Bulle des rétractations d'Æneas Silvius, imprimée, selon ce bénédictin, par Ulric Zell de Hanau, vers l'an 1468, et la lettre imprimée à la suite de cette édition. (Voyez à ce sujet la *Chasse aux bibliographes*, depuis la page 7ᵉ jusqu'à la 68ᵉ.)

MECKEN, ou MENTZ, ou Meckelen (Israël Van), en français, Israël de Malines, regardé par quelques auteurs comme l'inventeur de la gravure au 15ᵉ siècle. *a*, 290.

MÉDAILLES. *a*, 424; leur division quant à la matière, *a*, 429; quant à la forme, *a*, 431; quant aux temps, *a*, 432.

MÉDAILLES (cabinet des) à Paris. *b*, 212.

MÉDAILLES anciennes. *a*, 432, 449.

– Antiques (leur nombre approximatif). *a*, 434.
– D'argent. *a*, 430.
– De billon. *a*, 430.
– Bractéates. *a*, 429.
– De bronze. *a*, 430.
– Cistophores. *a*, 429.
– Consulaires. *a*, 434.
– Contorniates. *a*, 428.
– Contre-marquées. *a*, 428.
– De cuivre. *a*, 431.
– Eclatées. *a*, 427.
– Egyptiennes. *a*, 433.
– D'étain. *a*, 431.
– Etrusques. *a*, 435.
– Des familles romaines. *a*, 434, 439, 446.
– De fer. *a*, 431.
– Fourrées. *a*, 427.
– Gothiques. *a*, 435.
– Grecques. *a*, 433.
– Impériales. *a*, 434, 440, 447.

MÉDAILLES incuses. *a*, 427.
— Modernes. *a*, 436, 449.
— Phéniciennes. *a*, 436.
— De plomb. *a*, 431.
— De potin. *a*, 431.
— Rares. *a*, 428.
— Restituées. *a*, 428.
— Saucées. *a*, 428.
— Uniques. *a*, 428.
— Suite des consulaires. *a*, 446.
— Suite des déités et des héros. *a*, 447.
— Suite des impériales. *a*, 447.
— Suite des rois. *a*, 444.
— Suite des villes. *a*, 445.

MÉDAILLIER. *a*, 444.

MÉDAILLONS. *a*, 431.

MEERMAN (Gérard), célèbre bibliographe hollandais. *a*, 450. Laurent Coster a eu un zélé partisan dans Meerman, et l'on peut dire que jamais mauvaise cause n'a été mieux défendue. *b*, 306. *c*, 161, 214.

MENAGIANA. *b*, 355.

MÉNESTRELS. Jongleurs ou joueurs d'instrumens qui accompagnaient les troubadours. *b*, 304.

MERCIER DE SAINT-LEGER (Barthelemi). Bibliothécaire de Sainte-Geneviève, à Paris. *a*, 452. Ce savant bibliographe, né à Lyon en 1734, mort à Paris en l'an 7, a laissé une bibliothèque très-riche en ouvrages de bibliographie, chargés de notes écrites de sa main. Cette collection a été vendue en l'an 8, à l'enchère. La bibliothèque nationale a acquis plusieurs ouvrages, entre autres le *Duverdier* et le *Lacroix du Maine*; c'étaient les plus couverts de notes, et ceux auxquels il renvoyait souvent dans les autres. La *bibliothèque curieuse de David Clément* a été acquise pour l'institut. Le citoyen Leblond, de l'institut, a acheté la *Bibliographie de Debure*. Le citoyen Van-Hultem, bibliothécaire de l'Escaut, s'est aussi procuré des livres et plusieurs parties de correspondance, etc. etc. Mercier de Saint-Léger avait relevé avec amertume quelques erreurs échappées à Debure dans les premiers volumes de sa *Bibliographie instructive*. L'abbé Rive lui a rendu la pareille avec bien moins de ménagement encore dans sa *Chasse aux bibliographes*; il le traite avec sa grossiéreté ordinaire, de moine ignorant, plagiaire, fautif, écriturier, etc. Heureusement que les injures de cet irascible abbé ne peuvent nuire à des réputations aussi bien affermies que celle de Mercier de Saint-Léger.

MÉTAL dont sont composés les caractères d'imprimerie. *b*, 318.

MISCHNA. Première partie du Thalmud. *b*, 291. Sa division. *b*, 292, *à la note*.

MOINS. Terme d'imprimerie. *b*, 15.

MOMORO (Antoine-François), typographe, mis à mort en 1794, avec Hébert. *a*, 265. Il était gendre et successeur de Jean-François Fournier le jeune, fondeur et graveur, qui fit paraître en 1767 des épreuves de caractères grecs de la taille de quatre graveurs. Momoro a publié, outre son *Traité de l'imprimerie*, une *Epreuve d'une partie des caractères de la fonderie de Ant.-Franç. Momoro, gendre et successeur*, etc. Paris, 1787, in-16.

MONARCHIES anciennes. *b*, 242.

MONNAIES. Leur empreinte chez les Athéniens, les Béotiens et les Romains. *a*, 296.

MONOGRAPHES. Savans qui ont écrit des petits traités séparés sur quelques monumens antiques. *a*, 468.

MONOGRAMME. Espèce de chiffres composés de lettres. *a*, 454.

MONTAUSIER (Charles de Saint-Maure, duc de). Savant qui a conçu l'idée de la collection des *ad-usum*. *b*, 351, 389.

MONUMENS TYPOGRAPHIQUES (premiers). Nous allons présenter la liste des plus anciennes productions de l'imprimerie, soit xylographiques, soit typographiques, qui, la plupart, passent pour être antérieures à l'année 1457, époque à laquelle parait le beau *Psautier* de Schoeffer, premier livre imprimé portant date. L'obscurité qui enveloppe la fabrique de ces productions a fait naitre parmi les bibliographes une infinité de systèmes sur la priorité à accorder à l'une d'elles. Nous n'exposerons point ces systèmes, n'y n'entrerons dans les discussions qu'ils ont fait naitre : les bornes de notre ouvrage ne nous permettent que d'en donner la nomenclature avec une très-courte description.

Le premier monument, selon Meerman, est celui qu'il désigne sous le nom d'*Horarium*, et dont il a fait graver le *fac simile* à la planche première de ses *Origines typographiques*; c'est un seul morceau de parchemin imprimé des deux côtés, renfermant le *Pater*, l'*Ave Maria*, le *Credo* et d'autres prières; un *alphabet* qui commence par trois A A A se trouve en tête. Les lettres initiales manquent; il y a quatre petites pages, et neuf lignes à chaque page. Meerman croit cette feuille exécutée vers 1430, en caractères mobiles de bois, par Laurent Janssoen, dit Coster.

Biblia pauperum, sive figuræ veteris et novi testamenti. Cet ouvrage consiste en quarante planches de figures et textes : les feuillets ne sont imprimés que d'un côté. On connait cinq éditions de cette Bible. La cinquième a 50 planches : les autres ont peu de différences entre elles.

Historia Johannis evangelistæ cum ipsius visionibus apocalypticis. Quarante-huit planches de figures et textes, imprimées d'un seul côté. On distingue six éditions de ce livre.

Historia seu providentia Virginis Mariæ, ex cantico canticorum. Seize planches de figures et textes imprimées d'un seul côté. On connaît deux éditions sans date; une troisième, imprimée des deux côtés, est à la bibliothèque nationale, et porte la date de 1470.

Ars memorandi notabilis per figuras evangelistarum, sive memoriale 4 evangelistarum. Trente planches, dont quinze de figures et quinze de texte, imprimées d'un seul côté. On cite deux éditions de ce livre; dans l'une l'encre est moins pâle et le dessin moins informe.

Ars moriendi, sive *de tentationibus morientium.* Vingt-quatre planches, dont onze de figures et treize de texte, imprimées d'un seul côté (1). On compte sept éditions non datées et xylographiques. Dans celle que l'on regarde comme la plus ancienne, lorsque le texte devient trop long dans la page, le caractère est plus petit dans les dernières lignes.

Speculum salutis, sive *humanæ salvationis.* Soixante-trois feuillets, cinq de préface et cinquante-huit avec figures, imprimés d'un seul côté. On distingue deux éditions sans date du *Speculum*; dans la plus ancienne, qui est de soixante-trois feuillets distribués en cinq cahiers, les textes ne paraissent pas tous imprimés par le même procédé. Les uns sont purement xylographiques; leur empreinte est aussi forte sur le *verso* que celle des vignettes; les autres semblent imprimés avec des caractères de fonte. Meerman regarde l'édition du *Miroir du salut*, traduit en langue belgique,

---

(1) Il ne faut pas confondre l'*Ars moriendi* avec un autre livre d'images moins ancien, et intitulé : *Tentationes dæmonis*.

comme seconde production de Coster qui doit suivre son *Horarium*.

Historia beatæ Mariæ ex evangelistis et patribus excerpta et per figuras demonstrata. Seize planches de textes et figures.

De l'*Antechrist*, livre allemand. Trente-neuf planches de textes et figures. On en connait quelques exemplaires avec la date de 1472 : ils appartiennent sans doute à une seconde édition. Celle qu'on croit la première contient des citations d'ouvrages imprimés après 1460, mais composés depuis la fin du 13ᵉ siècle.

Sujets tirés de la Bible, in-4. Trente-deux figures, dont chacune est accompagnée de quinze vers allemands.

La Chiromancie du docteur Hartlieb (allemand). Vingt-quatre feuillets imprimés des deux côtés, avec figures. On trouve la date de 1448 à la première page ; c'est plutôt celle de la composition que de l'impression.

Donatus de octo partibus orationis. C'est un abrégé de grammaire qu'on appelle *Donat*, et que l'on met au rang des plus anciennes productions de l'imprimerie. Meerman en décrit trois éditions qu'il dit de Harlem, et dont il a fait graver des fragmens. Il en attribue deux à Coster qui les a exécutées en caractères mobiles de bois, et la troisième aux héritiers de Coster. Panzer cite trois *Donats* de Mayence, l'un dont on conserve deux planches de bois à la bibliothèque nationale : nous en parlons ailleurs ; l'autre qui est d'un caractère semblable à celui de la Bible sans date, et le troisième qui se rapproche davantage de la *Bible* de 1462 et des *Offices de Cicéron* de 1465, du moins quant aux lettres initiales.

Le citoyen Fischer de Mayence rapporte aussi trois éditions du *Donat* qui sont différentes de celles de Meerman, et peut-être aussi de celles de Panzer. (Voyez Fischer.)

Historiæ Alexandri magni, regis Macedoniæ, petit in-folio, édition dont Meerman donne un fragment en dix lignes, gravé à la planche 7 de ses *Origines typogr.* Cet auteur fait succéder cet ouvrage, ainsi que les trois suivans, aux livres d'images et aux *Donats*. Il les regarde comme sortis de l'imprimerie de Harlem après la mort de Coster, c'est-à-dire, après 1440, et les croit faits avec des caractères de bois sculptés et séparés.

Flavii Vedati (pro *Vegetii*) *Renati epitoma de re militari*, petit in-folio exécuté comme le précédent, selon Meerman. (Voyez planche 7 précitée, où il a fait graver quatre lignes de cet ouvrage.)

Beati Hieronymi, presbyteri, liber de viris illustribus, petit in-folio, édition également rapportée par Meerman, dont il a fait graver deux lignes, planche 7.

Opera varia Thomæ A-Kempis, petit in-folio cité par Meerman comme les précédens, et dont il a fait graver six lignes et un mot, planche 7. (Voyez sur ces quatre ouvrages, *Origines typographicæ*, tome I, page 144 et suivantes.)

Alphabet gravé sur une planche, à l'usage des écoles. Cette table abécédaire est regardée comme l'un des premiers ouvrages imprimés à Mayence par Jean Gutenberg (1); mais elle ne subsiste plus.

---

(1) Schoepflin attribue à Gutenberg, pendant qu'il était à Strasbourg, les ouvrages suivans :

1° *Gesta Christi.* Onze feuillets.

2° *Henrici de Hassia expositio super Dominicam orationem.* Quinze feuillets.

3° *Soliloquium Hugonis.* Dix feuillets.

4° *Liber de miseria humanae condicionis Lotharii Dyaconi, sanctorum Sergi et Bachi cardinalis qui postea Inocencius tercius appellatus est. Anno Dni M. cccc XLVIII.*

Alexandri Galli doctrinale et Petri Hispani tractatus logicales. Impression également attribuée à Gutenberg, et qui ne subsiste plus.

Catholicon du génois Jean Balbi ou de Balbis. Ouvrage volumineux dont il existe trois éditions non datées qui passent maintenant pour être postérieures à 1460 (1). Ce catholicon renferme une grammaire latine assez étendue et un long dictionnaire. La grammaire a quatre parties, dont la première traite de l'ortographe, la seconde de la prosodie, la troisième des noms et des verbes, la quatrième du barbarisme, du solécisme, des tropes, de la période. Ces quatre parties, qui comprennent cent trente-trois chapitres, sont suivies du Lexique. Il est surprenant qu'un si volumineux ouvrage ait été souvent confondu avec de simples livrets d'école ; c'est sans doute les noms de *Somme*, de *Vocabulaire*, etc., qui lui sont communs avec ces opuscules, qui ont donné lieu à cette erreur.

Matthei de Cracovia tractatus, seu dialogus racionis et conscientiæ de sumpcione pabuli salutiferi corporis Domini nostri Ihesu Christi, in-4. Vingt-deux feuillets. Cet ouvrage, imprimé avec les mêmes caractères que le *Catholicon,* est attribué à Gutenberg, ainsi que les deux suivans :

Thome de Aquino summa de articulis fidei et ecclesie sacramentis, in-4. Treize feuillets.

Statuta provincialia antiqua et nova Moguntina. An-

Le citoyen Fischer regarde ces éditions comme postérieures au temps où Gutenberg habitait Strasbourg. (Voyez *Mon. typogr. de J. Gutenberg,* pag. 60 *et suiv.*)

(1) L'une semble peu antérieure à 1486; l'autre semble être assez généralement attribuée à Mentelin de Strasbourg ; elle est intitulée : *Joannis (Balbi), janucnsis Catholicon,* in-folio, caractère semi-goth., 2 col., 370 feuil., 47 lig. ; et celle qui a 56 lignes par page et qui est chiffrée depuis 1 jusqu'à 12 à la quatrième partie du volume.

tiqua *Petri* ab anno 1310; *nova Theodorici* ab anno 1451, in-4. Cinquante feuillets.

Litteræ indulgentiarum Nicolaï V, pont. max. pro rege Cypri datæ Erffurdiæ; anno 1454, 15 nov. On connaît quatre exemplaires de cette lettre d'indulgence, imprimée sur vélin en forme de patente. Le caractère est semblable à celui du *Durandi rationale* de 1459, mais un peu plus grand.

BIBLES sans date. Il faut mettre à la tête celle qui a deux volumes in-folio, six cent trente-sept feuillets en tout, quarante lignes au moins en chaque colonne, quarante-deux au plus, et dont le caractère ressemble à celui du *Psautier* de 1457. On la regarde comme le principal fruit de l'association de Gutenberg et de Faust, entre 1450 et 1455.

La seconde est une Bible connue sous le nom de *Bible de Schelhorn*, parce que ce bibliographe est le premier qui l'ait décrite; elle a huit cent soixante-dix feuillets, et trente-six lignes par colonne. On pense qu'elle a été exécutée à Bamberg, par Albert Pfister, vers 1461. Après ces deux Bibles, voici les sept qu'on peut regarder comme les plus anciennes.

Biblia latina, in-fol. goth. Quatre cent vingt-sept feuillets, deux colonnes, quarante-neuf lignes. On la croit de Mentellin, vers 1462 ou 66.

Biblia latina, in-folio. Quatre cent vingt-quatre feuillets, deux colonnes, cinquante-six lignes. On la croit aussi de Mentellin, vers 1473.

Biblia latina, deux volumes in-folio, goth. Trois cent vingt-huit et trois cent douze feuillets, deux colonnes, quarante-une lignes. (d'Eggesteyn, à Strasbourg, vers 1467.)

Biblia latina, deux volumes in-folio, goth. Deux cent quarante-huit et deux cent quarante-quatre feuillets, deux colonnes, quarante-cinq lignes. (aussi d'Eggesteyn. Un exemplaire offre la date manuscrite de 1468.)

Biblia latina, deux volumes in-folio, goth. Deux cent quarante-neuf et deux cent quarante-quatre feuillets, deux colonnes, quarante-cinq lignes. (attribuée à Baëmler d'Augsbourg, et à Eggesteyn, selon Braun.)

Biblia latina, in-folio, goth., deux colonnes; le premier volume ayant deux cent seize feuillets, cinquante lignes. (Bâle, Berthold Rodt, entre 1460 et 1465.)

Biblia latina, deux volumes in-folio, goth. Trois cent quarante-cinq et trois cent trente-quatre feuillets, deux colonnes, quarante-deux lignes. (Cologne, Ulric Zell, vers 1466.)

Telles sont à peu près les neuf Bibles les plus précieuses parmi plus de quinze sans date que l'on connaît aujourd'hui.

De Missa liber. Vingt-huit feuillets, caract. goth. dont Schoepflin parle page 39 de ses *Vindiciæ typ.* On n'a aucune conjecture sur le temps ni sur le lieu de l'impression de ce livre.

Consuetudines feudorum, in-folio dont Schoepflin parle aussi, et sur lequel on n'a aucun renseignement.

Henrici de Hassia expositio super dominicam orationem, XV foliis, per Columellas impressa. Voyez Schoepflin, page 39; et Panzer, *Annales typ.* tome IV, page 138.

Nous n'étendons pas davantage la liste des éditions sans date que l'on peut mettre au rang des premiers monumens typographiques; nous en avons sans doute cité plusieurs qui sont postérieures à 1457, et il en existe encore beaucoup d'autres que nous avons omises; mais nous avons tâché de nous arrêter aux plus intéressantes, après avoir consulté les ouvrages les plus modernes sur cette partie et les plus accrédités, tels que ceux des citoyens Daunou, Oberlin, Fischer, etc., sans négliger Meerman, Laire, Debure, Crevenna, la Vallière, etc. etc. Nous avons cru devoir nous abstenir de citer d'autres livres portant dates antérieures à 1457. Ces dates sont reconnues depuis long-temps pour fausses, ou pour celles de la composition ou de la traduction, ou de la transcription de ces ouvrages. Qui croira que l'*Historia de duobus amantibus Eurialo et Lucretia*, de Piccolomini ou Æneas Sylvius, depuis Pie II, Leyde, 1443, in-4, soit véritablement de cette date ? Meerman est d'avis qu'il faut lire 1483. Les *Sermons de Léonard d'Udine* (*de Sanctis*) ne sont point de 1446, comme on le voit dans l'édition de Mayence (que l'on croit être de 1475). L'édition de Cologne, avec date de 1473, porte aussi la date de 1446, qui est l'année où ce dominicain écrivit ses sermons. Les *Actes des conciles de Wursbourg* n'ont point été imprimés en 1452 et 1453 : c'est la date de la tenue de ces conciles, etc. etc.

Pour completter ce petit article sur les premiers monumens typographiques, nous allons faire suivre la liste des productions sans date d'une notice très-abrégée de quelques premiers livres imprimés avec date certaine : nous avons choisi dix ouvrages qui nous paraissent devoir tenir le premier rang parmi les innombrables productions datées que l'imprimerie a fait naître depuis trois cent quarante-cinq ans. Nous avons négligé les éditions de dates ou très-incertaines ou reconnues fautives dans le genre de celles dont nous avons parlé plus haut. Ces éditions sont entre autres le *Speculum conscientiæ*, etc. Spire, *Conradus historicus*, 1446, in-4 ; le *Dialogorum S. Gregorii, libri IV*, Strasbourg, Jean Gutenberg, 1458. David Clément (préface du premier volume de sa *Bibliothèque curieuse des livres rares*) est le seul qui en parle, encore ne désigne-t-il pas le format. *Æneæ Sylvii cardinalis Senensis, postea Pii papæ II, rerum familiarum epistolæ.* Cologne, *Koelhoff de Lubeck*, 1458, in-folio. Il est assez généralement reconnu que cette date doit être celle de 1468. Le *Puellarum decor;* Venise, N. Jenson, 1461, in-4. Cette date trouve encore des partisans. (Voyez ARVOOD, tome II, p. 358.) Les célèbres bibliographes qui ont regardé cette date comme véritable, sont Orlandi, Vogt, Haym, Maittaire, Crevenna, etc. etc. Parmi ceux qui ont été contre, on distingue A. Chevillier, P. Marchand, B.-C. Struvius, S. Palmer, J.-G. Shelhornius, Deboze, Meerman, Debure, etc. etc. Nous penchons pour ces derniers. Nous ne parlerons pas non plus de la *Biblia aurea*, imprimée par Jean *Gruninger*, 1465, in-4, dont il est question dans le catalogue du baron de Hohendorf, n° 1 des in-4. Il est reconnu que Jean Gruninger n'a commencé à imprimer que vers 1484. Nous aurions pu parler du *Recueil de fables* imprimé à Bamberg en 1460 ou 61; nous renvoyons à la Notice du *Livre de Bamberg* publiée par le citoyen Camus, page 22. Passons aux dates certaines et avérées dans les dix ouvrages que nous avons annoncés.

1° *Psalmorum codex*. Moguntiæ, *per Johannem Fust et Petrum Schoeffer de Gernzheym*, *anno incarnationis* 1457, in-folio, vélin. Ce *Psautier*, imprimé en lettres rouges et noires, est distribué en forme de bréviaire, et renferme les féries, les fêtes, matines, nocturnes, hymnes, leçons, antiennes, etc., qui sont dans les bréviaires. On n'en connaît que trois exemplaires.

2° *Psalmorum codex*. Moguntiæ (par les mêmes imprimeurs). *Anno* 1459, in-folio. Cette édition est exécutée comme la précédente, en caractères rouges et noirs, mais le format est plus grand, les pages ont plus de lignes, et les lignes plus de mots. On n'en connaît qu'un seul exemplaire. Il y a encore deux éditions de ce *Psautier* également exécutées par Schoeffer; l'une est de 1490, et l'autre de 1502.

3° *Guillelmi Durandi rationalis divinorum officiorum celebrandorum*. Moguntiæ, *per Johannem Fust et Petrum*

Schoeffer de Gernzheim. Anno incarnacionis Dominice 1459, in-folio. Cet ouvrage est d'une belle exécution, en caractères plus petits que ceux de la *Bible de Mayence* de 1462, dont nous parlerons bientôt.

4º *Joannis de Janua ordinis fratrem prædicatorum* SUMMA *quæ vocatur* CATHOLICON. *Opus impressum* Moguntiæ (*per Johannem Fust et Petrum Schoeffer de Gernzheym*). *Anno incarnacionis Dominice* 1460, in-fol. Nous avons donné plus haut la notice des objets que renferme cet ouvrage, que l'on fait ordinairement relier en deux volumes, dont le premier contient les parties de la grammaire et le Lexicon jusqu'à la lettre H, et le second renferme le reste du Lexicon.

5º *Constitutiones Clementis papæ V. Cum apparatu Domini Johannis Andreæ* (juriscons. bononiens.) *accedit ad calcem operis, constitutio execrabilis Johannis papæ XXII.* Moguntiæ, *per Johannem Fust et Petrum Schoiffher de Gernsheim*, 1460, in-folio, gothique. Cette édition très-rare est imprimée avec deux sortes de caractères ; l'un très-gros, à peu près semblable à celui de la *Bible* de 1462, a servi pour le texte, et l'autre, petit et approchant celui du *Catholicon januense* de 1460, a servi pour les commentaires qui entourent le texte. P. Schoeffer a donné une seconde édition de ces *Clémentines* en 1467, in-folio, et une troisième en 1471, aussi in-folio.

6º *Biblia sacra vulgatæ editionis.* Moguntiæ , *per Johannem Fust et Petrum Schoyffher de Gernsheim. Anno incarnacionis Dominicæ* 1462, deux volumes in-folio. On connaît deux sortes d'exemplaires de cette précieuse Bible, les uns en vélin, qui sont les plus communs, et les autres en papier. Ce qu'il y a de singulier dans cette Bible, c'est que la souscription varie dans différens exemplaires qui sont cependant de la même édition : on trouve jusqu'à trois sortes de souscriptions différentes.

7° Le *Livre de Bamberg* renfermant trois ouvrages : 1° l'*Allégorie sur la mort* ; 2° *quatre histoires tirées de la Bible* ; et 3° la *Bible des pauvres*. La souscription du second ouvrage porte que ce *livret* a été imprimé à Bamberg par Albrecht Pfister, en 1462. (Voyez la curieuse description que le citoyen Camus a donnée de cet ouvrage.)

8° *Liber sextus decretalium Domini Bonifacii papæ octavi, cum glossa Johannis Andreæ*. Moguntiæ, *per Johannem Fust et Petrum Schoiffer de Gernshem*, 1465, in-folio, goth. Le texte de l'ouvrage est entouré de commentaires qui bordent toutes les pages, et les caractères sont à peu près les mêmes que ceux des *Clémentines* de 1460, dont nous venons parler.

9° *Marci Tullii Ciceronis officiorum libri* III, *et paradoxa*. Moguntiæ, *per Johannem Fust et Petrum Schoiffher de Gernsheym*. *Anno incarnationis Dominicæ* 1465, petit in-folio. On croit communément qu'il y a eu cette année jusqu'à trois éditions différentes de ce livre ; et ces trois éditions sont également rares et recherchées des curieux, surtout en vélin. (Voyez Debure, *Bibl. inst.*, n° 2425.)

10° *Lactantii Firmiani opera, seu de divinis institutionibus adversùs gentes*, libri VII. *Nec non ejusdem ad Donatum de irâ Dei liber unus, unà cum libro de opificio hominis ad Demetrianum. Impressum in monasterio Sublacensi, anno Domini* 1465, in-folio ; édition très-rare : tous les intitulés des traités particuliers qui entrent dans le corps de cet ouvrage sont écrits à la main.

Tels sont à peu près les dix premiers ouvrages portant date certaine.

MONUMENS sur papier d'Egypte. *b*, 23, 24. Je ne puis m'empêcher, en parlant de ces monumens, de citer ce que M. Camus rapporte d'un rouleau d'écriture égyptienne qu'il a vu dans le cours de son voyage dans les départemens réunis. « J'ai vu à Strasbourg, dit-il (p. 7 de sa relation, in-4), un rouleau d'écriture égyptienne plus considérable et plus beau que tout ce que je connaissais en ce genre, savoir, le rouleau gravé dans les *Mémoires ou Journal de Trévoux*, juin 1704; le rouleau conservé dans le cabinet de l'institut; le rouleau publié par Caylus (*Antiq. égyp.* t. I, pl. 21), et les rouleaux gravés par le citoyen Denon (planches 136 et 137). Le rouleau de Strasbourg a de commun avec les autres, d'être distingué par des carrés formant comme autant de pages; mais il diffère des autres rouleaux par sa longueur, n'ayant pas moins de onze mètres six décimètres (six toises) de longueur; par les dessins figurés au haut des pages, et qui sont enluminés; par la matière sur laquelle il est écrit, et qui n'est pas une toile comme les rouleaux du *Journal de Trévoux*, de l'institut et de Caylus, mais du papyrus dont plusieurs feuilles ont été assemblées les unes à la suite des autres (comme dans les rouleaux de Denon); par la forme des caractères qui sont hiéroglyphiques et non d'écriture courante. La hauteur de ce rouleau est de vingt-un centimètres, quant à la partie remplie par de l'écriture ou par des tableaux. Ce beau monument est entre les mains de M. Cadet, directeur des contributions publiques, auteur de plusieurs ouvrages présentés à l'institut. J'ai lieu de croire qu'il a été rapporté d'Egypte par M. Poussielgue, qui y fut payeur de l'armée. Il a été déroulé avec beaucoup de peine et de soin par M. Cadet, qui l'a collé sur toile, et qui m'a assuré que c'était une seule pièce composée de plusieurs feuilles ajoutées les unes aux autres. Il en a calqué beaucoup de figures, et il se proposait d'ouvrir une souscription pour les faire graver. Depuis long-temps on forme des souhaits, inutiles jusqu'ici, pour que l'on déchiffre l'écriture hiéroglyphique; mais indépendamment de la lecture des hiéroglyphes, le rouleau dont je parle aura son utilité : les dessins qui y sont très-multipliés présentent la figure de plusieurs instrumens en usage chez les Egyptiens, entre autres celle de leur charrue » (Voyez ROULEAUX.)

MORELLI (Jacques), bibliographe italien. C'est à lui que l'on doit le beau catalogue de la collection de M. Pinelli, connu sous ce titre : *Bibliotheca Maphaei Pinelli Veneti, magno jam studio collecta, à Jacobo Morellio descripta et annotationibus illustrata.* Venetiis, 1787, 6 vol. in-8. Ce catalogue est à juste titre fort recherché; il tient un rang distingué parmi ces sortes d'ouvrages, et mérite bien d'être placé à côté de ceux de Crevenna, de celui de Gaignat, de celui de la Vallière par Debure, de celui de Cambis, etc. etc. La fameuse bibliothèque de Pinelli a été achetée par Robson, libraire anglais, qui l'a fait transporter à Londres, et l'a vendue après en avoir publié un nouveau catalogue en 1789, en un volume grand in-8. (Voyez à la fin de l'article PINELLI. *b*, 121.)

MOTS non séparés dans les anciens manuscrits. *a*, 458.

MOZARABES ou MIXTARABES. Chrétiens d'Espagne. *a*, 310. Voyez aussi la *Bibliogr. inst.* de Debure, n° 211.

MULLER de Konisberg (Jean), ou *Regiomontanus* Muller, mathématicien et imprimeur à Nuremberg au 15e siècle. *b*, 158.

MUSÉE ou MUSEUM. Collection de monumens relatifs aux beaux-arts. *a*, 459.

MUSÉE d'Alexandrie. *a*, 459.

— d'Athènes. *a*, 460.

— d'Histoire naturelle à Paris. *a*, 460.

— Des monumens français à Paris. *a*, 461.

— Central des arts. *a*, 461.

— Britannique, à Londres. *a*, 463.

— Musée d'Oxford ou Ashmoléen. *a*, 467.
— De Portici. *a*, 467.
— d'Italie (1). *a*, 468.
— Farnèze. *b*, 397.

MUSÉOGRAPHES. Savans qui donnent la description des musées, tels que Gori, Visconti, Molinet, Oberlin, Millin, etc. *a*, 29.

MUSIQUE (caractères de). *a*, 468. Le citoyen Reinhard, à Strasbourg, a obtenu dernièrement un brevet d'invention pour l'impression stéréotype de la musique. A Paris, le citoyen Olivier, graveur, a fondu un très-beau caractère pour l'impression de la musique. Il existe des pièces de musique à plusieurs parties imprimées avec ces caractères. On voit aussi dans le journal intitulé : *Correspondance des amateurs musiciens*, par Cocatrix, des ariettes, paroles et musique imprimées avec les mêmes caractères.

MYSTAGOGUES. C'est ainsi qu'on appelait à Athènes des conducteurs publics qui se chargeaient de montrer aux étrangers tout ce qu'il y avait de curieux dans les villes (2). Ces mystagogues commençaient par lire à haute voix les inscriptions gravées au bas des monumens ; ensuite ils s'engageaient dans des explications si prolixes, et quelquefois si fausses, si monstrueuses, que c'est peut-être à ces hommes loquaces que l'on doit rapporter tous les prodiges ridicules que Pline et tant d'autres écrivains ont répétés d'après eux touchant des statues et des tableaux qui firent illusion aux animaux et les rendirent, contre les lois de leur instinct, sensibles aux charmes des arts.

---

(1) Nous avons oublié de parler du musée du cardinal Borgia, unique en son genre pour les médailles kufiques. Il se voit à Velletri.

(2) *Mystagogue* signifie plus particulièrement, d'après son étymologie, celui qui initiait aux mystères d'un culte, qui conduisait dans le temple, etc.

Dans aucune contrée du monde la hardiesse de mentir ne fut portée à un plus haut degré que parmi les conducteurs publics de la Grèce. Pour tenir toujours l'esprit des étrangers dans une espèce d'extase, ils attribuaient aux plus grands artistes les productions les plus médiocres, ou ornaient leurs explications de mille fables plus ridicules les unes que les autres.

Les modernes n'ont point de conducteurs publics, mais on rencontre souvent dans les grandes villes des personnes peu instruites qui font profession d'expliquer les monumens publics, et qui méritent à tous égards le titre de *mystagogues*. J'en ai trouvé quelques-uns à Londres, à Paris et dans quelques grandes villes de France qui sont bien dignes de ce titre. Ceux qui autrefois montraient les trésors de certaines cathédrales étaient pour la plupart de véritables *mystagogues* qui mêlaient très-souvent le merveilleux, le fabuleux et quelquefois le burlesque dans l'explication des objets que la religion exposait à la vénération des fidèles. Cela me rappelle un trait de l'abbé de Marolles : en passant à Amiens, il demanda à voir la tête de saint Jean-Baptiste; en la baisant il dit : Dieu soit loué! c'est la sixième que j'ai l'honneur de baiser.

MYSTÉRIQUES (arts). Mot imaginé par l'abbé Girard. *a*, 471.

MYSTIQUE. Mot qui signifie allégorique, mystérique caché, ou épithète qui appartient aux ouvrages de dévotion contemplative. *a*, 472.

N

NÉOGRAPHE. Nom que l'on donne à ceux qui orthographient d'une manière nouvelle et contraire à l'usage. *b*, 2.

NÉOLOGISME. Création de nouveaux mots dans une langue. *b*, 2.

NICERON (Jean-Pierre). Bibliographe. *b*, 3. L'abbé Rive se proposait de faire réimprimer les *Mémoires* de Niceron dans un meilleur ordre et avec beaucoup de corrections. Il avait acheté à la vente de la bibliothèque de l'abbé Sépher un exemplaire de ces *Mémoires*, chargés de notes de la main de cet abbé. On dit que le libraire Briasson payait à Niceron le manuscrit de ses mémoires à raison de cinquante écus par chaque volume.

NIMBE Terme de numism., cercle rayonnant, etc. *a*, 426.

NOMBRES ordinaux. *a*, 178.

NOMOLOGIE. L'abbé Girard entend par ce mot tout ce qui regarde la société. *b*, 4.

NOTES DE TIRON. *b*, 297.

NOUVEAU-TESTAMENT de 1687, gravé en caractères sténographiques, composé par Addy, anglais. *b*, 189.

NUMMEISTER (Jean). Imprimeur qui fut aide de Gutenberg, et qui prend toujours le titre de Clerc de Mayence. Il est le premier qui, avec Emilien de Orfinis, a établi une imprimerie à Foligni, en Italie. Le premier livre qui sortit de cette presse en 1470 est *Leonardi Aretini de bello italico adversus Gothos libri 4. Fulginei, Numeister,* in-folio. (Voyez le *Catal. de la Vallière*, n° 4967.) C'est le même imprimeur qui a donné la première édition du DANTE en 1472. Son édition des *Méditations de Turrecremata*, 1479, a des caractères qui ressemblent beaucoup à ceux de Gutenberg.

O

OBÈLE. Signe d'orthographe dans les anciens manuscrits. *b*, 4.

OBÉLISQUES chargés d'hiéroglyphes. *a*, 308.

OBERLIN (Jérémie-Jacques), né à Strasbourg en 1735, associé correspondant de l'institut national de France, et membre de plusieurs académies et sociétés littéraires, tant nationales qu'étrangères. Ce savant a été, d'abord en 1755, instituteur au gymnase; en 1764, bibliothécaire de l'université; en 1773, aggrégé à la faculté de philosophie; en 1782, professeur de logique et de métaphysique; il donne depuis plus de trente ans des cours d'antiquités, d'histoire littéraire et de diplomatique. Il a continuellement résidé à Strasbourg; et, à l'etablissemeut de l'école centrale, il en a été nommé bibliothécaire. La république des lettres doit à cet érudit beaucoup d'ouvrages qui attestent la variété et la profondeur de ses connaissances; surtout en matière d'antiquités, de bibliographie, de diplomatique et de philologie. Nous allons citer ses principales productions, avec une petite notice très-abrégée de celles qui ont un rapport plus ou moins direct avec la bibliologie.

Joh. Georgii Scherzii J.-U.-D. et P. P. Arg. Glossarium Germanicum medii ævi potissimum dialecti Suevicæ, edidit, illustravit, supplevit Jer. Jac. Oberlinus Phil. Doct. et P. P. Argent. Argentorati, 2 volumes in-folio, 1781-1784. Ce glossaire de la langue allemande du moyen âge sert de suite à ceux de Schilter, Wachter et Haltaus.

Miscella litteraria maximam partem Argentoratensia. Argentorati, 1770, in-4. Ce recueil très-curieux renferme 1º *Chrismon Diplomati Friderici II imp. præfixum*; 2º *Nummus Pullaviensis rarissimus*; 3º *Dissertatio de nummi romani valore, tabulis instructa*; 4º *Lapidis Græci metensis explanatio*; 5º *Rhythmologia leonina ex Godefridi Hagenoensis codice MS. Bibl. univ. Argent. locupletior*; 6º *Biblicorum codicum Hebræorum MSS. Bibliothecæ univ. Argentin. succincta recensio*; 7º *Fragmentum epitaphii Hebraïci recens detectum.* Cet ouvrage devait avoir une suite; le second volume devait contenir : *Adversaria diplomatica*...... *Alsaticæ diplomaticæ supplementa*..... *Adversaria bibliographica*, *ubi de editionibus Argentoratensibus sacri codicis, de fragmentis codicum veterum MSS. Sollicite conservandis*, etc....... *Vindiciæ Aristotelis, insani amoris temerè incusati*, etc..... Je crois que ce second volume n'a point paru.

Museum Schoepflini. Lapides Marmora, Vasa. Argent. 1773, in-4, fig. tome I. J'ignore si le second volume, qui devait comprendre *Lares, nummos, gemmas*, a paru : je ne le crois pas.

Essai sur le patois lorrain des environs du comté du Ban de la Roche, fief royal d'Alsace, par le sieur Oberlin. Strasbourg, 1775, un volume petit in-8. On trouve dans cet ouvrage : 1° un chapitre sur le patois en général et sur celui des Lorrains des environs du Ban de la Roche en particulier ; 2° des échantillons du vieux langage français des différens siècles ; 3° des échantillons de provençal, gascon, bourguignon et lorrain ; 4° l'ébauche d'une grammaire patoise pour le Ban de la Roche ; 5° des échantillons du patois lorrain de ces contrées ; 6° un glossaire patois et un *index* français.

Rituum romanorum tabulæ. In usum auditorum concinnavit Jer. Jac. Oberlinus log. et metaph. P. P. O. Editio secunda indice auctorum ditata, Argentorati, 1784, un vol. petit in-8. Cet ouvrage renferme trente-deux tables, dont voici l'énumération : 1 *Fata gentis rom.*; 2 *Discrimen inter servos et liberos*; 3 *Nuptiæ*; 4 *Familiæ et nomina*; 5 *Vestitus*; 6 *Victus*; 7 *Balneorum usus*; 8 *Tempus*; 9 *Pecunia, pondera, mensuræ*; 10 *Studia*; 11 *Ritus funebres*; 12 *Constitutio, ubi civium distributio in tribus et curias, ordinem senatorium, equestrem, plebeïum, patricios et plebem, classes et centurias*; 13 *Administratio rerum civilium et juris facta in senatu*; 14 *A populo, in comitiis*; 15, 16, 17, 18, 19 *A magistratibus*; 20 *In judiciis*; 21, 22, 23, 24, 25, 26 *Sacrorum ubi numina, sacerdotes, ritus, ludi*; 27, 28, 29, 30, 31, 32 *Defensio, ubi res militaris, quo spectant delectus, ordines, arma, acies, castra, disciplina*. La table des auteurs qui ont traité des coutumes des Romains est fort étendue.

Orbis antiqui monumentis suis illustrati primæ lineæ. Iterum duxit Jer. Jac. Oberlinus log. et metaph. P. P. O. Argentorati, 1790, un volume in-8. Cet ouvrage très-détaillé est terminé par une table bibliographique des auteurs dont il y est parlé.

Artis diplomaticæ primæ lineæ. Argentorati, 1788, *petit in*-8. Cet ouvrage est divisé en onze tables, dont voici la série : 1 *Diplomaticæ artis indoles*; 2 *Artis Diplomaticæ pars Theoretica*; 3 *Diplomatum indoles et argumentum*; 4 *Scriptura Diplomatum*; 5 *Diplomatum contextus*; 6 *Diplomatum sanctio*; 7 *Artis Diplomaticæ pars practica*; 8 *Analysis Diplomatica*; 9 *Crisis Diplomatum*; 10 *Diplomatum usus*; 11 *Diplomatum asservatio et custodia*. Ces onze tables sont suivies de quelques observations particulières, et l'ouvrage est terminé par une bonne table des auteurs qui ont traité de la diplomatique soit directement, soit indirectement.

Litterarum omnis ævi fata tabulis synopticis exposuit Jer. Jac. Oberlinus. Argentorati, 1789, un volume in-8 oblong. Dans un petit discours préliminaire, l'auteur expose synoptiquement la nature, l'usage et les différentes parties de l'histoire littéraire; ensuite il présente, dans dix grandes tables, la liste chronologique des principaux savans dans tous les genres et de tous les pays. C'est ainsi qu'on y voit dans des colonnes différentes 1° les auteurs juifs, arabes, grecs, etc. etc.; 2° les poëtes grecs et latins, anciens et modernes; 3° les poëtes modernes de différentes nations; 4° les orateurs et rhéteurs; 5° les philologues; 6° les antiquaires; 7° les historiens; 8° les voyageurs;

9° les théologiens; 10° les principaux événemens de l'histoire politique ; 11° les établissemens des académies ; 12° les théologiens protestans ; 13° les fanatiques, sociniens, etc. 14° les jurisconsultes ; 15° les écrivains politiques; 16° les médecins; 17° les physiciens; 18° les mathématiciens; 19° les philosophes ; 20° les épistolographes; 21° les auteurs qui ont traité des arts, etc. etc. Les dix tables, où se trouvent ces colonnes en plus ou moins grand nombre, offrent seulement la nomenclature chronologique des auteurs qui se sont distingués dans chaque partie, depuis le déluge (1656 du monde) jusqu'en 1789 de l'ère vulgaire.

Exposé d'une découverte du chevalier de Fredenheim, surintendant des bâtimens et du musée de Stockholm, faite au Forum romanum *en janvier* 1789; *par Jér.-J. Oberlin, de l'institut national de France.* Strasbourg, *Levrault*, 1796, in-8, figures. On voit dans cet exposé que M. Fredenheim est sans doute le premier qui ait découvert le véritable sol de ce fameux forum, de cette place que tant d'événemens rendirent autrefois célèbre, et qui est encore d'un si grand intérêt pour le philosophe et l'antiquaire.

Essai d'annales de la vie de Jean Gutenberg, inventeur de la typographie. Strasbourg, *Levrault*, an IX, in-8, figures. Cet opuscule offre beaucoup de détails sur l'origine de l'art typographique. L'auteur commence par présenter toutes les preuves authentiques et les monumens certains qu'il a recueillis dans une infinité d'auteurs sur la vie de Gutenberg. Il pense que Jean Henne Gœnsfleisch de Sulgeloch, nommé Gutenberg, a pu naître à Mayence vers 1400. Il eut deux frères, l'un Conrad, mort avant 1424, l'autre Friele qui vivait encore en 1459, et deux sœurs, Berthe et Hebele, l'une et l'autre religieuses. En 1424, Gutenberg est à Strasbourg, et paraît y avoir déjà demeuré depuis quelques années. En 1430, il est hors de

Mayence. En 1434, il est à Strasbourg et fait relâcher le greffier de la ville de Mayence qu'il avait fait arrêter précédemment pour une rente de 310 florins (d'or) qui lui étaient dûs par la ville de Mayence. En 1435, il fait, selon Meerman, un voyage (imaginaire) à Aix - la - Chapelle et delà à Harlem. En 1436, Gutenberg entre en société à Strasbourg avec André Dryzehn et quelques autres, pour commencer ses essais typographiques. En 1437, il comparaît à l'officialité, à Strasbourg, assigné par *Anne à la porte de fer*, à laquelle il paraît avoir promis le mariage, et qu'il épousa ensuite. En 1439, il est porté sur les cadrastes des contributions à Strasbourg. Cette même année, un procès lui est intenté par Georges Dryzehn, dont le frère André vient de mourir. En 1441, et 42, Gutenberg passe au profit de la collégiale de St.- Thomas des actes de constitutions de rente. En 1443 et 44, il est porté encore sur les cadrastes des contributions à Strasbourg. En 1445, 46, 47, 48, 49, 50, Gutenberg, de retour à Mayence, s'occupe de nouveau d'impression. On nomme parmi les premiers ouvrages imprimés à Mayence : l'*Alphabet* gravé sur une planche, à l'usage des écoles ; *Alexandri Galli doctrinale* ; *Petri Hispani tractatus logicales* ; enfin le *Donati grammatica*. En 1450, Gutenberg s'associe Jean Faust ou Fust : ils entreprennent l'impression de la *Bible latine* ; Faust fait les fonds : il y a un accord entre eux, dont on trouve les articles dans l'acte du notaire Helmasperger. Trithême rapporte que le premier ouvrage de la société a été un *Vocabulaire* ou *Catholicon* imprimé sur planche de bois. En 1454, la société de Gutenberg et Faust durait encore. Il y a apparence que pendant cette société ils ont imprimé d'autres ouvrages que ceux cités précédemment ; c'est ainsi qu'on leur attribue une *Lettre d'indulgence* de Nicolas V, accordée le 12 août 1451 à Paulin Zappe, conseiller et ambassadeur de Jean, roi de Chypre, pour la défense de son royaume contre les Turcs. En 1455, la société entre Gutenberg et Faust est rompue. En 1756, Gutenberg, dépouillé de sa presse par la perte de son procès avec Faust, en remonte une autre, soutenu par le docteur Conrad Humery, syndic de Mayence. Meerman pense que l'impression du *Psautier de* 1457 a été commencée pendant la société de Gutenberg et Faust. En 1459, Gutenberg passe, en faveur du couvent de Ste.-Claire de Mayence, un acte qui prouve clairement qu'il avait imprimé et publié des livres auparavant; qu'il en imprimait et se proposait d'en imprimer à l'avenir. En 1460, paraît le *Catholicon de Jean de Balbis, de Gênes*, in-fol. de 373 pages. Les bibliographes sont divisés d'opinion sur celui qui a imprimé ce livre; est-ce Gutenberg? ou bien sont-ce Faust et Schoeffer? la chose n'est point encore décidée. La même incertitude plane sur d'autres ouvrages imprimés sans date avec les mêmes caractères que le *Catholicon*; de ce nombre sont : *Mathei de Cracovia tractatus, seu dialogus racionis et conscientiæ*, etc., in-4 en 22 feuilles. — *Thome de Aquino Summa de articulis fidei*, etc., in-4 en treize feuilles, et *Statuta provincialia*, etc., in-4. En 1462, Gutenberg imprime les *Lettres patentes* de Thierry d'Isenbourg, archevêque de Mayence, qui refusait de céder sa place à Adolphe son antagoniste. Ces lettres paraissent sous ce titre : *Diethers Churfürsten zu Maynz Schrifft wider Graf Adolphen zu Nassau*, in-folio en quatre feuilles. Il existe aussi une édition latine de ce document. En 1465, Gutenberg est reçu par l'archevêque Adolphe au nombre des gens nobles de sa cour, avec habillement, pension, privilège et exemptions. Les lettres de concession de l'archevêque sont datées d'Eltvil, du jeudi après la Saint-Antoine 1465. En 1466, une *Grammatica Rhythmica* est sortie d'une presse de Mayence; mais comme l'imprimeur n'est désigné que par *Johannes*, on ne sait s'il faut entendre par là Gutenberg ou Faust. En 1468, Gutenberg doit être mort, s'il ne l'est pas l'année précédente.

Telle est la substance de l'intéressant opuscule du professeur Oberlin sur Gutenberg. Il ajoute à chacune des notes chronologiques que nous en avons extraites, des preuves authentiques et des réflexions propres à jeter un grand jour sur cette partie obscure de l'histoire de la typographie.

Nous ne parlerons point en détail des autres productions du savant Oberlin. On lui doit encore une belle et surtout une bonne édition d'*Horace*, des *Tristes d'O ide*, de *Vibius Sequester*, etc., ainsi que de beaucoup de *Thèses académiques*, etc. etc.; enfin tout ce qui est sorti de la plume de cet auteur annonce un goût sûr, une profonde érudition et un travail prodigieux qui depuis longues années lui ont, à juste titre, mérité l'estime et l'approbation des savans.

OBSIDIONALES (médailles). *a*, 431.

ODIN. Législateur du Nord. *b*, 166.

OKYGRAPHIE. Ecriture rapide. *b*, 7.

ONCIALE (écriture). *a*, 369. On trouve de l'écriture onciale dans le n° 7 des calques qui sont à la fin du *Vindiciæ typographicæ* de Schoepflin.

ONCIALE. (étymologie de ce mot.) *a*, 394.

ONOMATOPÉE. *a*, 257.

OPISTOGRAPHIE. Ecriture des deux côtés. *b*, 5. Pline dit dans son épître à Macer, qui est la cinquième de son troisième livre, que son oncle lui avait laissé cent soixante livres de *glanures* écrits des côtés, ou bien opistographes.

ORATEURS de la Grèce. *b*, 93.

ORATEURS latins. *b*, 104.

ORDONNANCES de la troisième race (continuation de la collection des). *a*, 135.

ORTHOGRAPHE sous le rapport diplomatique. *b*, 9.
ORTHOGRAPHE sous le rapport typographique. *b*, 12.

OSTRACISME. Son étymologie. *b*, 282.

OUPNEK'HAT. Livre de l'Inde, traduit par Anquetil Duperron. *b*, 349.

OUVRAGES incomplets des anciens. *a*, 416.

P

PAGE (étymologie du mot). *b*, 340.

PALAEOGRAPHIE et non PALÉOGRAPHIE. *b*, 17.

PALIMPSERTE. Tablettes écrites dont on a raclé l'écriture pour y écrire de nouveau. *b*, 17.

PANNARTZ (Arnold), imprimeur du 15e siècle à Rome. *b*, 20. La première production de cet artiste, en société avec Sweynheym, est un abrégé de grammaire appelé *Donat*, dont il ne reste aucun fragment. La seconde est le *Lactance* de Sublac, 1465. Swyenheym et Pannartz imprimèrent à Rome, dans l'espace de sept ans, douze mille quatre cent soixante-quinze volumes de différens auteurs. La vente ne répondait point à leur travail. Le 20 mars 1472, l'évêque d'Alerie mit sous les yeux du pape Sixte IV la liste chronologique des livres imprimés par Sweynheym et Pannartz depuis 1465 jusqu'en 1472, pour le supplier de venir au secours de ces deux imprimeurs qui se voyaient sur le point d'être ruinés par le peu de débit de leurs livres et les grosses avances qu'ils leur avaient occasionnées. *b*, 314.

PENTATEUQUES polyglottes des Juifs de Constantinople. *b*, 128.

PANZER (Georges-Wolfgand), bibliographe éditeur des Annales de Maittaire en onze volumes in 4 (1). *a*, xviij, 404. Ce savant a publié les *Annales de l'ancienne littérature allemande*, en six volumes in-4, il y a à peu près seize ans; il a donné, en l'an X, un *Supplément à ces Annales*, ou *indication et description des livres qui ont été imprimés depuis l'invention de l'imprimerie jusqu'en 1520*; Leipsick, un volume grand in-4. L'auteur, dans ce dernier ouvrage, annonce un second supplément qui contiendra tous les ouvrages qui ont paru depuis 1521 jusqu'en 1546, époque à laquelle il compte terminer cet ouvrage.

PAPETERIE. Ce ne fut que sous le règne de Philippe de Valois, vers 1340, que les manufactures de papier s'établirent en France. Les premières usines furent celles de Troyes et d'Essonne. On tirait, avant cette époque, le papier de Lombardie; mais bientôt il s'en fabriqua en Hollande, à Gènes, et dans plusieurs provinces de France. Les Hollandais surtout en firent un objet capital d'industrie, et excellèrent dans l'art de le coller. L'Angleterre tirait encore son papier de l'étranger pendant le 16e siècle, puisque leur première manufacture, établie à Hertford, est de 1588. C'est aux Anglais, je crois, et à Baskerville en particulier, que l'on doit l'invention du papier velin

―――――

(1) Cet ouvrage a paru sous ce titre : *Annales typographici ab artis inventae origine ad annum* MD, *post Maittairii, Denisii aliorum que doctissimorum virorum curas, in ordinem redacti emendati et aucti opera Georgii-Wolfgangi Panzer capituli ecclesiae cathed. Ad D. Sebald. Norimberg. praepositi societati Florigerae ad pegnesum praesidis.* Norimbergæ, *impensis Joannis Eberhardi Zeh, bibliopolae.* Le premier volume a paru en 1793, le second en 1794, le troisième en 1795, le quatrième en 1796, le cinquième en 1797, le sixième (*ab anno* MDI *ad annum* MDXXXVI,) en 1798; le septième en 1799, le huitième en 1800, le neuvième en 1801, le dixième en 1802, et le onzième en 1803.

(Voyez ce mot). L'Ecosse est renommée pour la beauté de ses papiers, qui ne contribuent pas peu à la réputation des éditions de Glascow. En France, les manufactures de MM. Montgolfier, Johannot, de Lagarde, etc., sont très-renommées. Beaumarchais avait tâché d'imiter les Hollandais dans les papeteries qu'il avait établies dans les Vosges pour ses belles entreprises typographiques de Kehl.

PAPIER d'amyante ou d'asbeste. *b*, 26.

PAPIER de bambou. *b*, 27.

PAPIER de coton. *b*, 24.

PAPIER de la Chine. *b*, 26. J'ajouterai à ce que j'ai déjà dit sur ce papier, que le savant Laire prétend que celui dont les Chinois se servent communément n'est ni de soie ni de coton, comme l'ont cru plusieurs, mais d'écorce de l'arbre ou roseau appellé *bambou*, approchant de la nature de notre sureau. On en prend la seconde peau extrêmement mince et blanche, et avec de l'eau et de l'alun, qui tient lieu de colle, on parvient à faire ce papier si brillant qu'on serait tenté de croire que le vernis entre dans sa composition (Voyez la *Nouvelle diplomatique*, tome I, page 516). Les auteurs Chinois les moins suspects ne font pas remonter l'origine de leur papier au delà de 2000 ans. Ce papier, malgré son brillant, est cependant fort inférieur au nôtre. D'abord le papier chinois se conservant peu, on est obligé de renouveler souvent les actes et les livres de la nation, tandis que nous trouvons en Europe des titres écrits sur le papier de chiffe presqu'à l'époque de son invention ; ensuite, quoique la colle n'entre pas dans la composition du papier chinois, il éprouve cependant le défaut que nous remarquons dans la plupart des livres allemands et hollandais, et notamment dans les belles éditions des Elzevirs ; c'est-à dire, des taches jaunâtres répandues sur sa superficie. De plus, s'il contracte un peu d'humidité, ou d'eau, ou d'encre européenne, il se ronge promptement ; enfin sa nature d'écorce l'expose davantage à être la proie des teignes ou des vers, raison pour laquelle on évite soigneusement la colle dans les reliures. J'ai oublié de dire à l'article ENCRE, *a*, 247, que le père Duhalde fait remonter l'origine de celle de la Chine à plus de onze siècles avant l'ère vulgaire ; on connait assez la qualité de cette encre, dont les dessinateurs se servent avec tant de succès pour le lavis. Sa composition, dont la base est le noir de fumée, l'huile et les parfums, est amplement détaillée par l'auteur dont nous venons de parler dans sa *Description de la Chine*, t. II, page 245.

PAPIER d'écorce. *b*, 25.

PAPIER d'impression. *a*, 315. On prétend que l'on consomme tous les ans à Paris, pour l'imprimerie seulement, la quantité de 228000 rames de papier à peu près.

PAPIER du Japon. *b*, 28.

PAPIER de linge. *b*, 28. Epoque de son invention. *b*, 29. Voici un passage du Voyage de M. Camus dans les départemens réunis, in-4, page 84, qui m'a paru devoir être rapporté ici. « En visitant les archives de la commune de Bruges, dit le savant voyageur, j'ai trouvé de gros volumes du 14° siècle, contenant les comptes de la ville, en papier. Le plus ancien porte la date de 1367; son papier est à la marque de la hache; celui de 1368, à celle du griffon; celui de 1396, quelques feuilles à la tête de bœuf, quelques-unes au griffon : tous ces papiers m'ont paru au premier coup-d'œil papier de linge ou de chiffon. Après un examen attentif, je doute..... si ce papier est fait avec du chiffon de linge. Il faut en conclure que dès 1367 cette sorte de papier était commune, car on ne l'a pas ménagé dans les volumes dont je parle. Si ce papier est fait avec du coton, l'existence des volumes que je viens de décrire, donnera encore la conséquence qu'alors ce genre de papier était très-commun ; que vraisemblablement le papier de chiffon sortit des mêmes fabriques que le papier de coton, puisqu'il porta les mêmes marques. Enfin ce sera une nouvelle preuve qu'on a eu raison de soutenir que la marque de la tête de bœuf au papier, n'était pas le caractère essentiel d'une édition du premier âge de l'imprimerie, puisqu'il y avait dès lors du papier à la hache, au griffon et au cornet. »

PAPIER de soie. *b*, 27.

PAPIER de différentes matières. *b*, 30. Nous avons oublié de parler du papier préparé avec le lin de marais (*Eriophorum polystachion*) que l'on doit à M. Senger, et des expériences faites par M. Klaproth de Berlin pour blanchir le papier imprimé. Le citoyen Claude Pajot a fait insérer dans la Décade philosophique (tome VI, n° 49, page 393) différens procédés pour le *blanchiment des vieux papiers imprimés, pour pâte*; pour le *blanchiment des vieux papiers écrits, pour pâte*; pour le *blanchiment des feuilles de papier imprimées, sans dénaturer leur tissu*; pour le *blanchiment des feuilles de papier écrites, sans en dénaturer le tissu*; pour le *blanchiment des chiffons bis ou écrus pour papier blanc*; pour le *blanchiment de chiffons de toutes couleurs, bon ou mauvais teint, pour papier blanc*.

PAPIER VÉLIN (1). *b*, 329. Nous n'avons dit qu'un mot sur la première fabrique de ce papier en France, et ce mot n'annonce que des incertitudes et des conjectures

---

(1) La fabrication de ce papier est parfaitement semblable, en toutes ses parties, à celle des papiers ordinaires, la seule différence ne consistant qu'en la disposition des fils de laiton qui composent la toile dont les châssis sont couverts (DIDOT).

très-hasardées, que nous allons faire disparaître en citant textuellement une note insérée dans un ouvrage de M. Didot l'aîné (1), à la suite de son *Epître sur les progrès de l'imprimerie* : c'est lui-même qui va parler.

« Vers la fin de 1779, je m'apperçus que le papier de l'épreuve des caractères d'un fondeur anglais nommé *Caslon* n'avoit ni pontuseaux ni verjures. Mes recherches me firent connaître que cette fabrication n'était point récente en Angleterre, et que la première édition du Virgile de Baskerville, qui parut en 1757, était imprimée en grande partie sur cette sorte de papier, depuis la page 17, ou 25 dans quelques exemplaires, jusqu'à la page 223 inclusivement.

« Regrettant que cette fabrication ne fût point encore introduite en France, j'étudiai au microscope le tissu de ces papiers, et je reconnus que les formes sur lesquelles ils avaient été fabriqués, étaient recouvertes d'une toile de laiton tissue selon la manière des tisserands, à la différence des formes des papiers ordinaires, qui sont recouvertes de fils de laitons posés parallèlement très-près les uns des autres, que l'on nomme *verjures*, et soutenus de distance en distance par des traverses nommées *pontuseaux*.

« J'envoyai aussitôt à MM. Johannot, père et fils, une feuille que je détachai de ce livre d'épreuve ; je leur communiquai mes observations, en les priant d'y joindre les leurs, et je les excitai par les motifs les plus puissans pour des Français, par ceux de l'honneur, à tenter cette fabrication. Je me chargeai d'en faire tous les frais.

« Ces fabricans, dont le zèle pour les progrès de leur art est reconnu depuis long-temps dans le commerce, et

---

(1) Essai de fables nouvelles, suivies de poésies diverses et d'une Epître sur les progrès de l'imprimerie ; par Didot fils aîné. *Paris*, imprimé par Franç.-Amb. Didot l'aîné, avec les caractères de Firmin, son deuxième fils ; 1786, in-12, papier vélin.

prouvé par des certificats authentiques, saisirent avec ardeur cette proposition. Ils firent tisser la toile en laiton par un ouvrier que je parvins à découvrir après beaucoup de recherches, et m'envoyèrent, à la fin de juin 1780, quelques mains d'essai de ces papiers, auxquels je donnai alors, pour les distinguer des autres, le nom de *papiers vélins*, parce que, placés entre l'œil et le jour, ils me présentèrent l'aspect du vélin, qui est une peau de veau préparée pour l'écriture.

« Satisfait des épreuves qui furent faites sur un des ouvrages qui était alors sous presse, et dont je parlerai bientôt, j'entrepris en grand la fabrication de ces papiers. Je ne me laissai point décourager par toutes les difficultés que MM. Johannot rencontrèrent dans l'exécution, persuadé que leur expérience, soutenue par leur zèle et par un travail constant, leverait ces obstacles ; et, pour plus grande facilité, je les autorisai à faire tisser la toile en fils d'argent.

« J'eus enfin la satisfaction de recevoir, en décembre 1781, une partie de papier vélin grand raisin qui me servit à imprimer aussitôt, pour essai des nouveaux caractères de ma fonderie, un conte allégorique que j'avais extrait des Œuvres de madame la marquise de Montesson, dont je fis deux éditions in-4, et quelques mois après, j'imprimai sur le même papier et du même format, un Extrait du poëme des Jardins, que j'eus l'honneur de présenter à monseigneur comte d'Artois.

« La distribution de ces deux extraits dans le public fit connaître ces papiers qui y étaient désignés sous le nom de *papier vélin de France*. Elle excita aussitôt l'émulation de quelques fabricans, qui entreprirent d'en faire de semblables.

« A la fin de 1782, madame Lagarde, associée de M. Réveillon, et que je ne connaissais pas, s'empressa de venir me montrer quelques feuilles de couronne, premiers essais de leur papier vélin. Comme j'avais fait beaucoup de démarches pour trouver en France, ne voulant rien devoir à l'industrie des étrangers, un ouvrier qui pût tisser de la toile en fils de laiton, je demandai à madame Lagarde comment elle s'était procuré de cette toile ; sa réponse fut qu'elle l'avait fait venir d'Angleterre, et qu'une aune, qui avait suffi, ne lui avait coûté que vingt-quatre livres.

« Quelques semaines après cette visite de l'associée de M. Réveillon, MM. Pierres et Moutard, qui n'avait peut-être point eu connaissance des deux extraits dont j'ai parlé ci-dessus, annoncèrent dans des prospectus et dans des journaux, au commencement de janvier 1783, chacun un petit ouvrage dont quelques exemplaires devaient être imprimés sur du papier vélin de M. Réveillon, qu'ils se hâtèrent de décorer du titre de premier fabricant de ces papiers en France ; et deux ans après, dans le Journal de Paris du 4 octobre 1785, M. Réveillon, par reconnaissance pour M. Pierres, lui fit un mérite d'avoir été le premier qui eût imprimé sur ce papier.

« Peu curieux des petits moyens de célébrité, je dédaignai de réclamer dans le temps contre la vaine prétention de ces messieurs, parce que je ne mettais pas plus d'importance à la fabrication de ces papiers, que les Anglais, qui en faisaient depuis plus de trente années, n'y en avaient mis eux-mêmes.

« Mais je me crus obligé de déclarer la vérité et d'agir pour MM. Johannot, lorsque M. d'Ormesson, contrôleur général, me fit l'honneur de me dire, au mois de mai 1783, que M. Réveillon sollicitait une médaille pour avoir fait le premier du papier vélin en France. Surpris qu'on osât demander une récompense pour si peu de chose, je dis alors la vérité à ce ministre : je lui demandai la permission de réclamer cette médaille pour MM. Johannot, et je lui adressai le lendemain un mémoire qui prouvait pour eux une antériorité de plus de deux années sur le sieur Réveillon, par des faits incontestables, par une des épreuves faites en juillet 1780 sur les premières mains d'essai de ce papier qu'ils m'avaient envoyées. Cette épreuve contenait neuf pages, dont une était le frontispice du tome II d'*Ollivier* de la collection de monseigneur comte d'Artois. La lecture de ce mémoire fit connaître alors que M. Réveillon était mal fondé dans ses prétentions de primauté : on lui refusa la médaille ; mais elle ne fut point encore accordée à MM. Johannot.

« Quelque temps avant que ces fabricans s'occupassent de la manière de faire ces papiers, le hasard avait fait tomber, entre les mains de MM. Montgolfier, un morceau de gaze ou réseau en fils de laiton, tissu aux environs de Lyon pour une manufacture de boutons de métal. L'apparence de conformité entre ce réseau et la toile ordinaire donna l'idée d'essayer si cette nouvelle toile rendrait moins sensible sur le papier l'ombre que forment les pontuseaux. M. Desmarets, de l'académie des sciences, à qui l'on doit d'excellens mémoires sur des objets utiles, entre autres sur la papeterie, était présent à ces essais, qui se firent en novembre 1779, et dont le résultat fit soupçonner que cette toile à réseau pourrait servir à imiter un papier anglais sans pontuseaux ni verjures, que cet académicien avait apporté ; mais MM. Montgolfier ne suivirent point alors ces essais ; et lorsqu'ils firent du papier vélin, on connaissait depuis long-temps celui de MM. Johannot, qui ont tellement perfectionné cette fabrication qu'ils font actuellement le grand aigle vélin, de 39 pouces de long sur 26 de large.

« Si MM. Montgolfier sont entrés les premiers dans la carrière, ils ne l'ont point suivie : MM. Johannot l'ont parcourue toute entière et ont atteint le but. D'après ces considérations on a envoyé la médaille à MM. Johannot, et on en a aussi donné une à MM. Montgolfier. »

PAPILLON (Jean-Michel). Il a publié un *Traité historique et pratique de la gravure en bois*; Paris, 1766, 3 volumes in-8, figures. Nous avons cité quelquefois cet auteur; nous lui donnons une place ici, parce qu'il présente, dans son premier volume, la description de plusieurs livres d'images et autres ouvrages qui tiennent au berceau de l'imprimerie ou qui ont rapport à l'impression tabellaire. (Voyez tome I du *Traité*, page 473.) L'auteur donne dans cette page et la suivante le catalogue des *anciens et premiers livres d'estampes ou images imprimés en Europe, avec figures et caractères de bois*. On peut reprocher à Papillon de n'avoir pas écrit la partie historique de son ouvrage avec assez de critique. Heinecken traite cet artiste avec un peu trop de sévérite dans son *Idée d'une collection d'estampes*, page 151. « Son premier tome, dit-il, est rempli d'erreurs, de fables, de minuties, tellement qu'il ne vaut pas la peine de le réfuter. » Et plus loin il ajoute, page 239 : « Papillon est un écrivain trop ignorant pour être allégué à l'avenir ». Sans adopter le jugement trop dur d'Heinecken, nous avouerons que Papillon a plutôt écrit en artiste connaissant parfaitement le mécanisme de son art, qu'en écrivain érudit habitué à manier la plume, et à discerner les faits vrais de ceux qui sont hasardés.

PAPILLON (Philibert), savant dijonais, mort en 1738. Il s'est particulièrement consacré à l'histoire littéraire de sa province; il doit être mis au rang des bibliographes pour sa *Bibliothèque des auteurs de Bourgogne*, 1742 et 45, 2 vol. in-folio. Cet ouvrage a été publié par Papillon de Flavignerot, neveu de l'auteur; il est par ordre alphabétique : on l'estime malgré les critiques qui en ont été faites. Philibert Papillon a encore composé d'autres ouvrages qui attestent sa profonde érudition.

PAPYRUS. *b*, 21. Fabrique du papyrus. *b*, 22.

PAPYRUS Auguste, Hiératique, Livien, Fannien, Amphithéatique, Saïtique, Téniotique, Emporétique, etc. *b*, 23. Diplômes sur papyrus. *b*, 23. Ouvrages relatifs au papyrus. *b*, 24.

PARAFE (origine du). *b*, 31.

PARAGRAPHE. Signe d'orthographe. *b*, 13.

PARALIPOMENES. Espèce de supplément. *b*, 31.

PARANGONNER. Terme d'imprimerie. *b*, 16.

PARCHEMIN. *b*, 32.

PARÉNÉTIQUE. Epithète que l'on donne aux livres qui renferment des exhortations à la piété. *b*, 33.

PARENTHÈSE. Signe d'orthographe. *b*, 13. La parenthèse a été en usage dès le commencement de l'imprimerie. Ulric Han, à Rome, en 1470, et Ceninus à Florence, en 1471, employèrent la parenthèse pour séparer le texte des commentaires; et souvent les enlumineurs ou calligraphes soulignaient ce qui était compris entre deux parenthèses.

PASIGRAPHIE. Espèce d'écriture universelle. *b*, 34.

PATISSON (Mamert), né à Orléans, célèbre imprimeur de Paris, reçu en 1568, imprimeur du roi en 1579, et mort en 1602. *b*, 37.

PATRIARCHES grecs. *b*, 183.

PATRONYMIQUE. *b*, 38. Nous avons désigné sous ce mot les noms formés sur ceux du père, de la mère, du grand-père ou de quelqu'autre d'entre les ayeux de celui qui les porte. Nous allons ajouter à cet article un mot sur l'origine des noms et surnoms dans les familles. Sous la première race des rois de France, on ne portait qu'un seul nom qu'on tenait ordinairement de la volonté de ses parens, et qui, surtout pour les princes, renfermait souvent quelque qualification de fortune ou de naissance. C'est sans doute la cause de ces noms en *bert* et en *ric* que l'on voit dans l'histoire des commencemens de la monarchie française. *Bert* signifiait *illustre*, *puissant*, et de *Ric* on a fait *riche*. La langue primitive des Francs était d'abord très-dure, mais elle s'adoucit en se mêlant avec la celtique et la romaine ; les mots prirent une articulation plus facile, plus douce ; de *Klovis* ont fit *Louis*. Vers la fin de la seconde race des rois de France (à la fin du 10e siècle), les mêmes noms s'étant multipliés dans les familles, on eut recours aux surnoms, c'est-à-dire, à des sobriquets ou honorables ou ridicules pour distinguer ceux qui portaient le même nom. Le surnom de *Capet*, donné à Hugues, signifiait une grosse tête, une forte tête, soit au moral, soit au physique (1). On donna à Pepin le surnom de *Bref*, à un Charles celui de *Simple*, à un autre Charles celui de *Chauve*, etc. Ces surnoms n'avaient rien de flatteur, et sont bien éloignés de ceux que s'acquirent Louis IX, Louis XII, et Henri IV. Dans le moyen âge, vers le 11e siècle, on ne mettait dans les actes publics que le nom de la personne dont il s'agissait, et pour la mieux désigner on écrivait au-dessus de son nom, en interlignes, le sobriquet qu'elle portait. C'est sans doute de là que vient l'étymologie du mot *surnom*. Dans le 13e siècle on commença à fixer dans les familles un surnom héréditaire ; la noblesse le tira des terres qu'elle possédait ; les gens de lettres, du lieu de leur naissance, et les roturiers transmirent à leur postérité le surnom ou sobriquet qui leur était venu ou de leur profession, ou de la couleur de leurs cheveux, ou d'un talent, ou d'un défaut particulier ; et

---

(1) Quelques auteurs prétendent que le surnom de *Capet* fut donné à Hugues, parce qu'il continua toujours à porter sur la tête un chaperon, au lieu de la couronne et de la coiffure ordinaire des rois.

effectivement la plupart des noms propres actuels portent une étymologie sur laquelle il serait impossible de se tromper (1). Nous renvoyons pour plus amples détails sur cette matière à l'*Encyclopédie*, au mot Noms et au mot Surnoms ; au *Traité des noms et surnoms, par Gilles-André de la Roque* ; Paris, 1681, in-12 ; aux *Recherches sur les origines celtiques, par J.-J. Bacon-Tacon* ; Paris, an VI, 2 volumes in-8, figures, etc. Il faut avouer que malheureusement ces ouvrages ne débrouillent point le cahos de l'origine des noms et surnoms.

Peintres des différentes écoles. *b*, 39. Balance des peintres. *b*, 46.

Peintres espagnols, génois et napolitains. *b*, 45.

Peinture A L'Huile. Son invention par Jean de Bruges. *a*, 393.

Pentateuque écrit sur cinquante-sept peaux cousues ensemble. *b*, 33. On a vendu en 1747, chez M. de Pontchartrain, pour 250 livres, un Pentateuque en Hébreu, manuscrit fort ancien, d'un caractère très-gros et très-beau, écrit sur environ quarante-cinq peaux de veau cousues ensemble, formant un rouleau de deux pieds de hauteur sur environ cent pieds de longueur. Il était sans points, sans accens et sans note massoretique. (V. Rouleaux.)

Pen-Tsao. Livre chinois. *b*, 49.

Pères de l'église grecs et latins. *a*, 232.

---

(1) Il en faut dire autant des noms propres des Grecs et des Romains. Chez les Grecs, Alexandre, *Alexandros, fortis auxiliator* ; Aristote, *Aristoteles, ad optimum finem* ; Nicolas, *Nicolaos, victor populi* ; Philippe, *Philippos, amator equorum* ; Acheron, *fluvius doloris* ; Afrique, *sine frigore* ; Ethiopie, *uro et vultus* ; Naples, *Neapolis, nova urbs*, etc. Chez les Romains : Lucius, *cum luce natus*, au point du jour ; Tiberus, né près du Tibre ; Servius, né esclave, etc.

PERIPATETISME. *b*, 72.

PERSANNE (langue). *a*, 350.

PERSONOLOGIE. Mot d'une étymologie barbare, imaginé par Girard. *b*, 49.

PETIT-QUE. Terme d'imprimerie pour exprimer le *point et virgule*. *b*, 12.

PÉTRONE (Manuscrit de). Ce manuscrit a fait grand bruit dans la république des lettres. Il renferme un fragment de Pétrone qui manquait à ses ouvrages imprimés, et que Petit découvrit, en 1663, dans la bibliothèque de Nicolas Lippius, à Traw ou Traou, ville de Dalmatie dans les états de Venise. Ce manuscrit in-folio est épais de deux doigts; il contient plusieurs traités écrits sur du papier qui a beaucoup de corps. Les œuvres de Catulle, de Tibulle et de Properce sont écrites au commencement. Ensuite on voit une pièce intitulée : *Fragmentum Petronii Arbitri, ex libro decimo quinto, et sexto decimo*, où est contenu le souper de Trimalcion tel qu'il a été imprimé depuis sur cet original. Le manuscrit est bien lisible, et les commencemens des chapitres et des poëmes sont en caractères bleus et rouges. Il porte à la page 179 la date 1423, 20 novembre. La découverte de ce manuscrit a fait grand bruit. Il se forma dans la république savante trois factions; l'Italie adopta l'authenticité du fragment; la France et la Hollande le rejettèrent; l'Allemagne resta neutre, car Reinesius commenta le manuscrit sans oser se déclarer; l'Angleterre, occupée des projets de Charles II et de la réédification de Londres incendiée, ne parut point dans cette contestation. Aujourd'hui les préjugés sont dissipés, et personne ne doute de l'authenticité du fragment. Il n'existait point, au commencement du 15ᵉ siècle, des esprits assez rafinés, assez délicats et assez versés dans la langue latine pour emprunter le style de Pétrone et si bien réussir à l'imiter. Le manuscrit en question se voit maintenant à la bibliothèque nationale.

On a publié dernièrement une petite brochure intitulée : *Fragmentum Petronii ex bibliothecæ Sti.-Galli antiquissimo MSS excerptum nunc primum in lucem editum. Gallice vertit ac notis illustravit perpetuis Lullemandus S. theologiæ doctor*, 1800, petit in-8. Ce fragment, excessivement licencieux, contient à peu près une soixantaine de lignes. Est-il authentique? Je ne me permettrai pas de le décider, même j'en doute fort. Voici comment le traducteur pseudonyme (1) s'en explique (2) : « Ce fragment de Pétrone que nous offrons au public est tiré d'un ancien manuscrit que la bravoure des soldats français, entrant à St.-Gall, nous a mis à même d'examiner. Nous avons fait cette importante découverte en lisant un parchemin qui contient l'ouvrage de St.-Gennade sur les devoirs des prêtres, et qu'à la forme des lettres nous avons jugé dater du 11e siècle. Un examen plus attentif nous a fait appercevoir que l'ouvrage de ce saint avait été écrit sur des feuilles contenant déjà des lettres écrites, et qu'on avait cherché à effacer (Voyez PALIMPSESTE, Dict. de bibliologie, 2e volume, page 17). On sait que dans ces siècles d'ignorance il était ordinaire d'écrire les livres ecclésiastiques sur des codes (3) contenant les ouvrages des meilleurs auteurs de la latinité. A force de travail nous sommes parvenus à déchiffrer le morceau que nous donnons au public, et dont l'authenticité ne saurait être révoquée en doute. » Après le fragment et la traduction, on trouve

---

(1) On m'a assuré que ce traducteur, caché sous le nom de *Lallemandus*, est M. March..a, espagnol.

(2) Page 6.

(3) C'est-à-dire, sur des volumes en parchemin de forme carrée.

des notes fort longues qui répondent parfaitement à la licence du texte, mais qui sont marquées au coin d'une profonde érudition.

On a plusieurs traductions de Pétrone, que Juste Lipse nomme *Auctor purissimæ impuritatis*. Celles de Marolles et de Nodot sont froides; celle de Dujardin, sous le nom de Boispréaux, vaut mieux. Le président Bouhier a traduit en vers le *Poëme de la guerre civile*, 1737, in-4; le citoyen Deguerle l'a également traduit en l'an VII, in-8. Le citoyen D...... vient de publier tout récemment une traduction de la *Satyre de Pétrone*, 2 volumes in-8.

PHÉNICIENNE (langue). *a*, 352.

PHILODEMUS. Auteur d'un ouvrage sur la musique trouvé dans les fouilles d'Herculanum. *a*, 416. Visconti a publié à Naples, en 1793, le *Philodemus de musicâ*. Cet ouvrage existe à la bibliothèque du corps législatif, à Paris.

PHILOLOGIE ou CRITIQUE. *b*, 50.

PHILOPONUS ou Jean le grammairien. Il réclame les livres philosophiques de la bibliothèque d'Alexandrie, près d'Amrus. *a*, 327.

PHILOSOPHIE, *belles-lettres, sciences et arts*. *b*, 50. Leur origine et leurs progrès en Egypte, *b*, 50; en Grèce, *b*, 56; chez les Romains, *b*, 99.

PHILOSOPHIE. Ses divisions. *b*, 209, 215, 238, 276.

PHYLACTÈRES. Morceaux de parchemin, etc. *b*, 119.

PHYSIOGRAPHIE. Mot imaginé par Girard pour indiquer les moyens de faire connaître les productions de la nature. *b*, 119.

PIERRES gravées les plus célèbres. *a*, 287.

PIERRES PRÉCIEUSES. Leur nomenclature et leur division. *a*, 285.

PLANTIN (Christophe), célèbre imprimeur d'Anvers au 16ᵉ siècle, né à Mont-Louis près de Tours. *b*, 121. M. Camus, dans son Voyage dans les départemens réunis, dit « qu'en traversant les rues d'Anvers on passe devant la maison de Christophe Plantin : elle appartient encore aux Moretus, ses descendans et ses successeurs. On y imprime encore. La cour est ornée des bustes de Juste Lipse et d'autres savans qui soutinrent l'honneur de cette maison. Un amateur de la belle typographie s'incline pour vénérer la mémoire du fondateur de cet établissement et de ceux qui le perpétuèrent. »

PLASTIQUES (arts). *b*, 123.

PLUMES. *b*, 123.

POÉSIE des Grecs (les cinq âges de la). *b*, 91.

POÈTES de la Grèce. *b*, 91.

POÈTES latins. *b*, 103.

POÈTE LAUREAT. C'est-à-dire, poëte couronné de laurier dans une cérémonie publique qui se pratiquait à cet effet en Italie, en Allemagne, en Espagne et en Angleterre, mais jamais en France. L'usage de couronner les poëtes est aussi ancien que la poésie. On n'a point de détails sur les honneurs qu'on leur rendit dans l'antiquité. On sait seulement qu'aux grands jeux qui se célébraient chez les Grecs, surtout aux jeux pythiques, il y avait un prix de poésie. Cette poésie consistait en des hymnes chantées en l'honneur d'Apollon, qui présidait à ces jeux. Chez les Romains, l'empereur Domitien institua des jeux capitolins qui se célébraient tous les cinq ans, et qu'il ne faut pas confondre avec les jeux capitolins annuels institués par Camille. On y distribuait aux poëtes des couronnes et des prix qu'ils recevaient de la main de l'empereur. La fête n'était pas pour les poëtes seulement ; il y avait aussi des concours et des récompenses pour les orateurs, les comédiens, les histrions et les joueurs de toutes sortes d'instrumens (1). Ces jeux capitolins de Domitien furent si célèbres que l'on changea dans l'empire la coutume de compter par lustres, et l'on compta par les jeux capitolins, comme en Grèce par les olympiades. Cet usage durait encore au temps qu'écrivait Censorinus, c'est-à-dire, vers 230, sous Gordien. Dans la contrée d'Hisconium, appelée aujourd'hui Guasto, qui appartient au royaume de Naples, on a trouvé une inscription qui date du temps où l'on comptait encore par lustres. En voici la traduction littérale:

A LUCIUS VALERIUS PUDENS, FILS
DE LUCIUS.

Celui-ci, âgé de treize ans,
Aux yeux de Jupiter Capitolinus,
Durant le sixième lustre,
Par la supériorité de son génie,
Réunit tous les suffrages de ses juges,
Et mérita d'être couronné
A Rome comme poëte latin :
En conséquence tout le peuple d'Hisconium,
Par une contribution volontaire,
Lui décerna une statue.
Voilà les soins qui occupent le peuple romain.

L'usage de couronner les poëtes a sans doute cessé pendant les siècles barbares du moyen âge; cependant à la fin du 12ᵉ siècle on vit renaître cette cérémonie. De là vinrent les jeux floraux institués à Toulouse en 1324. On consultera avec avantage les *Mémoires de Jean-Fr. Duresnel sur les poëtes couronnés et les prix proposés aux gens de lettres parmi les Grecs et les Romains*. Ces mémoires curieux se trouvent dans la collection de l'académie

---

(1) Voyez Rosinus, *Antiq. Rom.* L. V. cap. 18, et Godwin, *Antholog. Roman*. L. II, sec. 3, chap. 7.

des inscriptions et belles-lettres. Nous avons déjà dit que l'on ne connaissait de poëtes lauréats qu'en Italie, en Allemagne, en Espagne et en Angleterre. Pour donner une idée cette cérémonie, nous allons rapporter textuellement un passage de la vie de Pétrarque. On y verra combien on honorait le génie, malgré les troubles politiques qui désolaient l'Italie, et quoique les beaux siècles de la littérature renaissante ne fussent encore qu'à leur aurore.

« Lorsque Pétrarque arriva à Rome, en qualité de sénateurs s'asseyaient au Capitole, Orso, le comte d'Anguillara, et Jourdain des Ursins. Le premier de ces trois touchait à la fin de sa magistrature. Pour que ses mains ne fussent point frustrées de l'honneur de couronner Pétrarque, il ordonna que le propre jour de la résurrection se ferait le couronnement : cette année 1341, Pâques tombait le 8 d'avril. Tout Rome attendait avec impatience cette cérémonie, dont l'annonce avait attiré de tous les cantons de l'Italie un grand concours de gens de lettres qui souhaitèrent d'en être les témoins. Selon ce que j'ai pu tirer d'une relation de Louis Monaldeschi, écrite de sa main, et déposée dans la bibliothèque du prince Borghèse, tel fut l'ordre du cérémonial qu'on observa : L'action se fit dans le Capitole ; ouvraient la marche douze jeunes gens vêtus d'écarlate, tous nobles romains, qui récitaient plusieurs vers composés par Pétrarque en faveur et pour la prospérité du peuple ; venaient après six hommes d'un âge plus mûr, et également nobles, habillés de verd : c'étaient Savelli, Conti, Orsini, Annibali, Laparèse, et Montanari. Chacun de ceux-ci portait une couronne tissue de différentes fleurs. Parut enfin le sénateur environné d'une troupe de cavaliers et d'une foule de citoyens, et ayant sur sa tête une couronne de laurier. Lorsqu'on eut atteint le Capitole, le sénateur s'y mit sur un grand siège qu'on lui avait préparé. On appella Pétrarque qui se présenta en habit long, et qui dit trois fois : Vive le peuple romain ! vive le sénateur ! et que Dieu les maintienne en liberté : puis il fléchit les genoux, après quoi le sénateur s'écria en disant : Le talent est récompensé par la couronne. Prenant ensuite la guirlande qui lui ceignait la tête, il la posa sur le front de Pétrarque. Celui-ci récita un beau sonnet à la louange des anciens illustres Romains, et le tout se termina par les acclamations du peuple qui disait : Vive le Capitole ! et Vive le poëte !

« Il y a des gens qui veulent que notre triomphateur ait reçu trois couronnes, l'une de laurier, l'autre de lierre, la troisième de myrte. Il n'y aurait pas d'impossibilité à cela, parce qu'effectivement aucune des trois sortes de couronnes n'eût été déplacée. Pétrarque méritait celle de laurier comme poëte épique; comme poëte lyrique, il avait droit à celle de lierre, et peut-être que ce fut à cause de Laure qu'on lui déféra celle de myrte, le myrte ne convenant pas moins à Laure qu'à Vénus. Ainsi chargé de trophées, Pétrarque, qu'accompagnait une suite des plus nombreuses, fut conduit, à travers la ville de Rome, à l'église de Saint-Pierre, où il rendit des actions de graces à l'auteur de tout bien : il y ôta la couronne qui le décorait, et la suspendit à un pilier de ce temple : elle s'y est conservée long-temps ». (*Vie des hom. ill. d'Italie.* t. I p. 18).

Le Tasse, dont la vie a été semée de tant de malheurs, et dont la gloire est immortelle, n'a pu jouir des honneurs du triomphe que lui avait justement acquis sa *Jérusalem délivrée*. Le cardinal Cynthio Aldobrandin demanda au pape Clément VII et au sénat la cérémonie du couronnement pour le Tasse : il l'obtint sans difficulté ; mais quelques délais ayant exigé que la pompe fût remise à plusieurs jours, le Tasse mourut le 26 avril 1595 (âgé de 50 ans), au milieu des préparatifs que l'on faisait pour son triomphe. Les deux poëtes que nous venons de citer sont les plus célèbres parmi les lauréats. En Allemagne ainsi qu'ailleurs on en a couronné beaucoup dont le nom n'est connu que par cette cérémonie. C'était plutôt à la parenté, à la sollicitation, ou même à l'intérêt, qu'on donnait son suffrage, et nullement au mérite. Daniel Kleschius remporta de ses courses beaucoup d'amis, de science et d'honneur, et les titres de maitre de philosophie et de poëte lauréat. La célébrité de ce Daniel Kleschius n'a pas un horison très-étendu, malgré le laurier qu'on a posé sur son front. En France on ne connait point de poëtes laureats. Pétrarque rapporte que le jour même où le sénat de Rome lui offrait la couronne poétique, il reçut la même offre du chancelier de l'université de Paris. Il préféra le Tibre, habitué aux pompes triomphales, à la Seine qui eût été surprise de ce nouveau genre de spectacle. Ronsard est souvent représenté avec une couronne de laurier, mais il ne l'a jamais reçue dans les formes, et il est plus honoré par les vers que Charles IX fit à sa louange, par la Minerve en argent massif dont le gratifièrent les jeux floraux de Toulouse, et par le beau présent que lui fit l'infortunée Marie Stuard, avec ce vers :

A Ronsard, l'Apollon de la source des Muses.

Il est plus honoré, dis-je, que par sa couronne et par ses propres vers (Voyez l'*Art poétique* de Boileau). Si l'usage du couronnement eût eu lieu en France, le laurier se serait placé de lui-même sur la tête du tendre Racine, du sublime Corneille, du sombre Crébillon, du grand Rousseau, du bon Lafontaine, de l'universel Voltaire, de l'inimitable Molière, du charmant Regnard, du chantre de Ververt, etc. etc. etc. etc. Voltaire a été couronné en 1778, au théâtre français. Ce couronnement ne lui a point valu le titre de poëte lauréat, dont il peut aisément se passer.

POËTES macaroniques. *a*, 402.

POINÇONS. Terme de fonderie de caractères. *b*, 316.

POINT. Signe de ponctuation. *b*, 12, 131.

POINT d'admiration. *b*, 13.

POINT d'interrogation. *b*, 13. Schoeffer s'est servi du point d'interrogation dans le *Psautier* de 1459, ainsi que du point et des deux points; mais il ne s'est servi que du point seul dans son *Art grammatical* de 1466.

POINT CARRÉ. Terme d'imprimerie. *b*, 16.

POINTURES. Terme d'imprimerie. *b*, 323.

POLICE d'un nombre de caractères suffisant pour composer une feuille in-8, soit cicero, soit petit-romain. *a*, 146.

POLYGLOTTE. Ouvrage écrit en plusieurs langues; *b*, 124.

POLYGLOTTE d'Arias-Montanus. *b*, 125.

POLYGLOTTE de Michel Lejay. *b*, 126.

POLYGLOTTE de Walton. *b*, 127.

POLYGLOTTE de Ximènes. *a*, 116, et *b*, 124. Nous avons oublié, en parlant de cette polyglotte, de citer une espèce de bon mot d'un évêque espagnol. Amelot de la Houssaye rapporte dans ses Mémoires historiques que dom Nicolas Ramo, évêque de Cuba, faisait tant d'estime de la vulgate et si peu de cas de l'hébreu et du grec, que voyant la polyglotte en question, où la vulgate est placée entre l'hébreu et le grec des septante, il dit que le latin était là comme Jésus-Christ sur la croix entre deux larrons.... *Editionem vulgatam inter hebraïcam et græcam LXX interpretum versiones constitutam, existere quasi J. C. crucifixum inter duos latrones.* On prétend, il est vrai, que l'hébreu et le grec ont été altérés en différens endroits, et Simon en convient dans la cinquième de ses lettres choisies. Je ne sais quels plaisans auteurs avancent que l'hébreu est la langue de Dieu, qui s'en est servi dans l'ancien Testament, et que le grec est celle du Saint-

Esprit, qui s'en est servi dans le nouveau. Le père Lelong s'est trompé (dans sa Dissertation sur les Bibles polyglottes, page 13) en attribuant le mot de Nicolas Ramo au cardinal Ximènes lui-même.

Polyglottes (ouvrages) autres que les Bibles. *b*, 128.

POLYGRAPHE. *b*, 129.

Polygraphie. *b*, 129.

POLYMATHIE. Vaste érudition. *b*, 129.

POLYTYPAGE. *b*, 190.

PONCTUATION considérée sous le rapport palæographique, sur les matières dures. *b* ; 130 ; dans les manuscrits, *b*, 130 ; dans les diplômes, *b*, 132 ; sur les sceaux, *b*, 133.

Ponctuation dans les différens siècles. *b*, 131.

PONTUSEAUX. Terme de papeterie. *a*, 266.

PRAXEONOMIE. Mot imaginé par Girard pour désigner les usages des sociétés particulières. *b*, 135.

PRÉCEPTES. Terme de diplomatique pour désigner des titres émanés de la puissance royale. *a*, 30.

PRESSE et toutes ses parties. *b*, 322.

Presses d'une nouvelle invention. *b*, 322.

PROLÉGOMÈNES. Ecrit qui sert d'introduction à un ouvrage. *b*, 135.

PSAUTIER pentaglotte de Justiniani. *b*, 128, 133. Ce Psautier, quoiqu'en cinq langues, a huit colonnes, dont voici l'ordre : 1° le texte hébreu ; 2° une version latine qui répond à l'hébreu mot pour mot ; 3° la vulgate (l'abbé Petity l'appelle mal à propos l'*ancienne* vulgate, tandis que l'auteur l'appelle lui-même latine commune) ; 4° la version des septante ; 5° la version arabe ; 6° la paraphrase chaldaïque ; 7° une version latine de cette paraphrase, et 8° des scholies.

PSAUTIER de Schoeffer. *b*, 310. (Voyez SCHOEFFER.)

PSEUDONYME. Faux nom, nom supposé. *b*, 135.

PSEUDONYMES (nomenclature des principaux auteurs), avec les noms supposés et les noms vrais. *b*, 136. Voici quelques *pseudonymes* qui m'ont été communiqués par M. Van-Thol, et qui ne se trouvent pas dans la nomenclature de mon second volume.

NOMS SUPPOSÉS.	NOMS VRAIS.
Ami (l' des, François)..	Rouillé d'Orfeuil.
Calanghan	Arnauld (Antoine).
Croix (*François de la*) .	Pelisson (Paul).
Fontaine, Sr. *de St.-Marcel.*	Lezieux (Zacharie de), capucin.
Inchoffer (*Melchior*) . . .	Scote (Jules Clément).
Licet Benancio	Braillier (P).
Moléon	Brun (J. B. le).
Neuville (*la*)	Baillet (Adrien).
Savoyard (*un*)	Clicquot de Blervache (Simon).
Stupen (*Gabriel à*) ...	Morisot (Claude-Barthel.).
Ville (*Léonard de la*)...	Champier (Symphorien).
Zemganno (*L. V.*)	Gocomann (Louis-Valentin).

M. Van-Thol va publier un ouvrage très-curieux sur les anonymes. (Voyez VAN-THOL.)

PTOLEMÉES (les). Rois d'Egypte, *a*, 72, *b*, 55. Il faut écrire PTOLEMÉE et non PTOLOMÉE.

Q.

QUINAIRE. Terme de numismatique. *a*, 426.

QUIPOS. Cordons qui servaient d'écriture aux Américains. *b*, 154.

R.

RÉCLAMES. Terme d'imprimerie ; en latin *litteræ reclamantes, custodes.* b, 158. Nous avons dit que les réclames étaient en usage en Italie dès 1468, ainsi qu'on le voit dans le *Tacite* de Jean de Spire, à Venise. Cette opinion, adoptée par tous les bibliographes, est vivement combattue par l'abbé Rive dans sa *Chasse aux bibliogr.* page 139. Il prétend que les réclames ne se trouvent pour la première fois qu'en 1472, dans le *Confessionale* de saint Antonin, exécuté à Bologne, in-4, sans indication d'imprimeur, et où les réclames ne sont qu'à la fin des cahiers; au lieu qu'elles sont au bas de chaque feuillet *verso* dans le *Tacite*, ce qui donnerait à entendre qu'il est postérieur au *Confessionale*, et qu'on y a cherché à rafiner sur cette invention. On voit par là que Rive attaque la date de 1468 et 1469 donnée au *Tacite*. « Comment peut-il être, dit-il, que cette édition de Tacite qui a des réclames soit de cette année, puisqu'on n'en voit aucune dans les autres livres sortis de la presse de cet artiste, depuis 1469 jusques en 1470, et que son frère Vindelin, qui acheva son édition de la *Cité de Dieu* en cette année, n'y en glissa aucun vestige.....? comment ajoute-t-il, ce *Tacite* pourrait-il être de 1468 ou 1469, puisque Jean de Spire nous assure lui-même que les *Épîtres familières de Ciceron*, qu'il a imprimées en 1469, sont le premier ouvrage qu'il a mis au jour (voyez la souscription de ces *Épîtres* in-folio dans le *Supplément* de Maittaire, page 283, et dans le numéro 2408 de la *Bibliographie instructive*), et que Vindelin son frère, en nous indiquant, après sa mort, arrivée en 1469 ou 70, le nombre des imprimés qu'il avait laissés jusqu'alors, ne mentionne aucunement ce *Tacite !* (Voyez le n° 326 de la *Bibl. inst.* où se trouve la souscription de son édition de la *Cité de Dieu*, qui contient la liste des imprimés de son frère.) Ainsi il est clair et très-clair que *Tacite* ne pouvant être de la fin de 1472, ou tout au plus de 1473, Jean de Spire ne peut, comme le dit Marolles (page 38 de la première édition de ses *Recherches sur l'origine*, etc. *des registres*, *des signatures*, *des réclames*, etc. 1783, in-8), avoir inventé les réclames. «

RECUEIL ou plutôt COLLECTION. On entend par ces mots, sur-tout par le dernier, une réunion d'ouvrages qui sont faits, quoique différens les uns des autres, pour n'être point séparés, soit à raison du sujet dont ils traitent, soit à raison de la manière dont ils sont exécutés quant à la partie typographique. Nous allons citer sommairement et par ordre alphabétique, quelques collections de l'un et de l'autre genre, et nous renverrons, pour les détails, aux bibliographes qui ont donné des catalogues de chaque partie de ces grands corps d'ouvrages.

COLLECTION *académique* en 33 vol in-4, y compris les tables de Rozier, qui sont en 4 vol., 1755 et suiv.

COLLECTION des *Acta eruditorum Lipsiæ*, en 119 vol. in-4. (Voyez le *Dictionnaire bibliographique* de Cailleau, t. IV, p. 8. et le *Catalogue* de M. Patu de Mello, n° 1901.)

COLLECTION des *Acta helvetica physico-mathematico-botanico-medica*, en 9 vol. in-4. (Voyez le *Catalogue* de M. Patu de Mello, n° 1904.)

COLLECTION des *Ad Usum*, 65 vol. in-4. (Voyez le *catalogue* de Crevenna, de 1789, page 20.)

COLLECTION des *Annales ecclésiastiques* de Baronius et autres, 6 articles formant 31 vol. in-fol. (V. Debure, *Bibliographie instructive*, n°s 4396 — 4401.)

COLLECTION de l'*Antiquité* expliquée de Montfaucon, 20 vol. in-folio, y compris le *supplément* en 5 vol. et les *Monumens de la monarchie française*, aussi en 5 vol. a, 454.

COLLECTION des *Antiquités* et des histoires gravées par David, en 32 vol. in-4. (Voyez Cailleau, t. IV, p. 132.)

COLLECTION des *Antiquités grecques et romaines* de Gronovius, de Grævius, de Sallengre, de Pitiscus, de Gruter et de Burman. Plus de 60 vol. in-fol. (Voyez Debure, *bibl. instr.*, n° 5730, et le *Manuel bibliograph.*, pag. 274).

COLLECTION des *auteurs grecs et latins trad. par Auger*, 29 vol. in-8.

COLLECTION des *auteurs italiens*, dits *collana*, tant *græca* que *latina*, 154 vol. de différens formats. (Voyez Crevenna, *catalogue* de 1776, t. VI, pag. 196, et *Catalogue* de 1789, t. I, p. 27.)

COLLECTION des *auteurs italiens* imprimés chez Prault, Delalain, Durand et Molini, 49 vol. petit in-12. (Voyez *Dictionnaire typographique* d'Osmont, t. II, p. 454, et Cailleau, t. IV, page 507.)

COLLECTION des *auteurs italiens* cités dans la dernière édition du *Vocabulaire de la Crusca*, 307 vol. de différens formats. (*Catalogue* de Crevenna, 1776, t. VI, p. 206; *Catalogue* de 1789, t. I, p. 45.)

COLLECTION des *auteurs latins* imprimés par Barbou, 70 vol. in-12. (Voyez Cailleau, t. IV, p. 504.)

COLLECTION des *auteurs latins* imprimés par Brindley, 24 vol. in-18. (Voyez BRINDLEY.)

COLLECTION des *auteurs* imprimés par Baskerville. (Voy. BASKERVILLE.)

COLLECTION de la *Bibliothèque des auteurs ecclésiastiques*, jusques et compris le 18e siècle, par Elie Dupin. Paris, 1698 et suiv. 56 vol. gr. in-8; *Bibliothèque des auteurs ecclésiastiques* du 18 siècle, pour servir de continuation à celle de Dupin, par Cl. P. Goujet. Paris, 1736, 3 vol. in-8. *critique de la bibliothèque* de Dupin, par Richard Simon. Paris, 1730, 4 vol. in-8. *sæculi XVIII bibliotheca ecclesiastica*, par Fran. Pierre Agricola. *Hannoveræ* 1781, 4 vol. in-8. Cette collection en 67 vol. in-8. est intéressante.

Collection unique en son genre, renfermant une *bibliothèque historique de la révolution française*, composée d'environ 600 porte-feuilles et 1600 vol. tant in-folio qu'in-4 et in-8. C'est le recueil le plus complet des lois, arrêtés, actes ministériels, rapports, opinions, discours, pamphlets, journaux et écrits divers qui ont paru depuis la première assemblée des notables en 1787 jusqu'à l'an X, époque où cette collection a été mise en vente au dépôt des lois, chez Rondonneau, place du Carrousel. (Voyez le détail dans le *Journal typographique* de M. Roux, 5ᵉ année, page 245.)

Collection de la *bibliothèque* universelle, *Bibliothèque choisie* et *bibliothèque* ancienne et moderne par Jean le Clerc. *Amsterdam*, Wetstein, et P. Husson, 1718 — 1730, 80 vol. in-12.

Collection des *Bollandistes* ou *Acta sanctorum*, 54 vol. in-folio et 5 vol. in-4. *a*, 20; *c*, 74. Le 4ᵉ vol. du *Diction.* de Cailleau, page 58. Le *Manuel bibliograph.* page 270, et surtout le *Voyage de M. Camus dans les départemens réunis*, pages 55 et suiv. de l'édition in-4.

Collection de la *Byzantine*, 36 ou 41 vol. in-fol. *a*, xxij (Voyez en outre le *Dictionnaire* d'Osmont, t. I, p. 146, Debure, t. VI, page 615.)

Collection des *Cérémonies religieuses et des superstitions*, 11 vol. in-fol., ou 7 vol. in-fol., ou 4 vol. in-fol.

Collection des *Classiques* imprimés par F. A. Didot l'aîné et chez Pierre Didot fils, 32 vol. in-4., 17 vol. in-8., et 18 vol. in-18. (Voyez Cailleau t. IV, p. 509.)

Collection des *Collectiones topographicæ* des frères Mérian, 31 vol. in-fol. (Voyez Debure n° 4217.)

Collection des *Conciles*, 18 vol., ou 37 vol., ou 12 vol., tous in-fol. (V. le *Manuel bibliograph.* p. 281.)

Collection du *Corps universel diplomatique* etc., avec les *supplémens*, les *traités de paix* et les négociations secrettes, par Jean Dumont, Rousset, Jean Yves de Saint-Prest, etc. 28, vol. in-fol. (Voyez *Manuel bibl.*, p. 275.)

COLLECTION des *Critici sacri* ou des *grands critiques*, 11 vol. in-fol. (Voyez Debure *Bib. inst.*, n° 156 ou 157 et 159), et pour les *critiques protestans*, 2 vol. in-fol. (Voyez Debure, n° 158.)

COLLECTION ou *descriptions des arts et métiers*, faite ou approuvée par MM. de l'académie des sciences, en 3 cahiers in-fol. qui se relient en 27 ou 30 vol. (Voyez Cailleau, t. IV, page 138; et pour la même *description*, édition de Neufchatel, 20 vol. in-4, y compris l'art de l'imprimerie par Bertrand Quinquet; voyez Cailleau, même vol., p. 142.)

COLLECTION des *Delitiæ pœtarum Italorum, Gallorum, Belgicorum, Germanorum, Hungaricorum, Scotorum, Danorum*, en 33 vol. tant in-16 qu'in-12. (Voyez Cailleau, t. IV, p. 135, et Baillet, *Jugemens des savans*, in-4, t. V, p. 100 à 113.)

COLLECTION des *Elzévirs*. Le nombre des vol. suivant Osmont (t. II, p. 404 et suiv.), est de 2 vol. in-fol., 6 vol. in-4., 2 vol. in-8. et 59 vol. in-12; selon Debure, *Bibliographie instruct.* (t. VII, p. 678 et suiv.), 69 vol. in 12; et, suivant Cailleau (t. IV, p. 496), 82 vol. in-12, 2 vol. in-16 et 14 vol. in-24.

COLLECTION de *l'Esprit des journaux*, depuis son commencement en juillet 1772, jusqu'à décembre 1791. Liège, 214 vol in-12.

COLLECTION d'*estampes* vulgairement connue sous le nom de *Cabinet du roi*, 23 vol. in-fol. de hauteur inégale. (Voyez Cailleau, t. IV, p. 109.)

COLLECTION des *Fœdera Rymeri*, soit en 20 vol., soit en 17 vol. ou en 10 vol., tous in-fol. (Voyez des détails curieux sur cet ouvrage dans Debure, *Bibliographie instruct.*, n° 5571. On a un extrait de cet ouvrage traduit en français dans l'*Histoire d'Angleterre de Rapin de Thoyras*, la Haye (Paris), 1749, 16 vol. in-4; il ne se trouve pas dans l'édition de la Haye 1724, 13 vol. in-4; mais l'abrégé historique de ce recueil se trouve dans les *Remarques de Tindal* sur l'histoire de Rapin de Thoyras. La Haye, 1733, 2 vol. in-4.)

COLLECTION du *Gallia christiana*, par les frères de Sainte-Marthe et autres bénédictins, 13 vol. in-fol. *a*, 136.

COLLECTION des *Généalogies de Jac. With. Imhoff*, 7 vol. in-fol. (Voyez Cailleau, t. 2, p. 63.)

COLLECTION des *grands et des petits voyages*, par les frères Debry et Merian. On relie cette collection, rare et chère, en plus ou moins de volumes, quelquefois en 24. (Voyez Debure, Bibl. instruct., t. V, p. 67, et surtout la curieuse dissertation de M. Camus, in-4.)

COLLECTION des *histoires asiatiques* par Jean de Barros et continuées par Diégo de Couto, 15 vol. in-fol. (Voyez le *Catal. de la Vallière*, n° 5387.)

COLLECTION des *Historiens des Gaules*, par Dom Martin Bouquet et autres bénédictins, 13 vol. in-fol. (Voyez, tant pour cette collection que pour celle *Historiæ francorum scriptores* de Duchesne, 5 vol. in-fol. qui l'a précédée et qui n'a point été terminée, voyez, dis-je, Debure *Bibl. instr.* n°s 5139 et 5140, et Cailleau, 4e vol., pag. 64.) Nous renvoyons encore à notre 1er vo., p. 135, où l'on trouvera des détails sur cette collection.

COLLECTION du *Journal étranger*, depuis avril 1754, où il a commencé, jusqu'en septembre 1762, époque de sa suppression. Paris, 1754 et suiv., 50 vol. in-12.

COLLECTION du *Journal historique et littéraire*, dès janvier 1778 à janvier 1788, 204 cahiers.

COLLECTION du *Journal de physique*, par Rozier, 46 vol. in-4.

COLLECTION du *Journal des Savans*, en 134 vol. in-4. les tables comprises, en 10 vol. in-4.

COLLECTION des *Lettres édifiantes et curieuses* écrites des missions étrangères par quelques missionnaires de la compagnie de JÉSUS (recueillies par les PP. le Gobien, du Halde et Patouillet). *Paris*, 1717 — 1776, 34 recueils, reliés en 32 vol. in-12, fig. Il faut ajouter à ce recueil celui intitulé *Nouveaux mémoires des missions* de la compagnie de Jésus dans le levant. *Paris*, Guerin, 1753 —1755, 9 vol. in-12. Il y a une nouvelle édition de ces deux collections, qui est moins recherchée que celle que nous annonçons.

COLLECTION des *Livres classiques de l'empire de la Chine*, recueillis par Noël et traduit par Pluquet, en 7 vol. in-18.

COLLECTION des *Mémoires de l'académie des inscriptions et belles-lettres*, 54 vol. in-4., y compris les 7 premiers vol. des *Extraits des manuscrits de la bibliothèque nationale*. (Voyez Cailleau, t. IV, p. 2.)

COLLECTION des *Mémoires de l'académie des sciences*, en 161 vol. in-4. (Voyez le *Catalogue* de M. Patu-de-Mello, n°. 1885.)

COLLECTION des *Mémoires de l'académie de Berlin*, 52 vol. in-4. (Voyez Cailleau, t. IV. p. 6.)

COLLECTION des *Mémoires de l'académie des sciences de Goettingue* (latin), 26 vol. in-4. (Voyez Cailleau, t. IV, p. 114.)

COLLECTION des *Mémoires de l'académie impériale des curieux de la nature*, 61 vol. in-4. (Voyez Cailleau, t. IV, p. 7.)

COLLECTION des *Mémoires de l'académie des sciences de Pétersbourg*, 66 vol. in-4. (Voyez Cailleau, t. IV. p. 5.)

COLLECTION des *Mémoires du clergé de France*, 165 vol. tant in-fol. qu'in-4°, partie imprimée, partie manuscrite. (Voyez Osmont, t. II, pag. 425.)

COLLECTION des *Mémoires relatifs à l'histoire de France*, en 67 vol. in-8. Cette collection interrompue se termine aux mémoires de Brantome.

COLLECTION des *Mémoires de Trevoux* depuis 1701 jusques et compris 1777. *Trevoux* et *Paris*, 1701 et ann. suivantes, 346 volumes in-12.

COLLECTION des *Moralistes anciens*, imprimée par Didot aîné. (Voyez Cailleau, tome IV, page 291.)

COLLECTION des *Olim*. Ce sont des extraits des registres des grands jours du parlement de Paris, en 23 volumes et une table des matières en 6 volumes, en tout 29 volumes in-folio.

COLLECTION des *ouvrages* imprimés par Bodoni. (Voyez le catalogue qui en a été donné par M. Renouard), *a*, 112.

COLLECTION de presque tous les *ouvrages concernant l'institut, l'histoire et l'abolition des jésuites*. (Voyez le deuxième *Catalogue* de Crevenna, 1789, nos 7664-8046.)

COLLECTION des *ouvrages de Kircher*, 26 vol. in-folio, 13 volumes in-4, un volume in-8 et 2 in-12. (Voyez le Dictionnaire de Cailleau, tome II, pages 101-103, et tome IV, page 245.)

COLLECTION des *poëtes anglais* de Johnson. Londres, 68 volumes in-12.

COLLECTION des *poëtes anglais*, d'Edimbourg, 1778 et suivantes, 109 volumes in-18, fig.

COLLECTION des *poëtes latins* imprimés chez Jansson, à Amsterdam, depuis 1619 jusqu'en 1625, 19 vol. in-18.

COLLECTION des *Polyglottes*. Les quatre grandes Polyglottes, c'est-à-dire, celle de Ximènes, 6 volumes ; d'Arias Montanus ou d'Anvers, 8 volumes ; de Michel Lejay, 10 volumes ; de Walton, 6 volumes in-folio, forment 32 volumes, en ajoutant à cette dernière le Lexicon de Castel, 2 volumes ; le tout in-folio, plus ou moins grand format. *b*, 124.

COLLECTION ou *recueil de médailles de rois, de peuples et de villes, par Joseph Pellerin*, 10 volumes in-4. (Voyez Cailleau, tome IV, page 312.)

Collection ou *Recueil des voyages* qui ont servi à l'établissement et aux progrès de la compagnie des Indes orientales, avec le voyage de Gauthier Schouten. *Rouen*, Machuel, 1725, 12 volumes in-12.

Collection ou *recueil de voyages au Nord*, imprimés à Amsterdam, chez Frédéric Bernard, 1715-1738, 10 vol. 12, fig. Cette collection est rare et intéressante lorsqu'elle est complette.

Collection des *registres du parlement et de la chambre des comptes*, etc. 514 volumes, dont 508 in-fol., et 6 vol. in-4. (Voyez le détail de cette collection au supplément du *Catalogue* de Mérigot, an IX, in-8.)

Collection des *Relations* de ce qui s'est passé en la mission de la nouvelle France et pays des Hurons, depuis 1633 jusques et compris 1672, par les pères Paul le Jeune, Barth. Vimont, Hiérome Lallemant, Paul Raguenau, etc. *Paris*, Cramoisy, 1634 et suivantes, 37 volumes in-8. Ces relations, écrites d'un style simple et naïf, forment une collection précieuse et infiniment rare.

Collection des *Romans* imprimés chez Didot, par ordre du comte d'Artois, 64 volumes in-18. On assure que ces petits romans n'ont été tirés qu'à 60 exemplaires papier fin et 25 en papier ordinaire. (Voyez Cailleau, t. IV, page 111.)

Collection des *Romans historiques* imprimés par Didot, 14 volumes in-12. (Voyez Cailleau, tome IV, page 191.)

Collection des *Saints-Pères*, 30 volumes in-folio. (Voyez le *Manuel bibliographique*, page 271, tant pour la *Bibliothèque des pères* que pour la *Collection des Saints-Pères*, édition des bénédictins.)

Collection des *Transactions philosophiques de la société royale de Londres* (en anglais), 103 vol. in-4. (Voyez Cailleau, tome IV, page 414. (La traduction française abrégée, par Gibelin, est en 14 volumes in 8.

COLLECTION des *Variorum*, 141 volumes in-4, ou 432 volumes in-8. (Voyez le *Catalogue* de Crevenna de 1789, tome I, pages 22 et 27.)

RÉFÉRENDAIRE. Chancelier ou garde-des-sceaux sous la première race des rois de France. *b*, 10.

REGISTRE (terme d'imprimerie). *b*, 158. Dans les éditions du 15e siècle on appelait quelquefois *registre* la table alphabétique du premier mot des chapitres, ou plutôt cette table tenait lieu de registre ou de série de signatures. C'est vers 1470 ou 1471 que l'on a commencé à se servir du registre. (Voyez LAIRE, *Index libr. ab inventâ*, etc. à la table des matières, tome II, page 423, au mot REGISTRUM;) on y trouvera des renvois pour le *registrum codicum, seu duernionum, seu quaternionum, seu quinternionum; registrum signaturarum*, etc. On doit consulter aussi l'ouvrage de Marolles ayant pour titre : *Recherches sur l'origine et le premier usage des registres, des signatures, des réclames*, 1783, in 8.

REGISTRE (être en). Terme d'imprimerie. *b*, 323.

REGNES DE LA NATURE. *a*, 119. Règne minéral. *Idem*, règne végétal. *a*, 122. Règne animal. *a*, 124.

RÉGULIERS (jours). *a*, 207.

REINHARD (Marc). Imprimeur du 15e siècle à Strasbourg.

RELIURE. (Voyez *tome* II, *page* 158.) Nous avons parlé dans cet article d'un célèbre relieur anglais nommé Roger Paper; ce n'est point *Paper*, mais *Payne* que se nommait ce relieur, aussi singulier par sa manière de vivre et par sa pauvreté, que par son habileté dans son art. Roger Payne excellait surtout à relier les anciens livres; et ses dorures à petits fers sont les plus belles connues :

aussi les Anglais les paient un très-haut prix (1). La reliure d'un Eschyle a coûté quinze guinées (2). Malgré ces hauts prix, Roger Payne n'en était pas plus riche. Travaillant seul dans un petit réduit où tout se trouvait pêle-mêle, il était toujours à l'emprunt de quelques pièces de monnaie à-compte sur le prix de ses riches reliures. Sur la même tablette étaient confondus des vieux souliers, des feuilles précieuses, du pain, du fromage, des éditions du 15 siècle….. enfin on n'aurait jamais cru que d'un pareil réduit dussent sortir ces magnifiques reliures destinées à parer la bibliothèque du riche et noble lord, et surtout qu'elles en dussent sortir sans être salies ni tachées de graisse. Les reliures les plus difficiles étaient celles où excellait Roger Payne. Il en existe chez M. Renouard, libraire à Paris. On a vu encore à Londres des célèbres artistes dans ce genre, tels que Kalthoeber, Baumgarten, etc.

Nous avons parlé du citoyen Noël, relieur à Besançon, en citant, page 160 du deuxième volume, Bradel, et Bozérian; nous nous plaisons à répéter ici que cet estimable artiste peut marcher sur la même ligne ; ses reliures, très-recherchées, réunissent la solidité à l'élégance.

Je crois devoir terminer cet article par des remarques sur les différentes reliures que l'on a employées à la bibliothèque nationale de France depuis François Ier jusqu'à

---

(1) Il existe un genre de reliure dans lequel les Anglais excellent, et qui n'est point encore parvenu à sa perfection en France; c'est celui d'enrichir les tranches d'un livre de belles peintures. En 1797, on a vendu chez M. Lefebvre, à Paris, un exemplaire du *Joseph* de Bitaubé, 1786, Didot, in-8, magnifiquement relié en velin, à Londres, et sur la tranche duquel on avait peint un paysage. Ce luxe extraordinaire et très-dispendieux ne peut convenir que pour les éditions d'un grand prix, qui deviennent des objets de pure curiosité, moins faits pour être lus que pour être vus.

(2) Derome, de Paris, a pris 450 livres pour la reliure en maroquin

présent (1). Pierre Duchastel, bibliothécaire du roi, songea le premier à faire relier les livres qui venaient de l'étranger en blanc (2), ou ceux de l'ancien fond de la bibliothèque qui avaient besoin de nouvelles reliures.

Sous François Ier. Avant le règne de ce roi, la plupart des livres de la bibliothèque royale étaient couverts de velours ou d'autres étoffes précieuses de toutes façons et de toutes couleurs. Les couvertures de cuir y étaient fort simples, et différentes selon les pays où les livres avaient été reliés. Les relieurs de François Ier n'employaient pour couvrir ses livres que des peaux de cuir ou de maroquin : tous ses manuscrits latins, italiens et français, excepté quelques livres de présent et un petit nombre de livres favoris, n'ont que des couvertures de cuir noir peu façonnées. Quant aux manuscrits grecs, outre qu'ils sont reliés à l'orientale, ayant tous le dos uni et sans nerfs, leurs couvertures sont de maroquin de différentes couleurs; les armes de France avec les emblêmes de François Ier, comme la salamandre et la lettre F, y sont empreintes en or et en argent. Les dauphins ajoutés aux salamandres marquent que le livre a été relié du temps de François Ier, non pour le roi, mais pour le dauphin.

Sous Henri II. Les livres reliés pour ce prince se reconnaissent à ses emblêmes ou à ses chiffres formés des lettres H et D entrelassées avec des croissans, des arcs, des carquois et autres symboles de chasse. Il y a dans la bibliothèque nationale près de 800 volumes ainsi reliés,

―――――

bleu et trois boîtes, d'un *Recueil de peintures antiques*, par Bartoli et l'abbé Rive, 3 volumes in-folio sur vélin.

(1) Ces remarques sont extraites de l'*Essai historique sur la bibliothèque du roi*, (par M. Thomas-Nicolas Leprince.) *Paris*, 1782, in-12.

(2) On appelle *livre en blanc* ou en *feuilles* celui qui n'est ni plié, ni cousu, ni broché, ni relié.

et avec beaucoup plus de propreté que ne le sont ceux de François Ier.

Sous François II. On ne voit guères plus de 15 volumes manuscrits reliés à la marque de François II ; c'est la lettre F couronnée et suivie du nombre II. Elle est quelquefois accompagnée de la marque de Charles IX, laquelle y a été ajoutée apparemment par le relieur, chez qui le livre était encore lorsque François II mourut.

Sous Charles IX. Les livres qui portent sur la couverture le chiffre ou l'emblème de Charles IX sont en bien plus grand nombre : on en compte environ 140 manuscrits, sans les imprimés, et il est aisé de les reconnaitre aux deux C renversés et entrelassés ; quelques-uns ont aussi des K couronnés ; mais de tous ces manuscrits il n'y en a qu'un qu'on sache certainement avoir été mis dans la bibliothèque de Fontainebleau du temps de Charles IX : c'est l'Histoire de France de Dutillet.

Sous Henri IV. Jacques-Auguste de Thou, maitre de la librairie sous ce prince, fit relier beaucoup de livres, presque tous en maroquin rouge, aux armes de France, avec la lettre H aux quatre coins, suivie du nombre IIII ; quelquefois sans ce nombre, et même sans la lettre ; alors les armes de France sont d'un côté et de l'autre, ou, au lieu des armes, cette inscription : *Henrici IIII patris patriæ virtutum restitutoris*. A quelques volumes, la lettre H, le nombre IIII et l'inscription se trouvent réunis.

Sous Louis XIII et les règnes suivans. On fit relier les livres de nouvelle acquisition et autres, mais on ne distingua plus les reliures par règnes ; on se contenta seulement d'y faire mettre les armes de France avec le chiffre du roi et quelques fleurs de lys parsemées au hasard sur le dos des livres, et quelquefois sur toute la couverture. On ne distingue plus de livres reliés sous les différens règnes que ceux donnés et dédiés à ces rois, lesquels sont ou ornés de leurs portraits, ou richement reliés, avec leurs chiffres ou attributs.

Depuis la révolution française. Un républicanisme mal éclairé avait porté quelques citoyens à vouloir détruire sur les objets des arts tout ce qui portait l'empreinte de la royauté. Une loi sage a sauvé de la destruction une infinité d'objets, et surtout de livres, qui auraient sans doute été entièrement dénaturés si l'on avait adopté la mesure barbare qu'on avait proposée par un zèle inconsidéré. Nous ignorons si les nouvelles reliures de la bibliothèque nationale portent une marque particulière autre que l'estampille qui doit se trouver en tête de chaque volume. (Voyez ESTAMPILLE.)

RELIURE *des livres à la Chine.* b, 160. Ajoutons à ce que nous avons déjà dit à ce sujet, que la reliure varie suivant le goût des acquéreurs et suivant la nature des ouvrages; les uns font coller les feuilles les unes au bout des autres et en font ainsi des rouleaux à la manière des anciens : on en voit de cette espèce dans la bibliothèque publique à Florence. D'autres les relient à la manière des européens, évitant d'y mettre de la colle; et pour cet effet l'écrivain, et ensuite le graveur ont soin de tracer une ligne du haut en bas du feuillet à droite *folio verso,* et une à gauche *folio recto,* des deux quelles le relieur, prenant précisément le milieu, plie également les feuillets, qui cependant ne peuvent se recouper que dans le haut et le bas, et point dans le milieu, crainte de séparer les feuillets, et cela pour éviter la difformité que produiraient deux pages blanches au milieu de deux imprimées, et pour que l'usage fréquent nuise moins à la finesse du papier. Il y a des Chinois et d'autres peuples de l'Asie qui écrivent sur des feuilles d'arbres ou sur des petites planches de bambou; alors pour les relier ils font, à l'imitation des anciens, des trous à chacune des extrémités des feuilles ou des petites planches, et y passant un fil il les joignent ensemble pour pouvoir les tourner plus commodément. On en voit plusieurs de cette espèce à Rome, dans la bibliothèque de la Propagande. (Extrait d'une note de Laire, à la fin de sa *Dissertation sur l'origine et les progrès de l'imprimerie en Franche-Comté pendant le 15.e siècle.* Dole, *Joly*, 1785, in-8.)

RENOUARD (Antoine-Augustin). Ce savant éditeur et libraire de Paris, vient de prendre place parmi les bibliographes de renom, en publiant un bel ouvrage intitulé : *Annales de l'imprimerie des Aldes, ou histoire des trois Manuce et de leurs éditions* ; Paris, XI-1803, 2 volumes in-8, avec les portraits des Aldes, gravés par Saint-Aubin, et leurs vignettes en bois. Nous avons déjà parlé ailleurs de ce livre, mais comme il vient de paraître nous croyons devoir le faire connaître plus en détail. Ces annales, exécutées avec le soin, la netteté et la beauté qui caractérisent les éditions de M. Renouard, sont divisées en deux parties. La première, ou le premier volume, renferme les notices raisonnées : 1.° des éditions d'Alde Manuce (1), dit Alde l'ancien, depuis 1494 jusqu'en 1515, époque de sa mort à l'âge de 70 ans, laissant quatre enfans très-jeunes, dont Paul Manuce, âgé de trois ans ; 2.° des éditions d'André d'Asola et de ses fils, depuis 1516 jusqu'en 1529, année de sa mort. Pendant tout ce temps l'imprimerie aldine fut dirigée par cet André d'Asola et ses fils ; 3.° des éditions données sous la direction de Paul Manuce au nom des héritiers d'Alde et d'André d'Asola réunis, depuis 1533 (l'imprimerie ayant été fermée pendant quatre ans à cause des démêlés survenus entre

---

(1) Alde est son nom de baptême : c'est une contraction de *Théobalde.*

les héritiers d'Alde et ceux d'André d'Asola) jusqu'en 1571. Paul Manuce est mort en 1574 ; 4° des éditions données par Alde le jeune depuis 1572 jusqu'en 1597, époque de la mort d'Alde le jeune et de la fin de cette famille, à laquelle la typographie et les lettres ont de si grandes obligations. (Il s'est glissé deux fautes typographiques à l'article des Aldes, page 12 du présent Supplément : *lisez*, à la ligne 18, Paul Manuce mourut à Rome en 1574, au lieu de 1594 ; et à la ligne 33, *lisez*, en parlant d'Alde le jeune : sa mort, arrivée en 1597, au lieu de 1697.) Le premier volume de M. Renouard finit par la notice des éditions aldines sans dates. La seconde partie, ou second volume, renferme une préface, la vie des trois Aldes, les privilèges accordés à Alde l'ancien par le sénat de Venise et les souverains pontifes, une notice de quatre catalogues publiés par les Aldes, dont trois par Alde l'ancien ; une notice des éditions d'André d'Asola, depuis 1480 jusqu'en 1506 ; une notice des éditions publiées à Paris par Bernard Turrisan, petit-fils d'André d'Asola, puis par Robert Colombelle ; une notice des contrefactions ou éditions faites en imitation de celles d'Alde ; un catalogue des éditions aldines rangées par ordre de matières ; enfin une table des auteurs. Cet ouvrage, rempli de recherches infinies sur la vie des Aldes et sur leurs éditions, est bien digne de la curiosité des bibliographes, et mérite leur reconnaissance à son auteur. Si il en existait de pareils sur tous les célèbres imprimeurs, l'histoire de l'imprimerie n'offrirait plus autant d'obscurité ni autant d'erreurs, qui chaque jour se multiplient à l'infini.

M. Renouard est connu très-avantageusement dans la librairie, autant par les riches éditions qu'il publie que par le choix des auteurs qu'il met sous presse, et des imprimeurs qu'il emploie ; beau papier, beaux caractères, belles gravures, rien n'est épargné pour donner à ses éditions un charmant coup-d'œil et une valeur réelle. On peut consulter son catalogue ; on y trouvera tout ce qui peut satisfaire le goût sévère d'un amateur éclairé, soit en éditions de luxe, soit en éditions ordinaires, mais jolies et peu dispendieuses. Ses stéréotypes, faits en société avec M. Herhan, sont très-beaux ; le caractère, qui est d'une belle proportion, n'est point trop serré, et par conséquent ne fatigue point l'œil. M. Renouard publie une belle suite de gravures pour les œuvres complettes de Voltaire, et une suite de portraits de généraux, très-bien exécutés.

RESTITUÉES (médailles). *a*, 428.

RETIRATION. Terme d'imprimerie. *b*, 323.

RIVE (Jean-Joseph), abbé, célèbre bibliographe, né à Apt en Provence, en 1730. Il fit ses études chez les jésuites, dans sa ville natale. Nommé à la cure de Mollèges en Provence, il y résida pendant plusieurs années, et n'y tint pas, dit-on, une conduite très-exemplaire (1). En 1767 à peu près, il entra chez M. le duc de la Vallière en qualité de garde de sa bibliothèque ; il en eut la direction pendant près de treize ans, et l'enrichit singulièrement ; mais tout en l'enrichissant, il eut le secret de se fournir de livres rares et précieux. Après la mort de ce duc, qui lui légua 6000 livres, il fut desservi par le marquis de Paulmy auprès de madame la duchesse de Chastillon, unique héritière, et fut privé de la rédaction du catalogue dont ont été chargés MM. Debure et Van-Praet pour les livres rares et manuscrits, et Nyon pour

---

(1) La chronique scandaleuse rapporte qu'il recevait souvent chez lui une jeune et jolie paroissienne ; le mari jaloux se permit de lui en faire des reproches : M. le curé, pour toute réponse, prend l'ombrageux mari entre ses bras, et le jette par la fenêtre ; heureusement celui-ci tomba sur un fumier.

le reste de la bibliothèque. Jamais il n'a pu pardonner à MM. Van Praet et Debure de lui avoir été préférés, et sa bile s'est exhalée en injures aussi grossières que peu méritées. En 1786, Rive eut à Paris une attaque de paralysie qui n'eut pas de suites sérieuses. Cette même année, M. de Boisgelin, archevêque d'Aix, lui proposa la place de bibliothécaire des états de Provence, auxquels le marquis de Méjanes venait de donner par testament sa riche et nombreuse bibliothèque. On convint des appointemens à 2400 livres par an et le logement. Rive accepta, fit transporter sa bibliothèque particulière de Paris à Aix, et s'y établit; mais on avait en même temps nommé un sous-bibliothécaire qui eut l'adresse de l'empêcher de mettre le pied dans le dépôt des livres de la province ; de sorte que Rive n'érigeant point la bibliothèque, devint furieux. La révolution arriva, et servit sa fureur. S'étant déclaré partisan de tous les principes révolutionnaires (1), il écrivit à toute la terre, dans son style ordinaire, contre MM. de Boisgelin, Dubreuil cadet, Roman, l'abbé Maury, Bausset, évêque de Fréjus, et l'avocat Pascalis, qui fut pendu dans une émeute, et de la mort duquel on accuse Rive. C'est cet abbé qui fonda le club des anti-politiques à Marseille ; il en fut le chef et l'orateur permanent ; il y attaqua la religion, dont il avait long-temps exercé les fonctions de ministre, et y fit plus de prosélytes qu'il n'en avait fait en chaire. Un coup d'apoplexie termina ses jours en 1791. Ajoutons à ces détails biographiques sur l'abbé Rive, qu'il serait difficile de rencontrer un savant qui eût

---

(1) En 1789, il dit à un curé de village qui se plaignait de ce que le seigneur de sa paroisse défendait la chasse dans ses terres : *Mettez-lui une messe dans le ventre*; le curé n'entendait pas ce qu'il voulait dire ; son explication fut qu'il fallait déchirer un feuillet du Missel, y envelopper une balle, et d'un coup de fusil renverser l'odieux seigneur.

autant d'érudition et d'acrimonie, autant d'esprit et de grossièreté (1), autant de connaissance et de vanité. Doué d'une mémoire prodigieuse, alimentée de lectures étonnantes, il aurait peut-être eu droit à la place de premier bibliographe de son temps si un orgueil excessif et un penchant à la satyre la plus vile n'eussent terni sa gloire. Tout ce qui paraissait blesser son amour-propre ou son intérêt, et même tout ce qui pouvait donner matière à faire briller son érudition était pour lui une source féconde d'injures triviales et révoltantes, dignes des héros de Vadé. Il méprisait tout le monde sans distinction (2). Les Lelong, les Marchand, les Mercier de Saint-Léger, les Debure, les Van-Praet, les Maugerard, etc., tous savans aussi recommandables par leurs profondes connaissances que par la réputation justement acquise dont ils jouissent, ont été en proie à l'aveugle fureur de notre bilieux provençal. Malgré les torts inexcusables dont s'est rendu coupable l'abbé Rive, on ne peut lui refuser du génie, des talens et une vaste érudition. Pour en donner une preuve, nous allons présenter la liste de ses nombreuses productions, telle qu'il l'a donnée en tête de la *Chronique littéraire de ses ouvrages imprimés et manuscrits.*

---

(1) M. de la Vallière avait l'habitude de dire aux savans qui disputaient chez lui sur quelques questions obscures d'histoire littéraire ou de bibliographie : *Messieurs, je vais vous lâcher mon dogue*, et il leur envoyait l'abbé Rive, qui les mettait bientôt d'accord.

(2) En 1780, M. le prince de Beauveau lui écrivit pour lui demander si il n'existait pas un recueil de lettres de madame de Grignan, autres que celles qui se trouvent dans les Lettres de madame de Sévigné; et il finissait par ces lignes : « Le libraire Hocherau a dit dernièrement à quelqu'un qu'il avait connaissance de ce recueil, et que l'édition en était épuisée. » L'abbé Rive mit sur la lettre de M. de Beauveau : « Point de réponse, parce que nous trouvons fort ridicule de nous voir pesés dans la même balance que le libraire Hocherau. »

OUVRAGES IMPRIMÉS. 1.° Lettres philosophiques contre le Systême de la nature, en 1770 et 1771, in-8.

2.° Eloge à l'allemande de la deuxième édition de la Préface de l'abbé Maury sur les Sermons de Bossuet, donnée par d'Alembert, en 1773, in-8.

3.° Notices sur la *Guirlande de Julie* et les *Fleurs de pierre Rabel*. Paris, Didot, 1779, in-4.

4.° Notice sur la vie et les poésies de Guillaume de Machaut, qui florissait après le milieu du 14° siècle, in-4.

5.° Lettres sur l'ancienne formule des souverains appelés *par la grace de Dieu*. Paris, *Pierres*, 1779, in-4.

6.° Eclaircissemens sur les Cours d'amours. (Il n'y a eu que neuf feuilles imprimées par Pierres; le reste est en manuscrit.)

7.° Notices sur le roman du petit Artus, roi de la petite Bretagne, et sur celui de Perthenay ou de Lusignhen. *Paris*, Didot, 1779, in-4.

8.° Eclaircissemens sur l'invention des cartes à jouer. *Paris*, Didot, 1780, in-8.

9.° Ode sur la naissance du Messie, dans le Journal de Paris, 1780.

10.° Ode sur l'abolition de la servitude en France. Bruxelles, 1781, et même 1789, in-8

11.° Prospectus sur l'Essai de vérifier l'âge des miniatures peintes dans les manuscrits depuis le 14° siècle jusqu'au 17° inclusivement. *Paris*, Didot, 1782, in-12, et non in-8, comme le porte la *Chronique*.

12.° Explication des six figures du sépulcre de Cestius, avec des notes critiques. *Paris*, Molini et Lami, 1782, in-folio.

13.° Notice sur le Traité manuscrit de Galeotto Martio, intitulé : *De excellentibus*. Paris, Valade, 1785, in-8.

14.° Les vingt-six planches de l'Essai sur l'art de vérifier l'âge des miniatures, grand in-folio. Ces planches sont gravées au simple trait, imprimées au bistre, et peintes en or, argent et couleurs.

15.° La Chasse aux bibliographes et aux antiquaires mal avisés; 1789, 2 volumes in-8.

16.° Lettres violettes et noires, etc. (pamphlet contre MM. de Boisgelin et Bausset) *Nîmes*, Belle, 1789, in-8. (Les noms de la ville et de l'imprimeur sont supposés.)

17.° Lettres purpuracées ou Lettres consulaires et provinciales écrites contre les consuls d'Aix et procureurs du pays de Provence. *Nîmes*, Belle, 1789, in-8 (Sous noms supposés.)

18.° Accomplissement de la prophétie faite en 1772 (sur la destruction légale des parlemens), ou vrais principes du gouvernement politique contre les erreurs et la bassesse des nomoclastes ou briseurs de lois (sans nom de lieu). *Nîmes*, 1789, in-8.

19.° Lettre vraiment philosophique à l'évêque de Clermont sur les motions qu'il a faites à l'assemblée nationale (constituante). *Aix*, 1790, in-8.

20.° Lettre à Camille Desmoulins sur une assertion de Pline le naturaliste touchant le changement de sexe. *Aix*, 1790, in-8.

21.° La Ligue monacale *anti-éléémosynaire*; 1790, in-8 (contre les chartreux et les jacobins d'Aix).

22.° Chronique littéraire des ouvrages imprimés et manuscrits de l'abbé Rive, des secours dans les lettres que cet abbé a fournis à tant de littérateurs français ou étrangers, de quelque rang et profession que ce soit, de la confiance dont divers illustres auteurs l'ont honoré en lui remettant divers ouvrages très-savans à faire imprimer avec ses corrections et ses notes, et des jugemens que divers journaux français et étrangers ont portés sur ses ouvrages. *Eleutheropolis* (Aix), de l'imprimerie des Anticopet, des Anti-Jean-de-Dieu, des Anti-Pascalis, etc. L'an 2e du nouveau siècle français, in-8.

OUVRAGES MANUSCRITS. 1.° Dictionnaire de critique littéraire contre divers auteurs français et étrangers, tels que : etc. (Rive cite ici un grand nombre de bibliographes presque tous mentionnés dans notre ouvrage.) — Dictionnaire sphalmatographique ou d'erreurs littéraires commises principalement dans les deux siècles précédens et dans celui-ci par les plus célèbres auteurs allemands. Ces deux ouvrages doivent former un gros volume in-8.

2.° Glanures encyclopédiques sur toutes sortes de matières, 20 volumes in-8.

3.° Ouvrages sur matières séparées : 1.° Théologie : Discours sur Dieu, l'ame, etc.; 2.° Jurisprudences : naturelle, civile, canonique; Lettres sur le droit naturel, sur sa sanction, etc.; Lettres sur la hiérarchie ecclésiastique, sa vraie origine, etc. Lettres sur le refus des sacremens, etc. 3.° Philosophie : Lettres sur les vrais et les faux philosophes; Diverses questions de philosophie, etc. Dissertation sur le Système des climats, dans laquelle on fait voir contre Montesquieu que ce système remonte à plus de 2400 ans, et dans laquelle on prouve par conséquent qu'Algarotti a eu tort de ne la dater que du temps de Machiavel.

4.° Belles-lettres : 1.° Histoire critique des livres renfermant l'origine, la matière, les liqueurs et les instrumens de l'écriture, tout ce qui concerne la forme intérieure et extérieure des livres, leur division en manuscrits et en imprimés ; les règles pour discerner l'âge des différens manuscrits et juger de leur valeur; 2.° Dissertations critiques sur la tachygraphie et la stéganographie, etc. etc. 3.° Mémoire pour servir à l'histoire de l'imprimerie, renfermant l'origine de l'imprimerie xylographique et typographique, etc. 4.° Essai chalcographique de caractères de près de 300 éditions du 15ᵉ siècle; 5.° environ 6000 notices calligraphiques et typographiques de manuscrits de tous les siècles et d'éditions du 15ᵉ siècle ; 6.° environ 12 à 1500 descriptions de livres en toutes sortes de langues, excepté en français et en italien, depuis le 16ᵉ siècle jusqu'à présent, enrichies de notes critiques ; 7.° Bibliothèque de livres français en prose et en vers, manuscrits ou imprimés, depuis le 12ᵉ siècle jusqu'à présent, pour servir de supplément et de correction aux *Bibliothèques de la Croix du Maine et Duverdier*, ainsi qu'aux *Notes* de la Monnoye, du médecin Falconet et de Juvigny sur lesdites bibliothèques, aussi pour servir encore de supplément et de correction au *Trésor de la langue française*, *par Borel*; à la *Bibliothèque française* de Goujet; à la nouvelle édition de la *Bibliothèque de France*, par Lelong, à celle de la *Méthode pour étudier l'histoire*, par Lenglet Dufresnoy, et aux *Annales poétiques*. 8.° Bibliothèque de livres italiens pour servir de supplément et de correction aux *Bibliothèques* de Fontanini, d'Haym, aux éditions de ces *Bibliothèques* par Apostolo-Zeno et par Gian Donati, aux *Catalogues* de Capponi, de Jackson, et au *Lexicon italien* de Mazzchelli, sous le nom de *Scrittori d'Italia*. 9.° Bibliothèque gunecographique ou sur les femmes, comprenant plusieurs traités écrits pour et contre elles dans tous les genres. 10. Bibliothèque apodémique ou des auteurs qui ont écrit sur l'art de voyager. 11.° Bibliothèque de livres en tous genres, portant le nom d'extraits, d'abrégés, ou de fleurs ou d'élite d'ouvrages. 12.° Bibliothèque cométographique, ou de livres sur les comètes, manuscrits ou imprimés, pour servir de supplément au *Traité* du père Pingré, génovéfain, sur les comètes. 13°. Bibliothèque de livres sotadiques ou pornographiques, manuscrits ou imprimés, en toutes sortes de langues, mais sans analyse. 14.° Bibliothèque d'éditions de la Farce de Pathelin, au nombre de plus de 24 en latin et en français. 15.° Bibliothèque d'éditions des Voyages de Ramuzzio. 16.° Bibliothèque de différentes éditions des *Bibles latines* du 15º siècle, depuis 1462 jusqu'en 1485, de *Bibles polyglottes*, et des *Bibles orthodoxes* et *hétérodoxes* des 16º et 17º siècles, en toutes langues, et surtout les plus rares. 17.º Bibliographie des livres tachygraphiques, ou sur l'écriture en abréviation. 18.º Bibliographie des livres stéganographiques, ou sur l'écriture occulte. 19.º Bibliographie des livres sur les tremblemens de terre et sur les montagnes ignivomes. 20.º Bibliographie des éditions des *hiéroglyphiques* d'*Orapollon* en grec et en latin, gréco-latines, allemandes, anglaises, flamandes. 21.º Bibliographie des éditions de la danse Macabre ou Maccabre, en toutes langues. 22.º Bibliothèque professionale pour les sciences et les arts, ou choix de livres encyclopédiques. 23.º Bibliothèque pédagogique, et principalement pour les livres concernant l'éducation des princes. 24.º Divers mémoires sur les bibliothèques périodiques, sur les bibliothèques locales, publiques et privées, et amusemens littéraires sur les bibliothèques bibliopoliques. 25.º Tableau synoptique de tous les *catalogues* de Guillaume Debure, depuis celui de Gayot, en 1770, jusqu'à celui du duc de la Vallière en 1783. 26.º Observations critiques sur les meilleurs *catalogues* de livres dont les ventes se sont faites à Paris depuis 1769 jusqu'en 1786. 27.º Le Réveil matin littéraire pour exciter les auteurs paresseux ou trop confians aux recherches et aux vérifications, en forme de lettres adressées aux auteurs du Journal de Paris. 28.º Dictionnaire des troubadours, où l'on relève Foncemagne, dom Vaissette, Sainte-Palaye, l'abbé Millot, l'abbé Papon, Crescimbeni et Quadrio. 29.º Réfutation d'un grand nombre d'articles du Monde primitif et de la version des *Fabliaux* en prose française. 30.º Dissertation sur Michel Servet et ses ouvrages, pour servir de supplément et de correction à ce que beaucoup d'auteurs en ont dit, surtout l'abbé Mosheim dans sa vie latine de cet auteur, in-4. 31.º Observations critiques sur la *béatitude des chrétiens* ou *le* FLÉO (fléau) *de la foi.* 32.º Dissertation sur le fameux *livre des trois imposteurs;* et 33.º Pierre de touche bibliopolique.

L'abbé Rive annonce encore dans sa *Chronique* une infinité de mémoires manuscrits sur l'histoire naturelle, littéraire et politique; sur les antiquités, etc. Nous n'en rapporterons pas tous les titres; ceux que nous venons de citer suffisent pour prouver de la part de l'abbé Rive un travail prodigieux et une érudition sans bornes. Il serait à souhaiter que l'on enrichît la littérature de tout ce qu'il a laissé; mais il faudrait que l'éditeur en retranchât les injures et tout ce qui est étranger aux progrès de la science. C'est au citoyen Achard, bibliothécaire à Marseille et possesseur de ces précieux manuscrits, à faire ce travail intéressant; ayant connu particulièrement l'auteur, étant lui-même très-versé dans la bibliologie, il est plus à même que personne de remplir avec succès cette utile tâche. Il commence par faire imprimer un supplément au Catalogue de la Vallière, ainsi qu'il l'a annoncé dernièrement dans les journaux. J'ai oublié à l'article ACHARD de dire que ce bibliographe est auteur de la *Description historique, géographique et typographique de la Provence et du comté Venaissin.* Aix, *Calmen*, 1787, in-4, le premier volume seulement, l'impression du second volume ayant été suspendue à cause de la révolution. Le citoyen Achard est aussi rédacteur du *Catalogue de la bibliothèque de feu l'abbé Rive.* Marseille, 1793, in-8.

ROSSI (Jean-Bernard), savant italien, et professeur de langues orientales à l'académie de Parme. On doit à ce docte hébraïsan, qui tient un rang distingué parmi les bibliographes : 1.º *De Hebraicæ typographiæ origine;* Parmæ, Bodoni, 1776, in-4. — 2.º *Annales typographiæ hebraicæ Sabionettenses* (de Sabionetta). *Parmæ*, 1780, in-4, en italien, et traduit en latin; *Erlangæ*, 1783, in-8. — 3.° *Appendix ad bibliothecam sacram Le-Longio-Maschianam.* Erlangæ, 1782, in-4. — 4.° *Apparatus hebræo-biblicus ad suam variarum lectionum collationem.* Parmæ, 1782, in-8. — 5.° *Variæ lectiones veteris testam :* (hebraici) *ex immensa MSS. editorumque codicum congerie haustæ, et ad samar. textum, ad vetustiss. versiones, ad accuratiores sacræ criticæ fontes ac leges examinatæ.* Parmæ, *Bodoni*, 1784, 85, 86 et 88, 4 volumes in-4. — 6.° *Della vana aspettazione degli Ebrei del lorro re messia.* Parmæ, *Bodoni*, 1773, in-4. — 7.° *Della lingua propria di Cristo et degli Ebrei.* Parmæ, *Bodoni*, 1772, in-4. — 8.° *De typographia hebræo-ferrariensi commentarius historicus.* Parmæ, *Bodoni*, 1780, in-8. — *Scherzi poetici et pittorici.* Parmæ, *Bodoni*, 1795, in-4. — *Annales hebræo-typographici seculi XV, descripsit fusoque commentario illustravit Joh. Bernardus de Rossi, ling. orient. prof.* Parmæ, *Bodoni*, 1795, grand in-4, très-belle édition, à laquelle il faut ajouter le supplément suivant : *Annales hebræo typographici ab an. MDI ad MDXL digessit notisque hist. criticis instruxit*, etc. *Parmæ*, Bodoni, 1799, grand in-4. Ces annales sont divisées en plusieurs parties. Dans le discours préliminaire, l'auteur parle de l'origine de l'imprimerie hébraïque; dans la première partie il indique les éditions portant date; dans la seconde, il traite des éditions sans date; et la troisième est destinée aux éditions fausses et supposées. Le supplément est divisé comme l'ouvrage.

ROULEAUX. *b*, 33, 340. Ce sont des volumes anciens composés de plusieurs feuilles de parchemin ou de papyrus collées les unes au bout des autres, et roulées. (Voyez MONUMENS *sur papier d'Egypte*, de ce volume, page 21.) Nous devons parler ici du rouleau curieux que possède M. de la Serna de Bruxelles (1) : c'est un *Pentateuchus hebraicè sine punctis, litteris quadratis longè elegantissimis exaratus in corio orientali.* (n° 10 du dernier catalogue de M. de la Serna.) Ce *volumen* ou rouleau est écrit sur cinquante-sept peaux cousues ensemble avec des filets de la même matière, formant une totalité de cent treize pieds de long (environ trente-sept mètres). Le caractère est gros et d'une belle forme carrée, sans points voyelles, ainsi qu'on peut s'en convaincre par le calque de deux lignes gravées, dont M. de la Serna a enrichi son catalogue. Les colonnes ou pages ont dix-huit à dix-neuf pouces de hauteur sur quatre et demi de largeur. On n'apperçoit aucun ornement dans ce manuscrit. Houbigant assure qu'il existe à peine aujourd'hui un manuscrit hébreu de livres saints qui ait au delà de six cents ans d'ancienneté. M. de la Serna pense que celui dont il est ici question peut démentir cette assertion ; du moins plusieurs habiles connaisseurs, qui l'ont lu et examiné avec soin, le croient beaucoup plus ancien : il serait par conséquent le plus précieux de tous ceux qui existent en Europe, même à la bibliothèque nationale.

ROUSSEAU (Pierre), littérateur, et imprimeur à Liège, puis à Bouillon. *b*, 164. Il est auteur de l'*Histoire des Grecs*, ou de ceux qui corrigent la fortune au jeu ; et de plusieurs productions dramatiques. Il a donné naissance au *Journal encyclopédique*. Il a été vivement critiqué

---

(1) Nous avons cité ce rouleau dans notre second volume, page 33 ; mais n'ayant pas alors l'avantage d'en connaître le propriétaire, nous n'avons pu le nommer ; nous réparons cette omission involontaire en donnant quelques détails que nous avons puisés dans le catalogue des livres de ce savant bibliographe.

dans un ouvrage intitulé : *le Microscope bibliographique*, Amsterdam, 1771, in-12. On trouve dans cette brochure des notes intéressantes sur les journaux, etc.

RUNES. Anciens caractères ou hiéroglyphes du Nord. *b*, 164.

RUNIQUE. Etymologie de ce mot. *a*, 18; *b*, 164.

RUSSE (langue). *a*, 353. Le citoyen Maudru a publié dernièrement une grammaire russe en 2 volumes in-8.

S

SADDER. Livre sacré de l'Inde. *b*, 169.

SAGE (portrait du). *b*, 70.

SAGES de la Grèce (les). *b*, 90.

SAINTS-PÈRES, grecs et latins. *a*, 232.

SALLUSTE d'Ibarra. *a*, 310. Cet ouvrage, d'une superbe exécution typographique, est surtout remarquable par l'égalité du tirage, qu'on n'avait point encore vue si parfaite. « On regrette seulement, dit M. Didot, que la version du prince ait été imprimée en caractères italiques. Ce célèbre imprimeur ajoute que les caractères de ce bel ouvrage n'ont pas une forme agréable et ne sont pas parfaitement alignés; ils auraient eu plus de grace, si les traits commençant chaque lettre étaient plus déliés, et ouverts à angle droit au lieu d'être obliques; il faudrait encore que les pleins marquassent le milieu et non le bas des lettres rondes. Le papier employé à cette édition, quoique beau, n'est pas aussi remarquable que l'exécution typographique. » (Voyez sur cette édition : *Essai de fables nouvelles de Didot*, page 121; *Daphnis et Chloé*, édition de 1778, page XC des Prolegomenes de Villoison, et le *Catalogue de la Vallière*, n° 4904.)

SAMARITAINS (caractères). *a*, 349.

SAN-FEN. Livre chinois. *b*, 174.

SAUCÉES (médailles). *a*, 428.

SAVANS de la Grèce. *b*, 95.

SAVANS latins. *b*, 105.

SCALDES. Poëtes et théologiens celtes. *b*, 176.

SCHELHORN (Jean-Georges), l'un des savans les plus célebres de Memmingen en Souabe. Il s'est acquis un nom justement célèbre dans la république des lettres, surtout dans la bibliographie. Voici la note de la plupart des ouvrages que l'on doit à ce littérateur : 1.° *Amœnitates literariæ, quibus variæ observationes, scripta item quædam anecdota et rariora opuscula exhibentur.* Francofurti et Lipsiæ, *Daniel Barthelemi*, 1725-31, 14 tomes qu'on relie ordinairement en 7 volumes in-8. — 2.° *Commercii epistolaris Uffenbachiani selecta, cum observationibus,* etc. J. G. *Schelhornii*, Ulmæ, 1753, 3 vol. in-8. — 3.° *De antiquissima latinorum bibliorum editione, seu primo artis typographicæ fœtu,* etc. etc. *J. G. Schelhornii diatribe.* Ulmæ, *Gaum*, 1760, in-4. — 4.° *Angeli Mariæ cardinalis Quirini de optimorum scriptorum editionibus quæ Romæ primùm prodierunt..... recensuit et diatribam præliminarem de variis rebus ad natales artis typographicæ dilucidandos facientibus præmisit J. G. Schelhornius.* Lindaugiæ (Lindau), *Otto*, 1761, in-4.

SCHOEFFER ou SCHOFFER (Pierre). Nous allons rectifier l'article que nous avons consacré à cet habile artiste, *b*, 176, tant pour l'orthographe du nom (1) que

---

(1) Ce nom se trouve diversement écrit dans les anciens monumens; on y lit indistinctement Scheffer, Schoffer, Schoiffer, Schæffer, Schoifher, Schoyffher; je m'en tiens à l'orthographe qui m'a été indiquée par M. Oberlin.

pour quelques faits. Pierre Schoeffer, né à Gernsheim (1), était un jeune étudiant qui, ayant déjà acquis beaucoup de connaissances, voyageait et copiait des manuscrits (2). Soit qu'il en eût préparés pour la presse de Gutenberg, soit qu'il donnât des leçons à la fille de Fust, ces imprimeurs l'initièrent à leur art. Doué de beaucoup de génie, il ne tarda pas à pressentir la perfection dont la découverte de Gutenberg était susceptible. Les caractères dont ce dernier se servait avaient un corps trop considérable, comme on le voit par les *Donats* et par la *Bible*; le travail en était d'autant plus pénible, et la fonte exigeait nécessairement beaucoup de matières. Cet inconvénient majeur stimula le génie de Schoeffer : il imagina de mélanger ensemble les métaux qui pouvaient concourir à la fonte; par là le caractère, moins volumineux, eut un dégré suffisant de force, et les résultats en furent satisfaisans pour l'économie du métal et l'œil du lecteur. Il ne tarda pas à fondre des petits caractères, et on peut même avec quelque raison conjecturer qu'il fut le premier, parce qu'il ne parait pas que Gutenberg en ait eu avant son association avec Schoeffer. Après la rupture de la société de Gutenberg

---

(1) Gernsheim, petite ville quoiqu'enclavée dans le pays de Darmstadt, a toujours appartenu à l'électorat de Mayence. Rive prétend que la véritable orthographe de ce nom de ville est Gern§heim. On trouve ce nom écrit diversement dans les anciens monumens. (Voyez le Catalogue de M. de la Serna, 1803, tome I, page 128.)

(2) Voyez le n° 7 des Documens gravés à la fin du *Vindiciae typographicae* de Schoepflin; on y trouve la souscription figurée d'un livre copié de la main de Schoeffer; et voici comment Schoepflin s'explique à ce sujet (page 31 du *Vindiciae*) : *Chartaceum bibliotheca Argentinensis academica codicem servat, quem Schoefferus, a. 1449, Lutetiae sua manu exaravit. inscriptio, uncialibus litteris calci libri adjecta, testis est eum ex illa librariorum classe fuisse, qui dicebantur calligraphi.* (Voyez t. II, page 402 de notre dictionnaire.)

et Fust, Schoeffer continua à travailler avec Fust son beau-père. Il a publié une infinité d'éditions qu'il serait trop long de détailler ici ; on en trouvera un grand nombre dans l'*Index librorum ab inventâ typographiâ* de Laire, dans le *Catalogue de la Vallière*, dans les *Catalogues de Crevenna*, etc. etc. Quand Schoeffer est-il mort? En 1492, selon Maittaire et Marchand ; en 1479, selon Orlandi ; Fréderic Reimman le fait vivre jusqu'en 1532 ; Jugler le dit d'abord mort entre 1462 et 1465, puis il prolonge ses jours jusqu'en 1495 ; Mercier adopte cette dernière date : le président Hénault termine sa vie sous Charles VIII ; mais il est présumable qu'il est mort entre 1502 et 1503, et que c'est lui qui a imprimé les quatre psautiers de 1457, 1459, 1490 et 1502 ; dans cette dernière édition de 1502, on trouve dans la souscription le mot de *Gernsheim* ajouté à son nom ; un de ses fils n'aurait point pris ce surnom n'étant point né dans cet endroit. On croit que Jean Schoeffer, fils de Pierre, a commencé à imprimer sur la fin de 1502 ou au commencement de 1503. (Voyez tome II, pages 309 et 402.)

SCHOEN (Martin) dit *Beaumartin de Colmar*, inventeur de la gravure au 15ᵉ siècle, selon quelques auteurs. *a*, 290.

SCIENCES (rapport qu'elles ont entre elles). *b*, 268.

SCHOLASTIQUES (théologiens). *a*, 233.

SCHOLIASTE. Commentateur. *b*, 177.

SCIPIO. Terme d'antiquité. *a*, 230.

SCRIPTORIA. Chambres consacrées aux écrivains dans les monastères au moyen âge. *b*, 403.

SCULPTEURS tant anciens que modernes. *b*, 179.

SCYTALE LACONIQUE. Manière d'écrire secrette. *b*, 180.

SCYTHO-CELTIQUE (langue). *a*, 363.

SECTES PHILOSOPHIQUES chez les Grecs. *b*, 59.

SECTE ou école des cyniques. *b*, 65.

SECTE ou école des éclectiques. *b*, 86.

SECTE ou école éléatique sous Xenophanes de Colophon. *b*, 80.

SECTE ou école d'Epicure. *b*, 82.

SECTE ou école héraclitique. *b*, 81.

SECTE ou école ionique. *b*, 59.

SECTE ou école des péripatéticiens. *b*, 72.

SECTE ou école de Platon. *b*, 63.

SECTE ou école de Samos sous Pythagore. *b*, 78.

SECTE ou école sceptique sous Pyrrhon. *b*, 84.

SECTE ou école de Socrate. *b*, 61.

SECTE et école des stoiciens. *b*, 69.

SE-KI. Livre chinois. *b*, 181.

SENATUS-CONSULTUM de Bacchanalibus. *b*, 386.

SEPTANTE (version des). *a*, 306.

SETTE SALLE. Ce sont sept voûtes qui existaient à Rome, aux environs du mont Esquilin, et dans lesquelles on a trouvé des chefs-d'œuvre de l'antiquité. *a*, 28.

SHASTER ou SHASTAH. Livre sacré de l'Inde. *b*, 181.

SIGÉENNE (inscription). *b*, 385.

SIGLES. Lettres abréviatrices. *b*, 182.

SIGNATURES. Terme d'imprimerie. *b*, 183. Marolles (dans ses *Recherches sur l'origine et le premier usage des registres, des signatures, des réclames*, 1783, in-12.) attribue l'invention des signatures à Jean de Cologne, imprimeur à Venise en 1474. Rive donne le mérite de cette invention à Jean Koelhof, imprimeur à Cologne, qui travaillait en même temps que Jean de Cologne, et qui présente un ouvrage avec signatures ayant une date antérieure à ceux de Jean de Cologne, qui sont aussi pourvus de signatures. (Voyez Rive, *Chasse aux bibl.*, page 140.) Laire, dans son *Index libr. ab inventâ*, etc. page 280 du tome I, n° 32, cite un ouvrage ayant pour titre : *Joannis Nyder preceptorium divine legis*, in-folio, avec cette souscription : *impressum Colonie per magistrum Joannem Koelof de Lubick*, anno Dni MCCCCLXXII. Dans la notice raisonnée de cet ouvrage, il dit : *Folia signantur ab* a. *ad* mmiiij, *iterato alphabetico progressu*. Ensuite il relève Rive sur une contradiction frappante dans laquelle il l'a fait tomber relativement à l'origine des signatures. (Voyez à ce sujet la lettre écrite d'Aix, le 17 novembre 1788, par Rive à Laire; *Index libror.* tome I, page 281; et la *Chronique littéraire des ouvrages de Rive*, page 198; voyez aussi le *Catalogue de M. de la Serna*, Bruxelles, 1803, tome I, n° 674, et surtout consultez l'excellent *Mémoire sur l'origine et le premier usage des signatures et des chiffres dans l'art typographique, par le même M. de la Serna, bibliothécaire de la Dyle*, in-8.) Cet auteur judicieux, après avoir passé en revue la plupart des éditions de dates apocryphes, après avoir relevé les erreurs de Meerman, de Maittaire, du docteur Middleton dans sa dissertation : *On the origin of printing in England*, et même celle de M. Marolles sur l'origine des signatures; cet auteur, dis-je, pense que cette origine date de 1472, et que le premier ouvrage portant signatures est le *Jean Nyder* que nous avons cité plus haut. (Je présume que ce livre est celui désigné comme *rarissime* par Rive dans sa *Chasse aux bibl.*, page 140; il ne veut point le nommer, et dit qu'on lui en a offert plusieurs fois cent louis : cet ouvrage n'a cependant été vendu que quarante-quatre livres chez M. de Brienne, en 1792.) Voyez les preuves de M. de la Serna, et la description du *Jean Nyder*, pages 23-25 de son Mémoire. Quant aux chiffres, M. Marolles pensait que le premier ouvrage qui en eut fut J. BOCACE *de claris mulieribus*, imprimé à Ulm en 1473, par Jean Zeiner de Reutlingen. Chevillier en attribuait le premier usage à Ulric Gering et à ses associés, en 1477 : Meerman et Laire ont suivi l'opinion de Chevillier ; mais M. de la Serna prouve dans son Mémoire que ces quatre auteurs sont dans l'erreur, et que dès 1471 Arnoldus Ter Hoernen, l'un des premiers et des plus célèbres imprimeurs de Cologne, les employa pour la première fois dans un ouvrage peu connu intitulé : *Liber de remediis utriusque fortunæ*. Coloniæ, *Arnoldus Ter Hoernen*, 1471, in-4, que l'on croit composé par un nommé Hadrianus Carthusianus, qui vivait en 1410 dans la Chartreuse près de Gertruidenberg, ville située sur les limites entre la Hollande et le Brabant. Il ne faut pas confondre ce livre avec celui de Pétrarque, portant le même titre, ni avec un petit fragment connu sous le titre *de Remediis fortuitorum*, attribué à Sénèque. Quant aux registres, M. de la Serna est d'accord avec M. Marolles pour en placer l'origine en 1469. Le registre des cahiers, *registrum chartarum*, dit-il, fut employé pour la première fois en 1469 par Conrad Sweynheym et Arnoldus Pannartz, célèbres imprimeurs de Rome, où ils introduisirent la typographie en 1467. Quant aux réclames, ajoute-t-il, je ne crois pas que le premier usage en soit dû à Jean de Spire, premier imprimeur de Venise, mais bien à Vindelin son frère, car c'est à celui-ci qu'il faut attribuer l'édition du *Tacite* sans date, mais avec des réclames, imprimée vers l'an 1470, in-folio.

Je viens de présenter succinctement le résultat de l'intéressant Mémoire de M. de la Serna. Comme il s'y trouve une note précieuse sur le *Mamotrectus*, dont j'ai parlé à l'article LLOUFFEN, M. de la Serna me permettra d'en enrichir mon ouvrage, et de la placer ici, parce que l'article LLOUFFEN était imprimé lorsque j'ai reçu le catalogue des livres de M. de la Serna, cinq volumes in-8, que je tiens de sa libéralité.

« Martin-Georges Christgau nous a donné un mémoire curieux sur cet ouvrage; il est intitulé : *Commentatio historico-litteraria de Mamotrecto, statum rei litterariæ circa inventæ typographiæ tempora illustrante. Francofurti ad Viadram*, 1740, *in-4.*

« L'auteur du *Mamotrectus* s'appelait *Johannes Marchesinus*, religieux de l'ordre des frères mineurs, natif de Reggio, patrie de l'Arioste; il acheva cet ouvrage, qu'il composa en faveur des ecclésiastiques peu éclairés, en 1466.

« Ceux qui ont regardé ce livre comme un dictionnaire de la Bible se sont étrangement trompés; l'ordre alphabétique n'y est pas même observé : voici les parties qui composent cet ouvrage, et l'ordre qu'elles tiennent dans une édition de Venise, de 1476, que j'ai sous les yeux : 1.º Une exposition significative des mots et des phrases de la Bible et des Prologues de Saint-Jérôme, selon l'ordre des livres, depuis la Genèse jusqu'à l'Apocalypse; 2.º Deux petits traités de l'orthographe et des accens ; 3.º Une courte déclaration des mois, fêtes et habits sacerdotaux des Hébreux, des divinations, des noms de Dieu, des interprètes, de l'exposition, les qualités et la dimension de l'Ecriture sainte, des quatre synodes, etc. ; 4.º Une explication des mots et termes des antiennes, des répons, des hymnes, des homélies, des légendes et autres pièces qu'on lit dans les liturgies de l'église ; 5.º Le tout finit par une déclaration de la règle des frères mineurs. »

SIGNATURES chez les Chinois. Ils ne chiffrent pas leurs feuillets, et même autrefois ils ne se servaient point de signatures; mais les missionnaires européens, dans le 17.ᵉ siècle, leur en ont appris l'usage pour l'arrangement de chaque feuille, et ils les pratiquent au bas de chaque feuillet *folio recto* de cette manière ⊥ ⊤, tantôt en augmentant ou diminuant le nombre supérieur ou inférieur des lignes transversales (extrait de Laire).

SIPHRA. Abrégé du Talmud. *b*, 184.

SOMME (lettres de). Ce sont celles qui sont moins chargées d'angles et de pointes que les lettres de forme. La plupart des livres imprimés dans le 15e siècle sont exécutés avec des caractères dont les formes ont été prises sur les lettres de somme.

SOMME RURALE. Manuscrit. *b*, 394.

SOUSCRIPTION. C'est une note qui se trouve ordinairement à la fin des éditions du 15e siècle, et qui indique le nom de l'imprimeur, quelquefois celui de l'auteur, celui du lieu où est située la presse, la date, etc. Dans beaucoup de livres du 15e siècle, on trouve des souscriptions manuscrites, ce qui ne doit pas peu contribuer à jeter de la défiance sur certaines dates; il a même été souvent reconnu que des souscriptions imprimées n'étaient pas exemptes de fraudes.

SPECULUM humanæ salvationis. Ouvrage sorti du berceau de l'imprimerie. *a*, 244. Voyez le mot MONUMENT TYPOGRAPHIQUE et le mot XYLOGRAPHIQUE du présent Supplément. M. Camus (dans son Voyage dans les départemens réunis, in-4, page 85.) dit qu'il a vu à Lille, parmi les livres provenant de l'abbaye de Cisoing, un *Speculum humanæ salvationis*, en flamand ou hollandais, imprimé avec des tables de bois; il y a remarqué deux feuillets qui, pour la partie du texte, sont imprimés tant sur le *recto* que sur le *verso*, tandis qu'il est connu que les feuillets de cet ouvrage sont imprimés sur le *recto* seulement. (Il faut consulter sur le *Speculum* IDÉE: *générale d'une collection complette d'estampes*, depuis la page 432 jusqu'à la 479.)

SPIRITOLOGIE. Mot imaginé par Girard, relatif à la nature et à l'essence de l'esprit. *b*, 186.

STATIONARII. Nom donné autrefois aux libraires, *a*, 374.

STEGANOGRAPHIE. Ecriture en chiffres. *b*, 186.

STENOGRAPHIE. Ecriture en signes ou caractères abréviateurs. *b*, 187; chez les Grecs et les Romains, chez les Anglais et les Français. *b*, 188.

STÉRÉOTYPAGE. *b*, 190 et suivantes.

STICHOMÉTRIE. Division par versets. *b*, 198.

STOICISME. *b*, 69.

STYLES ou Stylets, instrumens dont les anciens se servaient pour écrire. *b*, 198.

SUITE. Terme de numismatique. *a*, 444.
Suite des consulaires ou familles romaines. *a*, 446.
Suite des déités, des héros et des hommes illustres. *a*, 447.
Suite des rois. *a*, 444.
Suite des villes. *a*, 445.

SUPERIEURES (lettres). *a*, 371.

SWEYNHEIM (Conrad). Imprimeur du 15e siècle à Rome. *b*, 20. Voyez Pannartz. *c*, 237. C'est en 1474 que ces deux imprimeurs se sont séparés, et c'est en cette année que Pannartz a donné seul : *Nicolai Perotti rudimenta grammatices. Romæ, Arnold Pannartz*, in-4. Les caractères de cette édition sont neufs et plus petits que ceux dont ces artistes faisaient usage en société. Audiffredi s'est trompé en annonçant cette édition in-folio ; elle est grand in-4, comme on peut le voir par les pontuseaux et par le filigrane du papier.

J'ai oublié, à l'article AUDIFFREDI, c, 21, de dire que ce savant bibliographe s'est caché sous le nom de l'Abbate Ugolini pour relever, dans une lettre pleine de sarcasmes, quelques erreurs échappées à Laire dans son ouvrage sur l'imprimerie d'Italie, publié en 1778. Audiffredi était bibliothécaire de la Minerve, à Rome.

SYMPOSIES. Repas littéraires chez les Grecs. *b*, 404.

SYNGRAPHE. Acte souscrit du débiteur et du créancier. *b*, 200.

SYRIAQUE (langue). *a*, 350.

SYSTÊME BIBLIOGRAPHIQUE. *b*, 200.

SYSTÊME du citoyen Ameilhon. *b*, 202.

— D'Arias Montanus. *b*, 203.

— De Baillet. *b*, 204.

— Adopté à la bibliothèque nationale de France. *b*, 208.

— Du citoyen Buthenschoen. *b*, 213.

— Du citoyen Camus. *b*. 218.

— De Michel Casiri. *b*, 220.

— De Claude Clément. *b*, 220.

— Du citoyen Coste. *b*, 230.

— De Denis. *b*, 232.

— De Girard. *b*, 233.

— De Laire. *b*, 234.

— Du père Marchand. *b*, 235.

— De Gabr. Martin et Debure. *b*, 236, 237.

— Du citoyen Massol. *b*, 244.

— Du citoyen Parent. *b*, 246.

— Du Répertoire d'Iena. *b*, 248.

— Du citoyen Thiebault. *b*, 248.

SYSTÊME BIBLIOGRAPHIQUE calqué sur l'Encyclopédie. *b*, 256.

T

TABIS. Etoffe de soie qu'on emploie dans les reliures de luxe. *a*, 8.

TABLE des chiffres romains rapportés aux chiffres arabes. *a*, 175.

TABLE des nombres ordinaux latins, et des adverbes des nombres latins. *a*, 178.

TABLE ÉGYPTIENNE autre que la table isiaque. *a*, 243.

TABLES d'airain sur lesquelles est gravée la harangue de l'empereur Claude (à Lyon). *b*, 283.

TABLES EUGUBINES. *a*, 262.

TABLE ISIAQUE. *a*, 318.

TABLETTES ou TABLES. Matière subjective de l'écriture chez les anciens. *b*, 281.

TABLETTES trouvées à Strasbourg. *b*, 282.

TABLETTES de plomb trouvées dans un tombeau, appartenant au citoyen Viguier de Narbonne. *b*, 284.

TACHÉOGRAPHIE ou TACHYGRAPHIE. Art d'écrire aussi vite qu'on parle. *b*, 285.

TACHES sur les livres ou les estampes; manière de les enlever. *a*, 108.

TARTARE-MANTCHOU (caractère). *a*, 353.

TCHEOU-PI-SOUAN-KING. Livre chinois dans lequel il est question de l'étoile polaire. *b*, 286.

TCHUN-TSIEOU. Livre chinois. *b*, 287.

TÉLÉGRAPHIE. Art de correspondre très-rapidement à de grandes distances. *b*, 288.

TERMES relatifs à la connaissance des médailles *a*, 425 et suivantes.

TESSERES. Tablettes des anciens. *a*, 331. *b*, 282.

TEUTONE (langue). *a*, 357.

TEWRDANCK. Beau monument de gravure en bois et de typographie allemande (en caractères mobiles, suivant le citoyen Camus). Nous avons parlé de cet ouvrage, *a*, 396. Nous en donnons le titre page 201 du présent volume; il nous reste à indiquer les sources où l'on trouvera d'amples détails sur cet ouvrage curieux, sur ses différentes éditions, sur ses traductions, etc. Le *Mémoire sur un livre allemand*, dont le citoyen Camus a enrichi le troisième tome des *Mémoires de l'institut* (partie littérature et beaux-arts) est propre à satisfaire la curiosité des bibliographes à ce sujet; il faut y ajouter la lettre du citoyen Oberlin père, insérée dans le *Magasin encyclopédique*, 8e année, tome Ier. Nous donnerions un analyse de ces deux intéressantes productions, si les bornes de notre ouvrage nous le permettaient; mais nous sommes obligés de renvoyer aux auteurs même. Le mot *Tewrdanck* signifie, dit le citoyen Oberlin, *tewr* glorieux, et *danck*, *gedanck* pensée; mais dans l'ouvrage en question c'est une personne que cela dénote, et non la chose; ainsi le docteur Scherz a bien rendu *Tewrdanck* par *gloriæ memor*; on pourrait le rendre aussi par *gloriæ cupidus*, *gloriam anhelans*. Le traducteur français s'est trompé en traduisant *Tewrdanck* par *Chiermerci* ou *Chiermerciant*; il n'a pas saisi le sens du mot allemand en traduisant littéralement *tewr* par *chier* ou *cher*, et *danck* par *merci*. La clef qui est à la fin de l'ouvrage porte que *Tewrdanck* signifie le louable prince empereur Maximilien, archiduc d'Autriche et de Bohême; et il est ainsi appelé parce que dès sa jeunesse il a dirigé toutes ses pensées vers des faits ou des entreprises glorieuses. L'orthographe du mot en question est *Tewrdank* ou *Teurdanck*, ou *Tewrdancth*, et non *Teueuerdanck*.

THALMUD. Livre très-considéré des Juifs. *b*, 290.

THARGOUM. Paraphrase chaldaique de la Bible. *b*, 292.

THÉATRE sheldonien. *b*, 182.

THESMOLOGIE. Mot imaginé par Girard ; il comprend les livres qui regardent les usages de la société. *b*, 293.

THIBOUST (les), graveurs-fondeurs de caractères, et imprimeurs de l'université de Paris, ont exercé depuis 1544 jusqu'à nos jours. *b*, 293.

THIERRY (les). Célèbres imprimeurs de Paris depuis le 16e siècle jusqu'au commencement du 18e. *b*, 295.

THOU (Auguste de). Célèbre historien. *b*, 37. Il succéda au fameux Amyot dans la place de grand-maitre de la bibliothèque du roi.

TIRABOSCHI (Jérôme), jésuite, bibliothécaire du duc de Modène, né à Bergame en 1731, mort à Modène en 1794. Il fut d'abord professeur de rhétorique à Milan, et en 1770 il succéda au père Granelli dans la place de bibliothécaire, qui convenait davantage au genre de travail dans lequel il s'est distingué, je veux dire dans la bibliographie. On a plusieurs ouvrages de ce laborieux savant. Nous ne nous arrêterons point à ses *Mémoires sur l'ancien ordre des humiliés*, qui parurent en 1766, 3 vol. in-4 ; mais nous citerons avec plaisir sa *Storia della litteratura italiana di Jirolamo Tiraboschi*. Modena, 1772 et suiv. 13 vol. in-4. Cet ouvrage est très-bon et le plus complet que l'on ait sur la littérature italienne. Quelques critiques traitent cette histoire de diffuse et de minutieuse ; cela n'a point empêché que l'on en fit une seconde édition augmentée. On doit encore à Tiraboschi une *Bibliotheca Modenese*. Modena, 1781, 6 volumes in-4. Cette bibliothèque des écrivains modénois a été abrégée par Antoine Landi. Berne, 1785, 5 volumes in-12. Citons encore de Tiraboschi *Storia dell' augusta Badia di S. Silvestro di Nonantola aggiuntovi il codice diplomatico della medessima illustrato con note, opera del cavaliere ab Jirolamo Tiraboschi*. Modena, 1784-1785, 2 volumes in-folio. Tels sont les principaux ouvrages de Tiraboschi ; ils attestent un travail infatigable, beaucoup de méthode et d'érudition. Il a encore plusieurs autres productions moins intéressantes, entre autres une lettre écrite en 1778, sur l'*Essai historique et apologetique de la littérature espagnole*, etc., 1778-81, 6 volumes in-8, en italien, par Xavier Lampillas, etc. etc. Si Tiraboschi a fait le travail le plus complet sur la littérature italienne, son compatriote Jean Andrès ne s'est pas acquis moins de gloire par son grand ouvrage : *Dell' origine, progressi, e stato attuale d'ogni letteratura, dell' abbate Giovanni Andrès*. Parma, *Bodoni*, 1782-1799, 7 volumes grand in-4. L'abbé Andrès, espagnol d'origine, a vu cet excellent ouvrage jouir du plus grand succès. Charles Andrès en a fait une traduction espagnole qui doit servir de texte aux leçons dans l'établissement d'une nouvelle chaire d'histoire littéraire à Madrid. Il en existe une traduction allemande ; on le réimprime, ou plutôt on le contrefait à Venise : enfin cet ouvrage est un trésor précieux pour les amateurs de la littérature et de l'histoire. Il serait à souhaiter qu'il fût traduit en français.

TILETAIN ou TILETAN (Jean-Louis ou Loys). Le nom de famille de ce libraire-imprimeur est Louis, et Tiletain est un surnom qui lui vient du lieu de sa naissance, Tielt en Gueldre. *b*, 297.

TIRAGE. Terme d'imprimerie. *b*, 321.

TIRON, sténographe ancien (notes de). *b*, 297.

TITRES de livres. *a*, 390.

TOLOZE. Ville de Biscaye, qu'il ne faut pas confondre avec Toulouse. *b*, 445.

TORCULAR. Presse. *Torculares*, imprimeurs. *b*, 300.

TORY (Geoffroi). *b*, 301. En parlant de cet imprimeur, et du *Champ-fleuri* qu'il a composé dès 1526, j'ai oublié de dire que dans cet ouvrage il fait descendre les lettres de l'alphabet latin du nom de la déesse IO, prétendant que toutes les lettres sont formées de l'I et de l'O. Ensuite il fait entrer les lettres en proportion avec le corps et avec le visage humain; il en dresse des plans pour l'architecture: il y fait rencontrer le flageolet de Virgile; il y adapte les noms des muses et des arts libéraux, etc.; il fait des moralités à ce sujet; enfin il donne la *due et vraie proportion des lettres*. Pour cela il partage un carré en dix lignes perpendiculaires et transversales qui forment cent carrés surchargés de beaucoup de ronds faits au compas, le tout servant à donner la forme et la figure des lettres. Il ajoute qu'il est sûr d'avoir des *gloseurs* et des *mordans*; mais, dit-il, *je ne les estime la valeur d'un poil*. (Manuel typograph. de Fournier, tome I, page 12.)

TOURNEURES (lettres). Ce sont des lettres capitales gothiques qu'on trouve peintes de diverses couleurs et en or, dans les manuscrits écrits ou en lettres de forme, ou en ancienne bâtarde, ou en lettres de somme. *a*, 371.

TRADUCTIONS (premières) du latin en français. *a*, 356.

TRANCHÉES (lettres). *a*, 371.

TRÉMA. Terme d'imprimerie. La lettre tréma est une voyelle surmontée de deux points. *b*, 15.

TRIUMPF-WAGEN (le char de triomphe). Livre de gravures fait par ordre de Maximilien Ier. *a*, 397, *b*, 454. (Voyez le *Catalogue de la Vallière*, première partie, n° 2035. L'exemplaire porté sous ce numéro, et provenant de M. Mariette, avec une note écrite de sa main, a été vendu 1000 livres.)

TROUBADOURS ou TROVERES. Poëtes provençaux, *b*, 303. On peut consulter sur les troubadours les ouvrages suivans : *Vie des plus célèbres et anciens poëtes provençaux qui ont flouri du temps des comtes de Provence, par Jean de Notredame*, Lyon, 1575, in-8; *Histoire et Chronique de Provence, par César Nostradamus*, Lyon, 1614, in-fol. *Histoire de la poésie italienne, par Jean-Marie Crescimbeni* (en italien), Venise, 1731, 7 vol. in-4.; *Recherches sur les théâtres de France, par Pierre-François Godard de Beauchamp*, 1735, 3 volumes in-8 ou in-4; *Voyage littéraire de Provence, par Jean-Pierre Papon*, Paris, 1787, 2 volumes in-12; *Histoire des Troubadours*, rédigée sur les manuscrits de Lacurne de Sainte-Palaye, *par Claude-François Xavier Millot*, Paris, 1774, 3 vol. in-12. L'abbé Rive a laissé en manuscrit un *Dictionnaire des troubadours, dans lequel il relève*, dit-il, *Foncemagne, dom Vaissette, Sainte-Palaye, l'abbé Millot, l'abbé Papon, Crescembeni et Quadrio.*

TUDESQUE ou TEUTONIQUE (langue). *a*, 362.

TURNEBE, en français TOURNEBŒUF (Adrien). Imprimeur de Paris au 16° siècle. *b*, 304. En citant Huet au nombre des savans qui ont loué Turnebe, je ne l'ai point considéré comme contemporain de cet imprimeur, car je savais que Turnebe était mort en 1585, et Huet en 1721. J'avais cité Turnebe comme un fidèle traducteur; le citoyen Camus m'a fait observer que cet éloge est un peu exagéré.

TYPOGRAPHIE. *b*, 305.

TYPOMÈTRE. C'est un étalon propre à mesurer le *corps* des caractères d'imprimerie, et leur *hauteur en papier*. (Voyez la description de cet instrument dans l'*Essai de fables nouvelles* de M. Didot l'ainé ; Paris, 1786, page 135.)

U

UNIVERSITÉS. *b*, 339.

UNIVERSITÉS (villes où ont été fondées des). Notice géographique de ces villes. *b*, 405 et suivantes.

V

VAFFLARD (Pierre-Louis). Graveur-fondeur de caractères d'imprimerie. Il a été élève de Joseph Gillé pour la fonderie, et a acquis en 1785 le fonds de Cappon. Il a publié des épreuves de ses différens caractères qui annoncent un talent distingué dans cet art.

VAN-PRAET (Joseph). Conservateur des livres imprimés à la bibliothèque nationale à Paris. Ce savant distingué, né à Bruges, passe à juste titre pour l'un des premiers bibliographes de l'Europe. Il s'est d'abord fait un nom dans la carrière bibliographique par la description détaillée et curieuse des manuscrits de la bibliothèque du duc de la Vallière. J'ai cité plusieurs autres ouvrages sortis de sa plume érudite. *b*. 325. J'ajouterai ici que M. Van-Praet s'occupe d'un travail très-intéressant relatif aux livres imprimés sur vélin. Il a déja recueilli plus de 2000 notices de ces sortes de livres, dans le nombre desquels il ne comprend point les livres d'heures, si ce n'est ceux imprimés dans le 15e siècle et portant une date certaine. Sur ces 2000 articles, la bibliothèque nationale en a fourni à peu près 500 : les autres ont été tirés des différentes bibliothèques publiques ou particulières de l'Europe. Comme M. Van-Praet a été à même de voir la plupart des livres qu'il décrit, on peut compter sur la plus grande exactitude. Il a soin d'indiquer le nombre d'exemplaires qui existent de chaque édition, les bibliothèques ou cabinets qui les ont possédés successivement et ceux qui les conservent encore dans ce moment. C'est ainsi qu'il cite trente-cinq exemplaires de la *Bible de Mayence* de 1462, vingt-six exemplaires du *Durandi rationale* de 1459, etc. Il en constate l'existence d'une manière précise, et fait connaître les noms des possesseurs qu'ils ont eus à diverses époques. Il est difficile de se persuader combien de recherches a dû occasionner un travail de cette nature, et de quel prix surtout il sera aux yeux des amateurs qui ont l'avantage de connaître M. Van-Praet. On ne peut que l'engager à faire jouir promptement le public d'un livre aussi précieux.

VAN-THOL. Conservateur des dépôts nationaux littéraires, à Paris. Ce bibliographe instruit s'occupe d'un ouvrage sur les ANONYMES, que nous avons mal à propos attribué à M. Barbier, bibliothécaire du conseil d'état. (Voyez notre second volume, page 357.) Cet ouvrage, fruit de longues et pénibles recherches, renfermera plus de douze mille articles, et sera infiniment précieux; il s'étend jusqu'à la fin du 18e siècle. L'auteur adopte le plan observé dans le second volume de la France littéraire, *Paris*, 1769, in-12. Cet excellent livre remplacera avec avantage les Placcius, les Mylius, les Baillet, les Née de la Rochelle, etc. M. Van-Thol a eu la complaisance de me communiquer quelques pseudonymes qui ne se trouvent pas dans la liste que j'ai donnée dans mon deuxième volume, page 136. On les trouvera au mot PSEUDONYMES du présent volume.

VARIORUM Cum notis (éditions des). *b*, 325.

VEDAM. Livre indien. *b*, 327.

VÉLIN. *b*, 329 Plusieurs bibliographes ont remarqué que les premiers imprimeurs qui ont travaillé à Rome ont très-peu imprimé sur vélin. Cependant on connaît un *Pline* de Sweinheym, première édition qui a été imprimée sur cette matière.

Il serait bien à souhaiter que l'on eût une bonne bibliographie des ouvrages tirés sur vélin ; ce serait un livre très-curieux et très intéressant. M. Debure parle (dans le Catalogue de la Vallière, tome I, page 35) d'un feu M. Gobet qui se proposait de donner un catalogue raisonné de plus de mille ouvrages différens imprimés sur vélin. Le public aurait joui du travail de ce jeune bibliographe si l'abbé Rive n'avait pas refusé constamment de lui laisser prendre la note des livres imprimés sur vélin qui sont dans la bibliothèque de la Vallière. L'abbé Rive a essayé de se disculper de ce reproche dans sa *Chasse aux bibl.* page 477 et suivantes ; mais il l'a fait en vomissant, à son ordinaire, les injures les plus grossières contre MM. Debure, Van-Praet et Gobet. Il dit dans une note que la bibliothèque de la Vallière renfermait plus de 300 volumes imprimés sur vélin. J'avais déjà rassemblé sept à huit cents notices sur ces sortes d'ouvrages ; j'apprends que M. Van-Praet, occupé d'un pareil travail, a déjà réuni plus de deux mille notices de livres sur vélin, qu'il se propose de publier. Je me garderai bien de continuer mes recherches dans cette partie, et de songer à les mettre au jour, puisque l'un des premiers bibliographes connus, dont je ne suis qu'un très-faible élève, parcourt la même carrière, et satisfera pleinement la curiosité des amateurs de ces raretés typographiques.

VÉLIN (papier). Voyez sur son origine la page 241 du présent volume.

VERJURES. Terme de papeterie. *a*, 266.

VERSION italique de la Bible. *b*, 341.

VERSIONS de l'Ecriture sainte *a*, 306.

VIGIGRAPHE, ou télégraphe marin, imaginé par le citoyen Peytes-Montcabrier. *b*, 290.

VIRGULE. Signe de ponctuation. *b*, 12, 130.

VIGNETTE. Ornement de livres, ou marques et enseignes que les imprimeurs plaçaient en tête des ouvrages sortis de leurs presses. *b*, 330.

Laire, en parlant (dans son *Index librorum*, etc., t. II, page 146) d'un *Psalterium græcum*, etc., dit : *Habet signaturas, registrum ac custodes, sed non numerantur folia. Litteræ principales ligno incisæ sunt sicut et in principio cujuslibet psalmi viticulæ quæ gallicè vignettes appellantur quarum usum primus excogitavit Aldus.* Ce livre in-4 a été imprimé vers 1495 ; c'est donc à cette époque que remonte l'origine des vignettes, dont on doit l'invention à Alde Manuce.

VINDELIN DE SPIRE. Célèbre imprimeur de Venise au 15e siècle. Il a succédé à son frère Jean de Spire, qui était venu s'établir à Venise en 1469, et qui est mort en 1470, après avoir commencé l'impression de la *Cité de Dieu* de Saint-Augustin. Vindelin l'a terminée, et a continué à imprimer depuis 1470 jusqu'en 1477. On a de lui quelques éditions sans dates.

VIRGILE du Vatican, manuscrit. *b*, 393.

VITRÉ (Antoine). *b*, 337. Il fut reçu imprimeur-libraire à Paris en 1610, et mourut le 10 juillet 1674. M. Deguignes, dans son *Essai historique sur la typographie orientale*, lave Vitré du reproche injuste qu'on lui a fait, d'après Lacaille et Chevillier, d'avoir fondu les caractères, qui ont servi à la Polyglotte de Lejay. Les poinçons, les matrices, et même les caractères doivent maintenant exister à l'imprimerie nationale. La source de cette erreur, si préjudiciable à l'honneur et à la gloire de Vitré, provient (1) des difficultés qui s'élevèrent au sujet de l'acquisition de ces objets de typographie orientale; ils appartenaient à M. de Breves dans le principe. A sa mort, le Clergé de France voulut en faire l'acquisition, crainte qu'ils ne passassent entre les mains des protestans qui les marchandaient. Ils furent déposés assez long-temps aux archives du Clergé, qui demandait qu'on les mît à la chambre des comptes. Le roi les ayant achetés sous le nom de Vitré, qui les conserva jusqu'à sa mort, arrivée en 1674, ils passèrent alors à la bibliothèque royale, entre les mains de M. Thevenot, garde de cette bibliothèque. Mais lorsque Louis XIV eut donné une nouvelle forme à l'imprimerie royale placée au Louvre, on songea à y déposer tous ces poinçons avec leurs matrices.

VOCABULAIRE *ex quo*. C'est ainsi que l'on désigne un *vocabulaire latin-allemand* dont l'intitulé commence par *ex quo*, qui a été imprimé par Henri et Nicolas Bechtermuntze à Mayence, en 1467, in-4, et réimprimé in-folio en 1469, au même lieu, et par Nicolas Bechtermuntze. Ce vocabulaire a fait tomber dans une erreur grave le père Laire (*Index*, tome I, page 59). Il annonce une édition du *Catholicon* de Balbi, publiée à Mayence par Bechtermuntze en 1467, édition qui n'a jamais existé. Il a confondu le vocabulaire *ex quo* avec le *Catholicon* de Balbi. Cette méprise, qui a passé de l'*Index* de Laire dans les Annales typographiques de Panzer, t. II, p. 117, n° 13, a été remarquée par le citoyen Van-Praet, l'un des plus savans bibliographes de France.

---

(1) Elle provient peut-être aussi de ce qu'on a vu Vitré remettre à fonte de ces caractères qui étaient usés.

VOIX (mécanisme de la). Comme nous avons parlé, a, 335-37, de l'origine des langues, de leur mécanisme et de leur différence caractéristique, nous aurions dû entrer dans quelques détails sur le mécanisme de la voix ou de la parole; ne l'ayant pas fait, nous allons réparer cette omission, et donner la description des parties organiques qui, dans l'homme, constituent l'instrument vocal.

Les organes de la voix sont les poumons, la trachée-artère, le larynx, la glotte et ses cordes vocales, le palais, les dents, les lèvres, la langue, et même les deux ouvertures qui, du fond du palais, répondent aux narines et donnent passage à l'air quand la bouche est fermée.

L'air est la matière de la voix, c'est-à-dire, du chant et de la parole. La poitrine s'élevant par l'action de certains muscles, l'air extérieur entre dans les vésicules des poumons, ce qui produit l'*inspiration*; s'il sort, il produit l'*expiration*. La *respiration* est le mouvement alternatif de l'*inspiration* et de l'*expiration*.

Au fond de la bouche se trouve le commencement de deux tuyaux ou conduits différens entourés d'une tunique commune : l'un est l'*œsophage*, par où les alimens passent de la bouche dans l'estomac : c'est le gosier ; l'autre est la *trachée-artère*, canal situé à la partie antérieure du cou, par où l'air extérieur entre dans les poumons et en sort. Les cartilages et les muscles de la partie supérieure de la *trachée-artère* forment une espèce de tête ou couronne qu'on appelle *larynx*, et vulgairement *pomme d'Adam*. L'ouverture du larynx s'appelle *glotte*, et l'espèce de soupape qui bouche cette ouverture dans le temps du passage des alimens, pour qu'ils n'entrent pas dans la *trachée-artère*, se nomme *épiglotte*. Suivant que l'ouverture du *larynx* est resserrée ou dilatée par le moyen de certains muscles, elle forme la voix ou plus grêle ou plus pleine.

On a découvert à chaque lèvre de la *glotte* une espèce

de ruban large d'une ligne tendu horisontalement : l'action de l'air qui passe par la *glotte* excite dans ces rubans des vibrations qui les font sonner comme les cordes d'un instrument de musique. Les muscles du *larynx* tendent ou relâchent plus ou moins ces cordes vocales, ce qui fait la différence des tons dans le chant, dans les plaintes et dans les cris.

Tout air qui sort de la *trachée-artère* n'excite pas pour cela du son ; il faut, pour produire cet effet, que l'air soit poussé par une impulsion particulière, et que dans le temps de son passage, il soit rendu sonore par les organes de la parole, ce qui lui arrive par deux causes différentes.

1.º L'air étant poussé avec plus ou moins de violence par les poumons, il est rendu sonore par la seule situation où se trouvent les organes de la bouche. Tout air poussé qui se trouve resserré dans un passage dont les parties sont disposées d'une certaine manière, rend un son. C'est ce qui se passe dans les instrumens à vent ;

2.º L'air qui sort de la *trachée-artère* est rendu sonore dans son passage par l'action ou mouvement de quelqu'un des organes de la parole ; cette action donne à l'air sonore une agitation et un trémoussement momentanés propre à faire entendre telle ou telle consonne ; voilà deux causes qu'il faut bien distinguer : 1º simple situation d'organes ; 2º action ou mouvement de quelqu'organe particulier sur l'air qui sort de la trachée-artère. Par exemple, pour prononcer A il ne faut qu'une simple situation d'organe ; mais pour prononcer BA il faut un mouvement particulier et momentané des lèvres qui se pressent l'une contre l'autre faiblement, et fortement si l'on veut prononcer PA. La différence qu'il y a entre les voyelles et les consonnes quant à la prononciation, c'est qu'une voyelle peut se prolonger tant que les poumons fournissent la matière de la voix, c'est-à-dire, l'air ; au lieu que la consonne s'éteint en naissant, comme un coup de marteau qui ne fait résonner un corps sonore qu'à l'instant où il le frappe; et si l'on veut entendre encore le même son, il faut frapper un second coup. Il résulte de ce que nous venons d'exposer que la voyelle est le son qui provient de la situation des organes de la parole dans le temps que l'air sort de la trachée-artère, et que la consonne est l'effet de la modification passagère que cet air reçoit par l'action momentanée de quelqu'une des parties de la bouche. De là vient que quelques grammairiens ont donné le nom de *semi-vocales* aux consonnes F, J, R, S, parce que le mouvement qui les produit laissant un peu d'ouverture à la bouche et étant susceptible de continuité, il reste assez de passage à l'air pour faire entendre, non pas un son distinct, mais une espèce de sifflement.

VOLUMES ou ROULEAUX. *b*, 340. *c*, 286.

VOUTES. Lieu où l'on conserve les archives de la chambre impériale, à Spire, etc. *a*, 32.

VULGATE. Version latine de la Bible déclarée authentique par le concile de Trente. *b*, 341.

WINTERS (Conrad de) de Homburch imprima à Cologne le *Legenda aurea* en 1470, et Pierre Von Olpe y exécuta l'*Auctoritates decretorum* aussi en 1470.

X

XENOGRAPHIE. Science des écritures étrangères. *b*, 345.

XYLOGRAPHIQUES LIVRES. C'est ainsi que l'on appelle les ouvrages imprimés sur planches de bois. (Voyez tome I, page 394, tome II, page 346, et surtout notre article MONUMENS TYPOGRAPHIQUES.) Les principaux ouvrages de ce genre sont le *Donat* ou *Catholicon*, dont on connaît des fragmens de plusieurs éditions (1) ; — *Historia veteris et novi Testamenti*, en 46 planches. — *Historia sancti Joannis evangelistæ cum figuris apocalypticis*, en 47 planches. —*Speculum humanæ salvationis*, en 63 feuillets. — *Ars moriendi*, en 24 feuillets, etc. etc. etc. Toutes ces éditions ne sont point opistographes, c'est-à-dire, que les feuillets ne sont imprimés que d'un côté. (Voyez à ce sujet Debure, *Bibliographie instructive*, t. I, p. 125 ; Debure, *Catalogue de la Vallière*, nos 121, 122, 124, 2179; Oberlin, *Vie de Gutenberg*, page 20 ; Rive, *Chasse aux bibliographes*, page 306 ; Meerman, etc. etc. Rive a laissé en manuscrit une *Histoire critique des livres xylographiques*. Les bibliographes s'accordent assez à regarder Harlem, ou plus généralement la Hollande, comme le berceau des éditions xylographiques, même avant 1440, et Mayence comme celui des *Donats* xylographiques entre 1445 et 1450. Dans cette dernière ville, la *Bible* présumée imprimée en caractères de fonte, entre 1450 et 1455, est regardée comme le premier produit de l'imprimerie.

Y-KING. Premier livre canonique des Chinois. *b*, 346.

Z.

ZEINER ou ZAYNER de Reutlinghen (Ginther ou Gunther). *a*, 347, *c*, 5. Nous allons rectifier ce que nous avons avancé de ce Zeiner jusqu'à ce moment, en citant une note puisée dans le Catalogue de M. de la Serna-

---

(1) Meerman a publié quelques-uns de ces fragmens ; il en attribue deux à Coster avant 1440, et le troisième à ses héritiers. Il en a présenté les épreuves dans ses *Origines*, *table* II, *table* IV *et table* VI. Il pense que ces livres étaient imprimés en caractères mobiles sculptés en bois ; mais il n'est pas prouvé qu'on se soit servi de caractères mobiles avant l'invention de Gutenberg ; d'ailleurs le système de Meerman en faveur de Coster ne jouit plus d'aucun crédit, et est mis au rang des fables.

Santander de Bruxelles, 1803, in-8, n° 731. Le livre *Joan. de Aurbach summa de confessione et ecclesiæ sacramentis*, Augustæ Vindelicorum, *Ginther Zeiner de Reutlinghen*, 1469, in-folio, est si précieux qu'on le trouve à peine dans les plus riches bibliothèques ; c'est une des premières productions de Ginther Zeiner : cet imprimeur est le premier qui a imprimé à Ausbourg dès 1468. (Voyez le *Maittaire de Panzer*, t. I, p. 99.) Les Bibles latine et allemande que l'on prétend avoir été imprimées dans cette ville par J. Bemmler, en 1466 et 1467, sont chimériques. Le premier livre imprimé à Ausbourg est un *Meditationes vitæ domini J. C.*, rapporté dans le *Maittaire* précité, sous la date de 1468. C'est ce même Zeiner qui a eu la gloire d'introduire le premier en Allemagne l'usage des caractères romains, avec lesquels il imprima, en 1472, la belle édition des *Etymologies de saint Isidore de Séville*. Les uns fixent sa mort à 1475, les autres à 1478, malgré que le dernier ouvrage sorti de ses presses porte la date de 1473. Nous avons parlé ailleurs de son parent Jean Zeiner de Rutlinghen, imprimeur à Ulm.

ZELL (Ulric), né à Hanau, imprimeur du 15e siècle à Cologne. *b*, 347. Il a imprimé une *Bible* latine en deux petits volumes in-folio, sans date et sans indication de lieu. Cette Bible n'a été connue que d'un très-petit nombre de savans bibliographes ; elle est sur deux colonnes, dont celles qui sont entières ont 42 lignes : elle est imprimée avec les mêmes caractères que ceux du *Liber de singularitate clericorum*, qui est in-4 et non in-8, comme le prétend Meerman. L'abbé Rive regarde cette *Bible* comme postérieure à ce *Liber*, dont les types ont vraisemblablement servi d'essai pour son impression.

ZEND-AVESTA. Livre sacré des Perses, attribué à Zoroastre. *b*, 348.

NOUVEAU
TABLEAU ALPHABÉTIQUE

Des villes où l'art de l'imprimerie a été exercé dans le XVe siècle, avec indication des premiers imprimeurs qui ont travaillé dans chaque ville, et la date de leurs premières éditions.

Nous présentons ce tableau abrégé comme l'un des plus complets et des plus exacts qui existent sur cette partie. Nous ne nous sommes pas contentés de prendre, dans la dernière édition des *Annales de Maittaire*, par M. Panzer, tous les articles relatifs à notre sujet ; nous avons encore compulsé d'autres bibliographes : nous les avons comparés entre eux, et nous avons tâché d'obtenir un résultat exempt d'erreurs, et qui présente, en peu d'espace, trois choses importantes aux yeux des bibliographes ; savoir : la liste des premières villes où l'art typographique a été connu, la liste des premiers imprimeurs qui s'y sont établis, et la date de chaque première édition sortie de leurs presses. Nous n'avons pas cité les éditions, parce qu'alors cette partie de notre ouvrage serait devenue plus considérable que l'ouvrage même ; d'ailleurs on les trouvera toutes ou presque toutes dans les cinq premiers volumes du Maittaire précité, qui regardent le 15e siècle. La notice géographique qui termine notre second volume est défectueuse dans quelques endroits, surtout pour la partie typographique. Nous invitons notre lecteur à s'en rapporter à ce tableau-ci, principalement pour les dates typographiques, pour les noms d'imprimeurs, et pour quelques noms de villes.

A

1486 *ABBATIS-VILLA*, Abbeville : premiers imprimeurs, Jean Dupré et Pierre Gerard.

1493 *Alba*, Albe, sans nom d'imprimeur.

1480 *Sti.-Albani Villa*, Saint-Albans en Angleterre, sans nom d'imprimeur.

Albia; je présume que c'est Albie en Savoie, sans date ni nom d'impr.

1480 *Aldenarda*, Oudenarde : premier imprimeur, Jean César.

1473 *Alostum*, Alost : premier imprimeur, Théodore Martin ou Mertens.

1467 *Altavilla*, Elteville ou Eltevil, près Mayence : premier imprimeur, Henri Bechtermuntze.

1477 *Andegavum* ou *Juliomagus*, Angers : premiers impr. Jean Delatour et Jean Morelli.

1493 *Angolisma* ou plutôt *Engolisma*, Angoulême, sans nom d'imprimeur.

1472 *Antverpia*, Anvers : premier imprimeur, Mathys Van-der-Goes.

1482 *Aquila*, Aquila : premier imprimeur, Adam de Rotwil.

1471 *Argentoratum*, Strasbourg : premiers imprimeurs, Jean Mentellin ou Mentel, d'abord sans date, puis en 1473; Henri Eggesteyn en 1471.

1477 *Asculum*, Ascoli : premier imprimeur, Guillaume de Linis de Almania.

1497. *Avenio*, Avignon : premier imprimeur, Nicolas Lepe.

1468. *Augusta-Vindelicorum*, Augsbourg : premier impr. Günther Zainer de Reutlinghen.

1490. *Aurelianum* ou *Aurelia*, Orléans : premier impr. Mathieu Vivian.

1480 *Austriæ-Civitas*, Cividad di Friuli : premier impr. Gerard de Flandre.

B

1462 *Bamberga*, Bamberg : premiers imprimeurs, Albert Pfister en 1462 et peut-être en 1461 ; Jean Sensenschmidt en 1481.

1475 *Barchinona*, Barcelone : premier imprimeur, Jean Villar.

1496 *Barcum*, Barc, dans le Bressan en Italie : premier imprimeur, Gerson (juif).

1474 *Basilea*, Bâle : premiers imprimeurs, Berthold Rodt, sans date ; Michel Wenssler, imprimeur, sans date, mais 1474 présumé.

Bergomum, Bergame. Quoique l'on trouve quelques ouvrages annoncés de Bergame sous la date de 1477 et 1497, on croit que l'art typographique n'a point été exercé dans cette ville au 15e siècle.

1470 *Berona*, Munster en Suisse (et non Braun en Bohême, comme nous l'avons dit mal-à-propos dans notre second volume, page 413 : Braun et Munster portent le même nom latin, *Berona*.) : premier imprimeur, Helyas ou Elye de Lloufen, chanoine. (Voyez *Ergovia*.)

1487 *Bisuntium*, Besançon : premier imprimeur, Jean ou François Comtet

1471 *Bononia*, Bologne : premier imprimeur, Balthazar Azzoguidus, peut-être depuis 1462.

1473 *Brixia*, Bresse ou Brescia : premier imprimeur, Petrus Villa, Presbyter.

1473 *Brugæ*, Bruges : premier imprimeur, Colard Mansion.

1486 *Brunna*, Brian en Moravie, sans nom d'imprimeur.

1474 *Bruxellæ*, Bruxelles, sans nom d'imprimeur.

1473 *Buda*, Bude ou Offen : premier imprimeur, André Hess.

1475 *Burgdorfium*, Burgdorf ou Bertoud, sans nom d'imprimeur.

1485 *Burgi*, Burgos : premier imprimeur, Frédéric de Basle.

1484 *Buscodux*, Bois-le-Duc, sans nom d'imprimeur.

C

1478 *Cabelia*, Chablis : premier imprimeur, Pierre le Rouge.

1480 *Cadomus*, Caen : premiers imprimeurs, Jacques Durandas, Egidius Quijoue.

1485 *Cæsar-Augusta*, Sarragosse : premier imprimeur, Paul (Pablo) Hurus de Constance.

1475 *Callium*, Cagli : premiers imprimeurs, Robert de Fano et Bernardinus de Bergomo.

1489 *Capua*, Capoue, sans nom d'imprimeur.

1497 *Carmagnola*, Carmagnole, sans nom d'imprimeur.

1481 *Casale-S.-Evaxii*, Cazal de Saint-Vas : premier imprimeur, Guill. de Canepa Nova.

1486 *Casale-major*, Casal-Maggiore : premier imprimeur, Soncinates, typ. hébr.

1475 *Casselœ*, Cassel : premier imprimeur, Jean Faber, français.

1484 *Chamberium*, Chambery : premier imprimeur, Ant. Neyret.

1486 *Clavassium*, Civasso : premier imprimeur, Jacques de Suigo de Sancto Germano.

1493 *Cluniacum*, Clugny : premier imprimeur, Michel Wenssler de Bâle.

1478 *Collis*, Colle : premiers imprimeurs, Joan. Alemannus de Medemblick, Bonus Gallus.

1466 *Colonia-Agrippina*, Cologne : premier imprimeur, Ulric Zell de Hanau.

1474 *Comum*, Come : premiers imprimeurs, Ambroise de Orcho, et Denis de Paravesino.

Constantia, Constance. Le livre *Aureus libellus de duabus amantibus ex Boccacio*, *in*-4, n'a point été imprimé dans le 15ᵉ siècle, quoiqu'il porte *Constant*. 1489.

Constantinopolis, Constantinople. Maittaire, Panzer et beaucoup d'autres bibliographes estiment que tous les livres annoncés comme ayant été imprimés dans cette ville, au 15e siècle, présentent plus que des doutes soit sur le lieu de l'impression, soit sur les dates.

1500 *Cracovia*, Cracovie : premier imprimeur, Jean Haller.

1472 *Cremona*, Crémone : premiers imprimeurs, Denis de Paravesino, Etienne de Merlinis de Leucho.

1480 *Culemburgum*, Culembourg, sans nom d'imprimeur, et Jean Veldener en 1482.

1478 *Cusentia*, Cosenza : premier imprimeur, Octavien Salamonius de Manfredona.

D

1475 *Daventria*, Deventer : premier imprimeur, Richard Paffroed de Colonia.

1477 *Delphi*, Delft : premiers imprimeurs, Jacob, Jacobs Soen.

1491 *Divio*, Dijon : premier imprimeur, Petrus Metlinger Alemannus.

1490 *Dolœ*, Dole : premier imprimeur, Petrus Metlinger. (Voyez Laire, Orig. de l'imprimerie en Franche-Comté, page 39.)

E

1482 *Erfordia*, Erfort : premier imprimeur, Paul Wider de Hornbach.

1470 *Ergovia*, Argeu (1) : premier imprimeur, Helijas, Helije ou Elie de Lloufen, chanoine.

1472 *Essium* ou *Œsium*, Jesi : premier imprimeur, Fréderic de Véronne.

1473 *Esslinga*, Eslingen : premier imprimeur, Conrad Fyner de Gerhussen.

1478 *Eustadium*, Neustadt : premier imprimeur, Michael Reyser.

F

1471 *Ferraria*, Ferrare : premiers imprimeurs, André Belfortis, Gallus.

1472 *Fivizanum*, Fivizano, ville d'Etrurie : premiers imprimeurs, Jacques Baptiste et Alexandre de Fivizano.

1471 *Florentia*, Florence : premiers imprimeurs, Bern.

---

(1) Par *Ergovia* on entendait jadis un des anciens quatre cantons de la Suisse ; et maintenant on désigne sous le nom d'*Argouw*, d'*Ergaw*, d'*Argœw* ou d'*Aergow* (Laire prétend qu'il faut dire *Argeu*); on désigne, dis-je, un pays de la Suisse moins étendu qu'autrefois ; c'est dans ce pays qu'existait une riche abbaye, fondée dans le dixième siècle, à Munster en Argeu (bourg du canton de Lucerne), par un comte de Lensbourg nommé *Bero* ; de là ce bourg s'est appellé en latin *Berona* et *Beronense monasterium*. L'imprimerie a été établie dans cette abbaye par un chanoine régulier qui y résidait ; il s'appellait Llouffen avant d'être chanoine, puis après, *Helijas*, *Hélije*, qui sans doute signifie *Elie* son prénom. On ne sait pas au juste la date de son établissement. Le *Mametractus*, dont il existe deux éditions très-rares, celle de Mayence de 1470, et celle imprimée à Argeu, par ce chanoine, sans date, car celle rapportée par Schelhorn est visiblement apocryphe (elle est la même que celle de Mayence) ; le *Mametractus*, dis-je, est un ouvrage sur lequel Rive a relevé les erreurs de plusieurs bibliographes, entre autres de Lelong, de Debure, de Schelhorn, etc. (Voyez *Chasse aux bibliogr.*, pages 133 et suivantes.) On trouvera dans cet auteur des détails sur le *Mametractus*, sur les lieux où il a été imprimé, sur ses deux éditions principales, etc. etc. On en trouvera aussi dans le présent volume, page 295.

Cenninus, Dominique Cenninus fils, et Pierre Cenninus.

1495 *Forilivium*, Forli : premiers imprimeurs, Jérôme Medesanus de Parme, P. Guarinus de Guarinis, et Joa.-Jac. de Benedictis.

1493 *Friburgum*, Fribourg : premier imprimeur, Kilianus Piscator.

1495 *Frisinga* ou *Fruxinum*, Freisingen : premier imprimeur, Jean Schaeffler.

1470 *Fulginium*, Fuligno : premiers imprimeurs, Emilianus de Orfinis, Jean Numeister.

G

1487 *Gaietta*, Gayette : premiers imprimeurs, André Fritag, Freytag, Alemannus.

1483 *Gandavum*, Gand : premier imprimeur, Arnoldus Cesaris ou Arend de Keyser.

1478 *Geneva*, Genève : premier imprimeur, Adam Steinschawer de Schuinfordia.

1474 *Genua*, Gênes : premiers imprimeurs, Mathias Moravus de Olmutz et Michael de Monacho.

1500 *Giennium*, Jaen, sans nom d'imprimeur.

1477 *Gouda*, Goude ou Tergow : premier imprimeur, Gheraert Leeu.

1488 *Gradisca*, Gradisque ou Gradisca, sans nom d'imprimeur.

1496 *Granata*, Grenade : premiers imprimeurs, Mainard Ungut, Alemannus.

H

1491 *Hafnia*, Copenhague : premier imprimeur, Godefroi de Ghemen.

1489 *Hagenoa*, Haguenau : premier imprimeur, Henri Gran.

1482 *Hala*, Halle ou Hall, sans nom d'imprimeur; il est très-douteux qu'on ait imprimé dans cette ville en 1482.

1491 *Hamburgum*, Hambourg : premiers imprimeurs, Jean et Thomas Brochard.

1483 *Harlemium*, Harlem : Laurent Coster, très-douteux et sans date; Jean André (Jan Andriesson) en 1483.

1480 *Hasseltum*, Hasselt (pays de Liège), sans nom d'imprimeur.

1485 *Heidelberga*, Heildelberg, sans nom d'imprimeur.

1479 *Herbipolis*, Vurtzbourg : premier imprimeur, Etienne Dold.

1477 *Hispalis*, Séville : premiers imprimeurs, Ant. Martinez de la Talla, Barthel. Segura, et Alphonse del Puerto (de Portu).

1483 *Holmia*, Stockolm : premier imprimeur, Jean Snell, Alemannus.

I

1488 *Ilarda*, Lerida, sans nom d'imprimeur.

1490 *Ingolstadium*, Ingolstadt : premier imprimeur, Jean Kachelofen.

K

1489 *Kuttenberga* ou *Cutna*, Kuttenberg : premier impr. Martin de Tischnowa.

L

1484 *Lantenacum* ou *Lodeacum*, Lantenac, ou Lodeac, ou Brehant-Lodeac : premier imprimeur, Robin Fouquet.

1499 *Lantriguierium* ou *Trecorium*, Treguier : premier imprimeur, Jean Casnez.

1473 *Lauginga* (sic), Lavingen, sans nom d'imprimeur.

1484 *Leida* ou plutôt *Lugdunum batav.*, Leyde, premier imprimeur, Heynricus Heynrici.

1492 *Leiria*, Leiria : premier imprimeur, Abraham, fils de Samuel Dortas.

1495 *Lemovicum*, Limoges : premier imprimeur, Jean Berton.

1481 *Lignicium*, Lignitz. On regarde le livre *Fr. Hermanni dialogus*, *Lignis*, 1481, comme ouvrage supposé.

1481 *Lipsia*, Leipsick : premier imprimeur, Marcus Brand.

1480 *Londinum*, Londres : premier imprimeur, Jean Lettou. On croit qu'on a imprimé à Londres dès 1477.

1473 *Lovanium*, Louvain : premier imprimeur, Jean de Westphalie, de Paderborn.

1475 *Lubeca*, Lubeck : premier imprimeur, Lucas Brandis de Schass.

1476 *Luca*, Lucques : premier imprimeur, Bartholomæus de Civitali.

1476 *Lugdunum*, Lyon : premier imprimeur, Barthol. (Burius) Buyer de Lyon.

1493 *Luneburgum*, Lunebourg : premier imprimeur, Jean Luce.

M

1499 *Madritum* ou *Mantua-Carpetanorum*, Madrid, sans nom d'imprimeur. On croit qu'on y imprimait dès 1494.

1483 *Magdeburgum*, Magdebourg : premier imprimeur, Albert Ravenstein.

1472 *Mantua*, Mantoue : premier imprimeur, Pierre-Adam de Michaelibus.

1473 *Marsipolis* ou plutôt *Martis-Burgum* ou *Martinopolis*, Mersbourg : premier imprimeur, Lucas Brandis de la ville de Delezfch.

1469 *Mediolanum*, Milan : premier imprimeur, Philippe

de Lavagnia, milanais; Antoine Zarot de Parme a commencé à imprimer dans cette ville en 1470.

1482 *Memminga* ou *Drusomagus*, Memmingen : premier imprimeur, Albert Kunne de Duderstatt.

1473 *Messana*, Messine : premier imprimeur, Henri Alding, Alemannus.

1457 *Moguntia*, Mayence : Jean Gutenberg, sans date ; Jean Fust et Pierre Schoeffer en 1457.

1500 *Monachium*, Munich : premier imprimeur, Jean Schopsser.

1486 *Monasterium*, Munster, Westph. : premier imprim. Jean Limburg.

1499 *Monasterium Montis Serrati*, couvent du mont Serrat : premier imprimeur, Jean Luschener, Alemannus.

1472. *Mons-Regalis*, Mondovi. J'ai commis une erreur dans mon second volume, page 433, en traduisant *Mons-Regalis* par Mont-Réal en Sicile. Je vois par le nouveau *Maittaire de Panzer* (tome II, page 145) que Panzer traduit *Monte-Regali* par *Mondivi* (sic). Je ne doute point qu'il a désigné par là *Mondovi*, ville du Piémont que l'on nomme ordinairement en latin *Mons-Vici*. Premiers imprimeurs, Antonius Mathias d'Anvers, Balthasar Corderius.

1487 *Murcia*, Murcie : premier imprimeur, Jean de Roca.

1475 *Mutina*, Modène : premier imprimeur, Jean Vuster de Campidona.

N

1493 *Nannetes*, Nantes : premier imprimeur, Etienne Larcher.

1471 *Neapolis*, Naples : premier imprimeur, Sextus Riessinger, prêtre, de Strasbourg.

1480 *Nonantula*, Nonantola (On voit une jolie bibliothèque dans une abbaye de cette ville au duché de Modène).

premiers imprimeurs, Georgius et Anselmus fratres de Mischinis.

1470 *Norimberga*, Nuremberg : premier imprimeur, Jean Sensenschmid de Egra.

1475 *Pilsna* ou plutôt *Pelsina* ou *Pilsenia*, ou *Novaplzna*, Pilsen en Bohême, sans nom d'imprimeur.

1479 *Noviomagus*, Nimègue : premier imprimeur, Jean de Westphalie.

1479 *Novæ*, Novi : premier imprimeur, Nicolaus Ghirardengus, douteux.

1491 *Nozanum Castellum* : premiers imprimeurs, Henri de Cologne et Henri de Harlem.

O

1496 *Offenburgum*, Offenbourg, sans nom d'imprimeur.
1500 *Olomucium*, Olmutz : premier imprimeur, Conrad Bomgarten *seu* Baumgarten.
1494 *Oppenhemium*, Oppenheim, sans nom d'imprimeur.
1468 *Oxonium*, Oxfort, sans nom d'imprimeur.

P

1470 *Palentia* ou *Palancia*, Palencia, sans nom d'impr.
1496 *Pampeluna* ou *Pampilo* ou, *Pompeiopolis*, Pampelune : premier imprimeur, Arnoldus Guillermus de Brocario.
1477 *Panormum*, Palerme : premier imprimeur, André de Wormacia.
1476 *Papia* ou *Papia-Flavia*, ou *Ticinium*, Pavie : premier imprimeur, Antoine Carchano de Milan.
1470 *Parisiæ*, Paris : premiers imprimeurs, Ulric Gering, Martin Crantz, Michel Friburger, tous trois allemands.
1473 *Parma*, Parme : premier imprimeur, Andreas Portilia de Parme.
1482 *Patavia*, Passaw : premier imprimeur, Conrad Stahel.

1472 *Patavium*, Padoue : premier imprimeur, Barthol. de Valdezochio de Padoue.

1500 *Perpinianum*, Perpignan : premier imprimeur, Jean Rosembach d'Heidelberg.

1476 *Perusia*, Perouse : premier imprimeur, Henri Clayn d'Ulm.

1500 *Phorca* ou *Pforzemium*, Pfortzheim : premier impr. Thomas Anselme de Bade.

1479 *Pictavium*, Poitiers : sans nom d'imprimeur.

1479 *Pinarolium*, Pignerol : premier imprimeur, Jacques de Rubeus, français.

1484 *Pisa*, Pise : premiers imprimeurs, Laurent et Ange, florentins.

1477 *Pisaurum*, Pesaro : premier imprimeur, Abrahamus fil. R. Chaiim.

1485 *Piscia*, Pescia : premier imprimeur, François Cennus.

1475 *Placentia*, Plaisance : premier imprimeur, Jean-Pierre de Ferratis de Crémone.

1478 *Plebisacium*, Piobe-de-Sacco dans le Padouan : premier imprimeur, R. Mescullam Cognomine Kotzi.

1476 *Pollianum Rus*, près de Vérone : premiers imprimeurs, Innocent Ziletus, Felix Antiquarius.

1490 *Portesium*, premier imprimeur, Bartholomæus Zannus.

1478 *Praga*, Prague, sans nom d'imprimeur.

1482 *Promentour* : premier imprimeur, Loys Guerbin.

1496 *Provinum*, Provins : premier imprimeur, Guillaume Tavernier.

R

1485 *Ratisbonnæ*, Ratisbonne : premiers imprimeurs, Jean Sensenschmidt, Joh. Beckenhaub.

1475 *Regium*, Reggio : premier imprimeur, Abraham Ben Garton fil. Isaaci.

1482 *Reutlinga*, Reutlingen : premier imprimeur, Johan. Ottmar.

1484 *Rhedones* ou *Condate*, Rennes : premiers imprimeurs, Pierre Belleesculée et Josses.

1465 *Roma*, Rome: premiers impr., Conrad Sweynheym et Arnold Pannarts, d'abord au monastère de Sublac en 1465, puis à Rome en 1467.

1476 *Rostochium*, Rostock : premiers imprimeurs : Clerici Congregationis Domus Viridis horti ad S. Michaelem.

1487 *Rothomagum*, Rouen : premier imprimeur, Guillaume Letalleur.

S

1485 *Salinæ apud Sequanos*, Salins : premiers imprimeurs, Joan. Depratis, Benedictus Bigot, et Claudius Beaudrand.

1485 *Salmantica*, Salamanque, sans nom d'imprimeur.

1470 *Savillianum*, Savillano : premier imprimeur, Christophe Beyamus (de Beggiamo).

1474 *Savonna*, Savone : premiers imprimeurs, Bonus Johannes, frater in conventu sancti Augustini.

1495 *Scandianum*, Scandiano : premier imprimeur, Peregrinus de Pasqualibus.

1495 *Schoenhoven* ou *Schonhovia*, Schoonhove, sans nom d'imprimeur.

1483 *Schedamum*, Schiedam ou Schiendam, sans nom d'imprimeur.

1479 *Segobrica*, Segorbe, sans nom d'imprimeur.

1484 *Senæ*, Sienne : premiers imprimeurs, Henri de Cologne et associés, et Lucas de Martinis.

1486 *Sleswicum*, Sleswick : premier imprimeur, Etienne Arndes.

1484 *Soncinum*, Soncino : premiers imprimeurs, Josuas Salomon, Israël Nathan, Soncinas, Josuas Ben Israël Nathan, Soncinas.

1485 *Sora* vel *Soria* ; est-ce Sora en Italie ou Soria en Espagne? On penche pour l'Espagne. Sans nom d'imprimeur.

Sorten monasterium : c'est une abbaye de prémontrés qui se trouve en Souabe ; on la nomme en allemand *Schussenried*, en latin *Sorethium*, *abbatia Sorethana*. L'imprimerie y a été exercée dans le 15e siècle, mais on ne sait ni dans quelle année, ni par quel imprimeur.

1471 *Spira*, Spire, sans nom d'imprimeur, peut-être Pierre Drach : le nom de ce Pierre Drach de Spire paraît en 1477.

T

1488 *Tarrazona* ou *Tarraco*, Tarragone en Espagne, sans nom d'imprimeur. On connaît encore en Espagne *Tarazona*, en latin *Turiaso*.

1471 *Tarvisium*, Trevise : premier imprimeur, Gerard de Lisa de Flandre.

1474 *Taurinum*, Turin : premier imprimeur, Jean Faber de Langres.

1486 *Toletum*, Tolède : premier imprimeur, Jean Vasqui, Vasco ou Vasquez.

1479 *Toloza*, Toloze en Biscaye ou Toulouse en France : premier imprimeur, Johannes Teutonicus. (Voyez notre deuxième volume, page 445.)

1492 *Trecœ*, Troyes : premier imprimeur, Guillaume Lerouge.

1470 *Trevium*, Trevi ou *Treba* (*Oppid. Latii*, dit Panzer.) premier imprimeur, Johan. Reynardi, Alemannus. Ce Reynard est ensuite allé s'établir à Rome.

1476 *Tridentum*, Trente : premier imprimeur, Hermannus Schindeleyp.

1498 *Tubinga*, Tubingen : premier imprimeur, Johan. Ottmar.

1496 *Turo*, ou *Turones*, ou *Cæsarodunum*, Tours : prem. imprimeur, Matthias Latteron.

1479 *Tusculani Lacus Benaci* (*Tusculanum oppidum agri Brixiensis*, *juxta Benacum*, dit Panzer.) : premier impr. Gabriel-Petri Tarvisinus.

V

1478 *Valentia*, Valence : premier imprimeur, Alphonse Fernandez de Cordova.

1495 *Vallisoletum*, Valladolid, sans nom d'imprimeur.

1469 *Veneticæ*, Venise : premier imprimeur, Joannes de Spira.

1485 *Vercellæ*, Verceil : premier imprimeur, Jacobinus Suigus de S. Germano.

1472 *Verona*, Vérone : premier imprimeur, Johannes Veronensis.

1473 *Vicentia*, Vicence : premier imprimeur, Johannes de Rheno.

1482 *Vienna-Austriæ* ou *Vindobona*, Vienne en Autriche, sans nom d'imprimeur. Le premier imprimeur connu, Jean Winterburg, en 1492.

1481 *Vienna-in-Delphinatu*, Vienne en Dauphiné, sans nom d'imprimeur. Premier imprimeur connu, Pierre Schenck, en 1484.

1486 *Viqueria*. On ignore quel endroit de l'Italie est désigné sous ce nom ; quelques-uns prétendent que *Viqueria* signifie Voghera (*Vicus iriæ*), ville du duché de Milan dans le territoire de Pavie : premier imprim. Jacobus de S. Nazario.

1488 *Viterbium*, Viterbe, sans nom d'imprimeur.

U

1473 *Ulma*, Ulm : premier imprimeur, Joannes Zeiner de Reutlingen.

1473 *Ultrajectum*, Utrecht : premier imprimeur, Nicolas Ketelaer.

1489 *Ulyssipo*, Lisbonne : premier imprimeur, Samuel Zorba.

1481 *Urbinum*, Urbin : sans nom d'imprimeur. Henri de Cologne y a imprimé en 1493.

1475 *Ursius Sanctus*, lieu près Vicence : premier impr. Joannes de Rheno.

1485 *Utinum* ou *Utina*, Udine : premier imprimeur, Gerard de Flandre.

W

1474 *Westmonasterium*, Westminster : premier imprimeur, William Caxton.

1484 *Winterberga*, Winterbourg ou Wimberg en Bohême, premier imprimeur, Johan. Alacraw.

1488 *Wittemberga*, Wittemberg, sans nom d'imprimeur.

X

1485 *Xerica* (*Opp. nobil. in regno Valentino*, dit Panzer.) sans nom d'imprimeur.

Z

1490 *Zamora*, Zamora, en Espagne, sans nom d'imprim.

1492 *Zenna* ou *Tzenna*, abbaye de l'ordre de Citeaux en Saxe, sans nom d'imprimeur.

1479 *Zwollæ*, Zwol : premier imprimeur, Jean de Wollhoe.

TABLE DES AUTEURS,

DES BIBLIOGRAPHES, TYPOGRAPHES, etc.

cités dans les trois volumes.

Nota. La lettre *a* désigne le premier volume; la lettre *b* le second, et la lettre *c* le troisième. Pour ne pas rendre cette table trop volumineuse, on a supprimé plusieurs nomenclatures qui se trouvent par ordre alphabétique dans le cours de l'ouvrage, telles que celle des possesseurs de riches bibliothèques, cités à l'article CATALOGUE, *a* 153; celle des GRAVEURS, *a* 290; celle des PEINTRES des diverses écoles, *b* 40; celle des disciples des fondateurs de sectes philosophiques anciennes et modernes, *b* 50-117; celle des PSEUDONYMES, *b* 136 et *c* 260; celle des savans rapportés par Claude Clément, *b* 221-230. On a également supprimé les noms de villes compris dans les notices géographiques, *b* 407 et *c* 315. La nomenclature exacte de tous les noms propres répandus dans l'ouvrage aurait exigé un volume; on s'est borné aux plus essentiels, qui sont encore en assez grand nombre.

Aa, P. *b* 351.
Aben-Esra, *a* 423.
Ablancourt (d'), *a* 422.
Abulfarage, *a* 327.

Academus, *c* 2.
Achard, C.-F. *c* 5, 38, 285.
Accurse. M. A. *c* 157.
Adam, *c* 7.

Adam P. *c* 8.
Adam de Ambergau, *c* 7, 8.
Adam (magister), *c* 7.
Adam Rot, *c* 7.
Addy, *b* 189, *c* 203.
Adelkind, *c* 27.
Adrien, *b* 107.
Æneas Sylvius, *a* 59, *c* 8, 211.
Affo, I. *a* 317.
Agathodemon, *c* 147.
Agricola, C. *b* 352.
Agricola, P. F. *c* 263.
Aimont, J. *b* 377, 395.
A-Kempis (Thomas), *c* 150, 217.
Albert (Benedict.), *c* 4.
Albert-le-Grand, *b* 73.
Albertrandi, *c* 59, 68.
Alberts, *a* 271.
Albrizzi, A. *b* 352.
Albumasarius, *c* 47.
Alcée, *b* 91.
Alcuin, *a* 61, *c* 2.
Alcyonius, P. *b* 353.
Alde (les), *a* 139, 185, 406, *c* 9, 275.
Alder Salvius, *c* 62.
Aldobrandin (Cynthio), *c* 256.
Aldrovandi, *b* 117, *c* 40.
Alexandre VII, *c* 182.
Alexandre-le-Grand, *c* 217.

Ali, *a* 327.
Allatius, *a* 61.
Allègre, *b* 326.
Almamon, *a* 62.
Almanzor, *a* 62.
Alopa, L. F. (d') *a* 13.
Alphonse X, *a* 334.
Alphonse XI, *c* 85.
Alumno, *b* 185.
Amaduzzi, *a* 294.
Amalthée, *c* 198.
Ambroise St. *a* 96, 231, 272.
Ameilhon, H. B. *b* 29, 202.
Amerbach, J. *a* 23, 273.
Americ Vespuce, *b* 447.
Ammien Marcellin, *a* 276, 308, *b* 105.
Amry, *a* 73.
Amurat IV, *a* 69.
Amyot, J. *a* 83.
Anacréon, *b* 91.
Andocides, *b* 93.
André d'Aleria, *b* 20.
Andréas, J. *c* 223.
Andrès, C. *c* 302.
Andrès, J. *c* 302.
Andromaque de Crète, *b* 105.
Angelus Rocca, *a* 92, 104.
Anisson (les), *a* 23, 24, *b* 31, 322, *c* 13, 109.
Anker, *a* 71.
Annius de Viterbe, *a* 12.
Anonyme, J. *b* 356.
Anquetil Duperron, *b* 348.

Anshelmus, T. *a* 24, 197. *b* 130.
Antesignatus, *b* 357.
Anthiocus, *a* 94.
Antiphon, *b* 93.
Anthistêne, *b* 65.
Antoine de Sienne, *c* 203.
Antonin (St.), *c* 261.
Apollonius de Rhode, *b* 92.
Apollonius de Perge, *b* 96.
Apollonius de Thyane, *b* 97.
Apostolo-Zeno, *a* 265, *c* 10, 56.
Appien, *b* 95, *c* 43, 51.
Apulée, *a* 279, *b* 106, 200.
Aquila, *a* 306.
Arbogast, L. F. A. *b* 410.
Archiloque, *b* 91.
Archimède, *b* 94.
Archintus, A. *a* 59.
Arderum de Slewark, J. *c* 61.
Areobinde, *c* 108.
Arétée, *b* 96.
Arethas, *a* 455, *c* 209.
Aretin, G. *a* 468.
Argelati, *c* viij.
Argenville, A. J. (d') *c* 129.
Arias Montanus, *b* 125, 203. *c* 268.
Arioste, *b* 115.
Aristarque, *b* 5.
Aristée, *a* 72.
Aristénète, *b* 97.
Aristophane, *b* 92.
Aristophane le grammairien,

Aristote, *b* 56, 72, 404.
Arnaud de Bruxelles, *a* xvij.
Arrien, *b* 94.
Arrivabene, A. *b* 358.
Artemidorus, *b* 106.
Arundel, T. (d') *a* 418, *b* 385.
Arvood, E. *b* 358.
Asclepiade, *b* 53.
Asconius Pedianus, *b* 106.
Asé, *b* 291.
Ashmole, E. *a* 467.
Asinius Pollio, *a* 57, 102.
Asola, A. (d') *c* 10, 275.
Asseman, *a* 153.
Asteldius, *b* 259.
Athanase (St.) *a* 231.
Athenée de Byzance, *b* 96.
Athenée d'Egypte, *b* 97.
Athias, *b* 191, *c* 26, 28.
Atilius, *c* 199.
Atkins, *c* 158.
Attaignant, *a* 469.
Attalus, *a* 99.
Aubigné (l'abbé d'), *c* 4.
Aubigné, A. T. (d') *c* 38.
Aubouin, P. *b* 360.
Auchi, (d') *c* 3.
Audebert, *c* 117.
Audiffredi, J. B. *c* 21, 298.
Auger, *c* 263.
Augereau, J. *a* 37.
Augustin, *imp*. *a* 37.

Augustin. (St.) *a* 23, 232, 441, *b* 5, 24, 268, *c* 51, 111.
Aulugelle, *a* 92, 106, *c* 83.
Aurbach, J. (de) *c* 314.
Aurelius Victor, *b* 105.
Ausone, D. M. *c* 90, 198.
Aussurd, A. *a* 37.
Averroes, *a* 334, *b* 76.
Avienus, *b* 104.
Aymont, J. *b* 377, 395.

B

BACMEISTER, J. *c* 54.
Bacon, F. de Verulam, *b* 256, *c* 120.
Bacon-Tacon, *c* 249.
Bacquenois, N. *b* 360.
Badius, C. *a* 39.
Badius-Ascencius, J. *a* 38.
Baëmler, *c* 220.
Bagford, J. *b* 360, *c* 160.
Bagni, *b* 1.
Baillet, A. *a* 159, 233, *b* 136, 204, 358.

Balbi, J. *a* 308, 311, *c* 166, 218, 235, 309.
Ballard. R. *a* 471, *c* 22.
Balbin, *b* 30.
Baldini, V. *b* 360.
Baluze, E. *a* 88.
Balzac, J. L. (de) *c* 3.
Banduri, *a* 442.
Banier, *a* 433.
Banks, J. *c* 108.
Baour-Lormian, *a* 42.
Barbaro, *b* 112.
Barbeau de la Bruere, *c* 6.
Barbedor, *b* 369.
Barbeu-Dubourg, *c* 172.
Barbier, A. A. *b* 357, *c* 22, 138, 306.
Barbou (les), *a* 40, *c* 263.
Barland, *a* 419.
Barnabé (St.), *a* 49.
Baronius, C. *a* 27, 103, 421, *c* 262.
Barrois (les), *a* 376, *b* 360.
Barros, J. (de) *c* 266.
Barthelemy, J. J. *a* 20, *b* 17, 111, 283, 289.
Barthole, *a* 31 (1).

---

(1) On prétend maintenant que Barthole n'est pas le rédacteur de la Bulle d'or ; cependant je connais un morceau de ce fameux jurisconsulte : *Procès entre la Vierge Marie et le Diable*, dont les idées, rendues en latin barbare, sont bien dignes du rédacteur de cette fameuse loi, dans laquelle on voit figurer les sept chandeliers de l'Apocalypse, etc. On est persuadé, dit-on, que la rédaction de cette Bulle appartient au vice-chancelier de l'Empire, qui était alors un évêque de Verden. On

Bartholin, T. *a* 54, 384.
Bartoli, *c* 272.
Barzena, A. *a* 360.
Baskerville, J. *a* 42, 271, *c* 242.
Batteney, *a* 32.
Batyras, *a* 327.
Baudelot-d'Airval, *a* 28, 468.
Bauer, *c* viij.
Bausch, *a* 10.
Bayer, *a* 445, *c* 179.
Bazani, *a* 402.
Bazile (St.), *a* 36, 63, 231.
Bé, G. (le) *a* 43, 44, *c* 192.
Beauchamp, J. *b* 387, 448.
Beaumarchais, P. A. (Caron de·) *a* 44.
Beauzée, *c* 34.
Becher. J. J. *a* 342.
Bechtermuntze (les), *a* 408, *c* 24, 309.
Beckius, *b* 293.
Becman, *a* 153.

Beger, *a* 433.
Begon, M. *b* 360.
Beildeck, *b* 307.
Bellaert, J. *a* xvij.
Bellorius, *a* 449.
Beltrano, O. *b* 361.
Benacci, A. *b* 361.
Benoît XIV, *c* 40.
Ben-Oschair, *a* 328.
Benzelius, *c* 66.
Bensheym, N. P. (de) *a* xxiij.
Bernard, J. F. *b* 362.
Bernard, *a* 101.
Bernier, *b* 147.
Bernouilli, *b* 348.
Berose, *a* 13.
Berquen, L. *a* 284.
Bertheraud, F. G. *a* 137.
Bertholdt Roldt, *c* 81.
Bertin, T. *b* 188.
Bertius, *b* 206.
Bertrand-Quinquet, *a* 187, 311, *c* 26.
Besolde, C. *c* 159.

---

la nomme Bulle-d'Or par allusion au sceau d'or que l'empereur fit attacher aux exemplaires authentiques qu'il fit distribuer. Elle contient 31 chapitres, dont vingt-trois furent d'abord reçus à la diète de Nuremberg, en 1356, et huit autres dans une assemblée solennelle tenue à Metz. Le texte original et reconnu par la loi est en latin. La traduction allemande n'est pas reçue en justice. Cette loi a souffert quelques altérations; on s'en est écarté quant au nombre des électeurs, en 1648 par la création de l'électeur de Bavière; en 1692 par la création de l'électeur d'Hanovre; et en 1803 par l'abolition de deux électorats ecclésiastiques et la création de plusieurs électorats laïcs.

Bessarion, *a* 99, 382, *b* 110, *c* 26.
Beughem, C. *b* 362.
Bie, J. (de) *a* 443.
Bianchi, *b* 447.
Bibliander, T. *a* 365.
Bienné. J. *a* 111.
Bignon, *a* 87, 90.
Bilaine, L. *a* 111, *c* 73.
Bion, *b* 92.
Bischof, N. *a* 111.
Bitaubé, *c* 271.
Bizot, *a* 438, 443.
Blaeu, *a* 322.
Blanchot, P. *b* 207.
Blin de Sainmore, *c* 174.
Blokmar, *a* 271.
Blumaver, *c* 73.
Bocace, J. *c* 294.
Bockenhoffer, J. P. *b* 365.
Bodin, J. *b* 409.
Bodoni, *a* 111, *c* 268.
Boëce, *a* 103, *b* 73, *c* 64.
Boëckler, J. H. *a* 380, *c* 161.
Bollandus, *a* xx, *c* 74.
Bomberg, D. *a* 113, *b* 292, *c* 27.
Bonanni, *a* 437, 442.
Bonaparte, *a* 320.
Bonardi, *c* viij.
Bonducci, A. *b* 365.
Boni, *b* 356.
Boniface VIII, *b* 412.
Borculoo, *b* 365.

Bordazar, *b* 365.
Borel, *c* 283.
Borgia, *c* 227.
Borromée, F. *a* 96.
Bossius, D. *c* 153.
Bossuet, *c* 280.
Bouchet, G. *b* 366.
Boudet. A. *b* 366, *c* 75.
Boudot (les) *a* 113, 114.
Bouhier, *a* 13, 239, *c* 25.
Bouquet, M. *a* 136, *c* 266.
Bourguet, *a* 263.
Bouvet, *a* 87.
Bouvier, A. *b* 196, *c* 75.
Bowyer, G. *b* 366.
Boxhorn, M. Z. *a* 114, *c* 160.
Boze (de), *a* 78, 118.
Bozérian, *b* 159.
Bracci, *a* 29.
Bradel, *b* 160, *c* 271.
Brahé, *c* 49.
Brantome, *c* 267.
Braun, *a* xxij, *c* 79.
Brédérode. J. *a* xvij.
Breitkopf, J. G. J. *a* 114, 470.
Brequigny, *a* 136, 417, *c* 109.
Breves (de), *a* 84, 300.
Breydenbach, B. (de) *c* 204.
Brial, *a* 136.
Briet, *a* 422, 438.
Briette, *c* 292.

Brindley, J. *c* 75, 263.
Briot, *a* 297.
Brocario, A. G. *a* 116.
Brosses (de), *a* 281, 309, 340.
Brown, *a* 403.
Brucker, J. *a* 95.
Brunck, *b* 410.
Bruyset, J. M. *a* 117.
Brylinger, N. *a* 117.
Budé, G. *a* 57, 83.
Budny, *c* 71.
Bueus, *c* 74.
Buffier, C. *a* 15.
Buffon, *a* 211, 216, *b* 74.
Bullet, J. B. *a* 150, *c* 86.
Bullinger, *c* 73.
Buonarotti, *a* 268.
Burée, J. *b* 167.
Bury, R. *a* 38, 61.
Busbeck, *b* 386.
Busching, *a* 288.
Butet, *a* 373.
Buttner, *b* 364, *c* 76.
Buttenschoen, *b* 213.
Buturlen, *c* 54.
Buxtorf, *a* 2, 424, *c* 1.
Buyer, B. *a* 118.
Byeus, *c* 74.

C

CADET, *c* 225.
Cadmus, *a* 13.
Caille, (J. de la), *a* 132, *c* 164.
Cailleau, A. C. *a* 132, 152, 243, 385, 244, *c* 6, 58, 77, 118.
Calaber, Q. *b* 32.
Caligula, *b* 199.
Calisthènes, *a* 216.
Calixte III, *a* 193.
Callicrate, *b* 282.
Calliergi, Z. *b*, 369.
Callimaque, *b* 92.
Calmet, A. *b* 281.
Calpurnius, *b* 104.
Calvin, J. *c* 27.
Calvisius, *c* 182.
Camaldule, *a* 53.
Cambis, J. L. D. *c* 79.
Camden, *a* 403.
Camerarius, *a* 92.
Cameron, J. *b* 423.
Camille, *c* 253.
Camille-Desmoulins, *c* 281.
Campanella, *a* 334, 392.
Campanus, A. *a* 59.
Camus, A. G. *a* xix, 32, 135, 387, *b* 218, *c* 20, 33, 74, 80, 224, 240, 300.
Cantacuzène, J. *a* xxij.
Capilupi, *c* 91.
Capperonnier (les), *a* 137, 138, *b* 118.
Carraccioli, R. *a* xvij.

Caraccioli, *a* 452.
Cardan, *b* 87.
Cardonna, J. B. *a* 230, *b* 201, 206.
Carez, *b* 192.
Carlo, *b* 371.
Carlson, *c* 62.
Carneade, *b* 100.
Carpentier, *b*, 298, *c* 136.
Carrache (les), *b* 41.
Casiri, M. *b* 220.
Caslon, *a* 271, *c* 242.
Cassien, *b* 199.
Cassiodore, *a* 97, *b* 73.
Cassius Hemina, *b* 21.
Castel, E. *b* 228, *c* 268.
Castilbon, *b* 394.
Castille, J. B. *c* 75.
Catherine I, *a* 10.
Catherine II, *a* 10, *c* 53.
Catherinot, *c* 160.
Caton, P. *b* 105, 358.
Caton d'Utique, *b* 358.
Catulle, *b* 103.
Catzelu, D. *c* 85.
Causse, P. *a* 164.
Cauvin, J. *a* 27.
Cave, G. *b* 262, *c* 6.
Caxton, G. *b* 371, 429, *c* 153.
Caylus, *a* 297, *b* 24, *c* 128.
Cécrops, *b* 57.
Cédrenne, G. *a* xxij.
Cellarius, *a* 438.

Celse, *b* 105.
Celsius, M. *b* 167.
Cenninus, *c* 247.
Censorinus, *c* 254.
César, C. J. *a* 73, 102, 219, *b* 5, *c* 45, 92.
Chajim, *c* 27.
Chalcondyle, D. *a* 166.
Challine, P. *b* 1.
Chamberlayne, J. *a* 365.
Chambers, E. *b* 260, *c* 118.
Champagne, *b* 95.
Chapelle, *c* 3.
Chappe, *b* 288.
Chardon de la Rochette, *b* 92.
Chariton, *c* 209.
Charles III (le duc), *a* 202.
Charles IV, *a* 31.
Charles V, *a* 393, *c* 86.
Charles VI, *a* 80, *c* 86.
Charles VII, *a* 81.
Charles VIII, *a* 81.
Charles IX, *a* 202, *c* 3, 257, 273.
Charles-le-Chauve, *a* 84, 169, *c* 2.
Charlemagne, *a* 18, 219, *b* 11, *c* 2.
Charles-Quint, *a* 339.
Charondas, *b* 58.
Chastel, P. (du), *a* 83, 272.
Chatelain, *a* 258.

Chaudon, *a* 166, 234, *c* 136.
Chauffepié, *c* 69.
Chénier, *a* 42.
Cheremon, *b* 53.
Chevallon, *a* 173, *c* 94.
Chevillier, *a* 173, 244, *c* 94, 164.
Childebert, *c* 2.
Chilperic, *c* 2.
Chimerinus, *b* 6.
Chin-Nong, *b* 49.
Chorier, *b* 147, *c* 94.
Chrétien, F. *b* 38.
Christ, *a* 292.
Christgau, M. G. *c* 295.
Christine, *b* 407.
Chrysoloras, *a* 289.
Chrysostome (Saint), *a* 20, 67, 306.
Cicéron, *a* 91, 102, 296, 382, *b* 20, 73, *c* 2, 83.
Clarke, S. *c* 92, 209.
Claude, *a* 14, 25, 295, 459, *b* 283.
Claudien, *b* 104.
Clément (St.), *b* 135.
Clément (bibliothécaire), *b* 395.
Clément (sténographe), *b* 190.
Clément, D. *a* 184, *c* 213.
Clément, C. *a* 184, *b* 220.
Clément, N. *a* 163, *c* 6.

Clément V, *a* xxiij.
Clément VII, *a* 76, 103.
Clément VIII, *c* 33.
Clément XI, *c* 99.
Clenard, *a* 75.
Cléomènes, *c* 17.
Clistènes, *b* 59.
Clousier, *c* 173.
Cocceius Sabellicus, M. A. *c* 153.
Cochin, *c* 201.
Coignard, J. *a* 134.
Cointreau, *a* 319, 443.
Coislin, (de), *c* 40.
Colbert, *a* 9, 85.
Colines (S. de), *a* 185; *c* 95.
Collange, *b* 187.
Cologne (Jean de), *c* 292.
Colomb, C. *a* 220.
Colomb, F. *a* 75.
Colomiès, P. *a* 384, 386.
Colonge (de la), *a* 270.
Columelle, *b* 105, *c* 43.
Comes, M. *b* 38.
Comino, J. *c* 97.
Commelin, *b* 425.
Compiègne, *b* 292.
Condillac, *a* 112.
Confucius, *a* 66, 181, 187, 328, *b* 287, 346.
Constantin, *a* 203, 308, *c* 40.
Conti, M. *b* 38.

Coornhert, T. *b* 373.
Copin, M. M. *b* 374.
Corbechon, J. xvij.
Cornelius Gallus, *b* 103.
Cornelius Nepos, *b* 104.
Cornelius Severus, *b* 103.
Cornilleau, J. *a* 188.
Corringius, *b* 30.
Corrozet, G. *a* 190, *c* 99.
Corrozet, J. *a* 190.
Cosmas, *a* 367.
Cosmi, *c* 56.
Cospi, *c* 40.
Coste (N. de la), *a* 192.
Coste, *b* 230, *c* 107.
Coster, L. J. *a* 193, *b* 306, *c* 99, 159.
Cot, P. *b* 374, *c* 99, 192.
Cot, J. *a* 270, *c* 99.
Cotton, *a* 403.
Cotton, R. *a* 193.
Cottrell, *a* 271.
Coulon, *b* 285.
Coupé, L. M. *b* 353, 374.
Couplet, *a* 329, *c* 177.
Couret de Villeneuve, *b* 375.
Court de Gébelin, *a* 259, *c* 87.
Coustelier, A. U. *a* 195, *c* 100.
Craesbeck, L. *b* 375.
Cramoisy, S. *a* 195, *c* 100, 169.
Crantz, *a* 41, 196, *b* 437.

Crapelet, *a* 312, *c* 117.
Craver, *a* 360.
Crescimbeni, J. M. *c* 304.
Crevenna, *a* 333, *c* 78, 90, 100, 181, 187.
Crispin, J. *a* 198, *c* 101.
Critolaüs, *b* 100.
Ctesias, *b* 94.
Cusson, *a* 199, *c* 103.
Cutembero, J. *c* 153.
Cuvier, *a* 461, *c* 184.
Cyprien (Saint), *b* 285.
Cyrille (Saint), *a* 19.
Cyrille d'Alexandrie (Saint), *c* 209.

D

DACIER, *c* 184.
Dagobert, *c* 2.
Daguesseau, *a* 135, *c* 171.
Daire, L. F. *a* 200.
Dalembert, *b* 257, *c* 280.
Danaüs, *b* 57.
D'Anfrie, P. *a* 470, *b* 375.
Dangeau, L. *a* 15, *b* 2.
Daniel, G. *a* 31.
Dante (le), *a* 27.
D'Argenville, *a* 129.
Daunou, P. C. F. *c* 103, 168.
Daven, L. *c* 140.
David (graveur), *c* 148, 262.

David de Pomis, *a* 2, *c* 1.
Debeuil (Sacy), *c* 151.
Debie, J. *a* 439, 445, *c* 74.
De Brezillac, *a* 423.
Debry, *c* 81, 266.
Debue, *c* 74.
Debure (les), *a* 155, 221, 376, 398, *b* 237, 325, *c* 6, 34, 58, 80, 111, 193, 278.
Dece, *b* 112.
Dechambray, *a* 422.
Decker, *b* 136, 356.
Dédale, *b* 179.
Defer, N. *c* 202.
Deguerle, *c* 252.
Deguignes, *a* 180, 299, *c* 308.
Delalain, *c* 77.
Delambre, J. B. J. *c* 183.
Delandine, F. A. *a* 222.
Delille, J. *c* 195.
Delille de Sales, *a* 209, 391.
Demades, *b* 93.
Demaillet, *a* 199.
Demaimieux, *b* 34.
Demetrius Chalcondyle, *a* 166.
Demetrius Ducas, *b* 375.
Demetrius de Phalère, *a* 56, 72, *b* 59.
Demidoff, P. G. *c* 43.
Démosthènes, *b* 93, *c* 197, 209.

Denis le Chartreux, *b* 154.
Denis, M. *a* 222, 404, *c* 106.
Denisot, *b* 137.
Denon, *c* 225.
Denys (Saint), *a* 97.
Denys l'Aréopagite, *c* 209.
Denys d'Halycarnasse, *a* 13, 263, *b* 94.
Denys Lepetit, *a* 219.
Depiles, *b* 46.
Depleurre, E. *c* 91.
Derome, *b* 159, *c* 271.
Des Accords, *a* 182.
Desbillons, *c* 151.
Deschamps, G. M. *a* 223.
Desessarts, N. L. M. *a* 223, *b* 20.
Desfontaines, F. G. *b* 37.
Des Hauteraies, *a* 300.
Des Houssaies, J. B. C. *a* 223.
Desloges (Madame), *c* 3.
Desmarets, J. *c* 170.
Desroches, *c* 106.
Desvignoles, *a* 210.
Devaines, *a* 7, 236, 348.
Dibutade, *c* 107.
Diderot, *a* 165, 256, *b* 261.
Didot (les), *a* 125, 141, 195, 225, *b* 280, 352, *c* 82, 179, 134, 207, 242, 288, 290.
Dinarque, *b* 93, *c* 197.

Diodore de Sicile, *a* 71, 106, 276, *b* 32, 50, 94, 326.
Diogènes, *b* 66.
Diogènes-Laërce, *b* 95.
Dion Cassius, *a* 210, 295, 414, *b* 94.
Dion-Chrysostome, *b* 97.
Diophante, *b* 96.
Dioscoride, *a* 184, *b* 393.
Diosdado, *b* 185.
Dlugoss, J. *c* 72.
Dobrowski, *a* 106.
Dolet, E. *a* 233.
Dominicus de Lapis, *b* 163, 414.
Dominique de Baza, *c* 177.
Domitien, *c* 253.
Donat, *b* 308, *c* 90, 105, 129, 216.
Donzella, *b* 376.
Dorville, *c* 209.
Dracon, *b* 58.
Draconite, *c* 27.
Drouard, J. *a* 235, *c* 108.
Drusius, *a* 304.

Dryander, *c* 108.
Dryzhen (les) *b* 307, *c* 234.
Dubois, P. *a* 163.
Dubos, S. *a* 40.
Duboy-Laverno, *c* 109.
Ducange, C. *a* xxij, 23, 230, 441, *c* 135.
Ducerceau, *c* 126.
Duchemin, N. *a* 470, *c* 111.
Duchesne, A. *a* 135, 196.
Duclos, *b* 452, *c* 77.
Dudinck, J. *b* 207.
Duflos, *a* 133.
Dufrische, *a* 231.
Duguay-Trouin, *b* 184.
Duhalde, *b* 29, *c* 240.
Dulaurent, *b* 146 (1).
Dumarsais, *b* 2.
Dumonin, *a* 402.
Dumont, J. *c* 265.
Dumoulinet, C. *a* 437, 442.
Duperron, *c* 169.
Dupin, L. E. *a* 235, *c* 112, 263.

---

(1) J'ai attribué à cet auteur le *Compère Mathieu* et autres ouvrages dans le même genre; quelques personnes m'ont assuré que ce n'est point Dulaurent, mais un certain abbé Lambert qui est auteur de ces ouvrages, ce qui est cause qu'il a été enfermé à la Bastille, où il est mort vers 1770. J'ai consulté *la France littéraire* de J. S. Ersch, tome II, page 259 : on y parle d'un nommé Laurent, ex-mathurin, né à Douai, auteur du *Balai*, de la *Chandelle d'Arras*, et de l'*Arretin moderne*. On ne peut nier que ces ouvrages ne soient sortis de la

Dupinet, A. *c* 85.
Dupuis, *a* 196, 422.
Dupuy, *c* 36, 87.
Durandus, *c* 111, 222.
Duriel, A. *a* 328.
Duresnel, J. F. *c* 254.
Duret, C. *a* 364.
Dusaussay, A. *a* 422.
Dutheil, *a* 136.
Dutillet, *b* 395, *c* 273.
Duverdier, A. *a* 236, *c* 212.

E

ECHARD, J. *a* 237.
Echardt, *a* 271.
Edelcrantz, *b* 290.
Edouard I, *a* 171.
Eggesteyn, H. *a* xxiij, *c* 116.
Eginhard, *a* 31.
Eléazar, *b* 56.
Elias-Levita, *a* 423.
Elie, *a* 48.
Elien, *b* 95, *c* 198.
Ellis, *c* 160.
Elzevier (les), *a* 246, *c* 116, 265.
Endters, J. A. *b* 376.
Engman, A. *c* 50.
Eunery, *a* 443.
Ennius, *b* 101, 285, 298.
Enoch, *a* 48.
Enschede, *a* 471.
Epaphrodite, *a* 52.
Epitecte, *b* 97.
Epicure, *a* 211, *b* 82, *c* 120.
Epiphane, *a* 306.
Episcopius, *a* 111.

---

même plume que le *Compère Mathieu*, ainsi qu'*Imirce*, la *Théologie portative de l'abbé Bernier* (qu'on attribue mal à propos à Voltaire), et un autre livre ayant pour titre : *Les abus dans les cérémonies et dans les mœurs, développés par M. L***, auteur du Compère Mathieu, trouvés en manuscrit dans son porte-feuille ;* Paris, 1788, in-12. On reconnaît dans tous ces ouvrages la même originalité de pensées, la même tournure de phrases, la même négligence de style, et les mêmes principes. Le dernier offre cette particularité qui est remarquable :
« M. Rousseau a pris son *Contrat social* mot pour mot d'*Ulrici Huberti* (Huberi) *de jure civitatis*, lib. III, imprimé à Francquer (Franeker) en Frise, en 1684, et réimprimé à Francfort en 1688. Ce livre est dans toutes les grandes bibliothèques ; on peut vérifier cette accusation. »

C'est aux savans qui travaillent sur les *anonymes* à décider par leurs recherches si les ouvrages dont nous venons de parler sont de l'abbé Lambert, du moine Laurent, ou de Dulaurent.

Erasme, *a* 242, 421, *c* 38, 156.
Eric Schroderus, *b* 164.
Ernesti, *a* 28.
Erpenius, *a* 62.
Ersch (Voyez la notice ci-dessus au mot *Dulaurent*.)
Eschine, *c*, à l'*errata*.
Eschyle, *b* 91.
Esclassant, *a* 271.
Esdras, *a* 22, 48, 94.
Esope, *b* 91.
Etienne (les), *a* 39, 250, *c* 120.
Euclide, *b* 96, *c* 82, 209.
Eudoxe, *b* 55.
Eugène, *c* 51.
Euler, J. A. *a* 222.
Eumènes, *a* 99.
Euripide, *a* 14, *b* 92.
Eusèbe, *a* 65, 134.
Eutrope, *b* 105.
Eutychès, *a* 63.
Exter, *b* 373.

F

FABIUS PICTOR, *a* 13.
Fabricius, J. A. *a* 28, 156, 210, 264, 380, 384, *b* 21, *c* 6, 112, 200.
Fabricius, J. L. *c* 203.
Fabrot, *a* 134.
Fagnon, J. C. *b* 377.
Falka, *b* 197.
Falconet, *a* 356, *c* 283.
Fastidius, *c* 111.
Fauchet, *c* 128.
Felibien, *a* 137.
Ferrières, *b* 296.
Fertel, M. D. *a* 265, *b* 184.
Fevret de Fontette, *c* 6.
Ficoroni, *a* 468, *c* 208.
Finiguerra (Maso), *c* 141, 204.
Fischer, *c* 104, 128, 130, 167, 216.
Florus, *a* 414, *b* 105.
Fohi, *a* 328, 354.
Folengo, T. *a* 402.
Foncemagne, *c* 284.
Fondi, P. *a* 27.
Fontanini, J. *a* 265.
Fontenelle, *c* 150.
Fontette, *a* 367.
Foppens, *a* 265.
Fortia (de), *c* 41, 57, 68, 70, 140.
Foucker, *a* 391.
Foulis (les), *c* 132.
Fouquet, *a* 85, *c* 170.
Fourmont, *a* 68, 89, *c* 178.
Fournier, *a* 19, 22, 139, 268, 315, 468, 471, *b* 324, 330, *c* 165, 213.
Foy, *a* 136.
Fracastor, *b* 112.
François (St.), *a* 39.

François Ler., *a* 83, *c* 41, 272.
François II, *c* 273.
François de Neufchâteau, *b* 356.
Franklin, B. *a* 403, *c* 172.
Frantin, *a* 165.
Franzen, *b* 407.
Fredenheim, *c* 62, 233.
Frédéric I, *a* 10.
Frédéric II, *a* 230.
Frédéric III, *a* 31.
Frellon (les), *a* 271.
Freret, *a* 341, 343, 344, *b* 57.
Frey, *a* 402.
Freytay, *a* 157.
Frezier, *b* 154.
Friburger, M. *a* 196.
Fris, A. *b* 378.
Frisner, A. *a* 272.
Fritsch, T. *b* 378.
Froben, J. *a* 273.
Froben, G. L. *b* 378.
Frontin, *b* 106.
Fry, E. *a* 348.
Fuchsius, *a* 321.
Fugger, *a* 391.
Fulgose, B. *c* 154.
Fulvius Ursinus, *a* 105, 439, 446, 448.
Funckter, J. M. *b* 192.
Fust, J. *a* 274, *b* 308, 309, *c* 29, 105.
Fyner de Gerhusen, *c* 83.

G

GABALIS, *c* 132.
Gaguin, *a* 188.
Gaignat, *a* 221, *c* 3, 33, 111.
Gail, *a* 311, *c* 110.
Galien, *b* 96, *c* 16.
Galilée, *b* 257.
Gallæus, T. *a* 448, *c* 200.
Gallotius, A. *a* 275.
Gallus, *b* 103.
Gamba, *b* 356.
Gando, J. L. *c* 132.
Gando, N. *a* 133.
Ganganelli, *a* 452.
Garamond, C. *a* 270, 275.
Garcilasso, *b* 155.
Garnier, *b* 207.
Gasparin, *a* 197, *c* 8.
Gassari, *c* 156.
Gaston d'Orléans, *a* 87, 442.
Gatteaux, *b* 194.
Gaubil, *a* 181, *b* 46.
Gaumin, *a* 86.
Gauthier, *a* 61.
Gaza, T. *a* 289.
Gebwiler, J. *c* 157.
Ged, G. *b* 192, *c* 173.
Gelaleddin, *a* 220.
Gélénius, *a* 273, *c* 59.
Geliot, *b* 18.

Genard, *b* 323.
Genesius, J. *a* xxiij.
Gengembre *b* 194.
Gengis-Kan, *a* 327.
Gennade, *c* 112.
Gænssfleisch (Gutenberg), *c* 166.
Geoffroy de Saint-Léger, *a* 374.
Gerard de Montagu, *a* 374.
Gering, U. *a* 196.
Germanicus, *b* 103.
Germon, B. *a* 400.
Geropius, Beranus, *b* 28.
Gersen, *c* 150.
Gerson, *b* 129.
Gesner, C. *a* 111, 117, 280, 365, *b* 118.
Gessner, S. *a* 281, *c* 134.
Gessners, C. F. *b* 379.
Gesvres (de), *a* 77.
Ghesquière, *a* xxi, *c* 107, 134.
Gibelin, *c* 269.
Gilbert, *a* 86, 371.
Gilbert de la Porée, *a* 231.
Gillé, J. *b* 378, *c* 134.
Ginguené, *a* 417, *c* 103.
Giolito, G. *c* 96.
Girard, G. *b* 233.
Glanvill, B. de, *a* xvij.
Glauber, *c* 36.
Glen, J. *c* 135.
Glycas, M. *a* xxij.

Gobien (le), *c* 267.
Godefroi de Haguenau, *c* 195, 230.
Goes, M. *a* xxiij.
Goetze, *a* xviij.
Gœurandson, *c* 66.
Golius, *c* 25.
Goltzius, *a* 439, 442, 445.
Gomez, 300.
Gontran, *c* 2.
Gori, *a* 288.
Goujet, C. P. *a* 289, *c* 138, 283.
Gourmond, G. *a* 289.
Gournai (Mademoiselle de) *c* 3.
Grævius, *b* 326, *c* 263.
Graffigny, *a* 237.
Grandjean, *c* 140.
Granjon, R. *a* 271, 470.
Gratien, *a* xxiij.
Gratius, *b* 103.
Grazzini, A. F. *a* 10.
Grégoire (St.), *a* 131.
Grégoire-le-Grand, *a* 232.
Grégoire de Naziance (St.), *a* 134, 231, *c* 64, 209.
Grégoire de Nysse, *a* 61.
Grégoire, H. *a* 298.
Grégoire III, *b* 11.
Grégoire VII, *a* 203.
Grégoire XIII, *a* 202, *c* 48.
Grégoire XIV, *c* 33.
Gronovius, *c* 263.

Gruninger, J. *a* 185, *c* 141, 185, 222.
Gruter, *b* 401.
Gryphe (les), *a* 298 : *b* 14.
Gualdo, P. *b* 121.
Gualterio, P. A. *b* 421.
Guarino Capella, *a* 402.
Guerin, *a* 31.
Guerra, J. *a* 27.
Guevare (A. de), *c* 85.
Guiars Desmoulins, 356, *c* 145.
Guicciardin, *a* 419.
Guichard, E. *a* 365.
Guidi, A. *c* 99.
Guignes (J. de), *a* 180, 299, *c* 308.
Guillard, C. *a* 301, *c* 142.
Guillardin, *b* 24.
Guiot, *b* 440.
Guise, S. *b* 379.
Gustave III, *c* 64.
Gutner, J. G. *b* 380.
Gutenberg (Jean - Henne - Gænssfleisch de Sulgeloch, dit) *a* 274, 395, *b* 307, *c* 32, 105, 129, 142, 233, 290.
Guttery, *c* 85.
Guy Aretin, *a* 468.
Guyot, *c* 28.
Guyot de Merville, M. *b* 380.

H.

Haas, *c* 39.
Hager, J. *a* 180, 354, *b* 388.
Haiter, *b* 426, *c* 120.
Hallervordt, J. *a* 302.
Halma, F. *b* 380.
Hammer, *a* 307.
Han, U. *b* 20, *c* 247.
Hardouin, *a* 302, 438, *b* 24.
Harles, G. C. *a* 264.
Harsi (O. de), *a* 303.
Hartlieb, *c* 148, 216.
Haudiquier, J. B. *a* 136.
Hautin, *a* 469, *c* 146.
Haüy, *b* 322, *c* 173.
Havercampus, *a* 440.
Haym, N. F. *c* 96, 100, 102.
Hayne, T. *a* 365.
Hébert (pseudonyme), *b* 397.
Hécatée, *b* 53.
Heilman, *a* 16, *b* 307.
Heinekem (C. H. de), *a* 151, 388, *c* 147, 165, 246.
Heinsius, D. *b* 207.
Helmasperger, *c* 234.
Hemelarius, *a* 440.
Hemina, C. *b* 21.
Henault, *c* 291.

Henri de Harlem, c 148.
Henri I, b 10.
Henri II, c 272.
Henri III, a 83, 202.
Henri IV, c 48, 273.
Henricus de Hassia, c 217.
Henschenius, G. a xx.
Heraclite, b 81.
Herbst ou Oporin, b 6.
Herhan, a 194, 195, c 277.
Hérissant (les), a 305, c 148.
Hermandez de Tolède, a 74.
Hermès, b 52.
Herodien, b 95.
Hérodote, a 13, 253, 293, b 32, 93.
Hervagius, a 305.
Hervas, L. b 380.
Hésiode, b 91.
Hesychius, a 197.
Heudier, a 108.
Hévélius, J. a 386.
Heyne, a 29, c 15.
Hierat, A. a 307.
Hikes, a 194, 344.
Hilaire I, a 97.
Hildebert, a 97.
Hipparque, a 91, b 96.
Hippocrate, a 62, b 95.
Hocherau, c 279.
Hoernen, A. T. c 294.
Hoeschelius, b 118, c 6.
Hoffmann, a 193, c 172.
Holbein, c 38.

Holstein, L. c 111.
Homère, a 14, 72, 91, b 22, 32, 91, c 58.
Hondius, J. b 384.
Horace, a 102, 227.
Horapolle, a 308, c 284.
Hottinger, a 65, 75.
Houbigant, b 134, c 287.
Houdry, V. a 305.
Housseau, E. a 136.
Hoym, a 158.
Huber, U, c 343.
Huet, a 104, b 351, c 81.
Hugues, a 240.
Hugues de Saint-Cher, b 449.
Humery, C. c 235.
Hungler, c 72.
Hurault, P. a 84.
Hutter. b 128, c 28.
Hyacinte (capucin), c 4.
Hyde, a 63, 344, c 200.
Hyginus, J. b 103.
Hyginus, L. a 57.

I

IBARRA, J. a 309, c 288.
Ihre, b 166.
Imhoff, J. W. c 266.
Inachus, b 57.
Ioch, J. G. a 364.
Irira, A. C. b 368.
Irnerius, a 231.
Isdegerde, a 219.

Isée, *b* 93.
Isidore, *a* 101, 103, *b* 21.
Isidore de Séville, *c* 314.
Isingrinius, M. *a* 321.
Isocrate, *b* 93.
Iugler, *b* 201.

J

JABLONSKI, *a* 411.
Jacob (patriarche et autres), *a* 20, 48, 59, 321.
Jacobatius, *a* 329.
Jacques de Bergame, *c* 153.
Jamblique, *a* 293, *c* 72.
Jannon, J. *c* 186.
Janot, *a* 189.
Janson ab Almeloveen, *a* 382.
Janssoen (L. Coster), *c* 214.
Jansson Blaeu, *a* 322, *c* 186.
Jarchi, *c* 84.
Jarckius, *a* 10.
Jarry, *b* 388.
Jay (Michel le), *b* 124, 126, *c* 268.
Jean de Bruges, *a* 393.
Jean le Calligraphe, *c* 209.
Jean Chrysostome, *a* 231.
Jean de Cologne, *c* 186.
Jean de Damas, *a* 67.
Jean-de-Dieu, *c* 188.
Jean l'Evangeliste, *c* 215.
Jean de Meun, *a* 356.

Jean de la Pierre, *a* 23.
Jean de Spire, *a* 174, *c* 142, 187, 261.
Jean de Westphalie, *a* 37, 419, *b* 343, *c* 8.
Jenson, N. *a* 139, 322, *c* 154, 188.
Jerôme (Saint), *a* 23, 67, 232, 349, *b* 5, 341, *c* 112.
Jesus-Christ, *a* 351.
Jeune (M. le), *a* 323.
Joan, *c* 313.
Joannes de Janua, *c* 223.
Jobert, *a* 440, 447.
Johanan, *b* 291.
Johannot, *c* 239, 242.
Johnson, *c* 268.
Joinville (Sire de), *a* 422.
Jombert, C. A. *b* 390.
Jordanus Brunus, *b* 87, 90, 113.
Jorre, F. *b* 391.
Josephe, F. *a* 72, 210, 293, *b* 95, *c* 51, 59, 60.
Josué, *a* 93.
Joubert, L. *b* 2.
Judex, M. *c* 159.
Jules II, *a* 272.
Jules-César, *a* 119.
Julien, *a* 67, 68, *b* 97.
Jungendres, S. J. *c* 114.
Junius, F. *a* 272.
Junius, A. *b* 306, *c* 158.

Juntes (les), *a* 323, *c* 188.
Juste-Lipse, *b* 206, *c* 91, 252.
Justin, *b* 105, *c* 42, 51.
Justiniani, *b* 128, 133, 259.
Justinien, *b* 300, *c* 152.
Juvénal, *b* 104.
Juvigny, *c* 283.

K

KARLO (J. de), 371.
Keblin, *a* 470.
Kempfer, *b* 28.
Kerver, J. *a* 324.
Kesler, N. *a* 325.
Kimchi, D. *a* 12.
Kinsley, *b* 322.
Kircher, *a* 319, *b* 54, *c* 268.
Kirchmayer, *b* 24.
Kirstenius, P. *b* 391.
Klaproth, *c* 241.
Klefeker, *c* 162.
Kleschius, *c* 257.
Klotz, *a* 29.
Knoblouck, J. *a* 25.
Knorrius, *b* 368.
Koburger, A. *a* 326.
Koch, *b* 411.
Koehler, *c* 145.
Koelhof, *c* 292.
Koenig, *c* 67.
Kraussen, U. *c* 203.
Kuster, *b* 118.

L

LABAT, *a* 136.
Labbe, P. *a* 259, 329.
Lacombe, J. *b* 391, *c* 128.
Lacroix du Maine (F. G. de), *a* 329, *c* 212.
Lactance, *c* 83, 200, 224.
Lacurne-de-Sainte-Palaye, *a* 2, 260, *c* 128, 137, 304.
Lagarde, *c* 239, 243.
Lagniet, J. *c* 203.
Laire, F. X. *a* 159, 330, *b* 234, *c* 8, 81, 239, 270, 275, 293, 308.
Lala, *c* 146.
Lalande, *b* 387.
Lambecius, *a* 60, 330, 386.
Lambert (l'abbé). Voyez la note ci-dessus au mot *Dulaurent*.
Lambinet, P. *a* xxiv, 331, 394, 420, *c* 167.
Lamesle, C. *c* 191.
Lamoignon-Malsherbes, *a* 54.
Lamonnoye (B. de), *a* 333, *c* 137, 283.
Lamothe le Vayer, *a* 422.
Lampillas, X. *c* 302.
Lancelot, *a* 259.
Landi, A. *c* 302.

Langlé, a 98.
Langlès, a 437.
Langlois, D. a 335.
Laocoon, b 107.
Lartigault, b 2.
Lasalle, A. b 259.
Lascaris, J. A. a 13, 408.
Lascaris, C. a 275, c 83.
Laserna, c 74, 287, 290, 294, 313.
Lassay (de), c 171.
Lassutio, R. a 469.
Latour-d'Auvergne, a 358, 362.
Laure, c 256.
Laurent, L. c 14.
Laurent Coster, c 159.
Lavernade, b 313.
Le Bé (les), a 469, c 192.
Leblanc, H. b 7.
Leblond, c 213.
Lebreton, c 184.
Lecerf, a 159.
Léchard, b 371.
Leclerc, J. b 173, 264.
Lefebvre, J. c 28.
Lefévre, J. a 186.
Legallois, a 59.
Legipont, O. a 23.
Legrand d'Aussy, c 128.
Lehay, c 203.
Leibnitz, G. G. a 10, 342, b 201, 260.
Leich, b 118, c 107.

Lejay, M. b 124, c 268.
Lelong, a 53, 133, 135, 366, 380, b 191, c 57, 259.
Lemascrier, a 199.
Lembke, P. c 61.
Lemire, a 266.
Lemoine, a 7, 32.
Lempereur, M. c 28.
Lenglet-Dufresnoy, c vij, 283.
Léon l'Isaurien, a 69.
Léon X, a 103, 180.
Léon (emp.), a 249.
Léonard, F. b 391.
Léonard d'Udine, a 197, c 221.
Léonard de Vinci, b 40.
Léonicénus, c 188.
Leontief, c 53.
Léopold, a 10.
Leorier, b 31.
Lepoix, b 38.
Leprince. T. N. c 272.
Lerouge, P. c 105.
Lesclache, b 2, c 202.
Lessing, a 393.
Letourneur, a 42.
Leu, a 372.
Leusden, J. c 26.
Levilapis, H. a 372.
Levrault, b 410.
Libanius, b 93.
Lichtenstein, H. a 372.
Liesveldt, A. a 378.

Ligorius, P. *a* 107.
Lipenius, *a* 379, 280.
Lippert, *a* 288, 296.
Liron, J. *b* 162.
Liserus, *c* 58.
Lister, M. *a* 467, *c* 203.
Little, C. *b* 420.
Llouffen, *c* 205, 320.
Lobineau, D. *c* 137.
Locman, *a* 104.
Lodwick, *a* 16.
Lombard, P. *a* 231, *b* 340.
Lomeyer, J. *a* 398, *b* 207.
Longin, *b* 97, *c* 72.
Longus, *b* 97.
Lopez, *a* 96.
Lork, J. xviij.
Los-Rios, *a* 399, *c* 206.
Lotharius Dyaconus, *c* 217.
Lottin, *a* 399, *c* 125, 168, 172, 207.
Louis X, *a* 171.
Louis XI, *a* 81, *b* 2.
Louis XIII, *a* 84, *c* 3, 273.
Louis XIV, *c* 3, 170.
Louis XV, *c* 171.
Louis XVI, *c* 172, 174.
Loup (abbé de Ferrières), *c* 204.
Louvois, *a* 86.
Loyson, *a* 270.
Lozanna, *b* 30.
Luc de Leyde, *c* 141.
Lucain, *a* 294, *b* 103, *c* 17, 40.

Lucas de Penna, *a* 383.
Luce, L. *b* 377, *c* 207.
Luchtmans, S. *b* 191.
Lucien, *b* 97, *c* 17.
Lucilius, *b* 103.
Luckius, *a* 437, 442.
Lucrèce, *b* 103.
Lucullus, *b* 101.
Ludeke, *c* 62.
Lugny (J. de), *c* 169.
Lusignan, E. *b* 162.
Luther, *b* 392, *c* 54, 58, 150, 208.
Luther (impr.), *a* 271.
Lycurgue (législ.), *b* 59.
Lycurgue (orat.), *b* 93.
Lynn, G. *b* 392.
Lysias, *b* 93.
Lysippe, *b* 98.

M

MABILLON, J. *a* 1, 87, 228, 348, 400, 413, *b* 17, 21, 24, 29, *c* 208.
Macaulay, *b* 285.
Macé, R. *a* 404.
Macpherson, *a* 42.
Macrobe, *a* 211.
Machaut (G. de), *c* 280.
Maderus, J. J *a* 399.
Maffei, S. *a* 263, 380, *b* 25.
Magon, *a* 101.
Mahudel, *a* 310.

Maignon, J. *c* 119.
Maimonides, *a* 12, *b* 291.
Maittaire, M. *a* 13, 185, 272, 404, *b* 412, *c* 88, 164, 187, 291, 319.
Majoragius, *b* 38.
Malingre, N. *c* 27.
Mallet, *a* 242, *c* 65, 66.
Mallinckrot, B. *c* 163.
Malpeine, L. *a* 365.
Manassé, *a* 48.
Manassès, C. *a* xxij.
Mandeville, *c* 45.
Manethon, *a* 71, *b* 53.
Mangeard, *a* 442, 433.
Manilio, *b* 392.
Manilius, *c* 70.
Manni, *b* 392.
Mansion, C. *a* 405, *b* 325.
Manuce (les), *a* 321, 406, 408, 409, *c* 9, 176, 275, 308.
Maracci, *a* 328.
Marc (St.), *a* 48, 54, 108.
Marc-Aurèle, *b* 98.
Marcel, J. J. *c* 111.
Marcellin, A. *a* 208.
Marcello, M. *c* 55.
Marchand, P. *a* 334, 398, 419, 420, *b* 235, *c* 34, 126, 164, 291.
Marcilius-Ficinus, *c* 72.
Marcolini, F. *b* 396.
Mariana (J. de), *a* 309.

Mariette, *a* 288, *b* 396, *c* 17, 304.
Marillac, *a* 421.
Marmol, *a* 422.
Marolles (l'abbé de), *a* 85, *c* 228.
Marolles, *c* 252, 262, 270, 292.
Marre (de la), *a* 88.
Marsham, *a* 215, *b* 54.
Marsigli, *c* 40.
Martial (St.), *a* 90.
Martial, *b* 104, 283.
Martens, *a* xxiv, 419.
Marthe, *a* 421.
Martin V, *a* 103.
Martin (les), *a* 118, 376, 421, 422, *b* 236, *c* 31, 210.
Martin d'Alost, *a* 419.
Martini, *a* 28.
Massol, *b* 244.
Masson, *c* 170.
Mathiole, *b* 113.
Mathieu de Cracovie, *c* 218.
Maudru, *c* 288.
Maufer, P. *a* 424.
Maugerard, *a* 387, *c* 210.
Maupertuis, *a* 366.
Maur-d'Antine, *c* 135.
Maurepas, *a* 90.
Maurice, *c* 137.
Maurolico, *b* 116.
Maury, *c* 280.

Maxime de Tyr, *b* 97.
Maximianus Gallus, *b* 103.
Maximilien I, *a* 32, *c* 48, 303.
Maximis, (P. et F. de), *b* 20, *c* 83.
Mazarin, *b* 1, *c* 29.
Mazocchi, *a* 416, *b* 387.
Mecken, *c* 211.
Médicis (les), *b* 112, 300.
Meerman, *a* 395, 450, *b* 306, *c* 161, 212, 214, 313.
Meigret, L. *b* 2.
Mélampe, *b* 58.
Melessus, *a* 57.
Mélik, *a* 327.
Melissus, *b* 38.
Ménage, *a* 258, 355.
Menandre, *b* 92.
Mencke, *b* 396.
Menchen, *a* 54, *b* 353.
Mendez, *b* 185.
Ménestrier, *a* 151.
Meninski, *a* 346.
Mentel, J. *a* 274, 451, *c* 161.
Mentellin, *c* 153.
Menzikoff, *c* 53.
Mercator, A. *b* 147.
Mercier de Saint-Léger, *a* 221, 395, 419, 452, *c* 166, 203, 212, 291.
Mercier, L. S. *b* 3.
Mercerus, *a* 2.

Mercure, *c* 16.
Merian, M. S. *c* 41, 264.
Merli, V. *a* 415.
Merlin, J. *a* 188.
Methodius, *a* 249.
Meton, *a* 208, *b* 96.
Métosthènes, *a* 106.
Meun (J. de), *a* 356.
Meursius, *a* xx, *b* 147, *c* 94.
Mexia, P. *c* 154.
Mey, *a* 442.
Mezeray, *b* 296.
Mezzabarba, *a* 440, 447.
Michel-Ange, *a* 28, 287, *b* 113.
Middleton, *b* 202, *c* 293.
Millanges, S. *a* 453.
Millin, A. L. *a* 26, 283, 468.
Millot, *c* 128, 304.
Mirabeau, *c* 4.
Mixius, *a* 356.
Moetjens, A. *b* 397.
Moine (le), *a* 6, 37.
Molach, *a* 21.
Molinet, *a* 29.
Molini, *a* 43.
Moller, D. G. *c* 161.
Momoro, *a* 265, *c* 213.
Monaldeschi, L. *c* 255.
Monge, *a* 320.
Monnoye (la), *a* 333, *c* 137, 283.

Monstrelet, *c* 43.
Montausier, *b* 351, 389.
Mondore (P. de), *a* 83.
Montesson (La M. de), *c* 243.
Montesquieu, *c* 282.
Montfaucon, B. *a* 28, 97, 108, 155, 247, 306, 308, 320, 413, 442, 453, *b* 17, 21, 24, 25, 29, 199, *c* 107, 209, 262.
Montfort, *b* 185.
Montgolfier, *a* 329, *c* 239, 245.
Montrelay, *c* 201.
Morales, J. G. *b* 397.
Moreau, *a* 271, *b* 397.
Morel (les), *a* 111, 375, 454, 455, 456.
Morelli, J. *b* 121, 448, *c* 226.
Moreri, *b* 296.
Moret (les), *a* 271, 457.
Morhoff, *a* 383, *b* 201.
Morin, P. *a* 424.
Moroge, F. P. *a* 165.
Mortier, *c* 31.
Morus, H. *b* 368.
Moschus, *b* 92.
Mosheim, *b* 262.
Moutard, *c* 244.
Moyse, *a* 48, 93, 458.
Muguet, F. *c* 170.
Muller, *a* 345, *c* 48, 226.

Munster, S. *c* 157.
Muratori, *c* 204.
Murr (de), *a* 288.
Musée, *b* 58, 91.
Myrmécide, *b* 186.

N

NAUCRATÈS, *a* 72.
Naudé, G. *b* 1, 207, 246, 312, *c* 163.
Naugerius, A. *a* 37.
Néarque, *b* 94.
Née de la Rochelle, *b* 357, 398.
Néhémie, *a* 93.
Nélée, *a* 70.
Nemesius, *b* 104.
Nessel, D. *a* 330.
Nestor, *c* 52.
Nestorius, *a* 20, 63.
Newton, *a* 204, *c* 56.
Nicéphore, *a* xxij, 195.
Niceron, *b* 3, *c* 229.
Nicetas, *a* xxij.
Nichols, *c* 53.
Nicolas de Charenton, *a* 310.
Nicolas V, *a* 103, *b* 76, *c* 105, 144, 219.
Nicole-le-Huen, *c* 204.
Nicon (St.), *c* 64.
Nicon (architecte), *b* 99.
Nieburh, *a* 70, *c* 41.
Nifo, A. *b* 117.

Niger, P. *c* 83, 92.
Nigidius-Figulus, *b* 101.
Nigrisoli, *b* 24.
Nobilius (Flaminius), *b* 127.
Nodot, *c* 252.
Noël (relieur), *b* 160, *c* 271.
Noel, F. *b* 53.
Noinville, *b* 4.
Noir (P. le), *c* 83, 92.
Nonius, F. *a* 75.
Nonnius, *b* 92.
Nordin, *c* 67.
Normann, *c* 161.
Nostradamus, C. *c* 304.
Noue (D. de la), *b* 4.
Nourry (le), *a* 231.
Nugnez, L. *a* 439.
Numa Pompilius, *a* 201, 294.
Nummeister, J. *c* 229.
Nyder, J. *c* 293.
Nyerup, *a* 70.
Nyon, *a* 136, *b* 399.

O

OBERLIN, J. J. *a* 29, *b* 311, 403, 410, *c* 107, 137, 145, 163, 194, 230, 298, 313.
Occo, *a* 440, 447.
Ocellus Lucanus, *b* 96.
Odin, *a* 303, *b* 166.

Odman, *a* 327.
Œcolampade, J. *a* 273.
Œcumenius, *a* 455.
Oggiati, A. *a* 97.
Ogygès, *a* 217.
Oiselius, *a* 440.
Olaï, S. *c* 65.
Olaï, M. *c* 65.
Olaüs, *b* 166, *c* 37.
Olearius, *a* 106.
Olivetan, *c* 27.
Omar, *a* 73, 327.
Onkélos, *b* 124, 292, *c* 27.
Opilio, P. (Schoeffer), *c* 156.
Oppian, *b* 37, 92.
Oporin, J. *b* 5.
Oresme, N. *a* 80.
Orfinis (E. de), *c* 229.
Origènes, *a* 306.
Orlandi, J. *b* 399.
Orlandi, P. A. *b* 399, *c* 300.
Orose, *b* 105.
Orphée, *b* 58, 91.
Osmont, *b* 325.
Ossian, *a* 41.
Oswen, J. *b* 399.
Osymandias, *a* 71.
Oudin, G. *c* 160.
Ovide, *b* 103.

P

PACHYMÈRE, G. *a* xxiij.

Paciaudi, *a* 115.
Paderborn (Jean de), *b* 343.
Pagi, *c* 112.
Pagnin, *a* 299, *b* 125, *c* 32.
Pajot, C. *c* 241.
Palamède, *a* 14.
Palefate, *b* 53.
Palladio, A. *a* 422.
Palliot, *b* 18.
Palmer (les), *b* 18, *c* 153, 164.
Palmerius, *a* 97.
Palthenius, Z. *b* 18.
Panckoucke (les), *a* 44, *b* 19.
Panetius, *b* 98.
Pannartz, A. *b* 20, *c* 142, 237, 294.
Panzer, *a* 404, *c* 216, 288, 309.
Paolino, *b* 441.
Papebroch, D. *a* xx.
Papillon, J. M. *c* 84, 246.
Papillon, P. *c* 246.
Papon, *c* 128, 304.
Pappus d'Alexandrie, *a* 62.
Paracelse, T. *b* 6.
Paradin, *a* 97.
Paravisinus, D. *c* 83.
Parent, *a* 56, *b* 246.
Parrhasius, *b* 98.
Parthenius, *b* 106.
Pascal, B. *c* 4.
Pasinus, J. *a* 161.

Pasquali, *b* 37.
Pasquier, *c* 194.
Passeri, *a* 294, 468.
Pater, P. *c* 162.
Patin, C. *a* 440.
Patin, G. *c* 175.
Patisson, M. *b* 37, *c* 247.
Patouillet, *c* 267.
Paul (St.), *a* 49.
Paul de Prague, *c* 40, 152.
Paule Emile, *a* 101.
Paulin, E. *b* 39.
Paulmy, *c* 277.
Pausanias, *a* 27, *b* 94, *c* 16.
Pausias, *c* 17.
Paw, *a* 300, 325, *c* 198.
Payne, R. *c* 270.
Pedo Albinovanus, *b* 103.
Peiresc, *a* 54.
Pelage, *c* 111.
Peletier, J. *b* 2.
Pelican, C. *c* 54.
Pelisson, *a* 403.
Pellerin, J. *a* 443, *c* 268.
Perrault, *b* 361.
Perottus, N. *c* 297.
Perse, *b* 103.
Pescioni, A. *b* 49.
Pétau, *a* 196, 421, 438.
Petit, J. *b* 400.
Petit, P. *b* 49, *c* 200.
Petit-Jehan-de-Saintré, *c* 86.

Petity, *a* 348, *b* 331, *c* 259.
Petiver, J. *c* 203.
Pétrarque, *a* 27, *c* 255, 257.
Pétrone, *b* 395, *c* 250.
Petronius Sabinus, *c* 199.
Peuchet, *b* 423, 448.
Peutinger, *b* 157.
Pezron, P. *a* 215, 259.
Pe-y, *a* 161.
Peytes-Montcabrier, *b* 290.
Pfintzing, M. *c* 202.
Pfister, A. *a* 387, *c* 32, 224.
Phedon, *a* 433.
Phèdre, *b* 103.
Phérécyde, *a* 279.
Phidias, *b* 98.
Philelphe, *c* 152.
Philippe II, *b* 122, 125.
Philippe Auguste, *a* 171.
Philippe-le-Bel, *a* 2, *b* 412, *c* 1.
Philippe l'Hermite, *c* 209.
Philodemus, *a* 416, *c* 252.
Philon, *a* 13.
Philoponus, *a* 306, 326, *c* 252.
Philostrate, *b* 97.
Phocilide, *a* 289.
Photius, *b* 117, *c* 6.
Phranza, G. *a* xxiij.
Piaggi, *a* 415, *b* 426.
Pic de la Mirandole, *b* 80.

Picard (F. le), *c* 169.
Piccolomini (Pie II), *c* 221.
Pie IV, *c* 176.
Pie VI, *c* 49.
Pierre de Saint-Louis, *a* 403.
Pierre (J. de la), *a* 23.
Pierre I, *c* 46, 52.
Pierres, P. D. *b* 119, 322, *c* 174, 244, 280.
Pierus, *a* 71.
Piget, *a* 376, *b* 119.
Pignorius, *a* 96, 98.
Pindare, *b* 91.
Pine, J. *c* 201.
Pinel, D. *c* 28.
Pinelli, *a* 54, 161, *b* 120, *c* 226.
Pingeron, *a* 164.
Piranese, *c* 52.
Pisan, *c* 2.
Pison, *b* 101.
Pistorius, F. *a* 326.
Pistorius, J. *a* 271.
Pithou, P. *a* 135, 196.
Placcius, *b* 136, 356.
Planta, *b* 394.
Plantin, C. *b* 121, 253.
Planudes, M. *a* 117.
Platine, *a* 97.
Platon, *b* 56, 63, *c* 2.
Plaute, *b* 103.
Pleurre (E. de), *c* 91.
Pline, *a* 100, 247, *b* 21, 22, 24, 106, *c* 50, 146.

Plotin, *b* 102.
Plott, *a* 467.
Pluche, *a* 366.
Pluquet, *c* 267.
Plutarque, *b* 94, 326.
Pococke, *a* 352.
Poirier, *a* 136.
Pollion, A. *a* 57.
Polybe, *a* 235, *b* 95.
Polyen, *b* 96.
Polygnotte, *c* 17.
Pomis (D. de), *a* 2, *c* 1.
Pompadour (madame de), *c* 172.
Pomponace, *a* 334.
Pomponius Mela, *b* 105, *c* 54.
Ponticus Virunus, L. *b* 133.
Pope-Blount, *a* 384.
Porcacchi, T. *c* 96.
Porrus, P. P. *b* 133.
Porson, *c* 209.
Porta, J. B. *b* 259.
Porthan, H. G. *c* 50.
Portonaris, F. *b* 134.
Possevin, *a* 61, 68, *b* 400.
Postel, *a* 259.
Potken, *b* 128, 134, *c* 32.
Pougens, C. *a* 259, 346.
Poussielgue, *c* 225.
Pralard, A. *a* 366.
Prault, *c* 263.
Praxitèle, *b* 98.
Précieux, J. *a* 136.

Prestet, *a* 15.
Prevot, *a* 311.
Prideaux, *b* 29.
Priscianese, F. *b* 135.
Priscien, *a* 25.
Proba Falconia, *c* 90.
Procope, *a* xxij.
Prodiger, *a* 317.
Pront, *b* 171.
Prosper, *b* 104.
Protogène, *b* 98.
Prudence, *b* 104.
Prudon, *b* 322.
Ptolémée (les), *a* 72, 218; *b* 55, 414, *c* 147.
Ptolémée (Géog.), *b* 96.
Pyrrhon, *b* 84.
Pysistrate, *a* 91.
Pythagore, *a* 279, *b* 55, 59, 78.
Pytheas, *a* 279, *b* 96, 431.

Q

QUENTEL, *b* 154.
Quétif, *a* 237.
Quintilien, *a* 384, *b* 104, 326, *c* 73, 204.
Quintus Calaber, *b* 32.
Quintus de Smyrne, *b* 32.
Quirini, *a* 244.

R

RABAN, E. *b* 155.
Raban Maur, *a* 24, 97.
Rabel, *c* 45, 280.
Radziwill, *c* 52, 57, 71.
Raimondi, *b* 128, *c* 32.
Ram, J. *a* 46.
Rambaud, *b* 2.
Rameau, *a* 270.
Ramo, N. *c* 258.
Ramsay, C. L. *b* 285.
Ramus, P. *b* 257.
Ramuzzio, *c* 283.
Ranconnet, *b* 438.
Ranulphe Higden, *c* 153.
Raphaël, *a* 28, *b* 113.
Raphelenge, F. *b* 155.
Rapin de Thoyras, *c* 266.
Rastall, J. *b* 156.
Ratdolt, E. *b* 157, *c* 82.
Rebul, *a* 39.
Regiomontanus (Muller), *b* 158.
Regna (C. de), *c* 32.
Regulus, *a* 101.
Reinesius, *c* 250.
Reinhard (les), *c* 142, 227, 270.
Reiske, *c* 197.
Renaudot, C. *b* 449.
Renaudot, T. *c* 3, 169.
Renouard, A. A. *a* 112, 409, *c* 134, 275.
Rescius, R. *b* 160.
Resenius, *a* 242, *c* 66.
Retzer, *c* 106.
Reuchlin de Porcheim, *a* 25.
Réveillon, *c* 243.
Rhasès, *a* 81.
Richard de Bury, *a* 61.
Richard Simon. *a* 424.
Richardson, S. *a* 344, *b* 160.
Richelieu (le C. de), *a* 9, *c* 3, 169.
Richelieu (le duc de), *c* 32.
Richelius, *c* 81.
Richer, J. *b* 161.
Ricobalde, *c* 153.
Riff, J. *b* 307.
Rigaut, C. *a* 24, *c* 14.
Rive, J. *a* 49, *c* 7, 8, 22, 34, 35, 79, 84, 88, 111, 114, 115, 118, 128, 213, 261, 277, 292, 304.
Rivet, D. A. *b* 161.
Rivin, A. *c* 160.
Robert (les), *a* 39, 87.
Robson, *c* 226.
Roccha, A. *a* 407, *b* 25.
Roch, *a* 115.
Rocolet, P. *b* 162.
Roderic (évêq. de Zamora), *c* 206.
Rodolphe, *a* 31.

Rodolphe d'Hapsbourg,
  a 220.
Roger, C. *b* 162.
Roigny (J. de), *b* 163.
Rolevinck (Werner), *c* 153.
Romulus, *a* 201.
Ronsard, *c* 257.
Roque (G. A. de la),
  c 249.
Rosa, F. *a* 63.
Rosenalder, *c* 61.
Rosinus, *c* 254.
Rossi, J. B. *c* 285.
Rossignol, *b* 370.
Rosweide, H. *a* xx, 230.
Rot, S. *b* 163.
Rothelin (de), *a* 443,
  c 81.
Rouille, G. *b* 163.
Rouland, *a* 132.
Rousseau, J. J. *a* 336, 360,
  c 202.
Rousseau, P. *b* 164, *c* 287.
Rousselet, *b* 449.
Rousset, *c* 265.
Roussillon, *a* 202.
Roux, *b* 173.
Rowland, P. *c* 158.
Roy (A. le), *b* 164.
Rozier, *c* 262, 266.
Rubens, A. *a* 468.
Rudbeck, *b* 164, *c* 58, 66.
Ruddiman, T. *b* 164.
Rudiger, *c* 76.

Ruhnken, *a* 99.
Ruinard, T. *a* 228, 400.
Ryfer, I. *b* 168.
Rymer, *c* 265.

S

Saas, J. *b* 169.
Sabellicus, *a* 97.
Sacy, *c* 151.
Sada, O. *a* 442.
Sadeler, *a* 442.
Sage, *a* 463.
Saint-Ceran, *b* 325.
Saint-Louis (P. de), *a* 403.
Sainte-Marthe (les frères),
  a 135, *c* 266.
Saint-Omer, *b* 371.
Saint-Paul (C. de), *a* 196.
Saint-Paul, F. B. *b* 169.
Saint-Paul, (S. de) *a* xxi.
Saint-Pierre (l'abbé de),
  b 2.
Saint-Prest, J. G. *c* 265.
Salden, G. *b* 401.
Saldiere, *a* 54.
Salisbury (de), *b* 30.
Sallier, C. *a* 88, 114,
  b 171.
Sallo de la Coudraye, *b* 172.
Salluste, *a* 310, *b* 104, *c* 288.
Salmuth, H. *c* 163.
Salomon, *a* 48.
Salviani, H. *b* 174.

25

Samuel, *b* 32.
Sancha, *b* 185.
Sanchez, L. *b* 174.
Sanchoniaton, *b* 53.
Sanderus, *a* 398.
Sanlecque (les), *a* 470, *b* 174, 175.
Sannazar, *a* 298.
Sansovino, F. *b* 175.
Santritter, J. L. *b* 175.
Sapho, *b* 91.
Sarpedon, *b* 22.
Sassi, J. A. *c* 97.
Saubert, J. *b* 176.
Saugrain, *a* 138.
Saumaise, *a* 304, *b* 24.
Saurius, L. *a* 272.
Sauvage, *b* 370.
Sauval, H. *c* 4.
Sauzet (H. du), *b* 176.
Savagetus, J. *c* 206.
Savigny, C. *c* 119.
Saxe (le maréchal de), *c* 44.
Scaffshausen, P. *a* 28.
Scaliger, *a* 113, 245, 304, *b* 38, *c* 24.
Scapula, J. *a* 252.
Scarron, *a* 403.
Schaeufelin, *c* 203.
Schævius, *a* 365.
Schatz, *a* 28.
Schelhorn, J. G. *c* 32, 219, 289.

Scherzius, J. G. *c* 230.
Schitter, *c* 157.
Schimmelman, *c* 66.
Schindler, *a* 2, *c* 1.
Schmid, J. *c* 161.
Schoeffer, P. *a* 275, *b* 176, 309, *c* 5, 29, 82, 105, 144, 152, 222, 258, 289.
Schoen, M. *c* 291.
Schoen, B. *c* 140.
Schœpflin, J. D. *b* 401, *c* 162, 231, 290.
Schoonebeck, A. *c* 203.
Schott, A. *a* 252, 439, 441, *c* 6.
Schott, J. *b* 178.
Schouten, G. *c* 268.
Schrœvelius, *b* 326.
Schrag, A. *c* 161.
Schroderus, E. *b* 166.
Schroedter, *c* 161.
Schurer, M. *b* 178.
Schvartz, *a* 438, *c* 165.
Scoloker, A. *b* 178.
Scriverius, P. *c* 160.
Scroder, *a* 351.
Seemiller, *c* viij.
Seguin, *a* 449.
Selden, *a* 418.
Seleucus Nicanor, *a* 218.
Selim, *a* 70.
Senault, J. F. *c* 4.
Senebier, J. *b* 403, 423.

Sénèque, *b* 285.
Senger, *c* 241.
Serge (Saint), *c* 64.
Sergius, *a* 327.
Serieys, *a* 410.
Serna (de la), *c* 74, 287, 290, 294.
Serrarius, *c* 158.
Serré, J. B. *b* 181.
Sertorius Ursatus, *a* 2, 442, *c* 1.
Servet, *c* 69.
Severus Archontius, *a* 303.
Sevin (l'abbé), *a* 68, 70.
S'gravesande (G. J. de), *b* 187.
Sheldon, G. *b* 182.
Schuckford, *a* 319.
Siberes, J. *b* 182.
Sigaud-la-Fond, *a* 132.
Sigfusson, S. *c* 65.
Sigonius, *c* viij.
Silius Italicus, *b* 103.
Simocatte, T. *a* xxij.
Simon, C. F. *b* 184.
Simon, R. *b* 341.
Simonides, *a* 14.
Sirmond, *a* 196, 235.
Sixte IV, *a* 21, 103, *c* 237.
Sixte-Quint, *a* 308, *c* 33, 176.
Sixte de Sienne, *a* 98.
Sloane, H. *a* 466.
Smith, *a* 194.

Snell, J. *b* 444.
Snorron-Sturlheson, *a* 242, *c* 65.
Sobieski, *c* 72.
Socrate, *b* 61.
Sœmund-Sigfusson, *a* 241.
Solin, *c* 198.
Solon (graveur), *a* 27, *b* 107.
Solon (législateur), *b* 58.
Sophocle, *b* 92.
Sorbière, *b* 357.
Soret, *a* 356.
Sosigène, *a* 219.
Soter, *a* 72, *b* 184.
Soto, A. P. *b* 185.
Sotomayor, *c* 182.
Sozomène, *c* 90.
Spalatinus, M. *c* 55.
Spanheim, *a* 438.
Spannuchio, *b* 185.
Sparwenfeld, *c* 59.
Speckle, *c* 157.
Spelman, H. *c* 136.
Spiegel, *c* 157.
Spizellus, *a* 66.
Spotzwood, J. *b* 423.
Stace, A. *a* 448.
Statius, *b* 104.
Steiner, *a* xviij, 387.
Stésichore, *b* 91.
Sthetonius, *a* 402.
Stobée, *b* 118.
Storeman, *c* 41.

Strabon, *a* 276, 278, 416, *b* 96.
Strogonow (le C. de), *a* 105.
Struck, S. *b* 198.
Struve, *a* 280, *b* 198, 201, 355.
Stuard (Marie), *c* 257.
Sturlheson, *a* 242, *b* 168, *c* 65.
Sturm, J. *b* 410.
Suard, *c* 184.
Sublet des Noyers, *c* 169.
Suétone, *b* 105.
Suhm, *c* 42.
Suidas, *b* 118.
Sulzer, *a* 29, 288.
Surhenusius. *b* 292.
Swertius, *a* 266.
Sweynheym, C. *b* 20, *c* 237, 294, 297.
Sylburge, *b* 342.
Sylvestre de Sacy, *b* 387.
Sylvius, *b* 2.
Sylvius AEneas (Pie II), *c* 211.
Symes, M. *a* 63, *b* 371.
Symmaque, *a* 306, *b* 25.

T

TAAUT, *a* 238.
Tacite, *b* 105, 113, *c* 261.
Taillandier, *b* 161.
Talesio, *b* 113.
Tamerlan, *a* 107, 412.
Tankate, *a* 362.
Tarquin, *c* 198.
Tarquinia Molza, *b* 80.
Tasse (le), *c* 256.
Tassin, R. P. *b* 286.
Tavannes (G. de Saulx de), *c* 169.
Taylor, *b* 188.
Tebaldini, N. *b* 287.
Teissier, A. *b* 287.
Télésille, *b* 91.
Telliamed (Demaillet), *a* 199.
Temporal, J. *b* 290.
Tentzel, G. E. *c* 162.
Terence, *b* 103, *c* 42, 83, 210.
Terentianus Morus, *a* 24, *b* 104.
Tertulien, *a* 165.
Tewrdanck, *a* 396, *c* 202.
Thalès, *b* 55, 59.
Themistius, *b* 97.
Théocrite, *b* 92.
Théodore de Syracuse, *c* 209.
Théodoret, *a* 196.
Théodotien, *a* 306.
Théophane, *a* xxij, *c* 53.
Théophile le prêtre, *a* 393.
Théophraste, *b* 24, 25, 97.
Thevenot, *c* 44.

Thiboust (les), *b* 293, 294, *c* 301.
Thiebaut, A. *b* 248.
Thierry, R. *b* 295, 301.
Thierry, D *b* 296, 301.
Thierry d'Isenbourg, *c* 235.
Thomas (Saint), *a* 20.
Thomas A-Kempis, *c* 150, 217.
Thomas le scholastique, *b* 73, *c* 218.
Thomasius, T. *b* 296.
Thomassin, *a* 259.
Thomazerius, *a* 98.
Thoot, *b* 52.
Thou (J. A. de), *a* 84, *b* 37, *c* 273, 301.
Thucydide, *b* 93.
Thuilier, V. *c* 151.
Tibulle, *b* 103.
Ticho-Brahé, *c* 50.
Tiletain, J. L. *b* 297, *c* 302.
Tilladet, *a* 258.
Tillemont, *c* 112.
Timée, *b* 96.
Tiraboschi, J. *a* 317, *c* 301.
Tiron, *a* 134, *b* 285, 297.
Tissard, F. *a* 65.
Tite-Live, *a* 62, *b* 104, *c* 41, 42.
Tommaso, *c* 55.
Tondale, *a* xxiij.
Tonnance, F. *a* 76.
Tonson, J. *c* 92.

Toquel, G. *b* 300.
Torrentinus, L. *b* 300.
Torres, J. *b* 300.
Torresani, F. *b* 300.
Tory, G. *b* 301, *c* 303.
Toubeau, J. *b* 301.
Tourlet, *b* 32.
Tournai (S. de), *a* 333.
Tournebœuf, A. *c* 304.
Tournes (les de), *b* 301.
Toustain, C. F. *a* 228, *b* 302.
Trattner, *a* 271, 471.
Treffer, F. *b* 201.
Treschel (les), *a* 38, *b* 302.
Treuttel, *b* 410.
Trichet Dufresne, *c* 169.
Trigault, *a* 66.
Trippault, L. *a* 259.
Trissin (le), *b* 113.
Tristan de Saint-Amand, *a* 441.
Trithême, J. *b* 186, *c* 82, 144, 155.
Trypotius, *a* 437, 442.
Tso-Kicou-ming, *b* 287.
Tubœuf, *b* 1.
Turcmayer, J. A. *c* 156.
Turnebe, *a* 245, 456, *b* 304.
Turpin, *a* 328.
Turrisan, B. *c* 276.
Typpo-Saïb, *a* 107.
Tyrtée, *b* 91.

U

Ugolini (Audifredi), *c* 298.
Ulacq, A. *b* 338.
Ulphilas, *a* 18, 106, *b* 164, 165, 338.
Ungar, *c* 50.
Urbain VIII, *a* 209.
Ursin, Z. *b* 361.
Ursinus, F. *a* 105, 439, 446, 448, *b* 387.
Usque, A. *c* 28.
Usuard, *a* xx, *c* 74.

V

VAELBEKE (L. de), *c* 106.
Vafflard, *c* 305.
Vaillant, J. F. *a* 433, 435, 438, 439, 440, 441, 444, 445.
Vaines (de), *a* 171.
Vaissette, *a* 209.
Valade, J. F. *b* 324.
Valdskiaers, *c* 188.
Valère André, *a* 266.
Valère Maxime, *a* 91, *b* 105.
Valerianus, P. *b* 106, 353.
Valérius Flaccus, *b* 104.
Valesius, *a* 422.
Vallain, *b* 370.
Vallart, *c* 151.
Valerio, A. *b* 363.
Valleyre, G. A. *b* 192.
Vallière (de la), *a* 54, 78, 163, *b* 31, *c* 111, 279.
Valmont de Bomare, *a* 131.
Valprobus, *c* 1.
Van-dale, *c* 200.
Vandelin, *b* 2.
Vander-Hoogt, *c* 26.
Vandick, C. *a* 271.
Van-Helmont, *b* 368.
Van-Hultem, *c* 213.
Van-Loon, *a* 438, 443.
Van-Osten de Bruyn, G. W. *c* 99.
Van-Praet, J. *b* 325, *c* 305, 309.
Van-Thol, *c* 260, 306.
Varase, J. *c* 193.
Vargas, (J. de), *c* 28.
Varron, M. *a* 57, 102, *b* 21, 101, *c* 146, 198.
Vasary, *a* 288.
Vascosan, M. *b* 326.
Vatable, *a* 251, *b* 128, *c* 34.
Vatel, J. *b* 327.
Vaucelles, M. *b* 327.
Vauxcelles, L. J. B. *c* 23.
Végèce, F. *c* 217.
Veith, F. A. *a* xviij.
Veldener, J. *b* 328.
Velleius Paterculus, *b* 105.
Venegas de Busto, *c* 154.
Ventimille, J. *a* 455.

Ventkler, M. *b* 350.
Verard, A. *b* 330.
Verburgius, *a* 439.
Verdussen, J. B. *b* 330.
Verelius, *b* 165, 168.
Vergèce, A. *b* 394.
Vergera, J. *a* 117.
Vernazza, *a* 115.
Verrius Flaccus, *b* 106.
Vesal, *b* 6.
Vespasien, *a* 102.
Vetterlein, *a* 186.
Vettori, *a* 288.
Vialard, *a* 108.
Vicard, *a* 288.
Viellot, L. P. *c* 117.
Vieyra, *b* 164.
Viguier, *b* 284.
Villars (l'abbé de), *b* 368.
Ville, P. (de), *b* 336.
Ville-Hardouin, *a* xxij.
Villette (de), *b* 31.
Villoison, *c* 288.
Vincent, J. *b* 336.
Vindelin de Spire, *c* 187, 261, 294, 308.
Virgile, *a* 227, *b* 393, *c* 42, 49, 154.
Visconti, *a* 29.
Visdelou, C. *b* 347.
Vitali, B. *a* 317.
Vitré, A. *b* 337, *c* 308, 309.
Vitruve, *b* 106.

Vivenay, N. *b* 337.
Volateran, *a* 100, 102.
Volpi (les), *c* 97.
Voltaire, *a* 105, *b* 2, *c* 53, 257.
Von-Sichem, *c* 140.
Voragine, J. *c* 193.
Vossius, *a* 99, 177, 259.

W

WADIAN, *c* 54.
Waddingue, *a* 233.
Wagenseilius, *a* 31.
Waley, J. *b* 341.
Walpole, *c* 39.
Walshelton, *b* 285.
Walton, B. *b* 124, *c* 47, 51, 268.
Wanley, H. *b* 341.
Warburthon, *a* 309, 319, 365.
Warner, L. *c* 24.
Wechel (les), *b* 341, 342.
Wedgwood, *a* 27.
Weigel (les), *c* 203.
Westhemer, B. *b* 344.
Westphalie (Jean de), *a* 37, *b* 343, *c* 8.
Wetstenius, J. *b* 344.
Wicelius, *c* 193.
Wither, W. *a* 261.
Wilkins, C. *a* 39, 342, *b* 285.

Willot, *a* 233.
Wimpheling, J. *b* 410, *c* 156.
Winckelman, *a* 27, 29, 444.
Winter, R. *b* 6.
Winters (C. de), *c* 312.
Wircsburg, H. *c* 153.
Wirtemberg (le duc de), *a* xviij, *c* 56.
Witsius, *b* 54.
Woldemar I, *c* 42.
Wolder, D. *c* 34.
Wolfe, R. *b* 345.
Wolfembutel, *a* 60.
Wolfius, J. C. *a* 380, *b* 354, *c* 164.
Wormius, O. *b* 167.
Wurdtwein, E. A. *b* 345, *c* 166.
Wurtz, *b* 410.

X

XACA, *a* 95, 325, *c* 325.
Xenocrate, *b* 404.
Xenophanes de Colophon, *b* 80.
Xenophon, *a* 13, *b* 93.
Ximénès, *a* 75, 99, 116, *b* 124, *c* 37, 258, 268.
Xisuthrus, *a* 217.
Xius, *a* 65.

Y

YRIATE (J. de), *b* 347.
Yu, *a* 167.

Z

ZACHARIE, *c* 90.
Zaïb-Aga, *a* 88.
Zaleucus, *b* 58.
Zalewski, *c* 71.
Zamora, A. *a* 116.
Zapf, G. G. *a* xviij.
Zarot, A. *c* 131.
Zeiner, *a* 151, *b* 347, *c* 5, 64, 313.
Zeleucus Nicanor, *a* 92.
Zell, U. *b* 347, *c* 211, 314.
Zenon, *b* 69, 71.
Zetzner, L. *a* 246.
Zeuxis, *c* 17.
Ziletti, J. *b* 349.
Zinsk, *a* 471.
Zonare, J. *a* xxij.
Zoroastre, *a* 321, *b* 348, 379.
Zozime, *b* 95, *c* 200.
Zuingle, *c* 73.
Zuringer, *a* 92.
Zuyren (J. de), *b* 349.

FIN DE LA TABLE.

FAUTES A CORRIGER

DANS LES TROIS VOLUMES.

Premier Volume.

Pages.	Lignes.	Mots à corriger.	Corrections.
xvij	4	Pères mineurs, *lisez* frères mineurs	
xx	25	7	8
xx	26	Usnard	Usuard
xxj	23	*Janning Jauning*	
xxj	25	*Suyskenus*	*Suyskenius*
xxj	26	*Byens*	*Byeus*
xxj	27	*Buens*	*Bueus*
1	15	la lettre *n*	la lettre N
12	3	AGIOGRAPHE	HAGIOGRAPHE
12	12, 13, 22	*agiographe*	*hagiographe*
23	20	Brachmines	Brachmanes
24	18	fils	neveu
28	8	*Sette Selle*	*Sette Salle*
28	25	Bandelot	Baudelot
31	16	Wageinselius	Wagenseilius
37	13	1734	1534
38	24	Manus	Manuce
38	28	*Prœlium*	*Prœlum*
45	4, 13	Khell	Kehl
51	9	Méerman	Meerman
51	12	Konigius	Koenigius
53	26	Phiselphe	Philelphe
62	27	Hyppocrate	Hippocrate
67	27	Chrisostome	Chrysostome

PAGES.	Lignes	Mots à corriger.	Corrections.
70	24	60,000	6000
70	30	Nyrup	Nyerup
72	7 et suiv.	Ptolomée	Ptolemée
95	13	il y	il y a
111	16	*Bisantines*	*Byzantines*
111	20	BISCHOP	BISCHOF
119	17	bibliographie	biographie
134	13	Théophilacte	Théophylacte
173	17	CHEVALON	CHEVALLON
180	20	CHYROGRAPHE	CHIROGRAPHE
181	5, 6	*Cyrographum*	*Cirographum*
184	4	Arthémius	Anhemius
185	23	Groninger	Grüninger
186	24	ont	on
188		Les articles CORROZET doivent être après l'article CORRECTION d'épreuve.	
193	10, 14	Schreverius	Schrevelius
200	16	*Alexandreidos*	*Alexandreis*
223	17	bibliographe	bibliographique
237	16	2.°	1.°
242	2	Sturheson	Sturlheson
244	4	Dbeurdonck	Tewrdanck
246	12	Zetner	Zetzner
247	28	rapproche	rapporte
281	9	1734	1730
281	10	1788	1787
281	16	36	51
292	16	Heinken	le baron d'Heineken
301	25	Guttemberg	Gutenberg (1)

---

(1) Gutenberg doit être ainsi écrit dans tout le cours de l'ouvrage; et Schœyffer ou Schoffer doit toujours être écrit Schoeffer ou Schöffer.

PAGES.	Lignes.	Mots à corriger.	Corrections.
323	26	Gênes	Florence
336	1	quant	quand
380	12	analise	analyse
380	16	Boëcler	Boeckler
380	35	anglais *Book*	allemand *Buch*
382	3	*sybillins*	*sibyllins*
382	32	Hellus	Helluo
384	13	Hyppocrate	Hippocrate
385	11	*baronium*	*Baronium*
386	1	Rouen	Rome (Paris)
386	2	1630	1639
386	6	*Helvétius*	Hevelius
386	19	Rucaberti	Roccaberti
387	2	phisiononomie	physionomie
389	18	feuillets ; le	feuillets. Le
389	28	Hubert	Huber
396	29	Schonsperger	Schoensperger
413	22	Paléographie	Palæographie
416	7	réthorique	rhétorique
441	5	*Bysantina*	*Byzantina*
448	1	Euclyde	Euclide
450	26	*Laureatiani*	*Laurentiani*
451	1	*tertüharlemensis.*	*tertii Harlemensis*
455	11	Nisse	Nysse
456	30	*Dionisii*	*Dionysii*
458	20	Bechinal Olam	Bechinat-Olam
459	30	Seraphis	Serapis

SECOND VOLUME.

2	26	un	une
9	16	pourra	pourrait
17	4 et suiv.	PALÉOGRAPHIE	PALÆOGRAPHIE

PAGES.	Lignes.	Mots à corriger.	Corrections.
35	30	Branches	tranches
55	21 et suiv.	Ptolomée	Ptolemée
63	26	Cyréanique	Cyrénaïque
63	28	ÉLOLE	ÉCOLE
64	1	on est	on n'est
92	6	EURYPIDE	EURIPIDE
93	6.	Après l'article : DÉMOSTHÈNES, *ajoutez* ESCHINE, dont il ne reste que trois harangues.	
106	18.	Supprimez MAXIME DE TYR, qui se trouve plus haut page 97.	
106	19.	Reportez l'article ARTHEMIDORUS aux LITTÉRATEURS grecs, page 97.	
123	8	Gille Begs	Gilles Beys
128	30	*Polken*	*Potken*
129	6	*ulfilæ*	*Ulfilæ*
156	7	Possel	Postel
163	14	*Lapsis*	*Lapis*
184	4	1470, dans	1470. Dans
184	5	siècle. Le	siècle, le
298	31	hiérogliphes	hiéroglyphes
310	2	composé	composés
312	14	te	et
314	6	*Pompone lactus*	*Pomponius Lætus*
345	12	WURDTWEIM	VURDTWEIN
355	20	la	les
360	1	VIG	BEG
407	n.° de la page	460	406
413	24	*Beraun*, Bohême	Munster, Suisse,
433	12	Mont-réal ou	Mont-Royal, Sicile Mondovi, Piémont,
439	19	Thiela	Tyela

TROISIEME VOLUME.

PAGES.	Lignes.	Mots à corriger	Corrections.
8	23	*Silvius*	*Sylvius*
12	18	1594	1574
12	33	1697	1597
27	29	*Everhardo, vander hoogt.*	*Everhardo van der hoogt*
28	3	BIBLE-GUIOT	BIBLE-GUYOT
52	15	encore existant	mort en 1803
83	4	*Augelii*	*Auli-Gellii*
97	3	*græca*	*greca*
136	18	*Digessit. D. Carpentier.*	*Digessit D. Carpentier*
183	13	*a* II	*a* 11
244	9	n'avait	n'avaient
262	jusqu'à 269, en tête COL.		REC
296	33	*Speculum* IDÉE GÉNÉRALE	*Speculum* : IDÉE GÉNÉRALE
301 et 302	L'article TILETAIN doit être avant celui TIRABOSCHI		
307	14	sont	étaient

FIN *du troisième et dernier volume.*

www.ingramcontent.com/pod-product-compliance
Lightning Source LLC
Chambersburg PA
CBHW052036230426
43671CB00011B/1669